JN048355

人間研究 西城秀樹

塩澤幸登

河出書房新社

序　非命のカリスマ

石原裕次郎、美空ひばり、そして、西城秀樹……
この三人は人生の形が非常によく似ている

西城秀樹さんが鬼籍に入ってからもうじき四年が経過しようとしているが、彼の死を悼み、悔やむ声は収まらない。

［秀樹ロス］と呼ばれた熱狂的なファンたちの［アイドル］喪失体験は、〈ヒデカツ〉と呼ばれる、死ぬまで彼を忘れず、彼の音楽を聴きつづけるという行為に昇華し、それを断言する人たちまで現れている。

一九七〇年代の初頭、戦後に生まれた、いわゆる団塊の世代の人たちが社会人となって、芸能を中心とする大衆文化の創造の主体が戦後の男女平等の民主主義教育を受けた若者たちに移ったとき、そういう当時の文化状況のなかでまぶしい光を放つスターたちが数多く出現した。

若い人たちはかれらをアイドルと呼んで熱狂的に支持した。

アイドルは大衆の夢やあこがれが投射されたところで生きる存在だった。

１９７２年にデビューした西城秀樹さんはその最大、最高の存在である。

当時、出現したアイドルのなかで、文化表象として与えられた役割をこれほど見事に演じきった人間はいなかった。昭和から平成に至る五十年近い芸能活動のなかで、なんのスキャンダルもなかった稀有の存在である。

彼はファンを裏切らず、タレントとしていつも全力を尽くして歌い、踊り、演じて、そして生きた。

わたしは一九八〇年代の中ごろまでしか彼とつき合いがなく、そのころまでの彼しか知らないが、逆にそのころまでの彼だったら、きちんと論じることができる。

若いころの彼がどのように生きて、どんな人間であろうとしていたか、そのことをあらためてみんなに読んでもらうためにもこの本を出すべきだと思った。わたしの個人的な思い出話だけではなく、さまざまな人の証言によって、西城秀樹を一人の、昭和期のあたらしい文化創出をになった人間として描きだし、その活動や大衆の側の反響をさまざまの形で論証・検証しながら、昭和から平成にかけて変遷していった大衆文化を教養として論じる視座を確立できればということも思っている。

彼の芸能活動、そしてその存在そのものが、時代のなかでどんな意味をもっていたのか。さまざまな分野の人たちの証言を通して彼の仕事ぶり、人となり、考え方を探りたい。また、彼を支持した熱烈なファンたちが、彼の挙措、歌、発言からなにを感じ、なにをメッセージとして受け取っていたか、そのことも本書のなかの重要な課題である。

彼の［死］を想起するとき、わたしは二人の偉大な、昭和という時代に命を捧げた芸能者、石原裕次郎さんと美空ひばりさんを連想する。二人とも戦後昭和の大衆文化の隆盛に一生を捧げた人たちである。

ここで、ずっと前から気がついていたのだが、誰も書いていないので、ひとつのことについて言及しておこう。

まず、石原裕次郎さんが大動脈瘤破裂で東京・信濃町の慶応病院に担ぎ込まれたのは一九八一年四月、四十七歳のときだった。そのあと彼は六年半の闘病生活を送り、最後は肝臓ガンで亡くなった。享年五十二、一九八七年のことである。

美空ひばりさんが倒れたのは一九八七年の四月、彼女はこのとき、四十九歳だった。

彼女の病気は両脚大腿骨骨頭壊死と慢性肝臓病だった。裕次郎さんが亡くなる三か月前のことである。彼女も闘病生活をへて、いったん復活するがその二年後、昭和が平成と名を変えた一九八九年の六月、間質性肺炎による呼吸不全でなくなった。享年は五十二、裕次郎さんと同じ没年齢だった。

わたしは医者ではないから、専門的なことはなにもいえないが、ひばりも裕次郎も若いときから忙しいスケジュールに追われて、終始プレッシャーとストレスに付きまとわれて、慌ただしく生活しつづけ、楽しみといったら気休めの飲酒くらいしかない生活だったのではないかと思う。夭折とか若死にとは書かないが、本当ならば働き盛りの年齢での無念の［戦死］だったと書いてもおかしくない。

ここから秀樹と呼び捨てで書くが、秀樹の人生の形は驚くほどこのふたりに似ている。

彼が脳梗塞を発症したのは二〇〇三年六月、四十八歳のときである。

つまり裕次郎四十七歳、秀樹四十八歳、ひばり四十九歳、三人とも、肉体年齢が五十歳になる寸前に最初の病魔に襲われて、その後、闘病しているのである。裕次郎の闘病生活は六年半、ひばりは二年二か月だったが、秀樹は発病から節制してリハビリして努力して十五年間、闘病して、遂に倒れた。

彼が最初に倒れてから、裕次郎やひばりよりはずっと長い間生きることができたのは最初の病気の症状の程度と家庭生活での介護と健康管理がちゃんとしていたことが要因だろう。

しかし、まだまだ働き盛りの六十三歳での死は、夭折とは書かないが、人生の答案用紙に答を半分くらいしか書き込まないままの、無念の死だったと思う。彼の場合も若いころから忙しいスケジュールのなかで、周囲の人たちに気を使い、自分の仕事でもベストであろうとし、自分を応援してくれるファンたちのために一生懸命に仕事した。わたしは彼も大衆文化という広漠とした原野での戦いの最中に落命した［戦死者］であったような気がしている。

西城秀樹さんは新御三家などという小さな枠を超えて、石原裕次郎さんや美空ひばりさんと同列に論じられるべき、戦後昭和の文化の巨大なメルクマールのひとつなのだ。ひばりも裕次郎も秀樹も自己犠牲のかたまりのような人生を過ごした。裕次郎やひばりと同じように、秀樹もその一生を大衆の娯楽に捧げた人だった。

本書を読んでもらえば分かるが、彼を通してしか実現しなかった文化の事象がいっぱいある。わたしはそのこともこの本のなかにきちんと記録しなければと考えている。

知っている人もいるかもしれないが、じつはわたしも大学を卒業して就職した平凡出版（現・マガジンハウス）という出版社で芸能雑誌（月刊『平凡』、『週刊平凡』の二誌）の編集記者をした経験がある。その芸能記者時代に、まだ若いアイドルだった彼の取材をさせてもらい、原稿を書いた。四十年以上前のホコリをかぶった筐底(きょうてい)から古びた原稿を持ち出すような作業だが、それらの記事も読んでもらいたい。その記事のなかでも、彼が若いころに描いた夢を垣間見ることが出来るし、西城秀樹という若者の人間としての息づかいも伝わってくるだろう。

この本は彼の熱烈な支持者であったジャーナリスト、ジャンルの専門家たち、そして、熱心なファンの人たちといっしょに作った本である。

本書を志半ばで逝った西城秀樹さんに捧げたい。

（塩澤幸登）

人間研究　西城秀樹

目次

◇Ⅱ……50

【The Record of Records】
〜シングル盤レコードの
歴史と足跡〜

【囲みコラム】

第二章　沈黙図書館ファイル

2018年5月18日〜2020年6月11日　……153

第三章　西城秀樹を研究する……351

第四章　西城秀樹　芸能活動　年表……505

第一章　ジャーナリズムは西城秀樹をどうとらえたか

&

シングル盤レコードの歴史と足跡

【The Record of Records】

この章の編集目的はふたつある。

ひとつは新聞記者、評論家、ジャーナリストたちが芸能者としての西城秀樹をどう見ていたか。彼の五十年に及ぶ芸能活動のなかでどう行動したか、そして、みんなが彼の変容というかさまざまな挑戦、変貌と人間的成長をどう評価していたかという問題である。

そして、もうひとつの目的は、これらのさまざまな人たちが書いたこと、考えたことを昭和から二十一世紀にかけての大衆文化論の礎石として、ハッキリと分かる形で永久保存するために、ここにきちんとした形で記録しておかねばならないと考えた、個人的な意図もある。

わたし自身のこういう公的になった文書の記録を保存する立場を説明すると、わたしもこの形（ここにこういうセレクションでいろんな人たちの原稿を集めて並べた体裁）を少しも完全無欠なものだと考えているわけではない。ここに掲載することの出来なかった原稿で、わたしがいまだに知らずにいるものもあるし、知っていても編集上の都合で割愛せざるを得なかった文章もある。いずれにしても、許容のページ数や時間の制限（たとえ編集作業に何年を費やしたとしても）に拘束されて「完璧」にたどり着いたとは思っていない。

それでも、目についたもので、これはこの本に収録しなければと考えたものは著作権者に折衝し、転載をお断りしますといわれたもの以外は、すべて掲載しているつもりである。

I

ここ（パートI）に集めた原稿は、西城秀樹が少年アイドルから脱皮して以降の、芸能者として辿った軌跡を記録したものである。

わたし自身の問題でもあるのだが、わたしが芸能雑誌の編集部から離れたのは一九八三年のことで、そこからは横文字タイトルのライフスタイル・マガジンの編集者として、芸能にあまり関係のない雑誌で仕事をするようになり、芸能界の取材には戻らなかった。

一九八三年というのは西城秀樹が所属プロだった芸映から独立した年でもあるのだが、わたしは彼にこの年の秋、最後のインタビューをして以降、いっしょに仕事をしていない。

それもあって、彼の一九八〇年代の後半以降の足取りを記録した部分をもつ記事、原稿を採集した。

1991-FRONTIER ROAD コンサートツアー・パンフレット

HIDEKI　日本で唯一のロック・ボーカリスト

文・みうらじゅん

ロックを愛する者として、この日本に今一つパッとしたロック・バンドが誕生しないのは、ボーカリストにあると思ってきた。

ギタリストがいくらジェフ・ベックばりのテクニシャンであっても、ドラムがいくらジョン・ボーナム風に叩けても、ボーカリストが今一つだった場合、そのバンドは致命的だ。

バンド・ブームが突然巻き起こった日本は、その飽きっぽい性格からもう次の何かを求めようと動き出し始めている。でも、星の数ほどあったバンドの中には、個性的な世界を作りあげる有能なバンドもいて今でも活躍している。

極論になるかもしれないが、やはり日本で生き残れるロック・バンドはボーカリストがしっかりしている事だ。何を歌いたいか？　何を伝えたいかがハッキリしているボーカリストが必要なのだ。

僕はそんな時、フッと西城秀樹さんの事を想った。僕が中学や高校の頃、ステージで大暴れしていた秀樹さんを——。

もちろん僕は当時「ヒデキー‼」と女子に混じって叫んではいない。逆にブリティッシュやアメリカのロックが好きだった僕は日本の歌謡界に見向きもしていなかった。南沙織が好きだったとかいう意味は別として。

でも秀樹さんのフィーバーぶりはこんな僕にも十分伝わってくるほどスゴイものだったのだろう。あのクサイ（失礼！）までのオーバーアクション、マイク・スタンドを持ち上げてのプレイ、そして絶叫！

僕は大人になって「ハタ」と気が付いた。あのマイク・スタンドアクションは、ロッド・スチュアートのものではないだろうか？

あの絶叫は、ジャニスやツェッペリンのロバート・プラントのものではないだろうか？

そう思っていくと、秀樹さんのやろうとしていたものが段々と見えてきた。それは歌謡界にありながら、浮いた型ではあるが「ロック」だったんだと。

秀樹さんにどうしてもお会いしたいと、ある雑誌を使って申し込んだ。

「ひょっとしてあのマイク・アクションは？」

「そう！ ロッドだよ、もちろんフェイセズの頃のね」

といとも簡単に答が返ってきた。

「僕はジャンルを問わずロックというものが好きだから、クリームからスコーピオンズから何でも取り入れちゃうんだ」

秀樹さんは僕が中学・高校時代思っていた芸能人とは全く違い、こんな僕に対してもまるでロック好きの家庭教師のお兄さんの様に語って下さった。

この人は本物だ。と思ったのは秀樹さんのマネージャーさんに送って頂いた80年の後楽園球場ライブのビデオを見た時だった。

笑っちゃうぐらいすごいセットと演出、それに何よりも観客に対する秀樹さんのエンターテインメントぶり。今、人気ある若者のバンドのライブを見ても、ここまで盛り上げるパワーは感じない。

ユーライヤ・ヒープの〝ジュライ・モーニング〟も秀樹さんにかかれば〝激しい恋〟と同じになってしまう。歌謡曲を歌おうが秀樹さんがロックであり続ける限り、それはロックに変わってしまう。

今回の新曲〝ロック・ユア・ファイヤー〟はやっと時代がついて来たという感じがする。

秀樹さんは誰が何と言おうと、ずっとロック・ボーカリストである。

たぶんこの事実は今後の日本のロック界に大きな影響を与えるだろう。

◇みうらじゅん　1958年生まれ　漫画家、イラストレーター、文筆家

【The Record of Records】

〔画像引用〕
デビューシングル盤「恋する季節」のジャケット写真。１９７２年３月25日発売。オリコン（週刊誌『オリジナルコンフィデンス』）で最高位46位。必ずしもラッキーなデビューではなく、このあと、よほど頑張らなければ消えてしまいそうなランキングだった。作詞は麻生たかし（のちの、たかたかし）、作曲は筒美京平。作詞家のたかの思い出話では事務所から「広島の沢田研二と呼ばれてる子をウチからデビューさせる」と言われて、この曲を用意したのだという。秀樹自身が回想しているのだが、この曲はもともとは、ほかの人がうたうはずの曲想を秀樹のために仕立て直した歌だったのだという。

〔画像引用〕
デビュー第二弾「恋の約束」のジャケット写真。
１９７２年の７月25日発売。オリコンは18位まで。順位は確実に上昇している。この曲の作詞も、たかたかし、作曲は鈴木邦彦。この時期までに、伊丹幸男らと日劇のウエスタンカーニバルに出演したり、雑誌『平凡』の付録（歌本）の表紙に出たりしている。新しい、有力なアイドル候補生が誕生するかもしれないと考えられ始めていた。

毎日新聞1993年11月30日版掲載

創造最前線　かってのヒット曲を再び歌う西城秀樹

オープニングはヨセフ・コスマ作曲、ジョニー・マーサー英詞の「枯葉」だった。続けざまに「カサブランカ」「イパネマの娘」「ティアーズ・イン・ヘブン」と英語のポピュラー、ロック・スタンダードが追う。

最近のコンサートから、始まりのスタイルをこう変えた。ヒデキがデビューした二十二年前のファンの中心を形成していた十代後半、二十代前半の女性たちは、ほとんどが家庭に入り、もう中学生の子供がいても不思議でない年齢になっている。大人になったヒデキが大人になったファンに聴かせるのか。

そして、ステージは一変する。「恋の暴走」「情熱の嵐」「激しい恋」「傷だらけのローラ」……往年のヒットが分厚いロック・サウンドに乗って寸断なく打ち出される。しっとりとしたアダルト・コンテンポラリー調の新曲「いくつもの星が流れ」で幕を閉じたと思うや否や、アンコールは「ＹＭＣＡ」だ。メドレーを含めると約三十曲のステージ。まず体、そしてハートが反応する二時間が別世界として存在する。

アイドルとして生み出されたヒデキという歌手は、長いこと「歌手・西城秀樹」ではなかった。

彼はつい最近まで、ステージ後半で熱唱した過去のヒット・ソングを歌うのを拒んできた。アイドル・イメージを払拭したかった。常に前進のイメージを持つロックに傾倒した。自分は歌手であることを自分自身で確認したかった。歌のうまさは再認識されたが、チャート・インする曲は少なくなった。彼は再び考えた。自分が歌手として、したいことと出来ることとは何か、と。

スタンダードにするんだ

新たな選択は外国曲のスタンダードと自分のヒット曲だった。

「歌って何かなって考える。今の日本の音楽の流れにだけ沿って歌ってるとヤバイなと感じ始めた。聴く側の態勢は整っているのに、送り手は米国音楽界の一部だけを見て、まるで世界中にこのスタイルの音楽しかないというような紹介の仕方をする。何年かたてば、歌が残っていないんじゃないかという不安がしてた。その時、オレの歌はスタンダードじゃないのか、いやスタンダードにしよう、って気が起きてね」

小学三年生の時からジャズボーカルの訓練を受けた。スカウトされたのは、ジャズ喫茶のアルバイトで歌っていた時である。一九八六年に出した「ストレンジャー・イン・ザ・ナイト」というスタンダード集のアルバムは香港チャートで前代未聞の四十七週トップを飾っている。だから、英語の歌を歌うのは何の不思議でもない。彼が正しい目覚め方をしたのは、自身の名曲にスタンダードの視点から自分で光を当てたことだ。

「ようやくテライがなくなったよ。米国のスタンダードもスタートは流行歌だったのだから」

歌も歌手も歌ってこそ成長するものだと気がついた。昔のファンは昔の曲を要求する。今、それに応えられる。そして、客が要求する以上の何かを込めて歌えるようになってきた。

六時間を超す通しリハーサルで全く手を抜くところを見せない。ロッド・スチュワートばりのマイク・スタンドぶん回しも、やる。

「ここからテンション高める。お客さんを前にした時、絶頂にもっていくために」

アイドル・ソングをスタンダードと化すには並大抵の腕力ではすまないことも意識している。

「アイドルからの脱皮」という言い回しは、アイドルが歌手でないことを前提にしている。ヒデキも最初はそう思っていた。今、「本物のアイドル歌手」という未踏のカテゴリーに挑戦しようとしている。だから「アーチスト」という呼称も大嫌いだ。

「ほかの言葉ない?」と尋ねるから「シンガーでどう」と答えると、すぐに「ウン、これからそう言おう。シナトラだってシンガーでアイドルだもんね」

ヒデキは拡大している。

◇川崎　浩（毎日新聞記者）

【The Record of Records】

［画像引用］
第三弾は『チャンスは一度』。１９７２年11月25日発売。
このシングル盤発売の翌日、日本レコード大賞の新人賞候補5組の選出があったが、郷ひろみらと1票差で選に漏れた。この歌の作詞はたかたかし、作曲は前作と同じ鈴木邦彦、ここから編曲に馬飼野康二が参加している。のちに大活躍する人である。オリコンの最高順位20位。伊丹幸男や8月にデビューした郷ひろみなど強力なライバルが多かったが、がんばっていた。熱狂的なファンがつきはじめて、サイン会などを行うと人が集まりすぎて会場が混乱して、イベント自体が中止になったりしていた。

［画像引用］
１９７３年2月25日発売。「青春に賭けよう」、前作（「チャンスは一度」）と同じ顔ぶれ（作詞・たかたかし、作曲・鈴木邦彦、編曲・馬飼野康二）で作られた。
オリコン最高位は16位。波は大きくうねり始めていた。この1か月後、大阪でデビュー1周年記念コンサートが開催され、熱狂的なファンが集合した。5月7日に行われた日劇ウエスタンカーニバルでは伊丹幸男を差し置いて、一枚看板になっている。もう、いつ火がついて人気爆発してもおかしくないところまで来ていた。あとは新曲次第だった。

毎日新聞1994年12月5日版掲載

同時代へ共感伝える　登場　西城秀樹

脱ワイドショーを目指し、フジテレビが月~金午後に放送している報道情報バラエティー「となりのパパイヤ」が芸能ネタ抜きで好調だ。そして〝バラエティー異邦人〟ともいえる辰巳琢郎と西城の司会も人気である。

「なぜ僕が？って疑問に思いましたよ。でも、三時台のテレビを見る人が僕と同じ世代になってきた。同じ時代を生きてきた共感が生む、僕の言葉で、分かりやすく社会的な事柄が伝えられそうな気がしてね」

デビューの十月五日は北海道東方沖地震、レーガン元大統領の衝撃発言の翌日はアルツハイマー症について、三十日は、松崎哲久氏を招き、日本新党除名訴訟に関して番組を作った。常に〝ナマネタ〟対応である。本番の前後に各一時間以上の打合せ、反省会をスタッフと行う。

「楽しくてしようがない。専門家に話を聞くのは何も恥ずかしいことじゃないでしょう。僕のレベルの人はたくさんいるんだから親切なくらい」と笑う。

しかし、畑違いでは？

「前に歩くのが好きでね。僕は何かを恐れて行動しないことによる後退の方が怖い」

だから、だれより早くアジアの音楽市場に飛び出し、ロックもジャズも歌うし、音楽の敵役(かたきやく)にされるテレビの世界にも足を踏み入れる。

「それに、いつからか、ファッション誌じゃなく一般誌や新聞を手に取っていることが多くなったしね」

三十九歳という年齢や知的な資格も十分ということか。

「実は、この世界に飛び込めた一番の理由は、本職の音楽が今一番充実しているからだと思う。地の姿を見せても、もう怖くない。ファンの好奇心にも応えられる。歌という幹がしっかりしたことが、自信と裏付けになった」

以前のような大ヒットこそないが、それを証明するように、来年早々、台湾のテレビ局開局イベントに招待され、フリオ・イグレイシアス、マライア・キャリーと三人でステージに立つ予定である。「歌と歌い続けた自分に誇りを持っている」から、逆に大物ぶらずにテレビと仲良くできる。

ヒデキは、芸能界以外の方が多いという大切な友人や新聞、そして好奇心で、芸能界の中にいると失いやすい一般的なバランス感覚を維持してきた。だからメディアとの距離感覚も正常。結果として、歌手の世界で指折りのテレビ使いになった、と言えそうだ。

◇川崎　浩（毎日新聞記者）

サンデー毎日2009年5月31日号掲載

西城秀樹さんが活躍した「アイドルの時代」の輝き

文・茂木健一郎

先日、新幹線で京都に向かった。さまざまなことについて勉強し、研鑽を重ねる女性たちが集う「並木グループ」の会合にお招きいただいたのである。50周年の記念の会。熱気にあふれる会場の中、脳のお話をした。

祝宴の時間となり、宴会場に丸テーブルがたくさん設えられた。京都市長や京都府知事夫妻、千家十職のうち、花活けや柄杓を作って第十三代目となる黒田正玄さん、国際政治学者で京都大学教授の中西寛さんなど、京都らしい華やかな顔ぶれが揃う。

祝宴が終わって、楽しみにしていた催しものの時間となった。西城秀樹さんの「秀樹オンステージ」が始まったのである。

西城秀樹さんは1972年に『恋する季節』でデビュー。私はその時9歳だった。『チャンスは一度』、『情熱の嵐』、『ちぎれた愛』など、次々とヒット曲を出した西城さん。瞬く間に押しも押されもせぬ大スターとなった。

郷ひろみさん、野口五郎さんとともに「新御三家」と呼ばれた西城さんが好きだった。友達にも、派手なアクションと熱のこもった歌唱のファンが多かった。私の小学校時代は、西城秀樹さんの歌によって彩られたと言ってよい。

その西城秀樹さんの歌を初めて生で聴く。しかも、私のテーブルは一番前である。司会が、「西城秀樹さんです！」と叫び、音楽が鳴り始めた時、全身の神経がざわざわとした。

登場した西城さんは、私の脳裏のイメージにあるそのままの姿。ご病気もされたと聞くが、そんなことを感じさせない、パワフルなステージだった。会場の人々は、光が点滅するスティックを振りながら次第に熱狂。西城秀樹さんが「秀樹、カンゲキ！」と叫び、雰囲気は最高潮に。アンコールの「ヤングマン」の際には、全員が総立ちで踊った。

あっという間に終わったステージ。とても楽しかった。西城秀樹さんと主催者の「並木グループ」に心から感謝する。

終演後、京都の街を歩いた。南座近くの行きつけのバーに向かう道すがら、時の流れの不思議さを思った。

西城秀樹さんがアイドルとしてデビューした頃、日本の歌謡曲は元気だった。当時、小学生だった私は、そのような時代の精神を、空気のように自然に吸って大きくなった。

当時は歌謡曲を育み、花開かせるさまざまな状況も揃っていた。歌謡界の最高の権威としての「日本レコード大賞」が健在だった。新人賞に対する注目も高く、受賞した女性アイドル歌手が涙にくれるというのも珍しくなかった。

大晦日には、「日本レコード大賞」からＮＨＫの「紅白歌合戦」にハシゴするというのが人気歌手の一つのステータス・シンボルだった。紅白の司会者が、「今年のレコード大賞に決定しました！」と紹介すると、会場が大いに盛り上がる。歌手としてのキャリアの、まさに最上の時。「今を生きている」という感覚を、視聴者もまた共有した。

作詞家の役割も大きかった。今や伝説の人と化した阿久悠さん。西城秀樹さんにもたくさんの楽曲を提供していた。ヒット曲は巷の人が誰でも知る存在となり、そのメロディーを子どもから大人まで、誰でも口ずさむことができた。

お茶の間と、歌手と、メディアの間の調和のとれた関係。当時、子どもだった私は、世界というものは最初からそのようなものであり、これからも永遠にそうあり続けるのだと信じていた。

しかし、もちろん、時は流れる。私が中学三年生の時にテレビ中継の視聴率が50％を越え、人気がピークを迎えたレコード大賞。やがて勢いが衰える。音楽の志向性が多様化する中で、全国民が共通して愛唱するヒットソングも減る。レコード大賞の視聴率は、１９９０年代に入ると10％台に低迷するようになった。

同時に、歌手自身が自分で作詞・作曲をするという傾向も強まった。かつてのように、アイドルがデビューし、作詞家、作曲家の先生が指導するというような構図が消えた。日本の音楽自体が大きく変貌していった。

スターとなる上ではもちろん個人の資質は大きい。それとともに、時代の状況も左右する。さまざまなことが重なりあって「合わせ技」となり、西城秀樹さんや郷ひろみさん、山口百恵さんが生まれた。そのような「スター誕生」の物語は、もはや戻って来ない。

ある社会の特質が何かということは、内部にいる人たちには案外見えなくて、外からの訪問者にこそ見えると聞く。一つの時代が過ぎ去って初めて、その時代の特質が見えてくる。私が育った昭和の高度経済成長期も、それが遠くなって初めて、その限界も恵みも見えてきた。

人は、自分の生きてきた時代がそうやって相対化されることに不思議な感慨を覚える。戦争中に青春期を迎えた人には、固有の経験があるだろう。それもまた時代の経過とともに相対化され、歴史の地層の一部となっていく運命にある。

それでも、記憶し続けていなければならない。「今、ここ」が過去のものになって初めて見えてくる時代の暗黙知のようなものを、言葉にしていかねばならぬ。

西城秀樹さんの力あふれる歌に、二つのことを教わった。一つは、とにかく覚えていること。もう一つは、「今、ここ」を懸命に生きること。

私たち人間は結局、戻すことのできぬ時代の流れの中でそれぞれの時を生きるしかない。

昭和はすっかり遠くなってしまったが、西城秀樹さんが活躍したアイドルの時代の輝きは、私の脳裏にしっかりと刻み込まれて今へとつながる。

（茂木健一郎『文明の星時間』（毎日新聞社刊）所収）

【The Record of Records】

[画像引用]

１９７３年５月25日発売。「情熱の嵐」、雌伏１年というわけではないが、やっと大きなあたりをとる。作詞・作曲・編曲は前作と同じメンバー。発売後、３週間後にオリコン最高位６位。最終的に24万６千枚を売り上げ、西城秀樹をトップアイドルの一人に押し上げた。

このレコード発売の翌々日、埼玉のユネスコ村で新曲発表会があり、会場にヘリコプターで降り立って、集まったファンの女の子たちの度肝を抜いた。

ここから、秀樹のエネルギッシュで巨大なイメージが形作られていく。

[画像引用]

１９７３年９月５日発売。「ちぎれた愛」、前作は好きな女の子に対する求愛の歌だったが、この歌は周りの人たちに理解してもらえない恋愛をつらぬき通そうとする恋人たちの決意を歌にしている。

作詞・安井かずみ、作曲・馬飼野康二の新コンビの作品。この歌から本格的な絶叫が始まり、新しい歌唱スタイルが確立されようとしていた。彼はこの歌で初めてオリコン第一位を獲得する。47万５千枚を売っている。この時点で、雑誌の世界ではすでに〝新御三家〟が成立している。

このときのオリコンの第２位はチューリップの「心の旅」、第３位はアグネス・チャンの「草原の輝き」。郷と野口がオリコン第１位になるのは翌74年のことである。

【The Record of Records】

[画像引用]

1973年12月5日発売「愛の十字架」、オリコン連続第1位を記録。この曲も、たか・鈴木・馬飼野の三人組の作品。35万2千枚を売り上げた。「♪なぜに君は僕を捨てた」と悲壮に、しかし高らかに、失われた恋をうたった。この時のベストスリーは第2位郷ひろみの「モナリザの秘密」、第3位は沢田研二の「魅せられた夜」だった。

年末にはレコード大賞で由紀さおりや八代亜紀と並んで歌唱賞を受賞している。音楽業界で歌のうまさが認められたかたちだ。

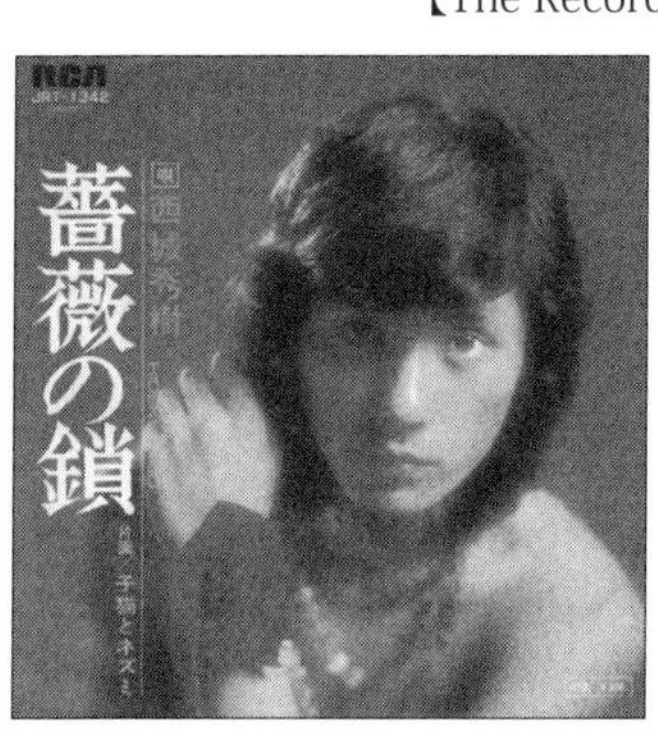

[画像引用]

1974年2月25日発売、「薔薇の鎖」。この曲からスタンドマイクを振り回すアクションが始まる。この歌はどこにも書いていないが、確か雑誌『平凡』の募集歌だったのだが、クレジットはいつもの三人組（たかたかし・鈴木邦彦・馬飼野康二）の作品になっている。原案の提供者がいて、それを形にしたのが作詞家だったのかもしれない。レコードの販売成績はオリコン第3位までいっている。33万4千枚を売り上げた。歌の内容は、ふたたびうまくいっている恋愛のこと。

薔薇の鎖というのがどういうものなのか、歌を聞いただけではよくわからないが、薔薇の花言葉は多様、「あなたしかいない」とか「この世は二人だけのもの」というような意味もあるらしい。

毎日新聞2012年3月26日版掲載

必ず再び「ヤングマン」また闘うのか…悲しみ、焦り

病から、人はどう立ち上がろうとするのだろう。

昨年暮れ、2度目の脳梗塞で倒れた歌手、西城秀樹さん(56)が復帰を目指してリハビリ中だという。聞いてみた。「あきらめない」心って何ですか。

ワインレッド色のレザージャケット、ブルージーンズ。相も変わらず、カッコいい。目の前に座っているのは、まぎれもなく西城さん。いや、昭和30年代生まれの世代にはあこがれのスーパースター、ヒデキである。

2度の脳梗塞　復帰へリハビリ　西城秀樹さんの「あきらめない」

最後にお会いしたのは2年前。

NHKの家庭菜園作りの番組で、旬の野菜を育てながら「この味をヒロミ(歌手の郷ひろみさん)たちにも教えてあげたいよね」なんて笑い飛ばしていた。

お久しぶりです……。

「ああ、あの時の」

思い出してくれた！　だが返ってきたその声は、以前とは違う。ろれつが回らないとでも言った方が正確か。西城さんは数錠の薬を手のひらに取り出して、ペットボトルの国産ミネラルウォーターとともに飲み込んだ。

「今は、こうして歩けるようになったんです。月、水、金曜日はリハビリで、専門の病院に通っています。『バランスボール』ってゴムのボールを使って訓練をしたりね」

自ら話をし始めた。

「火、木、土は中国漢方式のはり。リハビリ運動と同じく、神経を刺激して、身体を動かす命令を脳がスムーズに出せるようにする訓練なんです」

手の機能回復のためトランプを用いることもある。

「テーブルに並べたコインが取れない。指先が滑るんだね。ほら」

起き上がって片足立ちを試みるがおぼつかなく……椅子に倒れ込んだ。

「今まで普通に当たり前にできていた動作が、できない。分かる？　このつらさ」

身体に異変を感じたのは、デビュー40周年のディナーショーを間近に控えた昨年暮れだ。頭がフラフラして大学病院で診察を受けたが、結果は「異常なし」。帰ろうとしたが念のためにと検査入院を勧められた。その夜、血管が詰まってしまった。

発見が早かったせいか、大事にはいたらなかったものの、一部の脳細胞が死に、機能がまひした。右半身が思うように動かなくなり、舌も思うように操れない。

それでも退院直後の1月には静岡県富士市のイベントで座ったままでバラードを2曲歌った。2月には新潟市でディナーショーも開催した。ただ「気持ち的には『死にたいな』くらいの落込みよう」だったという。

「また闘わなくちゃならないのかって考えたらね。前回の時も、リハビリに3年もかかったから」

子供に導かれた「闇より明かりの方へ」

最初の発症は03年。後遺症で言語障害に陥った。コップの水の、「水」がうまく言えない。ヒデキが歌を歌えない。「もう、歌手をやめるしかないって思った」。だが妻から返ってきたのは「ゆっくりと時間をかけて病気になったんだから、ゆっくり歩いて治していこうよ」の一言だった。

以前は暴飲暴食、たばこも1日4箱。血圧も高かった。前年に過労で緊急入院し、医師に休暇を勧められても、「俺は車なら最高級の外車だろう。壊れるなんてあり得ない」とうそぶいた。「健康診断で変な結果が出ても無視していた。車だってメンテナンスをしないと走れないのに」

リハビリは舌を温めたり冷やしたり。口を開いたり閉じたり。「最初は涙が出るほど悲しいというか、どんどん悪くなっていくんじゃないかって焦りが膨らんで」

そんな折、長男が誕生。「電話の向こうで赤ん坊が泣く声が、僕に必死に何かを訴えている。そんな気がした。不思議ですよね。『俺は生きてるじゃないか』って思えたら、急に力が湧いた。

病気だけど病人にはならないって。要は『気』なんですね」

妻は専門書を買い求め、カロリー計算をしたバランスのよい食事を作ってくれる。ヨーグルトと味噌汁、納豆は欠かさない。ジムにも通った。身体機能が回復し、脳梗塞の予防法について講演をするようにもなった。

それでも、再び倒れた。

再発は防げないのか。実は、西城さんに会う前に、脳梗塞の権威で、日本医科大神経内科部長の片山泰朗さんに話を聞いてきた。

「高血圧、糖尿病、脂質異常。一つでもある人が脳梗塞になりやすい。しかもいったん脳梗塞にかかった人は、動脈硬化が進み血栓ができやすい。10歳年をとるごとに発症率は2倍。しっかり治療すれば再発の可能性は低くはなるが、100%ではないんです」

自分は健康だと思っていても突然かかるのが、脳梗塞の恐い点だと片山さんは話す。

再発すると1度目より重症になる可能性がある。「西城さんの場合は自らのコントロールで生命環境を変え節制していたからこそ、再びステージに立てる程度の症状ですんだのだと思います」

片山さんの言葉を伝えると、西城さんの顔がほころんだ。再発前、1食600キロカロリーに抑えていた食事が今は400。まだ、ジムで汗を流すこともできないが、自宅近くを1キロほど散歩している。

「ファンでもないのに僕を気づかって、声をかけてくれる人がいる。大げさかもしれないけれど、同じ時代を一緒に生きる運命共同体というか、人と人とのつながりをひしひしと感じられる」

2月には岡山で、摂生しても再発した自身の体験を語って「転ばぬ先のつえ」として、定期検診の重要性を訴えた。

正直、後遺症は前回より重いと思っている。

「たまに真っ暗な部屋にたった独りでいるような感覚になるんですよ。文字通り七転八倒の日々なんです」

4月、長女は小学校4年生に、長男は3年、次男は2年に進級する。

「長女は階段で手を引いてくれ、長男は風呂で背中を洗ってくれましてね。子どもに勇気づけられて、闇より明かりのある所にいようと思わせてくれるんです。僕は生き抜いてやるぞってね」

どうしても、聞いてみたくなった。また「ヤングマン」を歌える体に戻れますか。

「うーん。8月か9月か、もっと先になるのか。自分の体と相談しながらね。でも必ず歌いますよ。だってほら、あの歌詞、今の僕にピッタリでしょ」

♪ヤングマン、さあ立ち上がれよ……ゆううつなど吹き飛ばして、君も元気出せよ……。

ああ、聞いてみたい。

◇根本太一(毎日新聞記者)

【The Record of Records】

［画像引用］
「激しい恋」、１９７４年５月25日発売。調子のいいロック調の歌。
この曲は58万４千枚を売り上げている。作詞・安井かずみ、作曲・馬飼野康二コンビの第二弾。これまでより24万枚も多く売れているのだが、オリコンの第２位、第１位にはなれなかった。首位を阻まれた原因は殿様キングスの「夫婦鏡」と中条きよしの「うそ」。この時期には山口百恵も「ひと夏の経験」を歌って一皮むけたアイドルに変身してランキングの上位に顔をみせている。

［画像引用］
１９７４年８月25日発売、「傷だらけのローラ」。
秀樹の歌唱力の秀逸さが如実に表れている作品の一つ。この曲もオリコン第２位にとどまった。実売枚数は34万枚。秀樹はこの曲で、前年に続き、レコード大賞の歌唱賞を受賞、二度目の受賞はポップスの歌手では初めて。歌謡大賞でも放送音楽賞をもらっている。この歌、作曲は馬飼野康二なのだが、作詞はさいとう大三。秀樹の［絶叫］がいかんなく発揮されているのだが、この歌をうたいこなすには身体にかなりヘビーな負荷がかかるらしい。
この歌もいいが、ゴールデンボンバーの「ローラの傷だらけ」も面白い。

雑誌『昭和40年代男』2019年7月号増刊 掲載

西城秀樹
情熱のアクションにオトコたちも憧れたスター

アイドルをやるんだと言われて、じゃあやってみようかなと。
目指したのは、舞台と客席の一体化。

70年代の歌謡界を華やかに彩った新御三家。なかでもすらりと背が高く、ダイナミックなアクションでブラウン管のこちら側の少年たちを熱くヒートさせてくれたのは、西城秀樹その人だった。歌って踊るアクションスターとして、次々と音楽シーンを改革していった70年代、ヒデキは僕たちのヒーローだった。

1970年代、数々のヒット曲で一時代を築いた西城秀樹。絶唱型と呼ばれる日本人離れしたスケールの大きなボーカルスタイル、歌いながらの激しいアクション、さらには日本にスタジアムライブを定着させたのも彼だった。西城秀樹こそが、日本のエンターテイメントを次々と革新していったパイオニアだったのだ。

もともと西城秀樹は、小学校3年でジャズのスクールに通い始め、クラシックギターを習っていたが、兄のバンドでドラムを叩き始め、小学生ドラマーとして広島で活動していた。ベンチャーズやビートルズ、ジミ・ヘンドリックスやローリング・ストーンズなどの洋楽に影響を受け、なかでもシカゴが断然好きで、自身の洋楽体験のなかで大きな比重を占めていたという。また、思春期の頃のアイドルはジャニス・ジョプリンだった。では、アマチュアバンドでドラムを叩いていた少年が、どうして歌手としてデビューすることになったのか。

「スカウトされたんです。僕はウッドストック世代ですから洋楽が好きで、出身地の近くの岩国には米軍キャンプもあったし、子供の頃から洋楽に親しんでいました。歌謡曲は聴いていなかったし、歌手になりたいとは全く思っていなかった。でも、スカウトされて歌謡曲を歌うんだ、アイドルをやるんだと言われて、ああ、そういうものなんだ、じゃあやってみようか、というくらいの気持ちでした」

歌手と観客の一体感を作り上げたヒデキコール

デビューは72年の3月25日。筒美京平の作曲による『恋する季節』だった。

「でも、『恋する季節』は、別の人のために書かれた曲だったんです。元カーナビーツのアイ高野さんが歌うはずだった曲で、それが僕に回ってきたんです」

2曲目の『恋の約束』からは、鈴木邦彦が起用される。5曲目の『情熱の嵐』まで4作続けて作曲した鈴木邦彦こそ、初期のイメージを決定づけたと言っても過言ではないだろう。

「鈴木邦彦先生は僕にとってとても大きな存在でした。先生はレコーディングでいつもほめて下さって、厳しく叱られるようなことはありませんでした。ほめれば伸びるタイプだと思われたのかもしれませんが（笑）」

西城秀樹の最初の大ヒット『情熱の嵐』も、鈴木邦彦の作曲。この曲をステージで歌っている時のファンのコールが話題となった。「君が望むなら」「ヒデキ！」というコール＆レスポンスの形である。これにはある曲がヒントになっていたという。

「にしきのあきらさん『空に太陽がある限り』の、『愛してるー』で掛け合う、あのスタイルを意識して曲を作ったんです」

鈴木邦彦も作曲の時点で、わざとすき間を作って「ヒデキ！」コールを想定していたそうで、実際にステージで歌った時、舞台と客席が一体化する感触を彼自身も感じ取ったという。こういった歌手とファンによるコール＆レスポンスのスタイルを本格的に歌謡曲に持ち込んだのも、秀樹が最初。男性アイドル歌手への女性ファンの熱狂に、ひとつのスタイルを作り上げたと言えるだろう。

秀樹のトレードマークともいえる、絶唱型の楽曲は、初期のイメージを強力に印象づけた。その端緒となった『ちぎれた愛』を作詞したのは安井かずみ。『激しい恋』『この愛のときめき』『恋の暴走』など、ロックンロールからラブバラードまで安井かずみが手がけた西城秀樹の世界は色っぽく、ひと足早く大人の世界に足を踏み入れている印象があった。

「僕は安井かずみさんが大好きだったんです。ご本人もすごくかわいらしい方でしたし、大人の女性が書く詞という印象があって、安井さんの書かれた詞はどれもいいなぁ、と思います。安井さんを僕の歌に起用したのは、ロビー和田さんのセンスでした」

もうひとり、70年代の西城秀樹を形作った作詞家がいる。76年2月25日発売の『君よ抱かれて熱くなれ』に始まる、阿久悠であった。

「阿久先生は、僕を成長させてくれた方です。20歳を迎えて少年から青年へと脱皮していく時に、僕を大人の歌手に育てていこうという気持ちをすごく感じました。歌っている内容もとても大人っぽいものでしたし、作曲の三木たかし先生の曲調もすごく凝(こ)っているなあと思っていました」

プレスリー風の衣装と華麗なスタンド使い

日本の音楽史において、西城秀樹が70年代に収めた功績は多大なものがある。まずエンターテイメントの世界に洋楽的、ロック的な方向性を取り入れたこと。派手でセクシーなアクションと長い脚が映える衣装がそのイメージを決定づけた。

初期の衣装を担当していたのは、アニカモードサロンの椎名アニカで、山本リンダのヘソ出しルックも彼女の考案である。

「デザイナーは、アメリカナイズされた雰囲気を僕の衣装に取り入れていました。初期の頃はエルヴィス・プレスリーを意識した衣装がありましたね。ディレクターのロビー和田さんも、アメリカンカルチャーを僕の世界に取り入れようと、いろんな提案をしてくれました」

歌いながらの熱く激しいアクションも秀樹の魅力のひとつ。3作目の『チャンスは一度』から振り付けを担当した一の宮はじめがこう述懐している。

「あの頃、秀樹は新御三家として売り出されることになったんだけど、郷ひろみはかわいい美少年だった。野口五郎は歌が上手かった。そこで秀樹の個性を出すためにどうしたらいいか、とみんなで思案して、情熱的でセクシーな、男性的魅力を打ち出していこう！となったんです。激しいアクションもその形で作られることになりました」

なかでも印象深かったのは、74年2月25日に発売された『薔薇の鎖』のスタンドマイクを使ったアクション。テレビの歌番組で秀樹のパフォーマンスを見て、思わず家でほうきを使って真似した人も多いだろう。

「あれはロッド・スチュワートの真似だったんです。ロッドがフェイセズにいた頃、かまやつひろしさんと日本武道館にライブを観に行って、何であんなに高くマイクが上がるんだろうと不思議に思ったんですよ。それで、ロッドのマイクはアルミ製だとわかって、かまやつさんにお願いして特注のマイクスタンドを作ってもらったんです」

当時は鉄製のマイクスタンドしかなかった時代、軽量なアルミ製スタンドによるマイクパフォーマンスは、その後多くのロックアーティストが取り入れるようになっていく。

また、アーティストがビッグになるに従い、ホール公演からアリーナクラスの公演、さらにスタジアム公演へとキャパシティを拡げていくのは現在では当たり前になったが、このスタジアムコンサートを日本人ソロアーティストとして初めて開催したのも西城秀樹だった。74年8月3日、大阪球場で開催されたのが最初で、それ以降大阪球場では10年連続で公演を行ない、東京・後楽園球場での公演も78年から4年連続で開催している。

「僕はウッドストックのフェスティバルが好きで、自分でも野外でステージをやってみたいと思っていたんです。クレーンで宙吊りにしたゴンドラの中で歌うというのは僕のアイデア。ただ、特に意味はなく、子供の遊びの延長みたいなもので、これをやったらお客さんはみんなビックリするんじゃないかと思ったんです」

自ら出演を直訴した『愛と誠』も爆発的人気に

西城秀樹のお茶の間人気を高めたのは、カレーのCMで見せる、庶民的で人なつっこいキャラクターに加え、ＴＢＳで高視聴率を誇っていた水曜劇場枠の人気ドラマ『寺内貫太郎一家』への出演も大きかった。

秀樹は小林亜星演じる貫太郎の長男、周平を演じている。

「僕は俳優になるつもりはなかったし、ドラマも『あこがれ共同隊』（ＴＢＳ系）など単発での出演はありましたが、2クールを2回という長丁場のレギュラー出演は初めてでした。『寺内～』では、樹木希林さんに育てられたという思いが強いですね。演出の久世光彦さんは、女性にはやさしいけれど男性陣には厳しいんですよ（笑）」

その『寺内貫太郎一家』で毎週、お約束のように登場するのが貫太郎と周平の取っ組み合いの親子げんかシーン。ある時、小林亜星に投げ飛ばされた秀樹が骨折してしまい入院するというハプニングも起きた。

「あれは、亜星さんが僕を投げる時の動きについて久世さんが怒ったので、亜星さんがあわてちゃったんです。僕は自分からポーンと飛んでいったんですが、打ちどころが悪くて骨折してしまった。まあ、久世さんは思っていた画が撮れればどんな手を使ってもＯＫな方でしたから（笑）」

俳優・西城秀樹といえば74年の映画『愛と誠』の太賀 誠役も忘れがたい。あの役は自身が望んで演じた役だったという。

「僕はずっと『愛と誠』のマンガを読んでいて、その男っぽさが好きだったんです。映画になると聞いて、直接、梶原一騎先生に誠役をやりたい！　と直訴して、出演できることになったんです。監督の山根成之さんはすごく律儀な方で、映画で見せるアクションも山根監督に指導を受けました」

歌に映画にテレビドラマ、ＣＭ、ライブステージと八面六臂の大活躍だった70年代の最後を飾るのが、今や日本国民で知らぬ者はない大ヒット曲、『YOUNG MAN（Y.M.C.A）』。ディスコグループのヴィレッジ・ピープル『ＹＭＣＡ』のカバーだが、この曲は秀樹自身が探し出してきたものだったそう。

「ロスに行った時、車の中から流れてくる『ＹＭＣＡ』を聴いて、これはいい曲だぞと思ったんです。すごくノリがいいし、ステージでやってみたいと思い、日本に帰ってからスタッフのみんなに歌って聴かせて『どう？　いいだろう』って。あの人文字の振り付けは僕が考案したんです。それをヴィレッジ・ピープルが来日した時に対談した際に振り付けを教えたら、これはおもしろいから俺たちもやっていいか？　って言われました」

もともと原曲はゲイカルチャーのイメージが強く、カバーには反対する者も多かったそうだが、大ヒットしたことですべて吹き飛んでしまった。それまで日本ではレコード会社が歌手の意見を認めてくれることは少なかったが、この曲以降、いろいろな提案が通るようになり、秀樹自身も好きなことをやっていきたいと思うようになった契機でもあった。何より初期から西城秀樹とそのスタッフが目指していた〝舞台と客席を一体化させる〟参加型のライブが、究極の形を見せたのが『ＹＯＵＮＧ ＭＡＮ』の大ヒットだったのだ。

西城秀樹さんは、本記事掲載から1年半後の２０１８年5月16日に急性心不全のため63歳で亡くなられた。

二度の脳梗塞による闘病生活と、リハビリを続けながらステージに立つまでに回復していた秀樹さん。

「今の自分の、ありのままの姿を見てもらいたい」

と語っていたその壮絶な人生と、パイオニアとしての偉大なる歩みは、今も多くの人の記憶に焼きついている。

取材・文：馬飼野元宏（まかいのもとひろ）

『昭和40年男』7月号増刊　総集編「俺たちの胸に刺さった昭和ソング」掲載
2019年6月11日発売号（初出『昭和40年男』2016年12月号）

【The Record of Records】

［画像引用］
「この愛のときめき」、1975年2月25日発売、作詞は安井かずみ、作曲あかのたちお。あかのの本名は赤野立夫で、デビューから何曲も秀樹の歌の作曲をしてきた鈴木邦彦さんのお弟子さんらしい。この曲はオリコン第3位を記録。このレコードのジャケットの裏にデビュー三周年記念イベントの「あなたとヒデキ　ときめきの集い」への応募券がついていた。この集まりはこの年の3月31日に東京都体育館で開催された。

【The Record of Records】

〔画像引用〕
1975年5月25日発売「恋の暴走」。秀樹13枚目のシングル。オリコン第3位まで。「激しい恋」を作った安井かずみ・馬飼野康二の作品。愛の告白の歌だ。この恋の細かい事情は分からないが、失恋しそうになっていて、「♪ダメにダメにダメになりそう　砕けて散るガラスの夜だよ」と歌っている。覚えやすい、調子のいい歌だ。

〔画像引用〕
1975年10月25日に発売された「白い教会」。歌の背後に深い物語がありそうな歌だ。この歌を聴いていて、ダスティン・ホフマンが主演したアメリカ映画の『卒業』を思い出した。主人公の若者が教会の結婚式から花嫁を略奪する映画である。この歌を作ったのは、たかたかし・鈴木邦彦のコンビ。オリコン第4位までたどり着いている。教会音楽のような荘厳な曲調、熱唱して絶叫しているところもあるが、基本はバラードだと思う。歌いこなすのがかなり難しい、歌唱の実力を問われる歌だ。秀樹はこの歌を見事に歌いあげている。

Ⅱ

このセクションでは、２０１８年5月の彼の死後に追悼の意を込めて書かれた原稿を中心に編集している。

これもすべての記事や発言を網羅しているわけではなく、いちおう、主な新聞記事はチェックし、雑誌にも目を通したが、そのなかから自分なりの編集基準をもって原稿を選択、収録した。これも多分に恣意的なところがあり、読者のなかには、「あの新聞の記事を載せてほしかった」なんて考える人もいるだろう。だれでも、どんなにしつこくものを考え、やりたいと思っても、現実には限界がある。

それでも、心の琴線に触れる原稿というものがある。読んで、これはと感じたものについては著作権者の転載再利用の許諾をとっている。

毎日新聞2018年5月18日版　掲載

歌唱力と大衆性両立　63歳　西城秀樹さん死去

「傷だらけのローラ」「YOUNG MAN（Y.M.C.A.）」などのヒット曲で一時代を築いた歌手の西城秀樹（さいじょう・ひでき、本名・木本龍雄＝きもと・たつお）さんが16日、急性心不全のため死去した。63歳。通夜は25日午後6時、葬儀は26日午前11時、東京都港区南青山の青山葬儀所。喪主は妻美紀（みき）さん。

1955年、広島市生まれ。72年、「恋する季節」でデビュー。郷ひろみさん、野口五郎さんと共に「新御三家」として70年代の歌謡シーンを席巻した。

アイドル歌謡にとどまらず、「情熱の嵐」「薔薇の鎖」「YOUNG MAN」のようなダンス付きのアクション歌謡や「傷だらけのローラ」のような詞を絶叫するシャウト歌謡、「抱きしめてジルバ」「腕の中へ」といった洋楽カバーなど、歌謡界に多彩な道筋を示し、歌唱力と大衆性を両立させるアーティスト像を昭和歌謡界に確立させた。

また、テレビドラマ「寺内貫太郎一家」（74年～75年）や映画「愛と誠」（74年）などで俳優としても活躍。出演したカレーのCMでは「ヒデキ、感激!!」のキャッチコピーが話題を呼んだ。また、香港やシンガポールなどアジアでも大きな人気を得た。

２００３年と11年に2度にわたり脳梗塞を発症し、言葉がうまく発せられなくなるなどの後遺症と闘い、闘病記も出版。リハビリを続けながらステージに立ち続けた。今年4月にもステージに立ったが、同25日に自宅で倒れて入院し、帰らぬ人となった。

言葉見つからず

歌手の野口五郎さんの話◆あまりにも突然で、今は言葉が見つかりません。気持ちの整理がつくまで少し時間をください。申し訳ありません。

先に逝き悲しい

歌手の郷ひろみさんの話◆同世代としてとても残念です。ボクの中で長男は（野口）五郎、次男は秀樹、末っ子がボクでした。秀樹が先に逝ってしまったこと、とても悲しい気持ちでいっぱいです。デビュー当時、右も左もわからなかったボクに「ひろみ、何かわからないことがあったらオレに訊いてくれ」と親身になってくれたこと、一生忘れません。こころからお悔やみ申し上げます。

ハウス食品感謝

歌手、西城秀樹さん（63）の訃報を受け、かつて「バーモントカレー」のテレビＣＭに起用したハウス食品グループ本社は17日、「ＣＭは大変好評で、そのおかげもあって今日カレーが国民食とまで言われ、皆様に愛されるようになった」と感謝するコメントを発表した。

コメントでは「突然の悲報に接し、ただ驚くばかりです。心から御冥福をお祈りします」としている。

西城さんの主な曲
1972年　恋する季節
73年　ちぎれた愛　愛の十字架
74年　激しい恋　傷だらけのローラ
75年　恋の暴走　白い教会
76年　ジャガー
78年　ブルースカイブルー
79年　YOUNG MAN（Y.M.C.A.）ホップステップジャンプ
83年　ギャランドゥ
91年　走れ正直者

ポップス歌謡の先駆者

【評伝】

「昭和歌謡」という言葉はいくつかの相を持っている。一つは文字通り昭和時代の大衆歌謡。もう一つは戦後日本を元気づけた演歌歌謡曲。そして、1970年〜80年代のテレビやカラオケ文化を背景に、アイドル、バンド、演歌などが入り乱れ百花繚乱(りょうらん)の時代を迎えたポップス歌謡。西城秀樹さんはこのJポップの現形ともいえる、ポップス歌謡を形作った先駆者だった。

そもそも西城さんは父からジャズを、兄からロックを学んだ洋楽少年。体に染み付いていたのはバンド演奏で行った山口・岩国基地で経験した先進のヒット音楽。デビューしても、洋楽の格好良さを自分のスタイルにどんどん取り入れた。

振りを付ける▽コール&レスポンス（曲間の掛け合い）を入れる▽振り回せるマイクスタンドを導入する▽英米ロックのシャウトとバラードを日本語の歌唱に取り入れる▽音楽に合う強烈で美的な衣裳を着る——。どれもがそれまで存在しなかった、斬新な男性歌手のスタイルだった。

阿久悠、三木たかしを代表とする歌謡界のヒットメーカーもそんな「ヒデキ」のために、最先端の曲を書いた。

2003年の脳梗塞（こうそく）の発病以降、厳しいリハビリの日々を送っていたが、それはいつまでも〝美的で先進〟を追い続けていたからに相違ない。

◇川崎　浩（毎日新聞記者）

西城秀樹さんを悼む

読売新聞２０１８年５月18日版掲載

歌で、演技で、スターとして輝き、多くの人のこころをつかんだ西城秀樹さんが16日、亡くなった。その魅力について、ドラマで共演したこともある作曲家の小林亜星さん、そして音楽評論家の湯浅学さんにあらためて振り返ってもらった。

熱く上品なスター　小林亜星

１９７０年代半ばに、テレビドラマ「寺内貫太郎一家」で、私が頑固おやじ、秀樹は息子役を演じました。初めて会った時からものすごく売れてたから、第一印象は「これが一番売れてる人か」でした。

忙しくて、台本を入念にチェックしているような暇はなかった。でも、ぱっと1回見れば「わかった」と。こういうところがプロ的な才能なんですね。撮影が終わったらすぐどっか行って、歌わなきゃいけない。それでもスター的な、特別な感じをにおわせるところの全然ない、良心的で真面目な青年でした。この世界は裏ではワルってのもいるけれど、そんなことは全然なかったですね。

撮影では、（演出の）久世光彦さんが変わった人だから、相当本気にならないとオッケーしなくてね。取っ組み合いのケンカのシーンを本気でやろうとして、ちょっとどこかが当たったら、お互い頭に来ちゃったりして、殴り合いになって。終わるとまた戻るんだけどね。ある日、秀樹がケガをしちゃって、そしたら女子高校生から山のように非難の手紙が来て、大変でした。そんなことがあっても、秀樹は大騒ぎしなかった。上品な人でした。

ミュージシャンとしても素晴らしかった。声量豊かで、洋楽も取り入れた。あれだけの人はなかなかいない。野口五郎さん、郷ひろみさんと「新御三家」と呼ばれ、比較されたが、彼は絶唱型ですね。「傷だらけのローラ」で「ローラ　ローラ」というところはすごいね。かといってバラードの落ち着いた歌もなかなかのもんですよ。

アニメ「ターンAガンダム」主題歌の「ターンAターン」という僕の曲は、秀樹に歌ってもらった。彼は完璧に理解して、完璧に歌ってくれた。音楽を通じて理解し合いました。僕が作ったアニメの曲では一番だと思う。

秀樹が脳梗塞を患ってからも、たまに食事をしていました。楽屋でいろいろと話をしたのが最後かなあ。あの時はもう口をきくのは大変そうだったけど、盛大で、すごくいいコンサートでした。

役者としても、歌手としても、純粋な人でした。嫌らしいところが全くない。人間って、あんなに真面目で、楽しくいられるものだろうか。それは努力が必要なことだったんじゃないかな。俺みたいなのが長生きして、何でこの人がと思うと、ほんとにやんなっちゃう。（談）

小林亜星◇1932年生まれ。作曲家。「北の宿から」などを手がける。

シャウトでも正しい音程

湯浅　学

西城さんの洋楽の感覚を取り入れた歌謡曲は、1970年代、ユニークな存在でした。シャウト（叫ぶこと）しながら、少しハスキーな声で歌うのは、リズム&ブルース的でもありました。カンツォーネやカントリーのように、朗々と歌うのではなく、あくまでロック型のボーカル。けれど、歌唱力は抜群で、シャウトしても音程は正確だった。こういうタイプはあまりいない。ロックなんだけど、不良性を感じさせない。健全なロック歌謡という趣でした。

「YOUNG　MAN（Y.M.C.A.）」はディスコでヒットした曲のカバーで、明るくてシャウトできる西城さん向きだった。屈折した感じがしないので、こういうポップな曲も似合うんです。

洋楽、ロックが好きなんだけど、それをきちんと歌謡曲にして、分かりやすくお茶の間に歌を届けた。その功績は大きいと思います。いかにもアイドル的な作られた感じがしない。自然で、カレーのCMがよく似合う。西城さんは、子供から大人まで食べられるカレーのイメージにぴったりでしたよ。惜しい人をなくしました。（談）

湯浅　学◇1957年生まれ　音楽評論家。著書に「ボブ・ディラン　ロックの精霊」など。

【The Record of Records】

［画像引用］
１９７６年２月25日発売、「君よ抱かれて熱くなれ」。シングル盤第16弾。前々作の「至上の愛」がオリコンで６位までしか届かず、前作の「白い教会」はいい歌だったが難しすぎた、という反省があったのではないかと思う。中だるみした状態にあったようだ。この歌は、新登場の作詞・阿久悠、作曲・三木たかし、ヒットソングメーカーのゴールデン・コンビ。「秀樹を大人にしてほしい」というのが事務所とレコード会社のリクエストだったようだ。秀樹も「気持ちを入れ替えてこの歌を歌いたい」といったという。そういうことがあって、この曲はオリコン三位にランク。起死回生の一曲になった。覚えやすく、真似して歌いやすい歌だった。

［画像引用］
「ジャガー」。１９７６年６月５日に発売。この曲も阿久悠・三木たかしコンビの作品。オリコン第３位が最高位。男くさい歌だ。

歌のなかで「抱いてやる、抱いてやる」「君のために戦う」と叫ぶ。

この曲は第五回東京音楽祭の国内大会、世界大会でそれぞれ入賞している。

テレビの歌番組などでこの歌を歌うときはドライアイスを使って白い煙のなかから姿を現すという演出をして、みんなをあっといわせた。

【The Record of Records】

［画像引用］

１９７６年９月５日発売の「若き獅子たち」。

かっこいい歌だが、ただかっこいいだけではない。即自的な恋愛からはなれて、男の生き方、そのものを歌っている凛々しい歌だ。歌が人生を考えさせる。この歌を歌いこなすことで、彼は人生について考える力をつけていったのではないか。ジャケットの写真もかっこいい。

オリコンは第４位まで。この曲はレコード大賞の歌唱賞を受賞した。前作、前々作と阿久・三木コンビの作品。ここからしばらくは作詞の名人（天才）・阿久悠が作る大人の愛の歌をうたうことになる。

［画像引用］

「ラストシーン」、１９７６年12月20日発売。

この曲も阿久・三木の作品。年上の女とのかなわぬ恋を歌った。この時、彼は二十一歳だったが、大人になりかかった男として、大人の女たちにアピールすることを意図してこの歌をうたったのではないか。オリコンでは第８位が最高位。もしかしたら、それまでの秀樹ファン、年下の女の子たちに受けなかったのかもしれない。この歌の発表以前のことだが、１０月に東京・赤坂のナイトクラブ「ニュー・ラテン・クォーター」で初めてのディナーショーを開催している。大人の歌手になろうとしていた。

朝日新聞2018年6月15日版掲載

12通りの愛 捧げたローラ

◇北川純子（大阪教育大教授）

西城秀樹とはどんな歌手だったのか。時代の中での位置づけを考えるために、「現代日本朝日人物事典」（朝日新聞社、1990年版）と「大衆文化辞典」（弘文堂、91年版）でどのように取り上げられているかを調べました。すると、野口五郎、郷ひろみの「新御三家」に関する記事は、それぞれ朝日人物事典で1~2件、大衆文化事典で2件に過ぎませんでした。

これに対し、彼らと活動時期が重なる天地真理、小柳ルミ子、南沙織の「新三人娘」は、大衆文化事典では、それぞれ4~5件と新御三家の2倍以上でした。アイドル本人の紹介だけでなく、財界人やプロモーター、歌謡曲の歴史といった他の分野との関わりでも登場しています。

女性アイドルの優位は、桜田淳子、森昌子、山口百恵の「花の中3トリオ」でも続きます。とりわけ山口百恵は朝日人物事典では12件も登場しています。日本の歴史の一コマにすらなっています。俳優の三浦友和との婚約が、そのほかのエピソードや事件の中にも登場するなど、日本の歴史の一コマにすらなっています。

こうした隔たりが起きる理由の一つは、アイドルを評価する評論家が、主に年長の男性によって占められていたためだと考えられます。彼らが女性アイドルの中に物語を描き、評価していたのと裏腹に、男性アイドルについては「女性ファンにキャーキャー騒がれているだけの存在」と、一段低く見ていたのでしょう。この評価は果たして正しかったのか。私は新御三家より前の「グループサウンズ」に熱狂した時代ですが、西城秀樹の死をきっかけに、彼の歌を聴き込んでみました。最も驚いたのは「傷だらけのローラ」です。冒頭から最後まで12回、「ローラ」が出てきます。最初と最後のローラの旋律が全く同じで、びっくりしました。ここで気が付きました。彼はローラを12パターン歌い分けていたんです。

ある時はいたわるように、ある時は励ますように、さらに時をかえて切望するように歌う力で変えていたんです。「ブルースカイブルー」も歌の展開の振り幅が非常に豊かでした。語りかけるように歌い始め、途中の『ふり向けば』からは伸びやかに歌い上げる。聴く側はみんなあそこで、青い空を脳裏に描くことができる。ローラと同じ馬飼野康二（まかいのこうじ）の巧妙な作曲を生かし切った、西城の歌の力です。亡くなって、音楽番組「ザ・ベストテン」の司会をされた黒柳徹子さんが「あんなに歌のうまい人はいない」とおっしゃっていましたが、単に強い声を出すというのではなく、うまさの中の振り幅の多様さが称賛の理由でしょう。

西城秀樹の評価は低すぎます。これからも長く聴き継がれるべき歌手だと思います。

（聞き手　編集委員・駒野剛）

◇北川純子　国立音楽大学卒。２０１２年から現職。専門は音楽社会学。著書に「現代日本社会における音楽」などがある。

毎日新聞2018年6月25日版掲載

[悼む] 繊細にしておちゃめ 西城秀樹さん(歌手)

心不全のため5月16日死去・63歳

仕事なのに葬儀に行かなかった。

泣くのが分かっていたからだ。

べったり遊んでいたわけではないが、いつもきちんと気を配ってもらった。

それを一つ一つ覚えている。

極めて繊細な人物だった。そのことを思い出し、涙が出るのは分かっていた。

彼の歌も同じである。叫ぶロックもささやくバラードも絶妙にこなした。

すべてに「気」が行き届いていた。

1990年代半ばのある年の紅白歌合戦。

男性楽屋では、秀樹の周りに人だかりができる。

その時はサーフィンの話題。「河村(隆一)君や(木村)拓也君に教えたのは僕だよ」と本人たちを前に自慢する。だが全然嫌みでない。「川崎もやれよ」となぜか呼び捨て。嫌だというと

「じゃゴルフだ」。それも嫌だと言うと「道具もあげるし、練習にも一緒に行ってやる」とまで言う。それも断ったが、今思うと、1回くらい付き合えばよかった。

そして、出番衣裳に着替えると「どう、格好いい？」と聞く。褒めると「ね、青ノリついてない」と〝いー〟をする。学芸会の子供か。毎年これの繰り返しだった。おちゃめで明るく格好いいのが大好き。

きれいなものも大好きで、ある時、ケント紙をくちゃくちゃに丸めては伸ばしを繰り返している。「電球を入れて、家の階段一段ずつに置くライトにしようと思うんだ」。

そんなことをいつもやっていた。

結婚式の引き出物も、インドネシアで見つけてきたという重たいガラスブロック。

「な、きれいだろ」。

秀樹が苦しいリハビリを続けたのも、きれいで格好いい自分が好きだったからだ。

もう今ごろは、格好いい西城秀樹に戻れただろう。よかったね。ブロックは玄関にあるよ。

◇川崎浩（毎日新聞記者）

東京新聞2018年5月19日版掲載

先駆者ヒデキ
野外公演、マイクアクション、ペンライト…

◇片山夏子

日本人歌手としては初の球場や武道館での公演、スタンドマイクを振り回すパフォーマンス、客席のペンライト…。十六日に六十三歳で亡くなった歌手の西城秀樹さんは「何でも一番先にやらないと意味がない」と話し、日本の音楽界に数々の新しい試みを取り入れた先駆者だった。その一端を紹介すると…。

一九七二年のデビューから二年後、西城さんは八枚目のシングル曲「薔薇の鎖」で、マイクスタンドを蹴り上げ、振り回すという派手な動きを取り入れた。

「海外のミュージシャンのマイクアクションを取り入れようとしたが、鉄製のスタンドで重くてできなかった。アルミ製のスタンドを特注したら、使いやすかった」。西城さんはこう振り返った。以降、このアクションは日本のロック歌手らに大きな影響を与えた。

この七四年、西城さんは日本人ソロ歌手として初めて球場で公演する。場所は大阪球場(当時)。米国の大規模なロックフェスティバルの記録映画に感動し、「野外イベントを誰よりも早く日本でやりたかった。日本中が驚くステージをつくろう」と自ら企画。大型クレーンでつり上げられた地上四十メートルのゴンドラから、観客席に舞い降りる演出を成功させた。

大阪球場公演では、ペンライトによる応援も生まれた。海外でファンがライターをともす姿からヒントを得た。公演直前にラジオで「（火は危ないので）懐中電灯を持ってきて」と呼び掛けたことで始まった。

七五年には日本人ソロ歌手として初めて、日本武道館での公演を開催した。

洋楽のカバーでも草分けだった。大ヒット曲「ＹＯＵＮＧ　ＭＡＮ」は米国で耳にした「ＹＭＣＡ」に感動したのがきっかけ。「外国曲はヒットしない」という当時の常識を覆した。

生前の二〇一五年に対談した音楽評論家の伊藤政則氏は「西城さんは誰もやったことのないことをしたいと話していた。いち早く反応し、ただ取り入れるだけでなく、完全に自分のものにしていた」と絶賛する。

伊藤さんは「沢田研二さんはミック・ジャガーに入れ込んでいたから、僕はロッド・スチュアートを目指した」と語った西城さんの少年のような表情が忘れられないと話す。「小さい時から洋楽にはまり、ギターやドラムに親しんだことも大きい。彼の魂にはロックが宿っていた。歌謡曲の枠で語れない、飛び抜けた唯一無二の存在だった」

ＤＪの吉沢ｄｙｎａｍｉｔｅ・ｊｐさんは「ここ数年、海外でも日本の一九七〇〜八〇年代の音楽が『和モノ』として注目されている」と説明する。「西城さんらの曲をフランスの人気ＤＪ

が扱うなど注目されている。新御三家は評価が高い。西城さんの歌唱力により、欧米のダンス音楽に混ぜても違和感がない」

吉沢さんは、西城さんのシングルのB面曲などを聴き直して驚いたと話す。「洋楽的な要素が入り、ジャズロックやファンクに近い曲もある。これほど格好いいことをしていたのかと。いまに通用する音というより、時代がやっと西城さんに追いついたのでは」

◇片山夏子 プロフィール　中日新聞東京本社（「東京新聞」）の記者。大学卒業後、化粧品会社の営業、ニートを経て、埼玉新聞で主に埼玉県警担当。出生前診断の連載「いのち生まれる時に」でファルマシア・アップジョン医学記事賞の特別賞受賞。中日新聞入社後、東京社会部遊軍、警視庁を担当。特別報道部では修復腎（病気腎）移植など臓器移植問題、原発作業員の労災問題などを取材。名古屋社会部の時に2011年3月11日の東日本大震災が起きる。震災翌日から、東京電力や原子力安全・保安院などを取材。同年8月から東京社会部で、主に東京電力福島第一原発で働く作業員の取材を担当。作業員の事故収束作業や日常、家族への思いなどを綴った「ふくしま作業員日誌」を連載中。2020年、同連載が評価され、「むのたけじ地域・民衆ジャーナリズム賞」大賞受賞。現在、特別報道部所属（本データは書籍『ふくしま原発作業員日誌　イチエフの真実、9年間の記録』が刊行された当時に掲載されていたものです）。

【The Record of Records】

［画像引用］

「ブーメランストリート」は１９７７年３月15日発売。

この曲はオリコン６位を記録。この歌もなかなか意味深で、いったん離れそうになった女の気持ちを、何とかして自分のところに戻って来いとうたっている歌。この歌も聞きこむと秀樹の豊かな声量としっかりした音程を感じさせる。

一度、ファンになりながら、その後、秀樹ファンであることをやめていた人たちが、彼の死後、あらためて秀樹ファンになる、そういう人たちをこの歌をもじって、多少の自虐を込めて、自分たちを［ブーメラン組］と呼んでいる。

［画像引用］

１９７７年９月５日発売、「ボタンを外せ」はオリコン第12位にとどまった。

このころの歌謡界はピンク・レディーの大旋風が吹き荒れている。ここまでずっとオリコンのベスト10入りを続けてきたが、それが途切れた。これが、阿久・三木コンビで作った最後の作品になった。

［ボタンを外せ］の意味は深長で、男と女の恋愛の機微が歌われている。心のボタンを外すには、男も女も勇気が必要。好き同士でも、傷つくことをおそれているのか、なかなかうまくいかないのが、大人の恋。

毎日新聞2018年5月21日版　掲載

歌謡ロック開拓　一大市場に
西城秀樹さんを悼む

◇富澤一誠（音楽評論家）

西城秀樹が「情熱の嵐」「激しい恋」「傷だらけのローラ」などでブレークするまで〝歌謡曲〟は自作自演が主体のフォークやロックに比べると音楽性が低いと揶揄されていた。なぜなら、プロの作詞作曲家が作った曲をただ歌っているだけで、フォーク、ロックアーティストのように自分のメッセージがないと思われていたからだ。いわゆる〝お人形さん〟、そんなレッテルを貼られた扱いがそれまでの〝歌謡曲歌手〟だったのだ。

しかし、そんな歌謡曲にロック色の強い要素を取り入れ、歌謡曲とロックを融合させたニュージャンルともいうべき〝歌謡ロック〟を確立したパイオニアが西城秀樹なのである。しかも、その歌謡ロックを一大マーケットにしたのも西城で、これは彼の大きな功績と言っていい。もちろん一朝一夕にしてなったのではない。パイオニアならではのチャレンジがあったればこその新境地開拓である。

歌謡ロック確立にあたり、彼はそれまで誰もしていないことにチャレンジした。彼の代名詞ともいえる絶叫系の歌唱スタイルや、スタンドマイクを振り回し蹴り上げるアクションなど、いろいろな要素をいち早く取り入れて〝歌謡ロック〟という新しいパフォーマンススタイルをひとつずつ作っていった。また、現在では当たり前になっている、球場における野外ステージやアリーナライブなどのビッグイベントも、実は彼がパイオニアだった。

１９７４年の大阪球場での野外ライブは、矢沢永吉の後楽園球場ライブに先駆けること4年である。80年の後楽園球場ライブでの、40メートル以上のクレーン車で登場する演出には度肝を抜かれたものだ。

絶叫系ボーカル、スタンドマイクをはじめとした大胆なアクション、「ヒデキ！」と観客から声が飛ぶコール&レスポンスなど、彼による新しいパフォーマンススタイルは、マニアックになりがちなロックを普通の人でも聴きやすくして、歌謡曲ファン、ロックファンの両方を魅了しつづけた。だからこそ、世代を超えたスーパースターになりえたのだ。

彼が〝歌謡ロック〟というジャンルを切り開き新しいマーケットを確立したからこそ、彼に続く田原俊彦、近藤真彦、さらに現在のアイドルたちが活躍できる場が存在しているのだ。野茂英雄投手がいたからこそ、日本のプロ野球選手が大リーグで今活躍できるのと同じことである。その意味では、彼は偉大なアーティストだと言っていい。

人生の第4コーナーを回って直線コースに入ったところで、自分なりのゴールはみえていたはず。そのゴールを見すえて自分なりの走り方をしようと思っていた矢先に残念でならない。彼には直線コースが長い競技場で思う存分に走ってほしかった、と思うのは私だけではないだろう。彼のぶんまで私たちは走らなければならない。それが先に逝ってしまった彼に対する、我々からの〈コール&レスポンス〉である。

歌手、西城秀樹さんは16日死去。63歳。

★毎日新聞2018年5月18日朝刊東京支局発　報道
◇私たちの青春に色添えてくれた～西城さん死去に知事～
小池百合子知事は17日、歌手の西城秀樹さんの死去について「私たちの青春時代に色を添えてくれた。『YOUNG MAN』のYMCAで元気に踊り、歌い、私たちも元気をいただいた。ご冥福をお祈りします」と述べた。視察先のあきる野市で報道陣に語った。【熊谷泰】

【The Record of Records】

［画像引用］
１９７８年１月１日発売、「ブーツをぬいで朝食を」。秀樹23枚目のシングル。作詞は阿久悠、作曲は大野克夫。オリコンで7位まで上昇した。この年の１月19日に放送を開始したＴＢＳの歌番組「ザ・ベストテン」でピンク・レディーの「ＵＦＯ」に続いて第１位にランクされ、秀樹の底力を見せつけた。
大野克夫は元スパイダースのギタリスト・キーボード奏者。ＴＢＳの久世光彦がおこなった、阿久悠が作詞した沢田研二の「時の過ぎゆくままに」の作曲コンペで選ばれたのが出世作。秀樹の歌を作るのはこれが初めてだった。
歌のイントロで、ライターに火をつけるというアクションをして、話題になったが、子供がまねして火災事故を起こした。秀樹はテレビで、「ぼくももうやらないから、みんなも真似しないでね」と呼びかけたという。

［画像引用］
１９７８年５月２５日発売の「炎」。この曲から、作詞・阿久悠、作曲はデビュー以来、いろいろな曲（「ちぎれた愛」や「激しい恋」など）で秀樹とかかわってきた馬飼野康二。秀樹の歌唱能力をよくわかっていた。
阿久は言葉の魔術師にふさわしい歌の世界を作り上げている。「かなり難しい内容の歌を作っているのだが、彼はそれを歌いこなしてしまうから大したものだ」と言っていた。オリコンの最高位は第５位。秀樹はこの歌で、東京音楽祭の国内大会のゴールデンカナリー賞を、世界大会で外国審査員団賞を受賞している。

日本経済新聞２０１８年7月6日版掲載

追想録　西城秀樹さん（歌手）芸能のアジア進出先駆け

ソロの野球場ライブや、コンサートのペンライト。日本の芸能界でヒデキが「先駆け」とされるものは数多い。とりわけ大きな勲章がアジアへの進出だ。

皮切りは１９８１年の香港。歌謡番組に招かれ、激しいステージアクションを披露した。直立不動で歌う歌手しか知らない現地の人々は度肝を抜かれ、ただちに同年の公演が実現した。

ゴンドラの宙づりをはじめ、ヒデキはコンサートの革命児。自ら仕掛けのアイデアも出す。レーザー照明など派手な演出に香港の観客は熱狂した。当時12歳のヒーリン・ファンさんは「まるで白馬の王子様だったわ」。客席前列にはパフォーマンスをまねようとアジアの歌手や俳優が陣取った。87年には中国に進出。北京では2万人収容の会場が4回、満員になった。ソウル五輪（88年）では日本の歌手として初めて、韓国で日本語の歌を歌った。同じ72年デビューのアグネス・チャンさんは「アジアの懸け橋になった人」と話す。万国共通のカッコ良さ。「当時の女性アイドルは皆、ヒデキが一番ハンサムと思っていた」。通夜の前日、ヒデキのある曲が頭から離れなかった。悲しい別れの歌、「ブルースカイブルー」だった。

＝5月16日没、63歳。

◇松本和佳（日本経済新聞編集委員）

【The Record of Records】

［画像引用］
１９７９年2月21日発売の「YOUNG MAN（Y.M.C.A.）」、ご存じ、秀樹最大のヒット曲。アメリカでヒットしていたディスコ・ミュージックを自分たちで作り直して、日本語にして大ヒットさせた。オリコンで5週連続第１位を獲得。レコード会社は発売後、３か月（５月20日付）後に、１００万枚突破のゴールド・ディスクを作っている。歌の内容はこれまでテーマにしてきた男女の恋愛模様ではなく、老若男女の区別なくみんなで頑張って生きよう、という内容の底抜けに明るい歌。大衆の生活に対する応援歌だった。
この歌は年末の音楽祭を総なめにしたが、レコード大賞だけは外国曲ということで受賞を逃した。この曲の代わりに、この後発売した「勇気があれば」が金賞を受賞している。現在までにこの曲は２００万枚を超えるセールスを記録しているという。

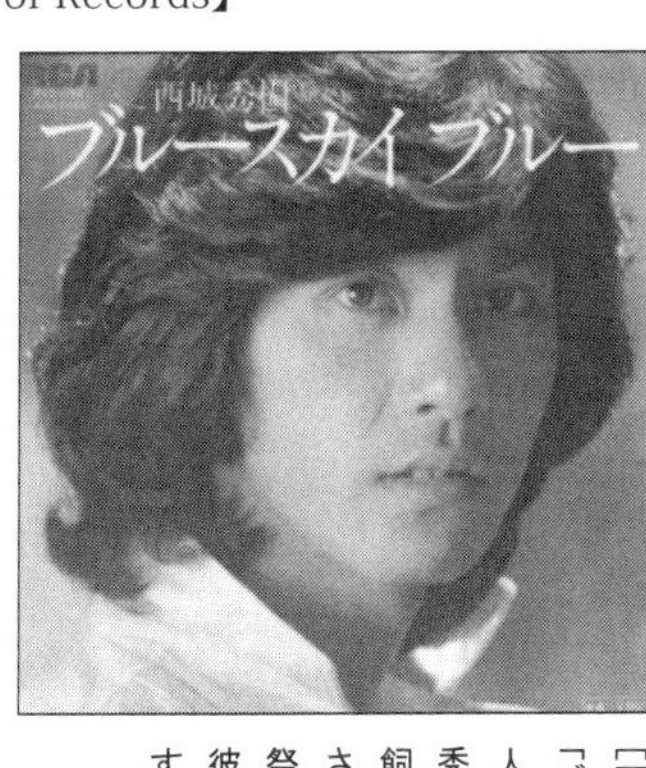

［画像引用］

「ブルースカイ ブルー」の発表は１９７８年８月25日。

人妻との許されない愛と別れをうたった秀樹がうたうバラードの代表的な作品。

秀逸な楽曲でオリコンの第３位を記録している。前作「炎」につづいて、阿久・馬飼野の作品。このスローバラードを歌うことで、多くの人たちに彼の存在を再確認させた。この歌は78年のレコード大賞・金賞、歌謡大賞の放送音楽賞、ＦＮＳ歌謡祭の最優秀歌唱賞を受賞している。

彼の死後、歌の持つ［喪失］の意味が深化し、歌手としての西城秀樹の人生を象徴するような意味合いの歌になった。

ブレスヴォイストレーニング研究所ホームページ2018年5月下旬アップ

ヴォイストレーニングとレッスン曲の歩み

◇ヴォイストレーナー　福島英

ここでは、私がレクチャーやレッスンで使ってきた曲を順不同ですが、紹介していきます。耳を鍛えることやオリジナリティを得るためにも、充分に活用できる歌曲の作品を主として取り上げています。まずは、どのように聴くか（学ぶ、気づく）が、その人の可能性の大半を決めるといってもよいでしょう。

これらは、私のレッスンのバックグランドにあり、本当の力をつけるためには、とても有意義なものと思っています。私がどのように出会って聞いてきたのかも加えています。

尚、敬称は、略させていただきます。

西城秀樹「ブルースカイ ブルー」

西城秀樹が歌が本当にうまいと気づいたのは、日本人のすぐれた歌唱を選りすぐらされたときでした。それまで、私は彼の「ブルースカイ ブルー」（1978年）を日本人離れした大きな曲に美しいメロディでカンツォーネのようだと絶賛していました。

彼のステージでの「レイディ」（「Ｌａｄｙ１９８０」ケニー・ロジャースのヒット曲）をとりあげたこともあります。今もこの2曲を私なりに彼の「絶唱」と思っています。あまりにさりげなくて、どの曲もかなりのハイレベルで歌っているのに皆、気づかないほどのすごさでした。秀樹は、ヒデキであって、評価を抜けている歌い手です。歌で声が飛んでくるポップス歌手は、日本にはとても少ないのです。忌野清志郎のようにトータルでなく、歌唱力としての個性で、しかも尾崎紀世彦のように声フレーズとしてではなく、ロックとして日本語を動かした点で、ビジュアライズな魅力よりも、歌の声の力、感情の伝え方で味わってもらいたいと思います。歌唱の力は「若き獅子たち」でわかるでしょう。

私がリアルタイムで、好きだったのは「愛の十字架」でした。

今、思うと、どれもプレスリーのように宗教や祈りにも通じていた歌のように思えます。

殉教とはいえなくとも過激な生活がたたっての早逝でした。

没年２０１８年5月（デビュー１９７2年、「ＹＯＵＮＧ ＭＡＮ」のヒットは１９７９年）。

私は60代まで生きた彼を「早かった」と、惜しみたくはないのです。世に出て最初の3年で惹き込み、７年で解き放つ、スターというのは、もうそこで成り立っているのです。

福島英◇ブレスヴォイストレーニング研究所所長

朝日新聞2018年5月21日版掲載

走っていた時代の象徴だった

2週連続「9999点」健康的な若さのオーラ

西城秀樹さんを悼む　「ザ・ベストテン」元プロデューサー・青柳脩さん

生放送の音楽番組「ザ・ベストテン」が始まったのは1978年の1月でした。海外のロックから学んだ野性味あふれる歌唱スタイルとともに、「ヒデキ」の愛称ですでに幅広い世代から人気があった西城秀樹さんは、1回目の放送から「ブーツを脱いで朝食を」がランクインしました。その後も出す曲が次々にランクイン、番組の常連となったのです。

79年2月に発売された「YOUNG MAN (Y.M.C.A.)」が最高点の「9999点」を記録したのはこの年の4月5日。翌週の12日も「9999点」を記録しました。

「ザ・ベストテン」の主役は「ランキング」。世間にどのくらい浸透しているかを点数に換算するため、レコードの売上げ枚数だけでなく、はがきによる投票リクエスト、各地のラジオ放送や有線放送のランキングを合算したのですが、「9999点」は番組史上最高得点でした。

歌が大ヒットするのは楽曲の良さはもちろんありますが、歌い手が持っているオーラというものが大きいと思います。「YOUNG MAN」の場合、西城秀樹という歌手が持っている「健康的な明るさ」「若々しさ」が大きかったのではないでしょうか。「新御三家」の仲間である郷ひろみや野口五郎が同じ曲を歌ってもあれほどのヒットはしなかったと思いますね。

あのころディスコでは若者たちが、学校では子どもたちが「Y」「M」「C」「A」とアルファベットを全身で表しながら踊っていました。体が不自由な人たちへのリハビリにも使われ、「社会現象」としてニュースにもなりました。あの歌は洋楽の日本語カバーでしたが、日本中に元気と希望を送り届けた歌だったと思います。まさに、誰からも愛された国民歌謡です。

１８０センチを超す細身の体。足が長くパンタロンがとても似合った。スタジオに集まった女性ファンが「キャー、キャー」と絶叫していたのを覚えています。いまで言うなら「ビジュアル系アイドル」の元祖かもしれません。

歌番組に活気があった時代でした。歌手への追っかけ中継もよくやっていました。新幹線が停車中に駅のホームで歌ってもらったり、高速道路を走行中の車に乗っている歌手を撮影したりしたこともありました。警察から注意され、始末書を書きましたね。日本経済もオイルショックから立ち直って80年代のバブル成長に向かって走っていました。西城さんはそんな時代の象徴だったのかも知れません。

（聞き手　編集委員・小泉信一）

Ironna.jp 茂木健一郎ブログ

「革新的アイドル」西城秀樹は理屈じゃ語れない

◇茂木健一郎

西城秀樹さんが亡くなったというニュースを聞いたときは本当に驚いた。63歳。あまりにも早すぎる。西城秀樹さんは、本当のスターだった。まだまだ、そのご活躍を楽しみにしていたファンの方は多いだろう。

西城秀樹さん、どうぞ安らかにおやすみください。心からご冥福をお祈りいたします。

偉大なるスターの死の報に接して、西城秀樹さんが輝いていた、あの時代のことを振り返りたいと思う。

私が子どもの頃は、日本のテレビは黄金期だった。ある日、その「真ん中」に西城秀樹さんが現れた。見ている側から見れば本当に突然、西城秀樹という光を放った存在が「降臨」したのである。

鮮明に覚えているのは、5枚目のシングル『情熱の嵐』だ。まず、つかみから圧倒された。ステージ上で歌って踊る西城秀樹さん。客席から「ヒデキ」の声が飛ぶ。なんだか、それまで見たことがない光景が地上に現れたような気がした。

西城秀樹さんは、登場したその時から、すでに「完成」された姿をもっていた。情熱をそのまま形にしたような、その外見。力強く、時にハスキーなその声。

「西城秀樹」という名前も素敵だった。踊りや仕草も華麗だった。「ヒデキ！」というファンの掛け声も含めて、すべてが完成されていた。まるで、「イデア」の世界から人間界に降臨した「アイドル」の一つの「原型」であるようにさえ思われた。

夏目漱石は、『夢十夜』の中で、運慶のような名人が仏像を彫るのは、木の中に埋まっている形をそのまま掘り出すのだ、というようなことを書いている。当時、小学校高学年だった私の前に突然降臨した西城秀樹さんは、まるで世界のどこかに埋もれていた「アイドル」がそのまま出現したかのように見えた。それくらい「完璧」だった。

アイドルという存在は、実は「革新性」の塊（かたまり）である。今流行の言葉に置き換えれば「イノベーション」だ。西城秀樹さんは、それまでに見たことのないアイドルのイノベーションを起こしたからこそ、当時の私たちはテレビ画面に釘付けになって、目が離せなくなってしまった。

人間の脳は正直で、見たことのないものにワクワクする。理屈で「これは大切だから」とか、「価値があるから」と言い聞かせても、なかなか集中力は続かない。例えば、アポロ11号で人類が月に到達した時の熱狂がすごかったことは、子供心に鮮明に覚えている。月面着陸がそれまで見たことがないほどの「イノベーション」だったから、あの熱狂が巻き起こったのである。

その後、月面着陸さえ日常の見慣れた光景になってしまい、人々の関心は急速に冷めていった。宇宙への関心が再び盛り上がるには、近年のイーロン・マスク氏が率いるスペースX社の、火星旅行を含む大胆な計画の出現などのイノベーションが必要だろう。

西城秀樹さんがアイドルの世界でやったことは、画期的に新しいことだった。『ちぎれた愛』『愛の十字架』など、新しい楽曲を発表するたびに、情熱と絶叫の西城秀樹さんの「アイドル道」が深まっていった。

世間は「新御三家」などと据わりの良い言葉で西城秀樹という現象を整理しようとしていたが、そこにあったのは今まで見たことのない明るい「大彗星（すいせい）」の登場だったのである。

そして、西城秀樹さんの姿にファンが見ていたのは「愛」だったのだと思う。

西城さんから放たれていたのは、まさに愛の輝きだった。

□

西城秀樹さんが、革新の精神を忘れなかったことは、後に大ヒットした『ＹＯＵＮＧ　ＭＡＮ（Y.M.C.A.）』でもわかる。西城さん自身がアメリカで聞いて日本に持ち込んだというこの曲は、目が覚めるほど斬新だった。同時に「西城秀樹」というイメージも一新され、さらに魅力が加わった。

今日に至るまで『ＹＯＵＮＧ　ＭＡＮ』は、その独特の振り付けとともに、さまざまな場所で歌われ、踊られるスタンダード曲となっている。『ＹＯＵＮＧ　ＭＡＮ』のヒットで、「西城秀樹」

の存在はさらに力強く、永遠のものとなった。

西城秀樹さんの「アイドル」としての存在感がいかに強烈で、純粋なものであったかは、人気アニメ『ちびまる子ちゃん』の中で西城さんが象徴的存在として取り上げられ、世代を超えて共有されるようになったことでも分かるだろう。西城秀樹さんは、本当にアイドルの「イデア」界に到達してしまったのである。

私は10年近く前に、西城秀樹さんのステージを生で見たことがある。「レジェンド」が目の前に現れたことで、心が震えるような感動があった。かつてと同じような若々しさと情熱で歌う西城秀樹さんの姿を見るうちに、目に涙が浮かんできたのは、きっと私だけではなかっただろう。

時が流れ、テレビやアイドルを取り囲む状況もすっかり変わってしまった。今や、かつてのような「国民的アイドル」は存在しない。若い世代のテレビ離れも、もはやニュースにすらならないくらい当たり前のことになってしまった。

多様性とグローバル化の中で、みんなが漂流している。それでも、私は思うのである。西城秀樹さんが見せてくれたような、恐れを知らぬ大胆な革新の精神さえ忘れなければ、必ず人々を熱狂させる「何か」は生み出すことが出来るのだと。

『情熱の嵐』で鮮烈に登場した西城さん。『ＹＯＵＮＧ　ＭＡＮ』で、さらに新しい「成層圏」へと飛行を続けた西城さん。病に苦しみながらも、若さと情熱を保ってアイドル道を生きた西城さん。そして、ついには世代を超えて親しまれるアイドルの「元型」にまでなってしまった。西城さんのそんな姿は、私たちにとって「生きる」ということは変わり続けることであり、挑戦し続けることであるという、かけがえのないメッセージでもある。

西城秀樹さん、私たちはあなたの歌が、踊りが、そしてその存在が大好きでした。

西城さんが亡くなったことで「一つの時代がおわった」、そんなことは言いたくありません。西城さんの「熱」と、新しいものを生み出す創造の精神は、きっと私たちの胸の中で生き続けます。だから、西城秀樹さん、西城秀樹というアイドルとその時代は、むしろ形を変えてこれからも続くと信じます。西城秀樹さん、私たちは決してあなたを忘れません。

ありがとうございました。そして、これからも。

◇茂木健一郎（もぎけんいちろう） 1962年生まれ 脳科学者。

★出典不明　掲載日時不明　◇どうもありがとうヒデキ
8月16日に、ヒデキのショーが札幌であったんです。その夜の部の整備の人たちのことについて一言。ショーのラストの方で最高にもりあがってファンの人たちが前の方につめかけていったんです。そうしたら整備の人たちが「うしろにもどれ」と押し返そうとしたんです。それがあまりにも手荒なので、ヒデキが音楽をとめて「おい、そこの整備の人、そんなにしなくてもいいじゃないか」といってくれたんです。そしてもう一言、「みんな、ちゃんとできるね」と。
もう最高にうれしかった！　整備の人も仕事なんだろうけど、もう少しお手柔らかに。【北海道A子】

【The Record of Records】

[画像引用]

「勇気があれば」、１９７９年９月５日リリース。オリコンで３位まで上昇。この曲もＴＢＳの「ザ・ベストテン」で第１位になっている。穏やかな曲調のバラードだ。作詞は山川啓介、作曲は筒美京平。

大ヒットした「Ｙｏｕｎｇ Ｍａｎ」が外国曲ということで、レコード大賞の対象外とされた。それでこの曲がノミネートされ、ジュディ・オングが歌った「魅せられて」と競合したが、僅差で敗れた。泣きじゃくるジュディを秀樹が優しくエスコートしてステージまで付きそい、男の株を上げた。

レコード大賞は逃したが、金賞を受賞している。テレビ朝日が主催する全日本歌謡音楽祭ではこの曲がゴールデングランプリを受賞している。

[画像引用]

「サンタマリアの祈り」、１９８０年10月５日リリース。

秀樹の35枚目のシングルレコード。オリコンでは13位どまりだったが、レコード大賞の金賞と歌謡大賞の放送音楽賞を受賞している。本文にも書いたが、作詞はなかにし礼、作曲は西郷輝彦の最後のヒット曲になった「真夏のあらし」をつくった川口真。歌はキリストの生母、マリアの奇蹟をうたったもの。彼女は他者への犠牲のために生きた。

なかにし礼はカソリックとギリシャ正教の神髄を歌にしあげて秀樹に歌わせた。この歌も秀樹の精神性に大きな影響を及ぼしたのではないかと思う。

歌いこなすのは相当に難しいが、哀愁を帯びたいい歌だ。

野口五郎　弔辞

２０１８年５月26日青山斎場 朗読

秀樹、君が突然去ってしまったことを知ってから何日が経っただろうか。皆さんに、気持ちの整理がつくまで少し時間を下さい。そうお願いしたのだけど、どうやってこの現実を受け止めて良いのか。いまだに君の言葉をいろんなことを思い出して、泣いてばかりいる。

秀樹との46年間は、簡単に語りきれるものではありません。こんなふうに君への弔辞を読むなんて考えてもいなかった。僕にとって、君は本当に特別な存在だった。

ある時は兄のようでもあり、ある時は弟のようでもあり、親友でもあり、ライバルでもあって、いつも怒るのは僕で、君は怒ることなく全部受け止めてくれて。いま思うと僕と君との違いは、心の大きさが違うよね。つくづくそう思うよ。いつも僕が言うことを大事に大事に聞いてくれて、何でそんなに信用してくれていたの。

訃報(ふほう)を聞いて君の家に向かう途中で、僕は突然思い出して妻に言った。秀樹の歌で「ブーメランストリート」という曲があって、ブーメランだから「きっとあなたは戻って来るだろう」って歌詞だけど、でも戻ってこなかった人を、アンサーソングとして「ブーメランストレート」ってどう、って言ったら、それ良いねって、秀樹、大笑いして。そしたら彼、本当に「ブーメランストレート」っていう曲を出してしまったんだよ。

君の家に着き、君に手を合わせ、奥さんの美紀さんと話し始めたら、秀樹の曲をかけ続けていたディスプレーから突然「ブーメランストレート」が流れてきた。数百曲もある君の曲の中で、五郎、来てくれたね、君が僕だけに分かる合図を送ってくれたのかなってそう思ったよ。

30年ほど前に、君は「チャリティーコンサートをするんだけど、その時の曲を作って欲しい」って、突然、言い出した。


「秀樹、僕は人の曲は作らないって知ってるだろ」

「うん、だから作って」

「秀樹、だから作っては日本語、変だから」

「うん、最後にみんなで歌う曲作って欲しいんだよ」

「秀樹、悪いけど無理だから。それ出来ないから」

「分かってる。一応締め切りはいついつだから」

「秀樹、それ出来ないからね」って別れたのに。


締め切り日ぎりぎりにパジャマを着て譜面とデモ音源を君の家に届けた僕に、まるで僕が作ってくるのが当たり前のように、玄関先で「ありがとね」って君は笑顔でひと言。完全に見透かされてるよね。

今年になってから、その曲がシングルカットされてるのを知って、僕はそれまで知らなかったんだよ。シングルカットされているのは。君のマネジャーにお願いして、音源もらって、マルチがないからＣＤから君の声だけ取り出して、今年２月の僕のコンサートでデュエットした。なぜ今年だったんだろう。不思議でならない。

コンサートを見に来てくださった君のファンも喜んでくださった、って奥さんから聞きました。

デビューしてアイドルと呼ばれるようになった僕らは、次はその席を後輩に譲らなければ、そして次の高みを目指さなければと考えていた。その方向が僕らは一緒だった。同じ方向を目指していた。秀樹は決してアクション歌手ではないし、本物のラブソングを届ける歌手を目指していたことを、僕は知っている。

１９９３年、初めての「ふたりのビッグショー」での共演。一緒に歌った「Unchained Melody」「Smoke Gets In Your Eyes」ハーモニーの高いパートは僕で、最後に格好良く決めるのは秀樹。でも僕はそんな秀樹が大好きだった。本当に格好良いと思っていた。

お互い独身時代が長かったから何でも話すようになってゴルフも一緒に行った。君が車で迎えに来てくれて、僕がおにぎりとみそ汁を用意して、夫婦かなんて言いあって。僕が「秀樹、結婚するから」って言った時の驚いた顔を忘れない。２月に僕が披露宴をしたときに、「おめでとう」と君に握手を求められた瞬間、僕にはすぐ分かったよ。あ、こいつ結婚するって。案の定、５カ月後に美紀さんと結婚した。

秋も深まったある日、妻が「もしかして子どもが出来たかも」と言いだし、驚いた僕は明日、病院に行って検査してもらおうと二人で話した。そんなとき、君から突然の電話。「五郎、まだ誰にも言ってないんだけど、俺、子どもが出来た」。生まれてみれば同じ女の子で君んちが6月3日、僕んちが6月5日。まじかこれ。当然、娘たちの初節句、ひな祭りも一緒に祝ったよね。

3年前、秀樹の還暦パーティーに出て、サプライズでケーキを持ってステージに出させて頂いた時の秀樹のびっくりした顔、今でも忘れられません。

さかのぼること44年前、1974年。この年、僕が「甘い生活」でレコード大賞歌唱賞を取れるという下馬評だったけど、君の「傷だらけのローラ」が受賞。もちろん君は欲しかった賞だし、当然うれしかったと思う。でも、君は僕の前では喜んだりしなかった。僕を気遣ったんだと思う。それから2年後、二人で受賞した。そのときは握手して二人で抱き合った。

そして40年後、還暦パーティーで僕が「抱いていいか」。「何だよ」と言われたけど、僕はそんな君を抱きしめた。その時、君は僕のことを一瞬、抱きしめ返そうとした。その瞬間に君の体の全体重が僕にかかった。それは僕にしか分からない。心の中で、「秀樹、大丈夫だよ。僕は大丈夫だからね」そう思った。それと同時に、僕の全身が震えた。こんなぎりぎりで立ってたのか。こんな状態で、ファンの皆さんの前で立ってたのか。そこまでして、立とうとしていたのか。なんてすごいやつだ。

彼の大きさに驚いて、一瞬、頭が真っ白になって、彼のコンサートなのに、サプライズで来ている僕が「西城秀樹です」って秀樹のファンの皆様に彼を紹介してしまった。

秀樹ほど、天真爛漫（てんしんらんまん）という言葉がぴったりな人は僕はこれまでに会ったことがない。何事にもまっすぐで、前向きで、おおらかで。出会う人を全て魅了する優しさと全てを受け入れる潔さとたくましさ。そんな君を慕う後輩がどんなにたくさんいたか。僕はうらやましかったよ。

僕もひろみも、秀樹の代わりにはなれないけど、まだしばらくは頑張って歌うからね。おまえの分も歌い続けるからね。そして君を慕ってくれた後輩たちとともに、僕らの愛した秀樹の素晴らしさを語っていこうと思います。何よりも君を愛し、支え続けたファンの方々とともに。

秀樹、お疲れ様。

そして、ありがとう。

もう、リハビリしなくて良いからね。

もう頑張らなくて良いから。

君のかわいい子どもたち、家族を、いつも見守ってあげて欲しい。そしておまえの思うラブソングを天国で極めてくれ。

秀樹、お疲れ様。

そしてありがとう。

平成30年5月26日、野口五郎。

【The Record of Records】

［画像引用］
「リトルガール」は１９８１年３月21日にリリース。秀樹37枚目のレコード。オリコンでは９位まで上昇している。秀樹はこの曲で、オリコン史上初となる30曲ベストテン入りを果たした。この歌は年下の女の子への恋心をうたっている。作詞は竜真知子、作曲は水谷公生。二人とも戦後生まれで、若い世代が秀樹の歌作りに参加した形。竜真知子は、同じ芸映の河合奈保子や石川秀美らの歌をたくさん作っている。この歌は歌い出しは難しいが、中身はメロディラインの美しい、かわいい歌だ。

［画像引用］
「ジプシー」は１９８１年12月20日発売。
めずらしく女言葉で歌をうたっている。オリコンでは15位までだったが、女口調がけっこう新鮮だ。作詞は森雪之丞、作曲は鈴木キサブローという人。
森雪之丞は、秀樹の楽曲のほかに、シブがき隊の一連のヒット曲、布袋寅泰や氷室京介などの楽曲の作詞を多く手がけている。バブルの絶頂期に流行った中原めいこの「君たちキウイ・パパイヤ・マンゴーだね。」もこの人の作品。ロック系の作品を手がけるようになったのは、この曲（「ジプシー」）がきっかけかもしれない。激しくて調子のいい曲だ。なお、「ジプシー」というのは広島時代、高校生だったヒデキが仲間と作っていたバンド名でもある。

Ⅲ

このパートでは、死後一年を経過してからの社会的な西城秀樹追悼の動きを記事にした原稿を取りあげた。

芸能人は多くの人たちが、亡くなった後、わりあいとすぐに忘れられる人が多いのだが、西城秀樹の場合は、その死が悲劇的であったこともあるのだろうが、時間の経過とともに、ますますその評価が高まるという、これまでになかった文化現象が起こっている。

ここはその理由を詳しく述べる場所ではないが、いま言えることをいうと、彼はあらためて、その存在意義を問い直すだけの価値のある生き方をした人間だったということなのだろう。

わたしは、この本で彼の人生の真実の回答が得られるなどとも思っているわけではないのだが、大衆文化のなかの巨大なメルクマールとして、このあと、長く、〝ヒデキ、あなたは何者だったのか〟と問いつづけられる存在であることは、さまざまの証言者の言葉からも明らかである。

産経新聞2020年1月17日版掲載

アイドルのCM起用「ヒデキ、感激！」でブレーク
変革 ハウス食品グループ◆クオリティ企業へ

「ハウスバーモントカレーだよ～♪」「ヒデキ、感激！」のフレーズで知られるテレビCM。歌手の西城秀樹が昭和48年から60年まで13年間にわたり出演した。郷ひろみ、野口五郎とともに「アイドル新御三家」として高い人気を誇った西城の起用で「商品のファンもつかんだ」とハウス食品グループ本社コーポレートコミュニケーション本部長の藤井豊明（65）は言う。

ハウスは西城と独占契約。西城は13年間、ほかのCMには一切出演せずバーモントカレーの顔であり続けた。材料にリンゴと蜂蜜を使っているという商品の特徴は、西城の歌うCMソングを通じて広く浸透した。一方で「タレントとして、テレビ番組に出ていない時でもCMを通じていつも露出することのメリットは大きかったはず」と藤井は指摘する。

バーモントカレーは38年の発売。当時、カレーは大人向けの辛い料理とのイメージがあった。そんな中、米バーモントに伝わる民間療法にヒントを得てリンゴと蜂蜜を使い、子供たちも食べられるマイルドな味に仕上げたバーモントカレーを若い世代に売り込もうと始めたCM。西城の起用でブレークした。

ＣＭは季節ごとに演出を変え、人工池や大きなリンゴなど凝ったセットを用意し、撮影した。当時はテレビの歌番組の全盛期。超売れっ子だった西城は、番組収録を終えてから、東京・調布の日活撮影所に入り、深夜に及ぶＣＭ撮影に臨んだという。

「テレビＣＭは大変好評をいただき、そのおかげもあって今日カレーライスが国民食とまで言われ、皆様に愛されるようになりましたものと大変深く感謝しております」。西城が亡くなった平成30年５月、ハウスはコメントを発表した。ハウスと西城は分かちがたく結びついている。

ＣＭを見て育った世代が家庭の味として、カレーを子供たちに食べさせる—そんな循環ができた。ハウスは、西城以降、少年隊の東山紀之、ＴＯＫＩＯの長瀬智也といったアイドルのほか、野球のイチロー、サッカーの小野伸二といったアスリートも起用。若い家庭にアピールし続けている。（敬称略）

◇無署名・産経新聞

★『女性自身』２０２１年５月４日号掲載　◇あなたが特に好きな西城秀樹さんは？
主催者側のミスでコンサート会場に人が集まらなかったとき、バラバラに座っている観客に「みんな前に集まって」と声をかけて歌われた秀樹さんが素敵です。

【The Record of Records】

［画像引用］
１９８２年３月25日発売、「南十字星」。この曲も作詞・竜真知子、作曲・水谷公生。オリコンでは６位まで上昇。
この作品は西城本人のデビュー10周年記念作品としてリリースされたもの。東宝創立50周年記念の日豪合作の戦争映画『南十字星』の主題歌として作られた。映画は戦争映画だが、歌はあえてラブソングに仕立てられた。秀樹はこれを見事に歌いあげて、悲恋を通して、戦争の悲劇性を訴えている。彼はこの作品で、ピンク・レディー、森進一、山口百恵、沢田研二につづいて全シングル売り上げ１０００万枚を売り上げた、とのことである。

［画像引用］
１９８３年１月21日に芸映から独立し、自分の事務所をかまえた。その十日後に「ギャランドゥ」を発売した。作詞・作曲は80年に自分で歌った「ダンシング・オールナイト」を大ヒットさせた、もんたよしのり。
歌をつくったもんたに言わせると、「ギャランドゥ」はデタラメ英語で特別の意味はないというのだが、なんとなく隠語っぽい。この曲は調子の激しい、声の伸びが必要なロックだが、秀樹はそれを少しも苦にせず、朗々と歌っている。オリコンでは14位までしかいかなかったが、自分の好みを書かせていただくと、わたし（塩澤）はこの歌が大好きだ。
いま思えば、この後の享楽の時代を思わせる、時代の女を連想させる歌だった。秀樹はこの歌で、六年連続のレコード大賞金賞を受賞した。

デイリー新潮2019年5月15日掲載

西城秀樹さん一周忌 石井ふく子プロデューサーが〝役者・西城君〟を偲ぶ

文◇高堀冬彦（エディター・ライター）

5月16日は歌手の西城秀樹さん（享年63）の一周忌。その死を惜しむ声は、いまだに芸能界で絶えない。「渡る世間は鬼ばかり」（TBS系列）など数多くのヒットドラマをプロデュースしてきた石井ふく子さん（92）もその一人で、「本当にもったいない人を亡くした」と嘆く。音楽界からも改めて悼む声が上がる一方、ファンたちも西城さんを愛し続けているようだ。（高堀冬彦・ライター&エディター）

歌手を本業としていた西城秀樹さんだが、俳優としても活動し、「寺内貫太郎一家」（TBS系列：1974年）などに出演していたのは知られているとおり。昭和を代表する同ドラマでは主人公・貫太郎（小林亜星［86］）の長男・周平役を演じた。

17歳だった1972年に「恋する季節」で歌手デビューし、最初はアイドル扱いをされていたこともあって、俳優業は片手間でやっていたと誤解している向きも一部にあるようだが、それは違う。

俳優としても高く評価していたドラマ制作者は多く、主演作も複数ある。これまでに1000本以上のドラマを手がけてきた日本を代表するドラマプロデューサー、石井ふく子さんも、俳優としての西城さんを高く買っていた一人で、「東芝日曜劇場『翔べイカロスの翼』」(同：1979年)の主演に抜擢した。西城さんの初主演ドラマだった。

石井さんが振り返る。

「『寺内貫太郎一家』を見ていて、芝居に関する感性がいい人だと思ったので、お会いしてみたんですよ。そうしたら、仕事に対する熱がとても熱い人だということが分かったので、『もし、よかったら』と主演をお願いしたんです」

現在、TBSの日曜日21時台は、東芝がスポンサーから離れ、「日曜劇場」として連続ドラマを放送しているが、当時は一話完結ドラマを流していた。主演を務めていたのは、森光子(1920—2012)や池内淳子(1933—2010)、渥美清(1928—1996)、吉永小百合（74）ら名優ばかり。当時、まだデビュー8年目の24歳だった西城さんは、さぞ喜んだのではないか。

「いいえ、あの人はそういう感情を表に出す人ではないんですよ。けれど、こちらの思いにしっかりと応えてくれる。仕事できっちり返してくれるのです。私たちの世界は、それが一番いいんですよ。歌の仕事がとても忙しい時期だったのに、何回も何回もリハーサルをやってくれて。しかも、いつだって一生懸命でした」（同・石井氏）

なにしろ、「YOUNG MAN（Y.M.C.A.）」が大ヒットしてから約半年後のことだったのである。

「それとね、西城君が立派だったのは、主演であろうが、自分だけ前に出ようとする人ではなかったところ。ドラマはみんなでつくるもの。それを若いときから、よく知っていました」（同・石井氏）

このドラマで西城さんが演じたのは若きカメラマン。あるサーカス団を追い掛けて写真を撮っていたところ、熱意が認められ、そのサーカスの共同生活に加えてもらう。それからは団員たちに密着して写真を撮り続けるのだが、やがて芸に命を懸ける団員たちと自分との間に壁を感じはじめる。このため、団員に頼み込み、自分もサーカスの芸を習い始めることに。それは遊び半分ではなく、猛練習で、ついには一輪車などの芸を習得、その努力が認められ、団に迎えられてピエロに抜擢されるのだが、練習中に事故に遭い、帰らぬ人になる――。西城さん自身、猛練習によって一輪車の運転をマスターした。ドラマは好評を得た。

その後も石井さんは西城さんを重用した。山田風太郎（1922―2001）の「エドの舞踏会」を原作とし、明治の元勲たちの妻にスポットをあてた3時間のスペシャルドラマ「妻たちの鹿鳴館」（同：1988年）にも起用する。

いわゆるオールスター作品で、大原麗子（1945―2009）や若山富三郎（1929―1992）、小林桂樹（1923―2010）、田村高廣（1928―2006）、草笛光子（85）、佐久間良子（80）らが一堂に会したが、石井さんは「その中でも西城君はぜんぜん見劣りしなかった」と追想する。西城さんの役は、すまけい（1935―2013）が演じた黒田清隆の家の馬丁・山代源八で、黒田の妻・滝子（佐久間）を愛しているという設定だった。

歌うときには時にはダイナミックなアクションを見せたが、ドラマの現場では細かな気配りを欠かさない人だったという。

「周囲にとても気を遣っていましたね。でも、気を遣っていることを相手に分からせないように努めていて、それがとても良かった。気を遣っていると思わせたら、相手にとってはうるさいじゃないですか」（同・石井氏）

秀樹ファンは〝熱い〟

仕事には一生懸命取り組み、周囲への気配りを欠かさない——。そんな西城さんだからなのか、この人ほど悪口を言われない芸能人も珍しいだろう。夫人の美紀さん（46）と結婚前の1989年から90年にかけては、女優の十朱幸代（76）とのロマンスが報じられたものの、醜聞と呼べるものは一切なかった。芸能記者とのトラブルもまた皆無だった。

かつてコンサートの現場で、西城さんと接していた元運営スタッフの一人が振り返る。

「裏方である我々の前でも態度は変わらず、紳士でしたよ。決して偉ぶらない人でした」

歌の現場でも常に一生懸命だったという。だが、ある時期から時折、リハーサルはマネージャーに代役をやらせるようになる。2011年12月に3度目の脳梗塞で倒れた後だ。体力的に、リハーサルまでこなすことが難しい日もあったという。

西城さんは2003年6月にも、ディナーショーのために訪れた韓国で脳梗塞に襲われていた。

また、西城さんの他界後に美紀夫人が出した著書「蒼い空へ　夫・西城秀樹との18年」（小学館）で明かされたことだが、実は２００１年秋にも脳梗塞を発症していた（対外的には「二次性多血症」と発表）。２度目の脳梗塞までは治療とリハビリによってカムバックを遂げたが、３度目の後は右半身に障害が残ってしまったのだ。

以降はコンサートで、以前のような切れのいいアクションを見せることができなくなってしまう。だが、ファンは離れなかった。

「音楽業界ではよく知られていることなんですけど、秀樹さんのファンは熱いんです。秀樹さんへの思いがとても強い。だから、必死にステージを務めようとしている秀樹さんのアクションがぎこちなかろうが、誰も失望なんてしなかった」（同・元コンサート運営スタッフ）

２０１６年に東京の中野サンプラザホールで行われたデビュー45周年記念コンサート「ＨＩＤＥＫＩ　ＳＡＩＪＯ　45TH　ＡＮＮＩＶＥＲＳＡＲＹ　ＣＯＮＣＥＲＴ　２０１６」では、体を思うように動かせないのに、懸命に歌う西城さんを見て、涙を流すファンが続出した。ひたむきな西城さんの姿に、ファンは胸を打たれていたのだ。

「一生懸命」

日本人離れした迫力あるアクションが印象深い西城さんだが、歌唱力の評価も極めて高い。デビュー時に所属していたビクター音楽産業（現ＪＶＣケンウッド・ビクターエンタテインメント）の元制作部が証言する。

「シャウト系の歌もバラードも完璧にこなせた。歌に抑揚を付けるのがうまく、発声のコントロールがきちんとできていたからです。どちらも完璧に歌うのは、実はプロでも難しい。高い歌唱力を持っている人にしかできない」

シャウト系の歌の一つが「情熱の嵐」（１９７３年）であり、バラードのそれは「ブルースカイブルー」（１９７８年）である。

「シャウト系の歌には、歌唱力が鮮明に現れるんですよ。うまくない人は、がなっているように聴こえてしまう。でも秀樹さんは違った。また、しっとりとしたバラードもうまく、そのうえ味があった。最初から歌のうまい人でしたが、経験を積むうち、よりうまくなりました。売れてからも向上心を失わず、一生懸命やる人でしたから」（同・元レコード制作幹部）

西城さんという人を表すキーワードの一つは「一生懸命」らしい。だが、それが裏目に出たこともあるようだ。３度目の脳梗塞は、２度目の脳梗塞後のリハビリを頑張り過ぎたために招いたとも伝えられた。

ただし、最後まで何事にも妥協せず、全力で取り組んだ西城さんだからこそ、今もファンの心を引き寄せ続けているのだろう。

５月14日から17日までは東京、豊洲ＰＩＴで、一周忌に合わせたフィルムコンサート「ＨＩＤＥＫＩ　ＳＡＩＪＯ　ＦＩＬＭ　ＣＯＮＣＥＲＴ　２０１９　ＴＨＥ48」がファンの要望に応えて行われる。また、一周忌の同16日には、全シングル表題曲87作品が収められた「ＨＩＤＥＫＩ　ＵＮＦＯＲＧＥＴＡＢＬＥ―ＨＩＤＥＫＩ　ＳＡＩＪＯ　ＡＬＬ　ＴＩＭＥ　ＳＩＮＧＬＥＳ　ＳＩＮＣＥ１９７２」（ＣＤ5枚、ＤＶＤ1枚、写真集セット）が、やはりファンの声に応える形で発売される。

ファンクラブ「プラネッツ オブ アース」も解散せず、活動を続けている。やはり西城さんのファンは熱いのだ。

なお、一周忌法要は家族ら近親者のみで執り行われる予定だという。

◇週刊新潮ＷＥＢ取材班

共同通信配信・神奈川新聞2019年5月29日版掲載

貫いた青春、輝き今も
西城秀樹　没後1年、再評価の機運

昭和の歌謡曲全盛期に活躍した歌手の西城秀樹が昨年5月、心不全のため死去してから1年がたつ。アイドル人気だけではなく、熱唱やアクションでロック音楽を大衆化したアーティストとして再評価する機運もある。

■ヒデキ節

5月16日の命日、東京都江東区のライブハウス。1985年の東京・日本武道館での公演の映像が上映され、50～60代女性を中心としたファンクラブの会員約1200人が「ヒデキ！」と歓声や悲鳴を上げた。

人気曲「傷だらけのローラ」で語尾を伸ばし、声を震わせるビブラートに青や赤、緑色のペンライトも激しく揺れた。

「ブルースカイ ブルー」は昨年の告別式で出棺時に流れ、改めて評価が高まった歌の一つだ。

悲しみの旅立ちに、まぶしすぎた空、思い出した……。しゃくり上げるような少しかすれたセクシーな声の〝ヒデキ節〟に感情を揺さぶられ、涙をぬぐう観客が相次いだ。

■歴史の扉

5月には西城の92曲を収めたCDとDVDのボックスセットも発売。音楽評論家の伊藤政則は「秀樹は真のロッカーだった。パッションを湧きたて、その奥深くにファンを呑み込んだ」とコメントを寄せた。

発売イベントに参加した歌手の岩崎宏美は「途中で叫ぶような、あの歌はまねできない。秀樹さんが外国の歌を多く歌ってくれたから、私たちも外国の曲をたくさん歌えたと思う」。

タレントのクリス松村は、西城が始めた野外コンサートやペンライトの導入などを挙げ「観客も一緒に楽しむコンサートの歴史の扉を開けたと思う」と評した。

■ブーメラン

西城の死後、歌を改めて聴き直すファンが多いという。84年からマネジャーを務めてきた片方秀幸は、ファンの回帰をヒット曲「ブーメラン ストリート」になぞらえて、「ブーメラン現象です」とほほえむ。

西城の歌を振り返り「大舞台でもたった一人で大きな表現のできるエンターテイナーで、歌の限界に挑むハードロッカーでした」と語る。

マイクスタンドを振り回すアクションは、英歌手ロッド・スチュワートが日本公演で使った器材を見に行き、鉄製スタンドを軽いアルミに変えてまねた。限界に挑むように、キーの設定もぎりぎりまで高くした。

歌う姿が今も、人の心を動かすのはなぜか。片方は輝きの理由をこう考えている。

「ファンの笑顔が見たいと努力を欠かさず、歌を通してやりたいことが常にあり、いつも楽しんでいた。一生、青春を貫いたからだと思います」

◇無署名・共同通信配信　神奈川新聞掲載

★『日刊スポーツ』２０１８年５月18日版掲載◇天下井隆二氏（元・西城秀樹マネージャー）の回想。歌詞を徹夜で覚えるなど、仕事にストイックな人でした。モテたけど、交際相手にいちずで、浮気するようなことはなかった。また、子供が好きで「バーモントカレー」のＣＭ撮影現場では出演した子供たちの楽屋に行き、遊んであげていました。心残りがひとつあるんです。（87年ＮＨＫ大河ドラマ）『独眼竜政宗』の主演のオファーが来たんです。でも、独立したばかりだったから、会社が潰れてしまうとお断りしたんです。（秀樹さんも）納得していたのですが…。借金してでも受ければよかったと思っています。

【The Record of Records】

［画像引用］
「悲しみのStill」、１９８３年9月15日発売。秀樹46枚目のシングル曲。作詞は森田由美、作曲後藤次利。オリコンではベスト30入りがやっと（29位まで）だった。デビュー以来、初めて売り上げが5万枚に届かなかった。事務所を独立したばかりで、大人への脱皮を目指して、ちょっと色っぽいイメージに変わろうとしていた。『週刊平凡』の企画グラビアで写真家の立木義浩がはだかのマネキンと抱き合っている写真を撮影したのはこのころのことである。
また、10月の終わりにはわたしといっしょにギリシャのロードス島に旅行している。秀樹はそんなそぶりは見せなかったが、心理的にはかなり不安定な状態でいたのかもしれない。それでも、11月20日の日本武道館に家族で招待されて、女房子供を連れて見に行ったのだが、ライブはかなりの盛況だった。

［画像引用］
「抱きしめてジルバ」は１９８４年10月15日にリリースした、秀樹49枚目のシングル盤。オリコンは18位まで回復。イギリスの音楽グループ、ワムの「Careless Whisper」のカバー曲。訳詞は森田由美。郷ひろみも同じ曲を違う日本語訳で歌い、競作になった。ただし、郷の方は「どこまでアバンチュール」（オリコン20位）のB面だった。作詞はヘンリー浜口となっているが、これは郷のペンネーム。郷はこの後、シンガーソングライターになりたかったのか、ヘンリー浜口の名前で自作の歌を連発するが、最後はオリコンの１００位にもランクされなくなってしまう。秀樹は過労（低髄液圧症候群・当時［40年前］は低髄液圧症候群という病名は医学の常識としては存在しなかったと思う）で休養したりして苦労はしているが、芸能活動の足腰はしっかりしていた。

西城秀樹写真集ＨＩＤＥＫＩ ＦＯＲＥＶＥＲ ｂｌｕｅ（集英社インターナショナル刊）掲載

日本のアイドル歌謡に、洋楽を持ち込み広めた先駆者。英語の発音も驚くほどきれいだった。

◇湯川れい子（音楽評論家）

初めて西城秀樹さんと会ったのは、彼がデビューした年。私が親しかった、秀樹さんのプロダクションの方から紹介されました。その年、東京の郵便貯金ホールでデビュー・コンサートを観たのですが、〝なかなかいい声の持ち主だな、スタイルがいいな〟というくらいで、特に強い印象はありませんでした。

おや、と思ったのは『薔薇の鎖』で、マイクスタンドを振り回して、身をのけ反らして絶唱する姿を見せて、スタジアム・コンサートを始めたころ。35メートルものクレーンで登場して、ファンはびっくりでした。日本ではもちろん初めてのことでしたし、洋楽の世界でもまだ見たことがなかったので、本当に驚きました。そして、ヒット・シングルとは別に、洋楽のカバー・アルバムを、デビュー当時から次々と出していたことにも感心していました。

あのころ、アイドルといえば〝ザ・歌謡曲〟の世界の人たちで、洋楽を歌いこなすということ自体が、画期的なことでした。私はずっと洋楽畑にいますが、その選曲にも、目を見はるものがありましたね。たとえば、74年のカバー・アルバムには、チャック・ベリーの『ジョニー・ビー・グッド』、エルヴィス・プレスリーの『ブルー・スエード・シューズ』などはわかるとして、ライブで歌っていたジェームズ・ブラウンの『トライ・ミー』やマック・デイヴィスの『アイ・ビリーブ・イン・ミュージック』なんて、よほどの洋楽好きじゃないと知らない曲がほとんどでした。

翌年の『ヒデキ・愛・絶叫！』というライヴ・アルバムは、いきなりジョン・レノンの『ラブ』から始まって、訳詞されたウォーカー・ブラザーズの『孤独の太陽』……、そしてあまりに意外だったのが、オーティス・レディングの『トライ・ア・リトル・テンダネス』を歌っていたこと。黒人シンガーの魂のこもった歌を、見事に自分のものにしていました。彼の英語は発音がとてもきれいで、それにも驚きました。

熱く、優しい声にすべてが表れていた

彼がなぜそこまで、洋楽（ロック・ポップス）のカバーをするかを知ることになったのは、84年、85年ごろです。ロスアンゼルスの、私の親友がやっていたレストランで、バッタリお会いしたことがあって、仕事ではずいぶん顔を合わせていましたが、ゆっくりお話ししたのはそのときが初めてでした。私はバリー・マニロウというシンガーが好きでしたが、秀樹さんもバリーがお好きで、78年の7月から8月には、まだアメリカで出て間もない、バリーのヒット曲『コパカバーナ』

を歌っていらして、それでひとしきりバリーの話で盛り上がりました。その翌年、秀樹さんとバリーは、同じレコード会社というご縁もあって、「腕の中へ／In Search of love」（85年）という歌をデュエットしていましたね。

広島出身の彼が岩国（山口県）の米軍放送を聴いて育ったということも、そのときにお聞きしました。彼のルーツはそこだったのかと合点がいって、それから、お兄様の影響で小学校高学年あたりからはロック三昧だったということ。50年代のロックからずっと影響を受けている、ということも知りました。あのマイクの使い方は、やはりロッド・スチュワートであり、ディープ・パープルのイアン・ギランなのだろうと思いました。また、E・L・O・あたりが70年代後半に行っていた、スタジアムでの派手なコンサートをいち早く取り入れていらしたこともわかりました。

もちろんそれは、秀樹さんのすぐれたパフォーマンスあっての成功であり、歌唱力、リズム感、ルックス、体力、魅せる力、そしてなによりも声帯が強かったのでしょうね。3時間を超えるようなコンサートで、走り回り、歌い続けたら、普通は声帯がやられますけれど、どんなときも声そのものに魅力があった。ささやくようなバラードから、熱唱まで、声に厚みと深み、そして甘さと優しさがあったんです。

不思議なことに、声にはその人の人間性が全部、出ます。仕事柄、私も声だけを聴いて、どんな人かな？　とよく想像しますが、その後にご本人に会って、裏切られたことは一度もありません。秀樹さんも声のとおり、本当に愛情深いというか、優しい方でした。スタジオなどで何回かお会いしても、いつも気持ちのよい方だった。機嫌の悪い秀樹さんに会ったことがなかったですね。にこやかでサラリと存在してくださった。ファンの方にはわかるんですよ､声ひとつで全部。

今、振り返ってみても、彼は日本のアイドル歌謡に洋楽を持ち込んで、その素晴らしさを広めた第一人者だと思います。先駆者といってもいい。どうしても〝アイドル〟という枠にくくられていましたけれど、なさってきたことは本当に革新的なこと。また、フランスのジョルジュ・ムスタキが歌った平和を希求する歌『ヒロシマ』をカバーするなど、音楽を通して平和を訴えるなど、楽曲のカッコよさだけでなく、ロック音楽の詞が持つ、社会的なメッセージなども彼は理解して歌っていらしたと思います。

香港や中国などアジアに活躍の場が広がっていきましたけど、それも小さいころからの、しっかりとした洋楽体験がベースになっていたからこそでしょう。香港では『ストレンジャーズ・イン・ザ・ナイト』が47週間も、1位にチャートインしていましたが、フランク・シナトラ版がゆったりしたテンポなのに対して、軽快なテンポと独自のリズムで心をとらえる歌でしたね。

残念なのは、生きておられるうちに、その革新的だった面が、もっと評価されてもよかったということ。日本は音楽のフィールドが成熟していません。その点では私自身も、もっと動くべきだったとの後悔の念があります。普通なら、アイドルが洋楽ものを歌った時点で、なかなか受け入れられないし、ファンが離れてしまうことが多いのに、彼の高い音楽性を理解して、何十年とささえてくださったファンの方々こそ、西城秀樹の魅力をいちばんわかってくださっていたのでしょう。

でもだからこそ、秀樹さんの業績や、歌の素晴らしさを伝えるのはこれからです。エルヴィスのコンサートやファンの集いが、死後44年の今も、毎年、行われているように、彼の魅力を何十年も伝えるためには、ファンの皆さんの結集が必要です。

病気をなさってからもファンの方々は、応援し続けてきましたよね。アイドルが同時代を生き、喜び、苦しむ存在であるならば、彼はまさに生きる意味を伝えて、残していってくれた。そんな存在だと思っています。

◇湯川れい子　1936年東京都生まれ。23歳のときに、ジャズ専門誌の投稿がきっかけで、音楽評論家となり活躍。作詞家としても「ランナウェイ」ほかヒット曲多数。（元）日本作詩家協会会長。エルヴィス・プレスリー、ジョン・レノン、マイケル・ジャクソンなど、世界的シンガーとも親交があった。

【The Record of Records】

［画像引用］
「一万光年の愛」は１９８５年２月５日の発売。50枚目のシングル盤。オリコンは12位まで。作詞は大津あきら。作曲は元ブルーコメッツの井上大輔。科学万博つくば'85（国際科学技術博覧会）の開会式のテーマソングになった。♪あなたは一万光年の淑女　傷つく夜空をさまようの　悲しみをちりばめて　ワインカラーの銀河翔び超える　僕だけ巡り逢えるなら　抱きしめてくちづけて　心炎になるまで……という歌詞。秀樹はこの歌を万博の開会式で天皇陛下（現・上皇）の前で歌って、拍手していただいたことが忘れられないと語っていた。

［画像引用］
１９８６年11月21日発売。洋楽のカバー・アルバム。ポピュラー音楽のスタンダード・ナンバーを中心に構成している。表題のStrangers in the Night、日本題「夜のストレンジャー」は１９６６年にアメリカでフランク・シナトラがうたって大ヒットさせた歌。ＬＰにはこの曲のほかにThe Shadow of Your SmileやWhen a Man Loves a Woman、それにBeatlesの作ったIn My Lifeなどが入っている。このＬＰのセールス記録は正確なことは不明なのだが、香港ではこのＬＰが大ヒットして、47週間にわたってベストテンの１位という大記録を打ち立てたという。アジアでの秀樹の活躍は不明なことが多く、さらに調査が必要である。

スタジアムが似合う男
西城秀樹と青春の光景

雑誌『Como le va ?』２０１９年 Spring Vol.39 掲載

文・泉　麻人◇コラムニスト

シンボリックなヒット曲　74年夏「傷だらけのローラ」

西城秀樹さんが世を去って、もう1年になろうとしている。１９５５年4月生まれの秀樹に対して、僕は56年４月生まれ。同時代を生きてきた人の死というのは、ひときわ切ない。

そんな秀樹が僕らの前に現れたのは、72年、高校1年生の初夏の頃だった。まぁ、いまどきネットをチェックすれば、デビュー曲「恋する季節」・72年３月25日発売――なんてデータはすぐに出てくるけれど、僕は当時独自の歌謡ベストテンをノートにつけていた。独自といっても、好みの曲を自分本位に羅列するものではなく、テレビやラジオのベストテン番組のチャートを参考にヒット曲の情勢を割と忠実に記録していたのだ。

それによると、「恋する季節」が初めて登場するのは5月20日土曜日（毎週土曜日に作成していたのだ）。しかし〝番外上昇曲〟の欄に18位として記録された後、ベストテン入りはしていない。つまり、さほどヒットはしなかったのだ。ちなみに〝新御三家〟のなかでデビューの早かった野口五郎は、すでに「青いリンゴ」や「好きなんだけど」がスマッシュヒット。さらに秀樹より遅れてデビューした郷ひろみは「男の子女の子」が秋口にいきなりチャートインしている。そう、僕のこのチャートで秀樹の「恋する季節」とほぼ同時期に伊丹幸雄の「青い麦」がベストテン下位に入っているけれど、思えば当時、野口・郷・伊丹を〝新御三家〟とする声もあったような気がする。

「恋する季節」に続く「恋の約束」「チャンスは一度」あたりもテレビの「ベスト30歌謡曲」なんかで見聞きしたイメージはあるけれど、派手なヒットまでは至らず、僕のチャートで秀樹の曲が初めてベストテン入りを果たすのは翌73年の春。シングル第4弾の「青春に賭けよう」が4月14日付で9位、21日付で7位にランクイン、これが最初のスマッシュヒットといっていいのではないだろうか。

しかし、前期のメインライターといえる鈴木邦彦のこの曲は、同じ鈴木が手掛けていた森田健作調の〝健やかな青春ソング〟のイメージで、従来の秀樹のイメージからは外れていた。秀樹らしさが確立されたのが次の「情熱の嵐」。

当時はやりのチェイス（ブラス・ロックバンド）調のイントロで始まって、なんといっても「キミが望むなら〜」の後の「ヒデキ！」の合いの手を計算したような曲構成が白眉だった。

僕がこの曲を聴いたときに連想したのが、名前の語感も似ている西郷輝彦が歌っていた「真夏のあらし」って曲なのだが、たぶんこの時期の西城のコンセプトのなかに〝新しい西郷〟みたいなのがあったのではないだろうか。

さて、「チャンスは一度」あたりで兆候を見せていた、ダイナミックなアクションを取りこんだ絶叫型歌唱も「情熱の嵐」以降いよいよ加速していく。「ちぎれた愛」「愛の十字架」「薔薇の鎖」「激しい恋」、そして74年の夏、シンボリックなヒット曲となった「傷だらけのローラ」が世に放たれた。この年初出場した紅白歌合戦のトップバッターで歌われたナンバーであり、秀樹のモノマネのスタンダードにもなっていった。

大学時代に歌ったゴキゲンな「恋の暴走」

僕は75年の春に大学に進学したが、入部したサークルの宴会で「ローラ」のパフォーマンスを持ちネタにする男がいた。高校時代のサッカー部の宴会で「男の子女の子」がウケて以来、僕の十八番は郷ひろみだったのだが、大学のサークルで知り合ったその男が披露する「傷だらけのローラ」は格別だった。レンズの厚い黒縁メガネをかけたカタブツな風体の男が、いきなり「ローラ!」と絶叫、乱れていく感じがたまらない。お上品な僕のひろみ芸は一発でぶっとばされた。

そんなこともあって、宴会でも秀樹の歌は禁じ手にしていたのだが、サークルが夏に開催するイベントで僕は秀樹の曲を絶唱してしまった。75年の夏、曲はゴキゲンなロックンロール・リズムの「恋の暴走」だ。

葉山の海岸で催される「キャンプストアー」というイベントなのだが、そこに毒蝮三太夫が司会をする「とびこみ歌合戦」とかいう番組（特番の1コーナーだったかもしれない）がロケでやってきた。街頭でシロートにゲリラ的に歌わせる、まぁいかにも毒蝮さんらしい企画。たまたまその日に参加していた僕が選ばれたのだが、何故得意の郷ひろみをやめて西城秀樹にトライしたのだろう。〝ローラの男〟への対抗心が疼いたのかもしれない。

このとき、司会の毒蝮以上に印象に残っているのは、ゲストに山口百恵が入っていたことだ。「夏ひらく青春」を歌ったはずだから、「青い果実」で人気が定着していたとはいえ、まだ桜田淳子より控え目なポジションにいた頃である。暴走するバカ大学生の秀樹芸を、毒蝮の脇で薄ら笑いを浮かべて眺めていた百恵ちゃんの姿が目の奥に刻まれている。

そう、この75年の夏場、「あこがれ共同隊」（ＴＢＳ）というＴＶドラマで秀樹は桜田淳子と共演していた。もう1人、郷ひろみを加えたアイドル３人を主役にした青春群像劇で、山田パンダが吉田拓郎作曲のテーマ曲（「風の街」）を歌うタイトルバックから舞台の原宿、表参道が映し出されていた。滅多に再放送されないので確認しようがないけれど、確かキディランド脇の歩道橋から青山方面を俯瞰した映像だったはずだ。

秀樹の役は脳腫瘍に侵されながらオリンピック（たぶん76年のモントリオール五輪だろう）をめざすマラソンランナーで、最後、神宮外苑の絵画館前でふらついて噴水池に入水、桜田に抱きかかえられて息絶える（いや、看取るのは母親の黒柳徹子だったかもしれない）。

秀樹のドラマといえば、なんといっても「寺内貫太郎一家」だろうが、いま一度見てみたいのはこの「あこがれ共同隊」だ（映像が保存され始めた時代の番組だが、再映できないのは権利関係の問題かもしれない）。

打ち上げ花火を凌駕する 秀樹のパフォーマンス

さて、青春時代の話から少し後になるけれど、西城さんが司会をする番組に一度よばれて行ったことがあった。ウィキペディアで調べると、それはＮＨＫの「青春のポップス」という番組に違いない。98年から02年にかけての放送なので、保存しているその時代のスケジュール帳（カレンダー式の手帳）を丹念に調べてみたら、２０００年の11月8日のマス目に〝青春のポップス収録 101st（スタジオ）〟のメモ書きを見つけた。どうやら16時30分に入って、17時〜22時で収録は行われたらしい。

ゲストが洋楽系の思い出の曲をリクエストして、レギュラー陣（西田ひかるや番組専属のポップスグループがいた）がそれを歌う、といった構成だったと思うが、どんな曲をリクエストしたのか、さっぱりおぼえていない。横で秀樹さんに「泉さんはどうですか？」なんて調子で仕切られている雰囲気が妙だった。しかし２０００年11月という収録日からすると、20世紀の終わり、あるいは21世紀の始まりに西城秀樹と仕事をご一緒したことになる。

と、ここまで書いてきたところで、もう一つ、重要な番組を忘れていた。80年代後半、僕が御意見番的役割で出演していた「テレビ探偵団」に秀樹もやってきたことがあったのではなかったか……。いまどきは〈YouTube〉というメディアがあるので、「西城秀樹　テレビ探偵団」と検索すると、アップされていた。しかもコレ、内部のスタッフが上げたのか、頭に1988・5・1 19:30 -20:00なんてオンエア日時のデータが刻まれている。僕は86年10月のスタートから2年ほど出ていたはずだから、レギュラー晩期の頃だろう。

内容はさっぱり忘れていたのだが、いやぁまいった。冒頭の秀樹登場の前フリで、僕が「激しい恋」のヘタな振りマネをやって（やらされて）いる。

「やめろっといわれても」

の後で、両手をぎこちなく上下動させて、司会の三宅裕司や山瀬まみ、スタジオの観客に冷笑されている。しかし、番組を眺めるうちに当時の光景が徐々に甦ってきた。

思い出の番組をリクエストするコーナーで秀樹は「恐怖のミイラ」や「アラーの使者」という、同世代がグッとくるシブいヒーロー番組を提示して、先述した「あこがれ共同隊」のラストシーンも紹介された。スタッフロールが流れるエンディングの曲は、79年の「8時だョ!全員集合」のコント間で披露された「YOUNG MAN（Y・M・C・A・）」。

いまもCMなどで歌い継がれるスタンダードポップスだが、僕が最後にライブで眺めた西城秀樹もこの歌を歌っていた。

それは「青春のポップス」から2年後の02年夏。ロッキングオン社の雑誌「サイト」の連載エッセーの取材で神宮球場の花火大会を見物に行った。派手な仕掛けがある、というので一度現場で眺めてみたいと思ったのである。

スポンサーの消費者金融の当時ブレイクしていたダンサーズのパフォーマンスなんかもあったこのライブ、目玉の花火打ち上げの直前に登場した秀樹のステージは花火を食うほどに素晴らしかった。まず、「ギャランドゥ」をぶちかまし、「情熱の嵐」「傷だらけのローラ」があって、締めはもちろん「YOUNG MAN」。若いチャパツの浴衣ギャルたちも含めて、スタンドの観客総立ちでY・M・C・Aの振りを合わせている様子が当時のエッセーに綴られている。

西城秀樹は大阪球場のライブが有名だったが、花火が上がる神宮のスタジアムもよく似合っていた。

泉　麻人　いずみ・あさと
コラムニスト。1956年、東京生まれ。慶應義塾大学商学部卒業後、東京ニュース通信社に入社。「週刊TVガイド」の編集に携わる。84年退社後フリーランスとして新聞、雑誌などで執筆活動を続けている。『僕の昭和歌謡 曲史』『東京いつもの喫茶店』『昭和40年代ファン手帳』『昭和マンガ少年』『80年代しりとり コラム』『僕 とニュー・ミュージックの時代』『大東京23区物語』『還暦シェアハウス』『東京いい道、しぶい道』『東京23区外さんぽ』『冗談音楽の怪人・三木鶏郎』『銀ぶら百年』『黄金の1980年代コラム』など多数の著書がある。

【The Record of Records】

[画像引用]

「走れ正直者」１９９１年４月21日にリリースされた。アニメ「ちびまる子ちゃん」の二代目のエンディング・テーマ曲。オリコンは17位まで上昇。前作の「Rock Your Fire」がオリコン的にいうと91位だったから、久々のクリーンヒットといえる。アニメの作者のさくらももこが秀樹の大ファンで、劇中でも、ちびまる子のお姉さんが大ファンという設定だったことがきっかけで、テーマソングを歌ってくれないかと掛け合って快諾され、実現したもの。作詞もさくらももこ。秀樹はこのころ、ハードなロックに傾倒していたが、この歌の中では、久々に陽気な秀樹が顔をのぞかせている。ジャケット写真は２００４年に発売された、「おどるポンポコリン」ほか歴代の「ちびまる子ちゃん」のオープニングとエンディングの曲を集めたＣＤです。

[画像引用]

２０１２年７月発売。ＧＯＬＤＥＮ★ＢＥＳＴシングル・コレクション。これがわたしがもともと持っていた西城秀樹のＣＤ。いつどこで買ったか、覚えていないが、少なくとも「心響」が発売になる前に買ったと思う。このＣＤは代表的なヒット曲はだいたい網羅しているのだが、「白い教会」や「サンタマリアの祈り」、「南十字星」が入っていないのが欠点。それにしても、秀樹の楽曲は耳に飛び込んできて、分りやすい、すぐ覚えられる歌が多いが、もともと音痴のわたしのような人間が歌マネするのはまず無理で、程度の高い歌唱能力が必要という、不思議な歌ばかりだ。

情熱の歌声 いまも心の中に
今こそ！ 聴きたい西城秀樹

朝日新聞　２０２０年５月15日be版掲載

傷だらけになってもギャランドゥ、勇気を持ってステージに立ち、獅子のごとく激しく、情熱的に歌った人。西城秀樹。病の末にブルーの空の向こうに旅立ってから3年たったいまもヤングマン、蜃気楼のように立ち上がり、ブーメランのように人々の心に戻って、メッセージを届け続けています。

【読者のＲａｎｋｉｎｇ】

［１］傷だらけのローラ（１９７４年）９０６票
［２］Ｙｏｕｎｇ　Ｍａｎ（79年）８４４
［３］ブルースカイ ブルー（78年）５５５
［４］ギャランドゥ（83年）４７６
［５］情熱の嵐（73年）４１８

［6］若き獅子たち（76年）　352
［7］ブーメランストリート（77年）　348
［8］激しい恋（74年）　282
［9］蜃気楼（2015年）　250
［10］勇気があれば（79年）　244

［調査の方法］編集部作成のリスト87曲で、４月中旬に実施。１６４６人が複数回答。11位以下は⑪恋する季節⑫ちぎれた愛⑬ブーツをぬいで朝食を⑭ラスト・シーン⑮炎⑯いくつもの星が流れ、だった。

1972年にデビューしてから46年間のシングルA面曲で、1位になったのは74年発表の「傷だらけのローラ」だった。「憬れのカッコいいアニキという存在。もう一度『ローラ』と力強く叫んでほしい、力をほしい」（大阪、64歳男性）、「ドラマで見るひょうきんで明るい彼からは想像もできない、悲壮で心に迫る歌声に、身も心もトロけそうでした」（大阪、65歳女性）。
「ワイルドな17歳」というキャッチフレーズでデビューしてからまだ2年と少し、秀樹さんはこの年、TBSドラマ「寺内貫太郎一家」に出演して役者としても国民的人気を集めていた。ドラマで見せる10代の表情から一転、野性的な大人の気配を漂わせる。ハスキーボイスと高音のシャウトの魅力を存分に出したこの曲で、２年連続の日本レコード大賞受賞と紅白歌合戦初出場を果たした。

３分６秒の曲の中で12回出てくる「ローラ」のフレーズ。それをすべて歌い分けていた、とポピュラー音楽の研究者、北川純子さんは驚嘆する。ある時はいたわるように、ある時は励ますように、またある時は切望するように、表現を変えていたと分析する。音楽番組「ザ・ベストテン」の司会をしていた黒柳徹子さんも「あんなに歌のうまい人はいない」と歌唱力を高く評価した。

情熱的な歌唱と、体全体を使った派手なパフォーマンスで「絶唱型」と呼ばれる一つのスタイルを築くだけでなく、バラードのうまさにも定評があった。熱い思いが読者から多く寄せられた。

「『今こそ!聴きたい』って、選べません。毎日どれか必ず聴いています。私の人生は、80％は秀樹です」（青森、60歳女性）、「娘がいじめにあった時、病気をした時、親の介護をしていた時、いつでも秀樹さんの歌声が優しく包んでくれていました。決して独りぼっちにせず優しくそばにいてくれます」（広島、61歳女性）、「デビューからのファンです。長い髪を振り乱しながら歌う秀樹にもう夢中な青春時代でした。一つの歌はまるでドラマのようで、感情がこもった歌にいつも引き込まれていました」（山口、62歳女性）。

２位は「Ｙｏｕｎｇ　Ｍａｎ」。「海外赴任から帰国すると子どもから大人までが曲にあわせて踊っているのを見て、平和だなと感じたことを思い出す」（三重、74歳男性）。原曲がゲイの世界を歌っていたため、まだまだ理解に欠けていた当時、周囲から猛反対を受けながらも、「いい歌に変わりはない」と突っぱね、発売にこぎ着けたというエピソードが残る。

大阪の女性（65）は、秀樹さんが初めてこの歌を披露した79年の大阪厚生年金会館のコンサートに居合わせた。

「聴いたことのない曲だったけれど、シャツ一枚で元気よく楽しそうに歌うヒデキを見ているうちに、私たちまで自然に踊り出して、気がつくと大声で『ＹＭＣＡ』と叫んでいた。会場全体がひとつの大きなかたまりのようなどよめきと歓声で、本当に揺れているように感じました」。

誰の憂鬱も吹き飛ばしてしまうこの曲は秀樹さん最大のヒットとなり、80年には選抜高校野球の入場行進曲に、95年の阪神大震災の年には紅白歌合戦でも歌われ、たくさんの人を励ました。

常に全力　太陽に向かい

「太陽が大好きで、暇さえあればお日様の下にいました」。片方秀幸さん（60）は振り返る。大学を卒業してすぐ秀樹さんの付き人になり、後にチーフプロデューサーとして秀樹さんが亡くなるまでの35年間をともに歩んだ。そばで見る秀樹さんは、なにをやるにも一生懸命で負けず嫌い。ゴルフはシングルの腕前に上達し、スキューバダイビングもインストラクターになれるレベルまで全力で取り組んだという。

太陽を愛する秀樹さんを象徴する曲が6位になった。「若き獅子たち」。阿久悠さん作詞の「太陽に向かい歩いているかぎり影を踏むことはない　そう信じて生きている」という出だしの歌詞について記す人が多かった。「どんなに疲れていても変わらず全力で歌い、絶対にあきらめなかった秀樹さんの志は生涯通して若き獅子のように太陽を向いていた」（大阪、59歳女性）、「ヒデキの生き方そのものであり、私自身の生き方もそうありたいと願っている、大好きな曲」（東京、65歳女性）。

片方さんは、55年生まれのアーティスト・西城秀樹が最も実力を発揮したのは2000年ごろだと考えている。「30代半ばから声の太さが増し、高音だけでなく低音域も深みを増した。シャウトも効き、誰にもまねできない領域。ぞくっとするほどでした」

48歳で脳梗塞に倒れ、懸命にリハビリを重ね、そしてまた病に倒れる。つらい日々にあっても常にステージに立って歌いたいと、情熱を燃やし続けた。

「思うように身体が動かず本人もつらかったと思います。誰かを励ましたり勇気づけたりできると考え、ありのままの姿で舞台に立っていました」

2018年5月16日、急性心不全のため63歳で死去。死後に改めて評価され、レーベルの壁をこえて全シングルA面曲が収録された5枚組のアルバムが出るなど、今も話題は尽きない。

あらたなファンも獲得している。「歌唱力に驚き、曲を聴くのが止まらなくなりました」（神奈川、42歳女性）。「聴く側の心を打つ、響きわたるような秀樹さんの歌声にすっかり夢中に。どん

なジャンルの曲も歌いこなすすごさ、聴くほどに驚きます」（東京、37歳女性）

今年はデビュー50年目の記念イヤー。ヒデキは多くの人を魅了し、励まし続ける。

◇斎藤健一郎（朝日新聞記者）

【The Record of Records】

［画像引用］

２０１５年発売「心響」。秀樹の還暦記念、歴代のヒット曲を新しくレコーディングしたセルフカバー・アルバム。このＣＤの最後には２００６年以来、八年半ぶりになった新曲「蜃気楼」が収録されている。この後、作品の発表はなく、本作が彼の生前の最後の作品となった。聴いてもらえばわかるが、病気で倒れた後、苦労してリハビリし、昔のヒット曲を完全に歌いこなしている。ちょっと巻き舌で、若い時に吹き込んだ歌とはまた別の趣があり、それが何とも言えない味わいになり、成熟を感じさせる。最後の「蜃気楼」は、何度も聞いているうちに涙が出てきた。歌に一生をささげた人だったと思う。（塩澤）

Ⅳ

原稿の順番が逆行する形になるのだが、ここには、一九七〇年代、アイドルとして颯爽と登場したころ、若いころの西城秀樹の素顔、まだ少年だったころの彼の人となりを偲ばせる記事を集めた。

これらの原稿を読んで、その後の彼の五十年近くにわたる芸能活動を想起すると、彼がデビュー当時から少しも立ち位置を変えずに大衆の娯楽に奉仕しようとし、それを天から与えられた自分の使命と考えて必死に生きたことがわかる。

彼は、この時代、アイドルだが、テレビを中心にしたメディアのなかで生きるタレントでもあったから、その仕事は多岐に及んだ。その才能をさまざまな方向で伸ばして生きることができたが、わたしは、やはり、彼は新しいチャレンジを続ける歌手として生きた、と思う。

これは死に至るまでそうだったが、その決意は七〇年代のなかばにすでに明確に語られている。

出典雑誌名不明・発表日時不明

証言構成　秀樹とはこんな男　スーパー・アイドル西城秀樹。

彼についてのエピソードは、つねに雑誌をにぎわしているが、その素顔を、秀樹をとりまく6人の人たちに語ってもらった。

オトナの愛を歌う歌手に　◇作曲家　馬飼野康二

最近の彼は、オトナの愛を歌う歌手を目指しているようです。私も、将来、彼がそうなってくれたらと思っていました。そんな彼を見ていると、いままでのリズム中心の曲調だけでなく、スロー・バラード風のものも狙ってみたくなるんです。

つねに前向きで物事に取り組んでいる彼のことですから、なにか新しいものをつくり出してくれると思っています。そのためにも全国縦断コンサートで、いっそう自信をつけていることはうれしいですね。

セーブすることを知らないガッツな男　◇レコード・ディレクター　ロビー和田

つねに初心を忘れずガンバっている男だ。私からみれば、その姿が純粋で、可愛く見える。

最近はヤングはもちろん、オトナにもウケるよう、努力しているみたいだ。この夏、初めての全国ツアーで、また大きく成長してくれただろう。ただ。セーブすることを知らないガッツな男だけに、無理をして体をこわすことのないように……。

体のコンディションがいちばん　◇歌手　布施　明

ゆっくり話をするチャンスが、なかなかなくて……。テレビ局なんかで会っても、短い時間だから話題はどうしても仕事、それもコンサートのことになってしまいます。

彼は歌唱力もじゅうぶんあるし、アクションもいい。ただこういう世界は苛酷なことも多いでしょう。そのなかでやはりいちばんたいせつなことは、体のコンディションだと思います。僕のいまいえるのは、とにかくからだに気をつけて、けがなどしないようにやってほしいということですね。

〝吸い取り紙〟のような男　◇TBSプロデューサー　今里照彦

人間的にも、芸のうえでも、非常に素直なコです。なんでも吸収してしまう〝吸い取り紙〟みたいな男ですね。しかも、自分のニオイを消さないように吸収する、これは芸能人にとって、もっとも大事な要素です。それにしても、あのステージのダイナミックさはどうですか。名実とも一流のエンターティナーといえるんじゃないですか。

創作意欲をわかせてくれる　◇デザイナー　竹山公士

私はデビューのコスチュームと、去年の「紅白歌合戦」以降のコスチュームを担当していますが、デビュー当時は、見せても聞かせるという点で弱かったように思えます。ところが、去年の夏ごろから、聞かせてくれる歌手に成長したように思います。

コスチュームに関しては、大まかな注文が出されるだけで、すべてまかされています。彼はオブジェとしても、創作意欲をわかせてくれますし、そういう意味で、私は彼にベタボレという感じ。

毎日、新しい側面を発見　◇マネージャー　清水寿勝

私がヒデキと一緒に生活をはじめて、3年ちょっとになりますが、毎日、行動を共にしている僕からみても、すばらしい魅力をもった男といえるでしょうね。毎日毎日、新しい側面を発見し、それがいつ果てるともなく発展していくのですから……。

彼のことをひと口でいうなら、内剛外柔というのでしょうか。外の人に対しては、非常にやさしくいわれたことはなんでも、ハイハイと聞くのですが、じゃあ主体性がないのかというと、まったく逆、じゅうぶん自分の意志を確立したうえでやっているのです。そして、忠告などは、いったん自分のものにしてしまうと、執拗なまでにガンコになってしまう面を持っています。

出典不明・発表日時不明

主役、西城秀樹のこと

1977年、劇団四季のミュージカル『わが青春の北壁』で主演。

◇浅利慶太

日本にミュージカルが紹介されて、かなり年月がたちますが、まだまだブロードウェイの創り方に比べて技術的に浅い気がします。

特に創作ミュージカルの場合、作曲、本、振り付けと、様々な問題があり、失敗の可能性も大きいわけです。けれども「ウェスト・サイド物語」などの作品のもつ、素晴らしい完璧さに触れるたびに、「いつか、日本人の手で、このようなミュージカルを創りたい」と、何年に一回かは挑んでいます。

今回の「わが青春の北壁」では、若者の青春の生き方、自分の責任を引き受けて耐えて生きるという人生、そういう若者の姿勢を描いています。

秀樹君は、この若者像にぴったりで、以前から、非常に素質のある若者だと思っていましたので抜擢したところ、実際に、想像以上なのに驚きました。歌唱力がバツグンで、個性があり、それにバランス神経がすごくいいですね。あの神経、筋肉で踊りを訓練したら、大変なレベルになりますね。

なによりも彼の良い所は、非常に素直で、基本に忠実だということです。おおらかな性格で皆に好かれてましたね。ミュージカルは主役から共演者、演出家、楽屋のオジサンまで、ひとつの作品を作るために、何百人と協力しているわけですから、主役は素質があり、能力があるだけではだめです。

秀樹君の場合、「秀樹はいい子だ、彼とだったら喜んでいっしょにやろう」というのが、スタッフ、キャストの共通した意見ですね。多勢の共演者に好かれるということは、その場の繕いで出来る事ではありません。あれだけのスタイル、スターとしての人気がありながら、全く人間的に昂ぶったり、驕ったところがなく、非常に素直に成長していますね。

僕は、年に一度か、二年に一度、彼と組んでやりたいと思っています。

ミュージカルをやって、一番感心した事は、秀樹君のファンのレベルの高さです。

実に質がいいお客さまで、初めは、経験がないので心配しましたが、彼に対して非常に温かい、秀樹君を育てようという姿勢が見える。彼は幸福な役者ですね。あれだけ良いお客さまに恵まれたら、いい役者になります。彼と一緒に成長する年齢層があるんでしょうね。これからますます楽しみです。（談）

雑誌『平凡』1973年9月号誌上

あなたが作った歌をヒデキが歌う!!

西城秀樹が歌う歌 作詞 大募集

72年『恋する季節』でデビューして以来、続けざまにヒットを飛ばし体をぶつけるような激しいフィーリングがヤングの人気のマトになっている西城秀樹！ そのヒデキの来年初めの歌をキミに作ってもらおうというわけだ。キミが作詞した歌で、ヒデキが74年の歌謡界に挑戦する！ 大事な新曲なんだ。ヒデキのために、キミのすばらしい詞をドンドン送ってネ。入賞者にはこんなスゴイ賞品もそろっている。 さあ、キミの手でヒデキに新しい歌を

◇応募のきまり

用紙は四〇〇字づめの原稿用紙を使ってください。歌の形式、題材、字数は自由です。

♫お一人で何編応募なさってもかまいませんが、各一個ごとのおわりにあなたの住所・氏名・年齢・職業・電話番号をはっきり書いてください。

♫しめきり日 8月31日

♫原稿の送り先 〒184 東京都渋谷区神宮前4の29の18 原宿ピアザビル RCAレコード事業部『西城秀樹の歌う歌』募集係

♫当選者募集 平凡12月号（10月24日発売）誌上。

♫レコード発売　（昭和）49年3月3日予定

◇《審査員》たかたかし、鈴木邦彦、ビクター音楽産業、ＲＣＡレコード事業部、平凡編集部

◇★入選第一席…………1編1名

●平凡賞（賞金10万円）、アンアン特製ぬいぐるみパンダ

●ビクター音楽産業賞　ビクターＣＤ…4ステレオDF—17シリーズ

◇★入選第二席…………2編2名

●平凡賞（賞金各3万円）

●ビクター音楽産業賞　ビクターラジオカセッターRC—1000　各一台

［画像引用］

シングル盤の紹介ページ（P・33）にも描いたが『薔薇の鎖』は雑誌『平凡』の募集歌。現在表記されている作詞作曲のクレジットにはこのコンペティションの優勝者だった斉藤優子さんの名前はなく、作詞・たかたかし、作曲・鈴木邦彦、編曲・馬飼野康二となっている。

細かい事情はもう誰に聞けばいいかも分からなくなってしまっているが、［応募のきまり］の説明にあるように、入選した作品の著作権は平凡出版（平凡編集部）が持つことになっている。斎藤さんの応募作品がどんな内容のものかもわからないが、おそらく原案のような形で採用され、ＲＣＡの判断で正式のクレジットからは、はずされたのではないかと思う。

■ご注意

▽応募作品は、整理の都合上、いっさいお返しいたしません。

▽入選作品の著作権は、平凡出版が保有し、株式会社日音が管理します。

▽入選作品は、作曲の都合で補作ならびに、タイトルを変更する場合があります。

◇『西城秀樹が歌う歌』当選者発表！……11万通から選ばれた『薔薇の鎖』

平凡9月号で募集いたしました『西城秀樹が歌う歌』は先月号で発表の予定でしたが、実に11万通という、たくさんの応募をいただき審査にてまどり慎重な審査の結果、次の通り入選者が決まりました。

なお、歌詞発表は、補作次第、平凡誌上で発表いたします。

◎入選第一席　………一編一名

『薔薇の鎖』　東京都豊島区上池袋3の39の5　あおい荘　斉藤優子

◎入選第二席　………二編二名

『愛の終止（ジエンド）』　東京都町田市相原町737　山崎宏子

『愛の終止符』　千葉県安房郡千倉町瀬戸　松田ゆみ

［画像引用］
雑誌『スタア』は平凡出版が１９７４年に創刊した、当時としては斬新な芸能雑誌だった。平凡出版はすでに月刊の『平凡』と『週刊平凡』という二誌の芸能誌を持っていて、それぞれ百万部前後の発行部数があった。『スタア』は雑誌の作りも用紙も高級で、芸能好きのハイエンドの読者層を狙った雑誌だったが、部数があまりのびず赤字の構造から抜け出すことが出来なくて、１年半あまりで休刊になった。わたしもこの雑誌に75年の春に異動になって、いろんなインタビュー取材をさせてもらい原稿を書いたが、75年の4月はちょうど、編集部に異動したころ。このページを作ったのは、のちに月刊『平凡』の最後の編集長だった田中実である。

雑誌『スタア』１９７５年４月号掲載

人間研究　西城秀樹（パート１）

◇芸能界にはタレントとしてビッグになっていくとともに、対人関係に一つの変化のパターンがあるのが常識である。「よろしくお願いしまーす」と何を聞いても「ハイ」と「イイエ」の新人時代。「おかげさまで……」の人気上昇時代。さらに「忙しくて眠る時間もないから、カンベンしてください」のトップ・スタアに仲間入りの時代。まるでハンを押したようにこのパターンがくり返

人間研究
西城秀樹
HIDEKI

［画像引用］『スタア』1975年4月号

される。

西城秀樹という青年は、ある意味でこの常識を打ち破ったようで、小気味よい感じがする。プロとして忙しさは当然という意識と、衣装一つにしても「これは似合わないよ」と自分で自分のイメージを固めてしまうようなことがない。あらゆる可能性に体当たりでブチ当たってゆく。俗にいう、〝デキアガル〟ということを知らない好漢に期待する。

◇西城秀樹19歳、屋台のラーメン屋を愛し、深夜に車を飛ばして食べに行く。いまや、くるっています。

◇背も高いが、手足が他人より長いため、行きつけのお店も決まってしまう。ジーンズは渋谷

『ニューヨーク』。ここで秀樹用といえば分かるとか。
◇月並みだがぼくには歌しかない。現在のぼくを喜ばせてくれるのも音楽だし、悩ませるのも音楽。仕事が終わって、深夜、自室でマネジャーと音楽論争をした。ふたりとも音楽にかける情熱は他人に負けないと思っているから、しまいには殴り合いになってしまったことがある。後で聞いたら顔だけは商売道具だからさけたといわれ、涙がこぼれそうになった。ぼくはシアワセだ。
◇『傷だらけのローラ』のカナダでの初回プレスは5万枚。フランス語に訳された歌詞の内容はドギツク、日本語に訳すと発禁ものだそうです。
◇広島の実家のパチンコ店は秀樹のパネルだらけ。これを目当ての未成年の女の子が多くて両親は入場を断るのに大汗。

この19歳の絶叫を……支えている秘密

『スタア』1975年4月号　人間研究　西城秀樹［パート2］

その根性　若者に忘れられている〝男の心〟

「すみません」
ベッドによこたわったまま、西城秀樹は謝った。眉をきつく寄せ、唇は固く結んでいた。そうして心ならずもベッドの中にいなければならないことを、胸の底から口惜しがり、残念がっているようだった。

一月末のある日、西城秀樹はついに倒れた。あまりにも過密なスケジュール。寸時も休めない忙しさ。それが、全身の力を振りしぼって歌う絶叫型の秀樹の過労を誘ったのだ。

前もってある程度は予想できたことではあった。

「少し仕事を減らそうよ。休んだほうがいいよ」

所属する事務所のマネジャーも休養をすすめていたのだが、秀樹はそのたびに首を横に振っていた。

「ぼくの歌を聞いてくれる人に悪いですから」

どのステージに出ても、客席は満員だった。秀樹の歌に精いっぱいの声援をし、秀樹の一挙手一投足に「ヒデキ！」と絶叫する熱狂的なファンたち……。秀樹は自分が休むことで、そうしたファンたちの心に失望や不安を与えることを望まなかったのだ。

「自分のことより、ぼくをここまで育ててくれたファンのことを考えなきゃならないんです」

秀樹はそういっていた。だが、その力にも限度があった。秀樹は病院のベッドに横たわらなければならなくなった。

「すみません」

と、秀樹が謝る心には、自分の体力の限界に対する悔みがあったはずだ。スケジュールを狂わせたことに対することよりも、ファンの期待に完全に応えられなかったことのほうが口惜しかったのだ。

「秀樹というのは、そういう男なんですよ。そういう男だからこそ、ここまで来たともいえるんです」

秀樹をだれよりもよく知る、芸映プロダクションの秦野貞雄（はたのさだお）プロデューサーの言葉だ。すべてにカッコよさ、スマートさばかりを求め、根性とか努力といったものを〝古めかしい〟と思い込みたがる現代の若者の中にあって西城秀樹のこの垢ぬけないまでの〝がんばり〟は、稀有なものであろう。私たちはこの一九歳の若者に、いまの世の中が最も失っている〝男の心〟を見ることができるのだ。

人間研究 西城秀樹 HIDEKI SAIJO

この19歳の絶叫を……支えている秘密

その根性
若者に忘れられている〝男の心〟

［画像引用］
雑誌『スタア』の［人間研究 西城秀樹］はカラーグラビア8ページ、活版の読みもの5ページ、合計13ページの大きな特集だった（わたしがいま作っている『人間研究 西城秀樹』ほどではないけれど）。これまでヒデキの人生は、月刊『平凡』や『明星』など、子供向けということでもないが、ティーンエイジャーが中心読者の雑誌では取り上げられていたが、オトナ対象の雑誌で真正面から原稿書きされたのは、この雑誌が初めてだと思う。この特集は、そういうことでも意義深い。秀樹自身も大人のタレントに脱皮するためになにをすればいいか、模索し始めていた時期だった。

その意地　生意気だった少年時代のエピソード

西城秀樹の、この〝男の心〟は、あるいは幼年のころから彼の内にあったものかもしれない。しかし、子供時代には、その不屈の精神は〝負けん気〟といった形で現れる。さらには〝生意気な子供〟という印象さえひとに与える。

広島市の幼稚園に通っていたころのことだ。幼稚園に新しい太鼓が運び込まれた。子供たちは大喜びで、その周囲に群がった。

「だれか、叩きたい人、いる？」

女の先生が、子供たちにたずねた。真っ先に手を挙げたのが秀樹だった。他の子供たちは、そのあとからおずおずと手を挙げた。

先生は秀樹を指さした。

「じゃ、龍雄ちゃん、叩いてごらんなさい」

だが、そのことばを聞き、秀樹はムッとした顔になり、パッと立ち上がると遊戯室を飛び出してしまったのだ。若い女の先生には、その理由が判らなかった。しかし、秀樹は帰って母にいった。

「先生は〝じゃ、叩いてごらん〟っていったんだ。〝じゃ〟なんて、失礼じゃないか」

これが、西城秀樹の五歳のときの発想だったのだ。

小学校のころから、当時人気絶頂のグループサウンズに憧れるようになった秀樹は、兄の誘いを受けて《ベガーズ》というバンドを作った。《ベガーズ》（乞食たち）などという、通の意味で気取ったバンド名にする子供心を、大人たちは理解しなかったようだ。〝生意気なガキ〟……そんな評価ができあがった。

　しかし、秀樹たちはやりかけたことをやめなかった。彼は、大人たちに不評であればあるほど、ファイトを燃やしていたのではあるまいか。ファイトというと聞こえがよすぎる。敵愾心（てきがいしん）といおう。大人に対するこの敵愾心こそ現在の秀樹を支えているのかもしれない。年長者に対して、決して媚びることのない若者の殺気。それが同じ若者の心に共鳴を呼ぶのだ。

　高校に入った秀樹は、自分の仲間を集め、改めて《ジプシー》というバンドを結成した。秀樹はドラムを受け持ち、市内のジャズ喫茶『パンチ』に出演するようになった。

　当時の《ジプシー》のステージを見たあるひとはこういっている。

「ともかく彼は目立っていました。背が恐ろしく高いし、派手な服装をしていた、ということもあるけれど、それよりもなによりも、その演奏が目立つんです」

　ともかくメチャクチャだったという。

　ちゃんとボーカルのいるバンドなのでドラムスは正確にリズムを刻み、全体の統制をとる役割を果たさなければならないのだ。ところが秀樹はそうした約束ごとを一切無視した。

「歌手がうたっている最中に、いきなりドラムソロのような演奏をしたり、曲が終わってもいつまでも叩いていたり……。おまけにリズムは狂っているし、音は大きすぎるし……」

それは、ドラマーとしては失格条件であるだろう。しかし、そこに〝スタア〟としての要素が秘められていることを忘れてはならない。約束ごとにしばられているようでは、スタアにはなれない。サラリーマンにはなれても……。

高校二年のとき、秀樹はスカウトされて上京した。家出、であった。

それは、昭和四十六年十月三日であった。

その涙　引き返せない一筋の道だった

西城秀樹は、生まれてはじめて東京の土を踏んだ。スーツケースに入れた身の回りの品と、わずかな金だけがすべてだった。二度と広島には帰るまい……。そんな決意が全身にみなぎっていたのだろうか。そのとき秀樹に会ったひとは、恐ろしい顔をしていた、という。殺気がそのまま表情に出ていたのだろう。

「原宿の喫茶店で会ったんですけど、そのときのようすはもうひどいものでしたよ。精いっぱいのおしゃれをしていたんでしょうけど、ピンクのスーツを着ていてね。それはいいんだけど、ズボンは流行遅れのマンボズボン。場所がおしゃれの最前線の原宿でしょう。まあ、目立つこと、目立つこと……」（元マネジャー）

その日から、西城秀樹の苦闘の日々がはじまった。

マネジャーのマンションに住み込んだ。与えられた部屋は三畳間。タンスなどが置いてあるため、横になると秀樹の長い脚は廊下に出てしまう。十日後に、ようやく息子の行方を探し当てた両親が、広島からあとを追って上京してきた。脚を廊下に出して寝ている秀樹を見て、母は驚き、マネジャーに食ってかかった。

「これは、なにごとですか。うちの龍ちゃんは、広島におったときは十畳の部屋に寝とったんですよ」

父も秀樹にいった。

「こんなところにお前をおいてはおけんぞ。すぐに帰ろう」

しかし、秀樹は、そんな両親を強く見すえ、きっぱりといったのだ。

「ぼくが木本龍雄だったらお父ちゃんのいうことをきくけど、いまのぼくはもう木本龍雄じゃないけん」

両親は泣いて息子を説得しようとしたが、それは無駄に終わった。

「あと三か月待ってください。そのときのぼくをもう一度みてください。それでも帰れちゅうんなら、帰ります」

両親が帰ったあと、秀樹は畳の上にぺたんと坐ったまま、動こうとしなかった。

いま、おれの歩く道は完全に決まった。もう引き返すことはできない……。秀樹は、それからはじまる、あまりにも大きい人生の重みを考えていたのではないだろうか。

現在の秀樹を見ている私たちにして見れば、その忙しさは目を瞠(みは)るばかりだが、それは、いまにはじまったことではないのだ。歌手になろう、と決意し、上京して以来、秀樹は過密スケジュールの中を生きてきたのだから……。

まだデビューするかどうかさえ決まっていないときから、秀樹は月水金と、作曲家の大本恭敬（おおもときょうけい）氏のスタジオにレッスンに通い、火木土は松原ダンシングチームでステージにおけるアクションを習っていた。その他にも、金曜の夜は東宝アカデミーに通って芝居のレッスンを受け、さらに不定期に、作曲家の北原じゅん氏の自宅にも行かねばならなかった。

また、夜は夜で、同居しているマネジャーによる特訓が待っていたのだから、秀樹の忙しさは、デビュー前からさほどかわっていない、といえるかもしれない。

北原じゅん氏は述懐する。

「ともかく熱心な子ですよ。東京の地理に慣れていないから、地下鉄を乗り間違えたりして、ぼくの家に来るのが約束より遅れることもあるんです。そんなとき、ぼくは〝帰れ！〃って怒鳴るんです。普通のレッスン生なら、しょんぼりして帰るんですけど、あの子だけは違っていました」

怒鳴られると、その場に坐り込み、

「お願いします」

と頭を下げる。十分でも二十分でもそうしている。その目から涙がポタポタと落ちるのを見て、北原氏は、秀樹のひと並みはずれた執念を知ったという。

レッスンを受けているときは、怒鳴られることが多い。ときには激しく殴られることさえもあ

る。そんなとき、秀樹は、

「ちょっとすみません」

［画像引用］デビュー当時、レッスンを受けるヒデキの練習風景

そういってトイレに入るという。

トイレでなにをしていたのか。秀樹は水洗の水をいっぱいに流し、声を殺して泣いていたのだ。

そして顔を洗い、深呼吸をしてドアを開ける。

「さあ、もう一度やらせてください」

元気いっぱいの声だったという。

こうして上京後の数か月を過ごし、秀樹はＲＣＡビクターからデビューすることになった。最初から秀樹を担当しているディレクターのロビー和田氏は、

「ひと目みたときに、これは大物になるぞ、とピーンと来ました。もちろん、すぐに契約しました」

という。和田氏は、秀樹の声も聞かずに決定したのだ。

歌手・西城秀樹は、このようにして生まれた。

デビュー曲、『恋する季節』。

三年前の昭和四十七年三月二十五日の発売であった。

その人気　真剣な女性たちの目、目、目

過日、東京プリンスホテルで、ゴールデン・アロー賞の授賞式が行われ、西城秀樹はグラフ賞を受けた。私も、多くの出席者に混じってこの会場にいたのだが、ちょうど秀樹がステージで『傷だらけのローラ』をうたうとき、私の横に、小さな斎藤こず恵がいた。

こず恵は私にいった。

「ねえ、抱っこして。ヒデキを見るの」

私の肩の上に腰かけて、ステージの秀樹に声援を送るこず恵は、真剣そのものであった。

そのとき私は気づいたのだ。会場には数多くの新人女優、新人歌手が、自分の売り込みにきていたのだが、秀樹がうたっているときだけは、用意していた営業用の微笑を忘れ、夢中になってステージに目を向けていることを……。

本来なら、ライバルであるべき、芸能界の女性でさえ、秀樹にだけは仕事を忘れてしまうようだった。口ではどのようなことをいおうと、彼女たちの目の真剣さが、それを物語っていた。

その夜、私は銀座に回ったが、私が秀樹に会ってきたと知ると、数人のホステスたちが口々にいったものだ。

「すてき！　私も行きたかったわ」

すでに男というものを知り尽くしているはずの彼女たちでさえ……。その事実に私は改めて驚

いた。

ちいさい斎藤こず恵から、芸能界の女性、そして、銀座のホステスたち……。こうした幅広く多くの女性たちを惹きつける西城秀樹という男は、不思議な存在であろう。

三年前にデビューした直後、秀樹は日劇の『ウエスタンカーニバル』に出演したが、はっきりいって、このときは伊丹幸雄の引き立て役だった。しかし、数日後のそのステージが終わりを迎えるころには、客席の人気は伊丹幸男を上回っていた。

また、〝新・御三家〟と並び称されている、野口五郎、郷ひろみにも、かなり遅れをとってスタートした秀樹であったが、いま、人気は逆に差をつけているといってもいい。

秀樹の人気は確実にたかまり、その層は確実にひろがっている。

その秘密はどこにあるのだろうか。

それは、冒頭に記した秀樹の〝男の心〟にあるのではないだろうか。現在の多くの若者が失い、求めようともしない〝男の心〟に……。

西城秀樹――

本名・木本龍雄　昭和三十年四月十三日広島市生まれ。身長一八〇センチ体重五十七キロ。

（文・佐山透）

雑誌『平凡』1973年11月号掲載

自筆スターの日記　大苦戦！　歌のほうがラクダよホント

〝吹き出し〟禁止!?

中学時代、絵で特選をとった実績をもつヒデキ。文字だけではもったいないので、マンガもかいてもらった。

平均睡眠時間4時間という殺人的スケジュールの中、目をこすりこすりペンを走らせた。生まれてはじめての日記なので、構想をねるまでかなり苦戦。でも一度ペンをとれば、絵の得意なヒデキにとっては楽な仕事。問題は時間との戦いなのだ。

マネジャー氏が日記帳とペンをとってヒデキを追いかけっこ。やっとのことで、完成までこぎつけた。完成した1週間分の絵日記を記者に手渡す時、「あっ、ちょっと待って!!」と描き加えるほどの熱の入れようだった。めったに見られないヒデキの絵日記、ふき出さないでね！

8月24日
東北　二本松市民会館で公演　仕事が終わって汗を流したあと　夜食の山菜料理に舌つづみを打った

8月22日

NETワンツーチータが油壷で行われる　12時入りなので2時間の走行時間を見て朝10時スタート　ところがなんと車の渋滞がものすごい　予定時間に1時間半も遅れてしまった　冷汗ものである　着いてみたら　他の出演者も相当遅れているとのこと　まずは一安心　場所は油壷

マリンパーク　水族館の横の大きな池にセットが組まれていた　休憩時間に水族館を見て廻った魚達の生態研究としゃれこんだ。

８月23日

昼のスケジュールが終り、19時より26日の日劇ワンマンショーの最終レッスンが日劇リハーサ

ル室で行われた　今日が最後のレッスンなので気を入れてやらなくてはならない　関係者の皆さん　夜おそくまでごくろうさま。

8月25日

二本松の続き会津若松市民会館での公演　明日いよいよ日劇ワンマンショーかと思うと熱が入る　日劇のステージを見られない人の為に日劇どうりのショーをやった　ミュージカルに西野正一君が僕の弟役で出演している　まだ小学校2年生なのにセリフも間違えずがんばっている　お互いがんばろうぜ。

8月26日

さあ!!　いよいよ日劇だ!!　大成功　3回とも超満員　おもわず感激　泣いてしまったファンのみなさん　どうもありがとう　これからもがんばります。

8月27日

日劇も終り　今日は新潟の空の下　ショーが終って　帰りは直江津から夜行列車である　おやすみなさい。

8月28日

TBSの火曜歌謡ビッグマッチに出演　野口五郎君やにしきのあきらさん達と一緒にピエロになって大奮闘した。

［取材こぼれ話］

■絵日記で見てもわかるようにスケジュールはビッシリ。記者が日記を受け取りに行ったのは午前3時、東京のあるスタジオ。休憩時間だったが、ヒデキは長椅子に横になって仮眠。タフさを誇るヒデキも暑さと疲れでダウン気味。そんな状況の中、ペンをとってくれたヒデキ、ほんとおつかれさまでした。（櫃間務記者）

※櫃間努(ひつまつとむ)は西城秀樹デビュー当時の月刊平凡編集部の活版のヒデキ担当記者。麻雀やポーカー、博打、勝負ごとに強い編集者だった。櫃間の強運も、ヒデキの活躍に多少は影響したかもしれない。櫃間の現在の消息はわからないが、どこかで元気にしているはずである。（塩澤）

第二章

沈黙図書館ファイル

2018年5月18日〜2020年6月11日

考察と文章◆塩澤幸登

［沈黙図書館］はわたしが２０１７年の2月に始めたアメーバ・ブログの名称である。

ブログを始めたキッカケは、こういうものがあることを知って、軽い気持ちで、わたしもしてみようと考え、むかし書いた未発表の小説を、読む人のあてもなく、連載してみようと思ったのが発端だった。

そこで、最初のころ、編集者時代に出会った人たちのことを〝ちょっと書き〟していたのだが、ある日、机の引き出しを整理していて、小さな桐の箱に入ったモノクロフィルムのコマを三十枚ほど見つけた。昔、月刊『平凡』で働いていたころ、担当記者をやっていた天地真理さんを撮影したネガフィルムだった。もちろん、撮影したのは社員カメラマンたちだが、工夫して絵柄をディレクションしたのはわたしである。

これらの写真は、思えばもう四十五年前になるのだが、入社して五年目、月刊平凡編集部から別の雑誌に異動になったときに、その時代の思い出のよすがに、と考えてこっそり手元に保管していたものだった。それを見つけたのである。それから、この写真を発見したことがキッカケで、当時、芸能記者時代に経験したことをあれこれと思い出して、原稿を書いた。

天地真理さんは、当時（一九七〇年代の前半）、人気絶頂のアイドルだったのだが、わたしにとってもいろんな意味で特別な存在だったのである。わたしは彼女の担当記者だったのである。その周辺のことは、本書の範囲外のことであるので、本の形でお読みいただくのは、別の機会に譲る。

それから、当時、記者として関わった芸能人たちのことを思いだしていった。そして、その記憶を原稿に書いた。それらはいまでも、古いブログの束の中に眠っているから、検索さえしていただければ、興味のある方には読んでいただくことも出来る。

そういう、芸能記者時代の思い出を懐かしむ日々のなかで、西城秀樹さんが亡くなってしまうという、予想もしなかったできごとに遭遇したのである。そのときに彼とのいろいろな思い出を書いたところから、この本にたどり着くための一切のことが始まった。

この章はわたしが西城秀樹について書いたコラムの集合体だが、原稿は基本的に時系列で並んでいる。自分でも説明できないが、頭のなかで《次はこのことを説明しなければ》と考えて、書き進んだ順番である。

ここではあえて、起承転結的な構成は考えなかった。順番に読んでも、それぞれが独立した、西城秀樹さんについて書いたコラムという共通項はあるのだが、形質の異なるコラムを連結させている。しかし、それを順番に読んでいっていただければ、わたしが人間としての西城秀樹さんをどう考えているかも分かるはずである。

そのつもりで読んでいただきたい。

沈黙図書館ファイル　２０１８０５１８

西城秀樹さん 逝く

西城秀樹さんが亡くなられて、なんだか何かにせっつかれたように、彼の思い出をいますぐ書かなければいけないような気がして、この文章を書いている。

５月17日のデイリースポーツは彼の死をこんなふうに伝えている。

西城秀樹さん死去　家族の前で倒れ意識戻らず
歌手の西城秀樹さんが16日に急性心不全のため亡くなっていたことが17日、分かった。63歳。広島県出身。西城さんの関係者によると、西城さんは4月25日に家族と一緒にいた時に意識を失い倒れて、横浜市内の病院に搬送。「20日ほど頑張った」（関係者）ものの、意識は戻らず、16日に力尽きたという。仕事の予定はしばらくいれていなかったともいい、仕事面での混乱はないという。西城さんは03年、11年と二度、脳梗塞で倒れ、右半身に麻痺が残りながらも、リハビリを続けながら歌手活動を行っていた。テレビなどでは懸命なリハビリ生活を公表することもあり、ファンからは病魔を乗り越えて闘う姿に感動の声が届けられていた。

彼の闘病のいろいろな話を聞くにつけ、もしかしたらいつかこういう日が来るかも知れないとは思っていたが、その予感があたってしまった。

彼との思い出を書いておきたい。

わたしが思うに、1972年3月の西城秀樹の出現こそは、芸能界の〝黄金の七十年代〟の幕を開けた衝撃的な〝最初〟の事件だった。西城のデビュー曲は『恋する季節』なのだが、この曲はスマッシュヒットに終わったが、73年の6月に発売した第5弾の『情熱の嵐』が大ヒットして、トップアイドル歌手へと成長する。

この前年に新人デビューした、にしきのあきらや野村将希（まさき）が半ば演歌の色合いを帯びた歌を歌いつづけていたことを考えると、西城の出現は新しい「ポップス歌謡」ともいうべき歌謡曲の潮流の誕生であり、それが和製のロックンロールへとつながる道を作り出していったといえるかも知れない。この流れは当時、大流行していた吉田拓郎らのフォークソングのブームとはまた、別のものだった。

同時期、先行デビューしていた野口五郎は演歌からポップスに転身して『青いリンゴ』のヒットを飛ばし、郷ひろみの『男の子女の子』でのデビューがあり、小柳ルミ子も南沙織も天地真理も、みんな、この1972年からいわゆる、アイドル歌手としてポップスを歌って大活躍を始めたのだった。どの人も青春を謳歌する歌をうたい、恋愛へのあこがれを歌にしていた。

わたしの印象では、西城、野口、郷と三人並んだ〝新御三家〟が出来上がったとき、郷と野口は男の子（まだ子供）だったが、西城は半分くらい男（大人）に見えた。

だから、三人のなかではファンの年齢層が一番上だったのではないかと思う。

わたしが芸能記者として仕事したのは１９７０年の春から１９８２年までの13年間なのだが、最初のころ、西城、野口がデビューした当時、わたしはフォーリーブスを担当していたから、当然のことだが、事務所の違うライバルだった西城の担当編集者になることはなく、他の人が担当した。そのあと、わたしは郷ひろみを担当することになるから、タレント本人たちと直接、仲良くなっていくのにはちょっと時間がかかったが、それぞれのマネジャーたち、西城は芸映のハタノ氏、野口はプロダクション名を失念したがコダマさんとはすぐ仲良くなった。

野口、西城とも性格的にはいい人間で、とにかく一生懸命にアイドルをやろうとしていて、好感が持てた。

わたしは野口五郎とはそれほど大仕事はしていないが、週刊平凡当時の取材スケジュール帳などを見ると、回り持ちの連載企画で、［マネジャー日記・野口五郎の巻］とかなんやかんやで何回か取材している。また、はっきり覚えていないのだが、新雑誌（１９７５年創刊の『スタア』）でインタビュー取材をしたような記憶もある。

西城秀樹とは、これもゴローと同様に年に何度か、コメントをもらったり、写真撮影をさせてもらったりしていたが、一番懐かしいのは、１９８３年の11月のヨーロッパ旅行だった。

わたしはこのときはもう芸能雑誌の記者ではなく『平凡パンチ』という男性週刊誌があったのだが、この雑誌の特集デスクのキャップだった。それで、スポーツメーカーのミズノがギリシャのロードス島で主催したロードス島マラソン参加ツアーというのがあり、ミズノのマスコミ招待旅行というか、マガジンハウスの雑誌だけを対象にした招待旅行だったのだが、業務命令があり、当時アンアンの表紙モデルだった甲田益也子（こうだみやこ）と西城秀樹の二人を連れて、フランスとギリシャに出張したのだった。

　これはじつは『平凡パンチ』の取材ということではなく、わたしにとっても初めての経験だったのだが、マガジンハウスを代表してみんなを取材旅行に連れていくという話で、甲田益也子はパリで『アンアン』用の取材をして、西城秀樹は『週刊平凡』の取材でギリシャのロードス島のマラソンに参加するツアー客にまじって、10キロマラソンを走るというものだった。

　どのくらいの日数のヨーロッパ出張だったか細かいことは忘れてしまったが、そういうことで西城といっしょにギリシャを旅行した。このとき、いろんな話をした思い出がある。月刊『平凡』時代から同じ職場みたいなところがあって始終、顔を合わせていたが、長い間いっしょにいて、親しくしゃべったのはこのときが初めてだった。

　西城はこのころにはすでに、若いアイドルではなく、デビューしてもう10年以上、経過して、安定した人気を持つ歌手という立ち位置のタレントになっていた。

　ギリシャのロードス島のホテルで彼といろいろと話をしたなかで、覚えているのは、なにを話していてそういう発言になったか前後を忘れてしまったのだが、「ボクも芸人の端くれですから」といったことだった。ちょうど、それまで所属していた芸映から円満に独立した前後で、〈見かけは派手だが、考えていることは地味でしっかりした人生観を持っているな〉というのがこのときの率直な印象だった。

わたしは西城秀樹はまぎれもなく時代の産んだ純正のアイドルだったと思うが、彼の場合はそれだけではなく、アメリカでいうとクリーデンス・クリアウォーター・リバイバルのジョン・フォガティやディープ・パープルのイアン・ギランのような絶叫型のロック歌手だった。こういう強靭なのどをもつ野太い声でうたう歌手はそれまで日本にはいなかった。

ジョン・フォガティやイアン・ギランが不世出のロックンローラーであったのと同様に、西城秀樹もエネルギッシュにシャウトする前衛的な歌唱技法を持ちながら、突出した大衆性を合わせもつ希代のアイドルだった。

そんな尖鋭的でありながら、広く性別年齢を超えてみんなに愛される歌手も残念ながらいまはいない。

ヒデキは本当によく戦った。

冥福を祈る。

お疲れさまでしたといってあげたい。

沈黙図書館ファイル　２０１８０７１４

1972年の西城秀樹と野口五郎

これは野口五郎さんと西城秀樹さん、ふたりの男の五十年近い、長きにわたる人生の友情の物語のそもそもの発端である。

先日（２０１８年7月13日・金曜日）のテレビ番組『中居正広のキンスマ』で、西城秀樹さんについての追悼番組といっていいのだろうが、ゲストに野口五郎さんを迎えて、二人の人生を通して変わらなかった親密な友情のありようを、映像でなければ不可能な形で描きだしていて、見ていて、とても興味深かった。

わたしが本当に彼らと仲よく仕事をしたのは、いまから40年以上前の話で、自分が芸能記者を廃業したあとのことについてはほとんど知識がないのだが、１９７０年から83年までの芸能界のことだったら、ある程度、わかる。それで、実は、わたしのブログ［沈黙図書館］の読者の方からこういうコメントをいただいていた。

初めまして。野口五郎さんのブログをリブログしている方のところから、こちらのページを知りました。今日はご相談があって、書き込みをします。ご存じかと思いますが、秀樹さんが亡くなって、にわかにファンになってしまった「にわか組」、かつてファンだったけどご無沙汰で戻ってきた「ブーメラン組」が急増しています。「彼のすべてを後世に残したい」という活動をツイッターで始めた方々もいらっしゃいますが、一つの大きな流れができているとは言い難く、業界関係者に届いているのか疑問です。

全盛期にヒデキに触れていなかった方々からは、A面だけじゃなくB面も絶版になっているライブ盤LPの復刻や、彼が出演したミュージカルやNHKのドラマ（現在はオンデマンドでも見られません）、若かりし頃の雑誌の記事など、すべてを見たいという声が多いです。素人にはこれが「商売」として成立するのかわかりませんが…。

秀樹さんのオフィシャルHPにはファンクラブのBBSしかなく、自由に書き込める場所がないので、彷徨(さまよ)い人は五郎さんのブログに殺到していますが、五郎ファンの情報交換の場で、「ヒデキの残し方」を語るなんて無理がありますよね。また、秀樹さんの事務所は縮小され自宅に移されたとも聞きますし、スマップの時と比べるときっとファンクラブ会員の数もさほど多くはないのと、年齢的にもムーブメントを起こすのは難しい世代なのかな…と思ったりもします。

どんなふうにアクションを起こしたら、業界に声が伝わるでしょうか。なにかヒントをいただけるとありがたいです。ちなみに私はヒデキのファンクラブ会員ではありません。中三トリオと同世代なので、新御三家全盛期に中高生ではありましたが、長年、別の人のファンクラブに入っていて、ヒデキのことは一般大衆として知っていただけです。なのに、亡くなってから自分でも驚くほどの喪失感を覚えてしまった「にわか組」です。

この問いに対する直截的な答をわたしはまだ、書くことが出来ずにいるのだが、野口と西城のふたりがまだ若く、その物語が始まったばかりのころのことは、ある程度、記憶にある。それでそのことを書いてみようと思った。

この対談を読んでいただくことで、最終的に、野口、西城、郷ひろみの三人が〝新御三家〟と呼ばれることになる〝歴史的経緯〟、西城と野口の結びつきと、それにつねに対立的に存在することになる郷ひろみとの、そもそもの因縁を描きだすことができるかも知れない。

次の見開きページに掲載した引用画像はわたしたちが作っていた月刊雑誌の『平凡』のなかの一頁である。

まず、今回は、ふたりの46年前のおしゃべりを読んでいただこう。

《希望対談　野口五郎・西城秀樹》

★張本人がまちがえた⁉

野口　このごろ、ヒデキ、ものスゴイ人気なんだってネ。

西城　ゴローちゃんほどじゃないけど、サイン会なんか開くとメチャクチャ。とてもすわっていられないんダ。

野口　ボクのファンは中学生や高校生が多いんだけど、ヒデキクンのファンは、もっと年上の人が多いんだってネ。
西城　ウン、何だか幅があるみたいだネ。自分じゃどうしてか分からないんだけど……。
野口　ボクにはわかるような気がするなー、ヒデキくんの人気の秘密が……。
西城　また、何か言いたいんでしょう？
野口　と、思うでしょ？　それがシロウトのあさましさ。(笑)
西城　早く教えてョ。
野口　まずカッコイイってこと、そしてスマート、もうひとつは男らしいってこと。どう？
西城　ナーンダ。ゴローちゃんと共通していることじゃないか。
野口　残念でした。ボクには最後の男らしいってとこが、ちょっと欠乏してる。(笑)
西城　そのかわり、カワイイってとこがある。ファンは正直だネ。
野口　この間、ボクの家に遊びに来たでしょ？
西城　レコード聞かしてもらいに行った時？
野口　そう。あのとき、お母さんがホメてたョ。礼儀正しくって、とてもしっかりした人だって。
西城　よく気のつくいいお母さんだネ。一緒に生活できるゴローちゃんがうらやましいよ。
野口　ヒデキクンのお母さんは？
西城　広島にいるんだけど、これがまたよく気がつきすぎる。

［画像引用］雑誌『平凡』1972 年 12 月号　対談 野口五郎・西城秀樹

野口　いいネエー。

西城　ところがダメなんだョ。広島の実家でテレビを見ていて、「タッチャン」（西城クンの愛称）が出ているって大喜びだったらしいんダ。でもよく見たらどうも違う。「青い日曜日」歌っているんダ。

野口　ボクと間違えたの？　そういえばよく言われるョ、ヒデキクンに似てるって……。それにしても、気がつきすぎだネ。（笑）

西城　笑ってる場合じゃないョ。仕事でフジテレビに行った時、うしろから〝ヤッチャン〟ってポンと肩をたたかれた。

野口　またボクと間違えられたの？

西城　ところが肩を叩いた人は誰だと思う？

野口　〝ヤッチャン〟って呼ぶのは身内しかいないんだけどナア。

西城　イエース！　ゴローちゃんのお父さんだョ。

野口　えっ！　まずいナア。ボクをこしらえた張本人がまちがえるなんて……。
西城　お父さん恐縮して苦笑いしてたョ。(笑) でも、似てるからわが子のように可愛がってくれたンダ。
野口　それはヒドイョ。ボクのお父さんとらないで！
西城　ワカッタワカッタ。(笑)

★野口秀樹 VS 西城五郎

野口　このごろ、似てるって言われるからじゃないけど、どういうわけか、ヒデキクンが気になるんダ。
西城　ボクはデビューした時からゴローちゃんのいいとこ盗みつづけてきた。
野口　なんかこわいなアー。
西城　目いっぱい歌っているところがウラヤマシインダ。
野口　ヒデキクンだってかなり……。
西城　ボクはまだカメラを意識しちゃうから……。
野口　それはボクも同じだョ。でもきょうのステージは素晴らしかったとか、もう少し動いたらいいのになアー、なんてヒデキクン見てつい思ったりしちゃう。
西城　まだギゴチないでしょ？
野口　とんでもない、すごいライバルがあらわれたと思って内心燃えているんダ。

西城　これからもいいとこ吸収させてもらうョ。
野口　それじゃあ、全部吸収しなくちゃダメじゃない。(笑)
西城　そしたらますます似てきちゃう。
野口　そのうちぼくは野口秀樹、ヒデキが西城五郎って言われるかもネ。
西城　なんか頭がおかしくなってきた。(笑)
野口　でも、たったひとつ似ない方がいいものがあるョ。
西城　なに?
野口　新人賞がもらえなかったこと。
西城　ああ、ゴローちゃんは不運だったんだネ。
野口　いや、ボクの場合はそれが実力だったんだけど、ヒデキクンは有力候補でしょ?　それだけは似ないこと祈ってる……。
西城　サンキュー、ガンバルョ!

　おしゃべりのやりとりは他愛のないものだが、このつきあいが二人が63歳、62歳になるまで変わらずにつづいたというから羨ましい。わたしにも何人か若いころからのつきあいの友だちがいるが、男の友情は距離感が難しい。
　この対談が載った『平凡』の72年12月号というのは、次ページの見開きの表紙の雑誌である。

天地真理、郷ひろみ、伊丹幸雄の三人がイントロダクション（表紙のタレント）を受け持っている。じつはこれも大きな意味を持っているのだが、そのことについての説明は後回し。

この雑誌の日付的なことを言うと、その年の10月25日発売で、締め切りが10月の初旬、取材は9月に行われているはずで、更に細かくスケジュールを調べると、野口五郎はすでに前年すでに「青いリンゴ」を大ヒットさせていたが、西城はデビュー曲の「恋する季節」はオリコン42位まで

と振るわなかったが、セカンド・シングルの「恋の約束」が18位、8月にファースト・コンサートを開催して、人気急上昇アイドルとなる、とば口に立っていた。

この時期の月刊『平凡』はじつは、発行部数的なことをいうと、１２０万部〜１５０万部という巨大な部数が出版されている。最高部数の１５３万部は１９７３年の正月号（２月号）で、この雑誌の次々号である。正月号は返本率３・５パーセント、実売部数１４７万４千部という恐るべき数字で仕上がっている。当時の調査だが、一冊の「平凡」を三、四人の人が回し読みしていたというから、読者は若い世代に限定的だが、本のなかで社会の若い人たちに対する巨大な力が働いていたのだと思う。

この雑誌の中に並ぶ企画を総ざらいしてチェックすると、１９７０年代の芸能界の基本構造が出来あがっていったプロセスが、ある程度わかってくる。

振り返って考えてみると、１９７１年のある時期から１９７３年のある時期までの約二年余というのは、幾つあるかわからない黄金製の椅子（高い値段で売れるアイドルの地位という意味）

を争う戦国時代の様相を呈した、混乱した、しかし、その混乱は総体的に見ると、新時代を作ろうとするエネルギーに満ちた時代だったのだと思う。そのことを手元にある、月刊誌の『平凡』の表紙に誰が登場したか、さらに記事なかの編集内容を紹介しながら、説明していこうと思う。

まず、《女性タレント》。登場人物の紹介である。本稿の基本テーマは《野口と西城の友情物語》と《新御三家の成立》の話なのだが、これに複雑に同時代にデビューした女の子たちが絡む。いまここではあまり細かな話はしないが、省略は出来ない

［画像引用］『平凡』1972年12月号の表紙

西城秀樹

10月26日広島、28日新潟県民体育館、29日千葉文化会館、31日川口市民会館で各TV公録。11月4日岐阜市民会館で公録。5日横浜鶴見長崎屋でサイン会。8日東京銀座三越で公録。9日東京北千住緑屋、15日松江、19日川越長崎屋、23日横浜文化体育館、同じく23日夜には東京大妻講堂に出演します。

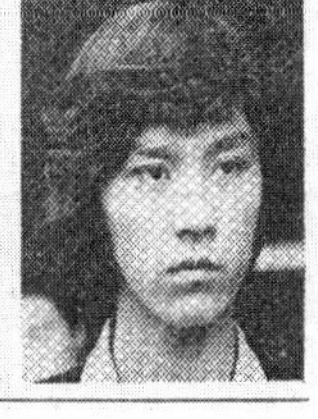

［画像引用］この『平凡』のなかにヒデキの10月から11月にかけてのスケジュールが載っている。広島、新潟、千葉、埼玉県の川口、岐阜、横浜鶴見、銀座三越、北千住、松江、川越、横浜と日本中を飛び回っている。

《1971年デビュー組・1972年末時点で何歳だったかを付記》
○小柳ルミ子　1952年生まれ21歳　1971年4月「わたしの城下町」でデビュー
○南沙織　1954年生まれ18歳　1971年6月「17才」でデビュー
○天地真理　1951年生まれ22歳　1971年10月「水色の恋」でデビュー
《1972年デビュー組・1972年末時点で何歳だったかを付記》
○麻丘めぐみ　1955年生まれ17歳　1972年6月「めばえ」でデビュー
○森昌子　1958年生まれ15歳　1972年7月「せんせい」でデビュー
○アグネス・チャン　1955年生まれ17歳　1972年11月「ひなげしの花」でデビュー

これ以前に人気者だった人としては、藤圭子さん、岡崎友紀さん、吉沢京子さんなどがいるのだが、彼女たちは上記の新しく出てきた人たちに押し出される形で、月刊平凡の読者（中・高生中心のティーンエイジャー）の支持を失っていった。リストにあげた人たちはみんな、デビュー曲をヒットさせて、幸運といっていいデビューをしているから、世の中が待っていた、と書いていいのではないかと思う。

そして《男性タレント》である。これは新規で登場した有力な人物というのは四人しかいない。というのは、この四人以外は、五木ひろしや前川清のような演歌路線か「雨」をヒットさせた正調歌謡曲路線の三善英史（みよしえいじ）みたいな人たちになるからだ。この人たちはアイドルというのとはちょっと違っている。

○野口五郎　1956年2月生まれ　1971年5月「博多みれん」でデビュー。この曲は不発。
8月発売の2曲目「青いリンゴ」が大ヒット
○西城秀樹　1955年4月生まれ　1972年3月「恋する季節」でデビュー
○伊丹幸雄　1955年2月生まれ　1972年4月「青い麦」でデビュー

[画像引用]
月刊『平凡』の1972年12月号掲載。
「ヤング3の魅力くらべ」という小見出しをつけていて、企画説明のこういうキャプションがついている。
《いま　歌謡界の3人のアイドルがライバルとして激しく競いあっている　それぞれ個性の違った3人にいつもファンがむらがっている　あなたのアイドルはだれ？》
秀樹は芸映所属、郷ひろみはジャニーズ事務所、伊丹幸雄は渡辺プロ。渡辺プロは女性のアイドルをつくるのは上手だったが、男性の新人の歌手の方は沢田研二以外、あまりうまくいかなかった印象がある。

○郷ひろみ　1955年10月生まれ　1972年8月「男の子女の子」でデビュー

じつはこの時期の「平凡」には、かなりの数の歌手ではない人たちが若い人たちのあいだでの人気者として登場している。森田健作（歌も歌っていたが、あまり上手ではなかった）、石橋正次（この人は歌もいけた。「夜明けの停車場」は絶品）、志垣太郎、沖雅也、村野武範（むらのたけのり）などの面々なのだが、この人たちも、新御三家などの形で男性アイドル像が確立すると、人気は退潮して、若手のテレビ俳優に戻っていった。また、右記の4人とは別格で、年齢が高いが、沢田研二、フォーリーブスが根強い人気を持っていたが、《新しさ》はあまりなかった。

1972年の西城、伊丹、郷がデビューする段階では、黄金の椅子《当代の人気アイドルの椅子》がいくつあるのかわからなかったが、最初の一つを野口五郎が手に入れていたことだけはまちがいない。

1972年の12月号の「平凡」を読むと、二つのある部分ダブっている企画が存在していることに気が付く。

①特別対談　野口五郎対西城秀樹
②特集グラフ　ヤング3の魅力比べ　郷ひろみ・西城秀樹・伊丹幸雄

西城秀樹は先に紹介したゴローとの対談とグラビアの郷・伊丹との顔合わせ、両方の企画に参加している。同じ時期にデビューした三人でくくられて《ヤング3》と呼ばれている。

西城はこのほかに2色グラビアの頁で、自分の下宿生活を見せている。

このとき、野口五郎はどういう状況かというと、ヒデキとの顔合わせの他に、

★自宅公開カラーグラビア「ゴローのニューホーム」　巻頭部分2頁

★旅のモノクログラビア　「長野　青いリンゴのふるさと」南沙織と2頁

などに登場している。雑誌企画的なところからいえば、西城はゴローとの親友の関係でゴローにつづくポジションを獲得した、といえるかもしれない。

しかし、この号の表紙はじつは天地真理と郷ひろみ、伊丹幸雄の組み合わせだった。

[画像引用]
キャプションにはこんなことが書いてある。………
「現在、マネジャーの相馬宅に居候の身。家にいるときは玄関を掃除したり、風呂を洗ったり、犬を散歩に連れて行ったり。家にいても休むヒマなし、いつもいつも忙しいヒデキだ」
あいかわらず、陽気で元気な様子が伝わってくる。

天地の露出を調べると、表紙のほかに、

★カラーグラビア　巻頭部分3頁

★活版　文字で書いた天地真理自画像（これはシオザワ作品）6頁

郷ひろみの露出を調べると、前出「ヤング3魅力比べ」のほかに、

★対談　南沙織・郷ひろみ　2色オフセット5頁がある。

南沙織は、モノクログラビアで野口五郎と、2色オフセットで郷ひろみと対談している。

小柳ルミ子の露出を調べると、

★モノクログラビア　浅草ひとりぶらぶら散歩　3頁

★2色オフセット　一日付き人・イラストルポ　3頁

ということになっていて、こちらも一人だけの頁。マネジャーごとの考え方で、積極的に対談するタレントと人と一緒の頁を作るのをいやがるタレントがいたのかも知れない。

そして、伊丹幸雄だが、じつは彼はこの本のなかでは、西城、郷と作っている「ヤング3魅力比べ」と表紙以外に大きな見所がない。

蛇足だが、天地真理さんは、この時期、彼女は人気絶頂で、本人は忘れているだろうが、わたしは「シオザワさん、これプレゼント」といって、当時の値段で10万くらいした毛皮のコートを買ってもらった。担当記者への恩義を感じていたのかも知れない。

この時期、「平凡」は発行部数150万部というものすごい数字を持つ雑誌だったのだが、こ

の近辺の表紙を誰が受け持ったかを調べると、こういうことである。

●1972年7月号　天地真理と沢田研二
8月号　小柳ルミ子と野口五郎
9月号　天地真理と森田健作
10月号　麻丘めぐみと野口五郎
11月号　南沙織と石橋正次
12月号　天地真理と郷ひろみと伊丹幸雄
1973年1月号　南沙織と郷ひろみ
2月号　天地真理と野口五郎
3月号　森昌子と郷ひろみ
4月号　麻丘めぐみと西城秀樹
5月号　アグネス・チャンと野口五郎
6月号　天地真理と郷ひろみ
7月号　森昌子と西城秀樹
8月号　浅田美代子と郷ひろみ
9月号　浅田美代子と野口五郎

10月号　天地真理と西城秀樹
11月号　アグネス・チャンと郷ひろみ

こうやって一年半あまりの表紙タレントを並べていくと、必然的に男性タレントが野口五郎、郷ひろみ、西城秀樹のローテーションで回り続けていたことがわかる。女性は小柳ルミ子が表紙に登場しなくなり、この時期は天地真理を中心に、新しい女の子たちが続々登場している。1956年生まれで、1973年に『赤い風船』でデビューした浅田美代子が2号連続して表紙に登場しているのはすごい。しかも表紙の相手は郷と野口で、同じ事務所だった西城秀樹の番が来ると、女性タレントは天地真理になっている。細かい計算があった。

表紙に登場した男性タレントの中で、沢田、森田、石橋は新御三家とは別の評価を受けるランクや畑の違うタレントだった。問題は、西城と郷が野口の座っていた椅子と同じアイドルの椅子を得て、三つしかなかった〝新御三家〟という《黄金の椅子》に坐ったことで、当初、同じ時期のデビューで《ヤング3》の呼称で括られていた伊丹幸雄がはじき出されて、忘れられていった形になったことだ。

伊丹のデビュー曲は『青い麦』という歌で、冷酷な書き方になるが、タイトルは野口五郎の『青いリンゴ』、『青い日曜日』の剽窃（ひょうせつ）の匂いがして、歌の内容もオヨネーズの『麦畑』のようなとは書かないが、田舎の農作業をしている若者が歌う恋愛ソングのような歌で、町場で暮らしている若者に受け入れられるようなものではなかった（しばらくぶりにYou Tubeで見て、そういう感じがした）。

伊丹が唯一、表紙をつとめたのが内容を説明した昭和47年12月号なのだが、これを見ると、郷ひろみによく似ていて、しかも郷ひろみよりクセのある顔をしている。これは推測だが、伊丹は天地真理と同じ、渡辺プロの所属で、表紙の写真を天地と郷で撮るという段になったときに、ナベプロから「伊丹も入れてやってくれないか」と頼まれたのかも知れない。この号は年末の賞レースにかかわる大事な本だったのだ。しかし、こうやって一緒に写真を撮って郷と伊丹を比較すると、伊丹は郷に見劣りすると書いたら可哀想だが、ファンの興味を郷ひろみに集める役目を果たしてしまったのではないか。郷と並べば並ぶほど郷のかわいさが目立ってしまうというような、残酷なことになったのではないか。

そんな経緯があって『平凡』の表紙を三人交代、月替わりでつとめる《新御三家》の時代が自然な形でやってくるのである。それで、じつは、前出の野口・西城二人の対談にちょっと出て来る話だが、昭和47年の年末の賞レースがどうなったかというと、これはもう知っている人もいるだろうが、このようなことになっている。

★レコード大賞　　歌唱賞　　・小柳ルミ子
　　　　　　　　　　　　　　・沢田研二

大衆賞

・天地真理

新人賞受賞者

・青い三角定規
・郷ひろみ
・三善英史
・森昌子
・麻丘めぐみ（最優秀新人賞）
・野口五郎（最年少出場）

★紅白歌合戦初出場

西城はこの年の年末、音楽祭の選からもれて無冠のままだった。

この体験がバネになって彼に本格的にエンジンがかかるのは、48年5月に発売になる『情熱の嵐』から。この曲で始めてオリコンのベストテン入り（6位）を果たす。声量があり、歌のスケールが大きい、これまで日本にいなかったタイプの歌手という評価を受け始め、48年『ちぎれた愛』（オリコン1位）、49年『傷だらけのローラ』（この曲もオリコン1位）と二年連続でレコード大賞の歌唱賞を受賞している。このあと、作詞家の阿久悠のつくった歌（『若き獅子たち』など）をうたい、野口五郎と並んで、高い歌唱力を認められ、本格的な評価を受けて、若手のアイドル歌手のトップの座に君臨しつづけることになる。

この位置関係に、伊丹をしのいで、新御三家入りした郷ひろみの立場は微妙だった。

野口と西城の親密な友愛関係に割って入ることも出来ず、それでもライバルとして対立的ではあっても一緒に存在しなければならず、そこのところは、別添で［新御三家について］というコラムを書いているからそちらを読んで欲しいのだが、彼は西城と野口という、音楽的才能に溢れたふたりの男と一つに括(くく)られる［宿命］を受け入れたところから彼の苦しい芸能人としての戦いを始めなければならなかったのである。

ロードス島への旅

沈黙図書館ファイル　２０１８０７２０

わたしがただ一度、西城秀樹さんのためだけに書いた原稿がある。

それまで秀樹の原稿を書いたことがなかったわけではない。誰かとの対談の原稿とか、小さな囲み原稿や、何かについてコメントをもらったりとか、所属の芸映についての原稿もそうだし、そういう原稿は何度も書いたが、純粋に彼だけのために書いた原稿はこれだけ。

『週刊平凡』の１９８３年11月24日号に掲載された。こういう内容である。

ロードス島名誉市民の称号をもらった西城秀樹

ギリシャの「エーゲ海マラソン」にツアー・リーダーとして参加。スポーツマインドをエンジョイ。各国のマラソン大好き人間たちが350人出場した『美津濃エーゲ海マラソン』。(応援団として)特別参加した西城秀樹が走ることとの楽しさを語った。

「走るっていうのは深いね」

エーゲ海を望むロードスのカフェでビールを飲みながら西城秀樹はいった。

古代からの歴史を誇るロードス市の名誉市民の称号を受けた日。この名誉市民、第1号は2000年前のジュリアス・シーザーだというから、由緒あるもの。

「汗をかいて走っていると、へんなわだかまりや浅知恵を捨てられる。そして、自分のスタートラインにもどれるね」

彼のいうスタートラインとは、まだ無名の少年のころのことだ。

「あのとき、ぼくはゼロだった。ゼロが1になるのってたいへんなんだよね。素人のベタ足走りで」

サクセスストーリーの陰には必ず、伝説がある。彼も、そのスタートラインでは、空腹をパンと水で満たし、膝にたまる水を注射で抜きながら走りつづけたのだ。

［画像引用］
『週刊平凡』１９８３年11月24日号の誌面。ロードス島はエーゲ海にある島。中世の十字軍の本拠地として有名。エーゲ海はなんとなく晴れた青空のイメージがあるが、誰のせいか雨が降った。

ロードス島名誉市民の
称号をもらった　西城秀樹

「毎日を生きるって、すごくマラソンに似てると思いませんか。汗をかいて走っているうちに、だんだんスマートにスムーズに走れるようになってくる。そうすると、苦しいはずが楽しくなる」

スポーツマインド。

「いま、ぼくは自分が、マラソンでいえばターニングポイントにいると思う。これまでトップ集団で走りつづけてきた自信はあるんだけど、さて、これからどう走るか、どこを走るかを考えている」

若い歌手たちがみずみずしい、新鮮な果物だとすれば、彼はもう若い歌手ではない。

大人の歌手のひとりだ。

「周りの人たちの気持ちもわかってあげて、どの道を走るか決めていかなくちゃいけない。我を張り通して、スポーツマインドを忘れたら、ヒデキはヒデキでも横井英樹になっちゃうからら」

ロードスのカフェに出入りする人々の顔は、彫りの深いギリ

［画像引用］
ロードス島の朝、港の波止場に面したカフェでインタビューした。前夜、アテネで待ち合わせてロードスに入った。そういえば、このときも朝からビールを飲んでいた。数少ない息抜きだったのだろう。

シャ人のほかに、アラブ、スラブ、ラテン系と、さながらヨーロッパの人種の展覧会のようだ。

ギリシャは人種のるつぼなのだ。

「昨日、アテネのパルテノン神殿を見てね、人間て偉大だったんだなと思った。こうやって周りを眺めると、ああ、長い時間がたって血が混じったんだなっていう思いに駆られるね」

彼は、新鮮な果物でなくなったかわりにいま、芳醇な香りのする果実酒を観客たちのために用意しはじめている。

「自然にね、マイペースでね、走りつづけていきたい。そしてそれが冒険だっていう走り方をしていきたいね」

ロードスの海の見えるカフェで、西城秀樹はそう語った。

という原稿。文中の［横井英樹］は敬称略で書いたが、当時評判が悪かった〝会社乗っ取り王〟のこと。火事でたくさんの死者を出した［ホテル・ニュージャパン］のオーナーでもあった。

［画像引用］
波止場で釣りしていたオジサンに挨拶。オジサンは何も釣れないでいたが、けっこう楽しそうにしていた。午前中の天気は曇り。マラソン大会は午後からで、途中、小雨に降られた。

このインタビューの記事にいまここで、あらためてなにか言葉を付け加えて書き換えようとは思わないが、このときは時間もあって、彼が芸能界でデビューして11年、わたしが芸能記者になって13年目のことだったが、互いにこんなふうに胸襟（きょうきん）を開いて話をしたのは初めてのことだった。

記事に書いたことのほかに、いろいろなことを話題に話をした記憶がある。

青年としての悩みや仕事が大変だけど楽しいというような話、それをページ数の制限のなかでこういうふうにまとめた。

このときも彼は自分が幸運だったということと、応援してくれる人たちがいたからここまで来られた、ということを熱心に語っていた。

先日、ユーチューブを見ていて、ヒデキの人生について「レコード会社はなくなるし、芸映もちっちゃいプロダクションだし、ヒデキの人生は辛いことの連続で悲しい、惨めなものだったと思う」と発言している人がいた。たしかにそういう見方もあると思う。

だけど、わたしにはそうは思えない。

わたしは秀樹の1983年以降の詳しいことを知らないから、自分の印象しかいえないのだが、わたしの考えでは、彼はいろいろな辛い体験をしても、そのなかで自分の生き方というのをキチンと見つけて、それなりの努力と達成感に支えられて生きた人間だった。これはたぶん、野口五郎にもいえることではないか。

いろいろな出来事、辛いことや苦しいことを自力で乗り越え、心のなかでやる気をエネルギーに作りかえる能力がなければ、40数年、現役の歌手として第一線で歌いつづけることなどなかなかできない。

わたしは、知能指数の高い人間というのは、環境に順応して、理想を追いかける人生の〝夢〟とはべつに、どう生きればまわり（家族やスタッフ）に迷惑をかけないですむかということを知っていると思う。ヒデキの晩年の日々（こういう言葉を使わなくてはならず、残念だが）はそういう〝運命〟を受け入れて、自分が幸福になり、まわりの人が幸福になり、ファンの人たちが〝彼が居てよかった〟と思ってもらえるように必死になって努力した。

それは、不幸せで惨めな人生とは真逆の、悲劇だけど気品のある、人間として素晴らしい生き方だったと、わたしは思っている。

こういう言い方は残酷かも知れないが、彼は〝幸福な人生〟を過ごした。

沈黙図書館ファイル　20180729

ちくま新書『ファンベース』について

芸能に密接に関係があるのだが、ちょっと地味な話を書いておこう。

それは［ファン］とは何か、ということだ。いま、これはちょっと読んでおかなければと思った本を読んでいるところなのだが、その本は『ファンベース』というタイトルのマーケティングに関連した本である。

～支持され、愛され、長く売れ続けるために～という副題が付いている。

版元は筑摩書房、ちくま新書。佐藤尚之さんという方の著書である。

雑誌作りについていうと、たまたま何かの機会に手にとって雑誌を読んだ人が［読者］であり、その人がその雑誌を気に入って、定期購読してくれるようになると［愛読者］になり、愛読者がある、精神的なつながりを持つ集団の形態を取り始めると、それが雑誌の［読者層］になっていく、というプロセスがある。

これは雑誌を例に取り上げた書き方なのだが、歌手やタレントの芸能活動にも同じことがいえて、最初は顔と名前が一致するくらいの状態から、歌や芝居がいいと思い始め、「あたし、この人のこと好き」と思い始め、ここから《ファン》と呼んでいい状態になるのだが、その人の作品を愛玩するようになり、コンサートに行ったりして、タレント活動を応援する存在になっていく。そういう人たちを『ファンベース』の著者である元電通の佐藤さんは《コアなファン》という。

どうしてこんなことを書いているかというと、いま、［沈黙図書館］（オレのブログの名前）には毎日、何千というACCESSがあり、アクセス数の半分くらいの人たちがブログを読んでくれているのだが、その人たちは、ほとんどが西城秀樹さんや沢田研二さんの［コアなファン］で、別にわたしのことがいいと思って、わたしの書いたものを面白がっているのではないかも知れない、と思うからだ。

つまり、わたしのブログの元々のファンの数なんか、たかが知れていて（500人くらい？）残りの九割くらいはジュリーやヒデキのことが書いてあるから、立ち寄った人たちなのである。そして、そういう人たちは、ジュリーやヒデキに関連したこと以外の話になると、そっぽを向いてしまう。

自分では、ヒデキについて書いた原稿も、高校時代に好きだった女の子の話も、自分の親がどんな人生を過ごしたかという話も、自分という人間の考え方、価値観で書かれたもので、最終的に、自分が信じている人生の大事なこと、人間が生きる上で大切なことを書いているつもりなのだが、芸能の話とそうでないテーマとで、支持し、愛読してくれる人の数にかなりの差がでてくる。このことをどう考えればいいのか、ずっといろいろに思いを巡らしていた。

そういうなかで、この『ファンベース』という本を読んだのである。それは、マーケティングを【ファン】という存在を中心にして考えろ、と教えている本だった。

わたしはもういい加減なトシだが、年齢に関係なく、すぐ説得力のある人の説には賛同してしまう。この本を書いたのは、佐藤尚之さんという元電通にいた人。だから、そもそもはあらゆることを商売として成立するかどうかで考える、つまりマーケティングの専門家が書いた本である。

いまのわたしのブログの状態というのは、ヒデキとジュリーの【ファン】に占拠されているよ

［画像引用］
帯の文章に「いったい世の中に自分たちが愛している商品の価値を支持してくれるファンを喜ばすことほど、楽しい仕事があるだろうか」とある。たしかにその通りで、その考え方でヒデキがしていたことを考えると、腑に落ちることがいっぱいある。わたしたちは資本主義という根源的な経済の仕組みのなかで生きていて、革命思想を選べば別だが、そうでなければ、人間的な［愛］を支えに生きざるを得ない。ヒデキをファンへの愛に殉じて生き、そして死んでいった人間と書いていいのではないかと思う。

うなもので、おかげさまで、ブログランキングのベスト10のなかに入っているような状態で、オリコンみたいなものの見方でいけば、ベスト5だったら、まあ、大ヒットしていると書いてもいいかもしれないが、現状、わたしを支持してくれているのは原稿が別テーマになったり、つまらないことばかり書くようになったと感じたら平気でいなくなってしまう、そういう冷たい一面も持っている人たちなのだと思う。

しかし、彼女たち（女性が多いようなのでそう書く）はヒデキとか、ジュリーとかいう、わたしが、《このふたりのことだったら、いまでも原稿書きしても自分なりにおもしろく書ける》と思えるくらい、時代のなかで何十年間、変わらない価値を持ちつづけてきたな、と思える人間たちのファンなのだ。つまり、わたしも彼女たちと同じような考え方で、「確かにジュリーはカッコイイ」とか「確かにヒデキはステキな男だった」と思っているから、ヒデキとかジュリーを支持して原稿書きをしているのである。もういい年だし、これまでもいちおうノンフィクション小説を何冊も書いてきている。70歳だからね。キチンとしたモチベーションがなければ、原稿書きなんて出来ない年齢だよね。

わたしとしては、自分が書いたそういう原稿を読んで、たまたま読んだ人がおもしろいと思ってくれて、わたしのブログの《愛読者》になってくれるといいのだが、そういうわけにもいかない。そのことについて、『ファンベース』はこういう書き方をしている。煩瑣（はんさ）にならないように、簡約する。

ファンベース施策のとき一番間違えがちなのは、「全員にファンになってもらいたい」と望んでしまうことだ。もちろんみんなに愛されたい。…その気持ちはよくわかる。…でも、残念ながらそれは無理だ。世の中にはいろんな価値観の人がいる。…例えば、中学のクラスを思い出してもらいたい。あなたが「価値観近いなぁ」「なんか気が合うなぁ」と親しく思ったのは、ほんの数人ではなかったですか？　まぁ人によるとは思うけど、例えば40人クラスで10人いなかったのではないですか。ボクの感覚では、…やっぱり20％くらい（40人クラスだと8人）。もっとすごく気が合って親友になるのは、20％の中の20％、つまり、だいたい4％（40人クラスだと2人弱）くらいかと思う。大切にしている価値を支持してくれるファンも、だいたいそんなものだと思う。

前者がファンで20％くらい。後者がコアファンで4％くらい。…そう、少ないのだ。…クラス全員に好かれようと行動すると、本当に気の合う人が見つからないし、すでに濃い仲間がいる場合はその仲間たちが離れていくだろう。つまり、「全員をファンにしよう」とするとファンができにくいし、今いるファンが離れる場合もあるということだ。

何だかすごく説得力があるような気がする。

わたしは自分の人生のなかの一番元気だった二十代前半から三十代半ばまでの十数年間を芸能界相手に仕事をしたことで、芸能なんてくだらないというふうには思わないが、芸能という仕事の本質が〝虚飾と虚言〟の世界ではないかと思っているところがあるのだ。いつも、自分をかざりたて、見かけを盛っていうところがあるのだ。そして、自分の都合でしかものを考えない。芸能界は、大ざっぱなことを書くと、そういう世界だった。だからどうしても、芸能の体験というのは思い出話のなかにさえもそういう〝ブラフ〟(ふかし)みたいなモノがついて回っている。

確かに、昔、芸能記者をしていた頃のわたしのなかには芸能に夢中になる大衆に対して、軽蔑する心情がどこかにあったのだ。〈こんなくだらないもののどこがいいんだ〉という感想である。それが、ずっと尾を引いて残っていたような気がする。

これはわたしの芸能に対する取材が1983年のところで停止していたせいもあるかも知れない。たしかに、くだらないモノもあった。正直に告白すると、このブログを書き始めたことで、あらためて、芸能人やアイドル、スターという人たちの社会に対して持っている意味というのを問い直して、芸能界なんか嘘っぱちの世界だと書くようなことでは全然ないなと、あらためて思わされた。

ヒデキやジュリーの話ばかりして恐縮だが、やはり、彼らは自分なりの人生を全力疾走で生きている、生きたと書くことができると思う。自分が1983年の時点でけっこうちゃんとそういうモノを見すえて原稿書きをしていたことも、なんとなく誇り高く思える。沈黙図書館(ブログ)のフォロワーたちがまがりなりにも、わたしが40年くらい前に書いた原稿を熱心に読んでくれているのだ。

芸能の世界の出来事は、刹那(せつな)の流行に見えて、現代の社会の基本動因と密接につながっていると思う。それは、芸能が大衆文化の重要な部分、いまはその状況が更に進んで、芸能はマスコミの世界とすっかり溶融しているような状態だが、そういうものの主要な部分として存在しているからだ。

それは、大衆文化とは何か、という設問から始まるのだが、最後は今のマスコミ・芸能界がどういう経緯で成立していったのかという問題とダブっている。いまのジャニーズ事務所やＡＫＢ48、乃木坂46のことを書こうとすると、どうしてもそういう時代背景の具体的動向にもふれざるをえない。

長年、ジュリーやヒデキのファンだった人たちは、彼らの生き方の本質のなかに、人間の尊厳とか矜持、孤立を恐れない勇気や理想や夢のために闘う意思のようなものを見ているのだと思う。そういうことに、マスコミの側で仕事している人間のほうが気が付いていない。

ヒデキの悲劇という書き方をすると、彼は自分が死ぬことで、自分がどういうふうに生きたかをみんなにやっと分かってもらえたみたいなところがあると思う。そういうねじれた関係性のなかで、彼は赤木圭一郎や市川雷蔵などと並ぶ、〝不滅のアイドル〟の仲間に入ってしまったのではないか。そんな気がする。

人間の死はいつも悲劇だが、彼は死ぬことで、ホール・オブ・フェイム（栄誉の殿堂）の一角を占めることになった。幸運とも不運とも書けないが、空虚な人生だったらそういうことはあり得ない。

ずっと、芸能のことをいろいろに書いていて、わたしがいま感じているのはそういうことだ。わたしも自分の『ファンベース』を大事にして、自分が信じている、どうしてもこのことを人に伝えなければということを、原稿に書いていかねばと思っている。

芸能の話もいやがらずに、書いていたい。

沈黙図書館ファイル　20180810

「わが青春のアイドルは誰だ?」のこと

先日、『週刊文春』が「わが青春のアイドルは誰だ?」というアンケートを実施して、その投票結果が7月26日号の誌上で発表になった。投票総数5800超、編集部としては予期せぬ大きな反響があったという。その男子部門の投票結果はこういうことだった。

［ランキング］
第1位　西城秀樹　1942票
第2位　沢田研二　1833票
第3位　郷ひろみ　675票
第4位　田原俊彦　623票
第5位　SMAP　466票
第6位　ザ・タイガース　384票
第7位　近藤真彦　374票
第8位　光GENJI　321票
第9位　チェッカーズ　305票
第10位　野口五郎　287票

以下、フィンガー5、石原裕次郎、加山雄三、舟木一夫とつづいている。

女性部門も発表され、その第1位は山口百恵だったのだが、ここでは、男子部門の投票結果について、わたしなりの分析をしてみたい。

この投票結果を見て、最初に思ったのは、どうして、ヒデキとジュリーだけがほかの人たちを大きく引き離して、人気があるのだろうか、ということだった。昭和の時代の、昔の人気がそのまま持続している。すぐれた容貌、外見のカッコ良さもあるが、原因はもっと深いところにあるのではないか。そして、そのポイントはふたつあるような気がする。

①はふたりの歌が歌を聴いた人たちの心のなかに強烈に残っている、ということ。これは歌の才能というか、歌唱力に関係がある。このふたりは歌手だが、郷ひろみ、田原俊彦は歌手兼バラエティ・タレントみたいなところがある。

それと、もうひとつ、

②は自分なりの自主的なマネジメントをしてきた、ということ。

①は要するに歌が持っていた力のことをいっているのだが、このリストに登場する人たち、全員が男女の恋愛模様を歌にして歌っているのだが、ヒデキとジュリーの歌の内容は男女の距離がものすごく近い。ヒデキの歌は「抱いてやるからいますぐ俺のところに飛んで来い」だし、ジュリーも「抱きしめたい」「あなたとはいけない関係だけど、別れるつもりはありません」というような内容の、男が見栄も外聞も捨てて求愛している歌が多い。現実に、ヒデキのそういう歌は魔力を持っていて、同じ事務所だった浅田美代子、岩崎宏美は言うに及ばず、まわりのそのあと三浦友和と結婚する百恵ちゃんも、郷ひろみと浮き名を流す松田聖子も、最初はみんなヒデキのファンから始まっている。ジュリーも昔から、危険な恋愛のオーラを振りまきながら、「自分の

信じる道を行きます」みたいなことを言いつづけてきた。

じつは、このふたりの背後には、作詞家の阿久悠という、昭和の大衆文化の巨人がいて、この人が、ヒデキとジュリーの歌をもっぱらに作りつづけていた。阿久サンはとにかく歌作りの名人で、石川さゆりの「津軽海峡冬景色」とか、都はるみの「北の宿」とか、いまも愛唱されている歌がすごく多い。阿久さんが作った［詩］を美味しい料理として作り上げるのは、歌をうたう本人たちの力だと思うが、いずれにしても阿久サンの歌を積極的にうたったのはこのリストのなかではヒデキとジュリーだけである。わたしが調べたかぎりでだが、ジャニーズ事務所のタレントたちはどういうわけか、阿久サンのつくった歌をほとんどうたっていない。

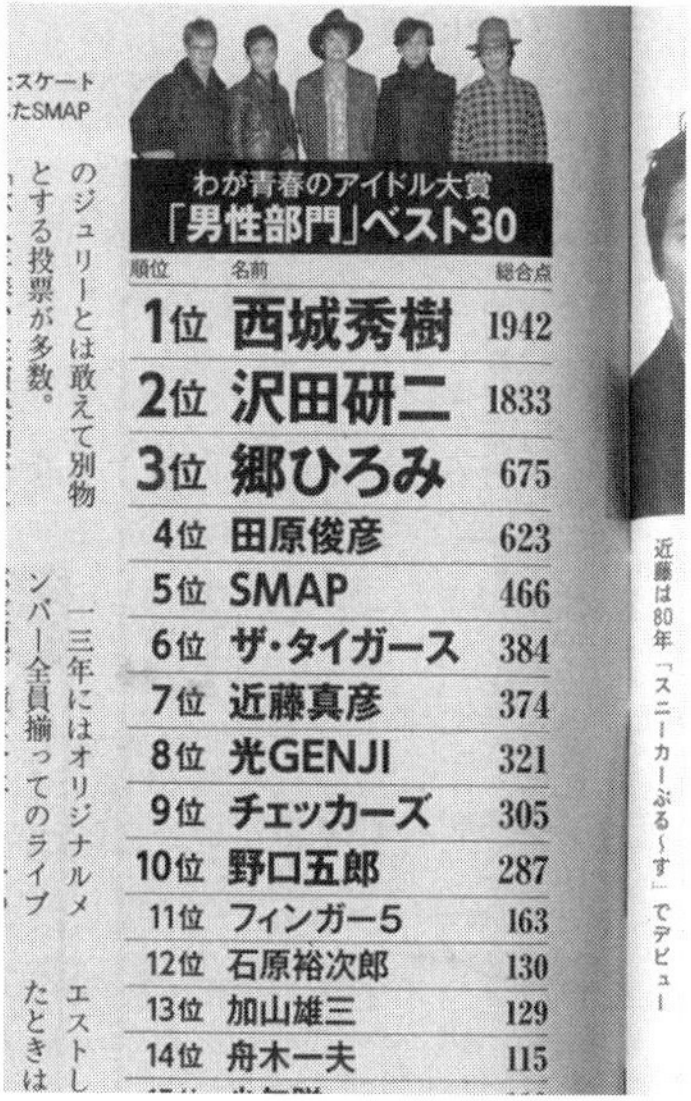

わが青春のアイドル大賞
「男性部門」ベスト30

順位	名前	総合点
1位	西城秀樹	1942
2位	沢田研二	1833
3位	郷ひろみ	675
4位	田原俊彦	623
5位	SMAP	466
6位	ザ・タイガース	384
7位	近藤真彦	374
8位	光GENJI	321
9位	チェッカーズ	305
10位	野口五郎	287
11位	フィンガー5	163
12位	石原裕次郎	130
13位	加山雄三	129
14位	舟木一夫	115

近藤は80年「スニーカーぶる〜す」でデビュー

［画像引用］

この投票結果を見る限り、西城秀樹と沢田研二が時代から突出した歌手であったことはまちがいないが、もしかしたらアイドルを受容するということ自体が、夢や願望が日常的にそのへんにころがっていた昭和という時代に生まれて育った人間たちの特性なのかもしれない。

そのことはたぶん、アイドルなしで、（ゲームや宝くじのようなバクチ以外）なにかに熱狂することもなく生きている現代の若い人たちより幸せな青春を過ごしたということかもしれない。個人的な感想で独断的なことを書くのだが、テレビを見ていても、この人にファンレターを出したいと思わせてくれる女優も歌手もわたしには思いあたらない。

たぶんこのことと②のマネジメントの問題というのは、密接に絡み合っている。

すぐに分かることだが、ランクの第6位に入っているザ・タイガースを沢田研二の延長路線の支持と考えて除外すると、ヒデキ、ジュリーの後には、郷ひろみ、田原俊彦、SMAP、近藤真彦、光GENJIと、ジャニーズ事務所出身のタレントたちがズラリと並ぶ。それも、3位、4位の郷、田原はジャニー喜多川にプロデュースされてデビューしながら、のちに事務所に反旗を翻した人たちで、いまやSMAPも同じようなところがあるのだが、ジャニーズ事務所のマネジメントを途中で裏切って、自力で生きていこうとした人たちが支持を集めている。最後まで事務所にとどまった近藤真彦は田原俊彦にだいぶ水をあけられている。

これはなんなのだろうか。

結果論になってしまうのだが、これを見ていると、ジャニー喜多川さんはたくさんタレントを作り出したが、どの人も西城、沢田クラスの巨大なアイドルと比較するとちょっと見劣りする結果になっている。若いころ、かなりの人気者だった郷ひろみでさえも、西城、沢田の三分の一程度の票しか集められなかった。

ジャニーさんは昔、いっしょに仕事をしていたころ、わたしに「いいタレントをたくさん作りたい」といったが、こうやって何十年もの時代が経過してみると、マネジャーや事務所の手腕である程度のタレントは作ることができるが、本当に力のある歌手や俳優は作れるものではない、ということかも知れない。そもそもがひとりの人間なのである。強靭な生命力を持つタレントはもっと自力的な、本人が事務所と対立的な関係になっても自分の生き方を貫く、タレント自身がそういう判断力、思考力を持ちながら努力する、そういう状況のなかで出来上がっていくものだということが分かる。つまり、ヒデキとジュリーは誰かに作られたのではなく、自分で一生懸命に考えて、そうなっていく道を選んで、こうなったのだ。

もっとも、これは一つには『週刊文春』の主な読者はどういう人たちか、ということと関係があり、たぶん、昭和の三十年代に生まれた人たち、つまりいま、50歳〜60歳くらいの、ちょうど百恵ちゃんとか松田聖子さんなどと同世代の人たちが多いのではないかと思う。

これが、いま三十代の人たち、四十代の人たちで同じような〝青春アイドル〟の選定が可能か、ということになると、その人たちは芸能アイドルの選出自体にそれほど大きな意味を感じないのではないかという気がする。つまり、アイドルと大衆が直接に結びつく、その構図自体がアナログというか、１９７０年〜80年代的なのだろう。これは、タレントの側もファンも幸せな時代にいた、ということかも知れない。

このリストのなかでは現在、人気絶頂といわれている、嵐や熱狂的なファンがいるといわれているＫｉｎｋｉ Ｋｉｄｓでさえ、ベスト20に辛うじて引っ掛かっているような状態である。これも、いまの嵐に、ヒデキやジュリーを熱狂的に支持している、死ぬまであなたに付いていきますというような狂熱的なファンがどのくらいいるかといったら、ジャニーズ事務所の仕切っているファンの気質はそれなりだが、ヒデキのファンのような、死んでも彼の後をついていく、というような一徹さはないかも知れないと思う。それは、先日のＴＯＫＩＯの山口達也の事件でも感じたことだった。

わたしにいわせると、ジャニーズ事務所のタレントたちは、マスコミの世界の深いところに住みすぎなのである。お金を稼ぐにはその方が手っ取り早く効率がいいのだろうが、テレビのバラエティ番組にいくら出ても、商品のコマーシャルにいくら出ても、芸能人＝表現者としてのコアな魂の部分は育ってはくれない。

本物のアイドル、スターとテレビというメディアとはどこかに相容れないところがあるのだ。ジャニーさんはそのことをたぶん分かっていたとは思う。

附則になるが、野口五郎がかろうじてベスト10の最後にランクインしていることについて。ゴローの場合、芝居やバラエティ番組にはあまり出ず、歌手限定で仕事しつづけていたこともあるのだが、この人は歌の職人みたいなところがあり、そのへんがヒデキや郷ひろみと大きく違っている。音楽的には『針葉樹』とか『武蔵野詩人』とかすぐれた歌なのだが、ゴローはみんなが真似して歌えない歌を朗々と歌って見せて、自分の歌唱力をまわりに見せつけているようなところがある。

ゴローの歌は芸術性は高いのだが、素人は誰もゴローが歌うようには歌えない。

①の歌の力ということでいうと、『私鉄沿線』でもそうなのだが、歌われている男女交際の距離感のなかに、肉体関係を連想させるような生々しい、恋愛のリアリティがない。つまり、歌が直情的でなく、女を口説くのが下手な男が歌っているラブ・ソングのようなところがある。あま

りリアルなことは書かないが、実際、女を口説くのが下手だったのではないかと思う。

新御三家というくくりについていうと、三人それぞれ、そう呼ばれることでメリットとデメリットがあったと思うが、ヒデキはデビュー当時、一年先輩だったゴローとのつながりで新御三家の一員になったし、郷ひろみもヒデキ、ゴローとのライバル関係のなかで新御三家のひとりになった。そういう経緯のなかで、新御三家はゴローを中心に成立したが、長い目で見ると、ゴローにはヒデキ、ヒロミとの組み合わせのなかで人気が落ちなかったところがあって、この後、一途に自分の好きな音楽に打ち込むことの出来たゴローが一番得したかも知れない。

このリストをあらためて見返して、感じるのは、時間ってけっこう残酷だな、ということだった。リストのなかの人はどの人も一世を風靡した人たちばかりで、錚々たる人たちが名を連ねているが、このほかに、いま急には思い出せない、膨大な量の忘れられてしまった人たちがいる。単純にいって、こうやってヒデキとジュリーがリストの最高位に残っているのは本人たちがいまもステキだからだろうが、そのステキも昭和、平成と変わらずつづいてきた「ステキ」だったということなのだろう。そのステキも最後は人間的なことで、見た目のかっこよさだけではないのではないかという気がする。

なんだか結論が中途ハンパになってしまったが、そんなことを感じた人気投票だった。

沈黙図書館ファイル　20180812

『ありのままに』読書感想文

わたしには、いきがかりとはいえ、いままでヒデキの原稿を書きながら、ずっと気になっていたことがある。それは、西城秀樹が昔はこういう男のコだったとか、1980年のころ、こんなことを考えていた男だったというような思い出話だったら、自分の経験と記憶のなかから、ある程度それなりのことが書けるのだが、いまの彼、20世紀が改まって21世紀になり、17歳年下の女性と結婚して、前後して病を得て、闘病生活を始めてからの彼については、ほとんど実情を知らないということだった。

そのことがものすごく気になっていた。それは自分がずっと、ノンフィクション小説を書くことを仕事にしてきていて、昔話だけで終わらせるのであれば別だが、いまの現実について書くのであれば、取材をして、ある程度の情報を手に入れなければ迂闊(うかつ)なことは書けないという、作家としての経験からそう考えているのだ。いま、彼についてなにかを書くのであれば、彼が結婚して子供を育てながら、ほぼ同時に発病して闘病生活を始めた、その経緯と、そのなかで彼が何を考え、どう生きようとしたか、そのことをちゃんと把握しなければならない。

これ以上、彼について何かを書くのであれば、晩年と呼ぶには痛ましいが、人生の最後の日々をなにを考えて生きようとしたか、それを知りたいと思った。そう考えていて、この本にたどり着く途中、あとで説明するがいろいろあって、とにかく、まずこの本を読まなければと思わせるシンクロニシティのような経緯があり、これがヒデキの晩年の心模様を知るための最上級資料かもしれないな、と思った。

２０１２年に廣済堂出版から出した『ありのままに～「三度目の人生」を生きる～』という本。これをアマゾンで買って読んだ。

この本の主人公の職業は歌手。大ヒットした歌謡曲を何曲も持ち歌として持っている、端的にいうと、長く芸能界で人気者として存在して仕事をしてきた、ものごとを、金に糸目を付けない芸能界の物差しでしか計れなかった中年の男で、それが若い女と知り合い、その人と恋愛し、結婚することで、その愛によって人間的に変わっていく物語。

まだ若い娘だった〝恋人〟のなかには頑丈な形で普通の市民の生活感覚が存在していて、彼が彼女のその強固な生活感覚に合わせて暮らしているうちに、人生にとって一番大切なものはなんなのか、そのことに気付き、生きることの本質に覚醒していく。そして、子供を授かり、子を育てて人生を生き直す。そういうプロセスを描いた〝告白ノンフィクション〟だった。

人にもよるだろうが、若いころから、みんなに顔を知られ、どこに行っても騒がれるような人気者になってしまうと、金銭感覚も生活感覚も普通の人の市民的な生活感覚とかけ離れたところにいってしまうことが多い。この本を読むと、彼もそういう傾向をいまの奥さんと結婚することで自覚していったことが分かる。

彼の悲劇は、幸せなはずの結婚生活が、ほぼ同時期に起こった脳梗塞の発作という身体的な変異によって、闘病生活とダブった形で営まれざるをえなかったことからはじまる。

まず最初に、自分が病気になったことで、生活がどう変化し、自分がどう変わり、何を考えるようになったかが語られる。彼は、苦しみながらこういう結論に達するのである。

妻と一緒にいるとき、ぼくはなるべくニコニコしていたい。妻の気持ちや体調にももっと気を配らなくてはいけない。そうしないと大事な妻に嫌われてしまう。これも病気になったからこそ思ったことだ。もしぼくが健康だったら、妻の強さややさしさに気づけなかったかもしれない。

（P・50）

彼がここで言っているのは、病気は確かに不幸なことだが、病気になったからこそ、精神的に豊かになっていくきっかけを得ることができたという自覚である。人生にとってマイナスであるはずのことを、自分が新しい形の生を手に入れる方法にしようとしている。人間的に強くないと、なかなかこういうふうには考えられないものだ。

たぶんこれは、与えられた環境に適応して生きることができるかどうかという、本人の知能指数の問題だと思う。誰か別の人間を持ってきて、比較するわけにもいかないが、ヒデキのものの考え方のなかには、自分と一緒に生きている人たちを幸せにしてやりたいという、生きていく上で一番大切な、自己犠牲の精神がある。ひとりだけ実名を出すと、郷ひろみとの最大の相違点はそこのところである。郷ひろみの場合、テレビに出てくるといつも自分のことをしゃべっていて、どこまでも自己主張がつきまとう。

この本のなかには、幸福な結婚生活を見舞った〝悲劇〟をきっかけにして、人間としての自分の生を深く見つめることができるようになり、人間的に豊かになった男の物語があった。アイド

［画像引用］
２０１２年　廣済堂出版刊。次のような帯のコピー。

★

ありがとう、永遠の〝ヤングマン〟
カッコ良さを捨てたヒデキ、最後の生き様。

★

すごくいい本だと思って読みました。問題はひとつだけ。この本のカバーの表４折り返しに書かれていた秀樹のプロフィール、デビュー年月日が１９７３年３月と、「一年」間違っていた。正しくは１９７２年３月、他人の作った本の誤植だけど、ここで訂正しておきます。

ルではなく、〝普通の男〟として恋愛し、病気と闘った男の自己再生の復活劇、と書いてもいいかもしれない。結論の部分にこう書かれている。

もしかしたらぼくは、八〇歳までは生きないかもしれない。でも、せめて七四歳ぐらいまでは生きたい。この前、ふとそんなことを思った。ただ漠然と思っただけで、七〇代ではこうありたいなどと、具体的な自分の姿を考えたわけではない。

あまりにも理想的なことばかり追い求めてしまうと、体がほんの少し回復の兆しを見せたときに気づけなくなるかもしれない。反対に過ぎたことを悔やんでばかりいても、体にも心にもマイナスの影響しか及ぼさない。大事なのは、今、このときだ。総合的な計画としては五年先ぐらいまであるけれど、それよりも一日を一生のつもりで生きることを、今は大事にしたい。病状も心情も、よくなったり悪くなったり、刻々と変化していくが、それをすべて受け入れよう。現状を肯定するところからしか、前へは進めない。人間だれしもゴール地点は「死」だが、そのゲートをくぐるとき、きちんと前を向いた「進行形」でいたい。

そう考えたとき、ある意味で覚悟が決まったような気がする。もう今は、自分の情けない姿を、人前で見せることも厭わない。弱い心を人に話すこともできるようになった。

痛ましい思いで読まざるをえない文章である。

人間が完全に生死のこだわりを脱して、清澄（せいちょう）な悟りの境地に生きることなど、錯覚か宗教的な体験以外にはあり得ないと思うが、西城がここで語っている（彼が語ったことを誰かが書きまとめたのだと思う）愛する家族とのつながりから死病と向き合う境地は、いたずらな生への執着に見切りをつけた、諦観というだけでは済まされない、美しい人生の形がある。

最後の部分は、まるで遺書のようだなと思いながら、読んだ。

多くの人が彼の死を忘れられずにいる、その理由がこの本のなかにも書かれていた。まずこの本のことを書かないと書けない原稿がある。それで、彼の本の読書感想文的書評を書いた。

沈黙図書館ファイル　２０１８０８１４

結婚問題　森昌子ちゃんとの縁談話

別の資料を探していて、偶然なのだが、西城秀樹さんがいまから10年くらい前に『週刊朝日』に連載していたエッセイ【秀樹とヒデキ】のコピーの1ページを見つけた。探しあてた記事のとなりがヒデキのエッセイのページだったのだ。

自分の父親の思い出話と「結婚問題」について、あれこれとおしゃべりしている。これも彼がしゃべったものを誰かがまとめたのだろうが、こういう内容のものである。引用する。

僕の父は事業家で、手広くいろいろな仕事をしてた。もともとが商売人の家系だったんだけど、僕はご存知のように音楽の世界に行ってしまったし、兄も姉も家業を継がなかった。でも、きょうだいはみんな、父から大きなものを受け継いだと思う。

僕が音楽をはじめたのだって、父がギターを弾いていたからだ。子供の頃に当時まだ珍しかったステレオ・セットがあり、いつもジャズが流れていた。そんな家だったんだ。おかげで小学校3年生の頃からギターをはじめ、その後がベース、最後にはドラムをやって、兄や兄の友人たちとバンドを組んでいた。父もそんな僕を応援してくれ、楽器を買ってくれたり、音楽スクールにも通わせてくれたりした。

そのうちに、僕もぼんやりと、音楽で食べていけるといいなと考えるようになった。ビートルズの影響もあって、しまいには「絶対にロンドンで音楽をやるんだ！」と思い詰めるようになっていった。

西城秀樹

新連載2

ヒデキ

森昌子ちゃんとの「縁談!?」

僕の父は事業家で、手広くいろいろな仕事をしてた。もともとが商売人の家系だったんだけど、僕はご存知のように音楽の世界に行ってしまったし、兄も姉も家業を継がなかった。でも、きょうだいはみんな、父から大きなものを受け継いだと思う。

僕が音楽をはじめたのだって、父がギターを弾いていたからだ。子供の頃に当時まだ珍しかったステレオ・セットがあり、いつもジャズが流れていた。そんな家だったんだ。おかげで小学校3年生の頃からギターをはじめ、その後がベース、最後にはドラムをやって、兄や兄の友人たちとバンドを組んでいた。父もそんな僕を応援してくれ、楽器を買ってくれたり、音楽スクールにも通わせてくれたりした。

そのうちに、僕もぼんやりと、音楽で食べていけるといいなと考えるようになった。ビートルズの影響もあって、しまいには「絶対にロンドンで音楽をやるんだ！」と、思い詰めるよう

『週刊朝日』のヒデキエッセイ　掲載日不明

ところが、いざ音楽の道に進もうとしたら、父は突然、大激怒。「趣味でやるのはいいが、音楽なんかで生活していけるわけがない。ホームレスにでもなるつもりか！」と、がんとしてクビを縦に振らない。

父はつくづく戦前の人間だったんだ。誰に対してもはっきりとものを言い、一度言い出したら絶対に意見をまげることはない。結局、父の反対を押し切って上京してしまったけれど、月日がたつにつれて父の怒りもとけ、「じゃあ、息子の様子を見に行ってみようか」ということになった。

ところが、僕が居候していたみすぼらしい3畳間を見たとたんにまた怒りが再沸騰。

「こんなところに息子は預けられん」と怒鳴って、無理やり僕を広島に連れ戻そうとした。

あのとき必死に抵抗しなかったら、その後のヒデキはなかったわけ。

頑固者でわからず屋の父だったんだけど、おちゃめなところもあった。僕がデビューしてまもないころ、広島の自宅で一緒にテレビを見ていたときのことだ。画面に映った森昌子ちゃんを見て、なんて言ったと思う？

「おいおい、この子いいんじゃないか？　結婚相手にどうだ？」

そう真剣な顔をしていう。芸能界にいる人間は、みんな知り合いだと思っていたらしい。

僕が驚いて、

「ちょっとちょっと、おやじ、この子まだ14歳なんだから……」

すると、父は残念そうな顔をしたけど、また思い出したようにこう言った。

「そうか。じゃあ、水前寺清子さんはどうだ？」

唖然。それは水前寺さんは立派な人だけど、なんといっても僕より10歳も年上だし……。

父は水前寺さんのことをずいぶん気に入っていたらしく、晩年になってからも何度も何度も同じことを言われた。

そんな父が亡くなったのは99年、「寺内貫太郎一家」の舞台が千秋楽を迎えた日のことだ。危篤の知らせを受け、舞台を終えるや、飛んで帰ると、まるで僕の到着を待っていたように逝っちゃった。僕にとって家族の死に遭ったのは初めての経験で、大きな衝撃だった。でも、父がいなくなったことで、自分が父のＤＮＡを受け継いでいることを強く意識するようになったのも事実だね。

それにしても、死ぬまで僕の結婚相手を心配してくれていた父に、妻や子どもたちを見せてやれなかったのはつくづく残念。でもよく考えると、妻は僕より17歳年下だから、僕が父と森昌子ちゃんのテレビを見ていたときには、まだ彼女、生まれていなかったんだよね。ヒデキ、ビックリ。（「週刊朝日」２００８年1月25日号　42頁）

週刊朝日の日付は２００８年1月25日で、２０１１年の脳梗塞が再発する3年前のことなのだが、このあと、彼が作った本というと２０１２年の『ありのままに』になるのである。それで、週刊朝日に書いてあったことが、そのあと、『ありのまま～』を編集するのにどう使われていたかを知りたくて、同じ［結婚問題］について書いた部分を調べてみた。

デビューしてからは、仕事で広島方面に行くとき、時間の余裕があると実家に寄っていた。二五歳の誕生日を迎えた日も、たまたま広島にいたので両親と一緒に過ごすことにした。実家で夕食を食べたあと、父親がちょっと改まった声でぼくに聞く。

「おまえ、結婚しないのか？」

「ええ〜、ぼくまだ二五だよ」

「まだ二五じゃない、もう二五だろう。早く結婚しなくちゃだめだよ」

父ばかりか、結婚についてはマスコミの人からもよく聞かれていたので、正直言ってうんざりだった。結婚願望がなかったわけではないが、「いつか、いい人と出会ったら」ぐらいに、軽く考えていた。毎晩のように友だちと飲み歩くのを楽しみにしていたぼくにとって、「結婚」の優先順位はたいして高くなかったのだ。

「どうなんだ？　だれか好きな人はいないのか？」

父がまた聞いてくる。

「結婚なんてまだ考えてないよ」

そう言っても父は引き下がらず、こんなことを言ってきた。

「芸能界にはいい人がたくさんいるだろう。森昌子ちゃんなんかどうだ？」

どうやら父は昌子ちゃんが気に入っていたらしい。

「昌子ちゃん、すごくいい子だよ。でも、彼女にもぼくにも好みがあるし、それが一致しなければどうしようもないでしょ?」

ぼくのこの発言は、頭から却下された。

「好みなんか関係ないんだ! 結婚していっしょに暮らすうち、だんだん相手のいいところが見えて好きになっていくんだ」

と、もうめちゃくちゃ。ぼくがいつまでも抵抗していると、父は別の名前をあげた。

「じゃあ、水前寺清子さんはどうだ?」

まったくもう! ジャズ好きオヤジのくせに、なんで息子の結婚相手は歌謡界の人しか浮かばないんだ。

この日の会話はこれで終わったが、ぼくの両親は作戦を変えてぼくを結婚させようと企んだ。あるとき、ぼくが実家に帰ると、見知らぬ女性が台所に立っている。ん? 怪訝な顔をしているぼくを見て、母がこう言った。

「今日はこのお嬢さんが料理をつくりに来てくれたのよ。美味しいから一緒に食べましょう」

要するに、手料理つきのお見合いをさせようというわけだ。それも一度や二度じゃない。こんなことが何度も続いたので、ある日ぼくは怒りを爆発させた。

「ああいうことは、もういっさいやめてよ。今のぼくは結婚する気もないし、結婚するときは自分で選んだ人とするから」

その後、両親はお見合い作戦を止めてくれたが、ぼくの結婚を今か今かと待ち望む気持ちは変わっていなかったようだ。

父は一九九九年、咽喉がんでこの世を去ったが、その少し前、

「これを見逃すと、もうおまえのショーを見られないかもしれない」

と言って、ディナーショーを見に来てくれた。看護婦さんがつき添い、点滴を打ちながらショーを見てくれた父を、終了後エレベーターまで見送ったのだが、ドアが閉まろうとする瞬間、それまでだまっていた父がか細い声でつぶやいた。

「おまえ、結婚はまだか……?」

結局、妻となる美紀と出会ったのは、最期までぼくの結婚を気にかけていた父が亡くなってから半年後のことだった。(『ありのままに』89頁)

読み比べて、すぐに分かることだが、週刊朝日ではお父さんがヒデキに森昌子との結婚話を持ちかけたのがデビューしてまもないころ、となっている。

ヒデキがデビューしたのは1972年のこと。同じ話なのだが、『ありのままに』の方は、父親が彼に森昌子との結婚話を持ち出したのは25歳の誕生日を迎えた日、ということになっている。ヒデキは1955年生まれのはずだから25歳の誕生日というと、1980年のことである。

歴史的な資料の内容が食い違っている。

そんなことどうでもいい、ということにしてしまうと、わたしが書いているこの原稿自体がどうでもいい原稿になってしまうから、そう考えるのはやめなければいけない。歴史資料が捏造された、というほどのことではないが、これでは後世、ヒデキの伝記を書く人が困ってしまう。それで、わたしはあれこれと推理したのである。

まず、本人が適当に話を盛ってウソをしゃべっている可能性だが、オレはそれはないと思う。週刊朝日と『ありのままに』の時差は3年間なのだが、3年のあいだに、本人が17歳のときの話を25歳に作りかえちゃおうとは思わないのではないか。

何度も読んでいると、『ありのままに』の方はけっこうシリアスなお見合い話なども出てきて、これはリアルな話かも知れないなと思わせるが、週刊朝日の方はデビューしたばかりのころで、本人でさえ18歳、森昌子ちゃんの方は14歳なのだから、話はこっちの方が面白いけど、18歳のムスコに向かって14歳の女のコを結婚相手にどうだというのはちょっと話に無理があるのではないか。

週刊朝日が書いていることに合わせてものを考えると、たぶん、父親がデビューしたばかりの森昌子を見て「この子、可愛いね」と言ったことぐらいはあるのだろう。それと、後々の結婚相手選びがくっついていったのではないか。週刊誌は、ついつい話を面白く書き換えてしまうものなのである。

それでも、この週刊朝日の記事を紹介したいと思ったのには理由がある。ヒデキの話はいつも明るい調子で、ふだんはどんなことでも気楽な、軽い調子でしゃべっていた、それを思い出したのである。「ありのままに」でもそうだが、病気になった後の彼は、少なくとも剽軽(ひょうきん)で、オレはお気楽モンだよ、みたいな素振りは売りにしなくなった。昔のヒデキは本当は繊細な心根の持ち主のクセに、みんなの前でバカな男のふりをしてみせ、笑いをとろうとするような、三枚目のところがあったのである。

週刊朝日の記事のなかには、大昔の、明るく楽天的だった彼がまだ、少しだけだが息づいていた。それをみんなに読んでもらいたいと思って、この記事を書いた。

沈黙図書館ファイル　20180915

芸映プロダクションのこと

わたしが芸能記者として『週刊平凡』という芸能週刊誌で仕事をしていた末期に書いた原稿がある。前に「渡辺プロダクションと沢田研二」という原稿を書いたのだが、それと同じシリーズで、いまからもう35年前の原稿である。沢田と渡辺プロについては別の機会に。

秀樹や当時の関係者に取材して自分で書いた原稿だが、なにも根拠のない噂話や人が書いた原稿を引用するよりは、自分がむかし書いたものを読んでもらう方がいいと思う。

これをあらためて読み返した自分の感想だが、わたしはむかし、いまよりちゃんとした原稿を書いていたかも知れないなんてことを考える。

西城秀樹は当時、芸映プロダクションという芸能事務所に所属していた。その話である。

《THE PRODUCTION》芸映プロダクション
秀樹・宏美・加世子ら売れっ子ぞろい。やり手マネジャーがそろったモーレツ集団

毎晩、12時すぎまで電気がついているプロダクションといったら芸映くらいしかないだろう。とにかく、よく働く。芸能界随一のモーレツ集団だ。芸映の手がけるタレントは、デビューの成功率も、そのあと活躍する確率もかなり高い。それはなぜだろうか。


歴史　事務所じゅう、ゴキブリだらけ。

岩崎宏美が初めて芸映に仕事に行ったのは、昭和50年の1月。年賀状の整理の手伝いである。年賀状は信じられないくらいの量で、1万通以上あった。

年賀状の量も強烈な印象に残ったが、なんといっても驚いたのは、事務所のいたるところに神

出鬼没、姿を現しては消えるゴキブリたちの数の多さであった。

「赤坂のゴキブリってね、大きいんですよ。茶色くて迫力があるの」（岩崎宏美）

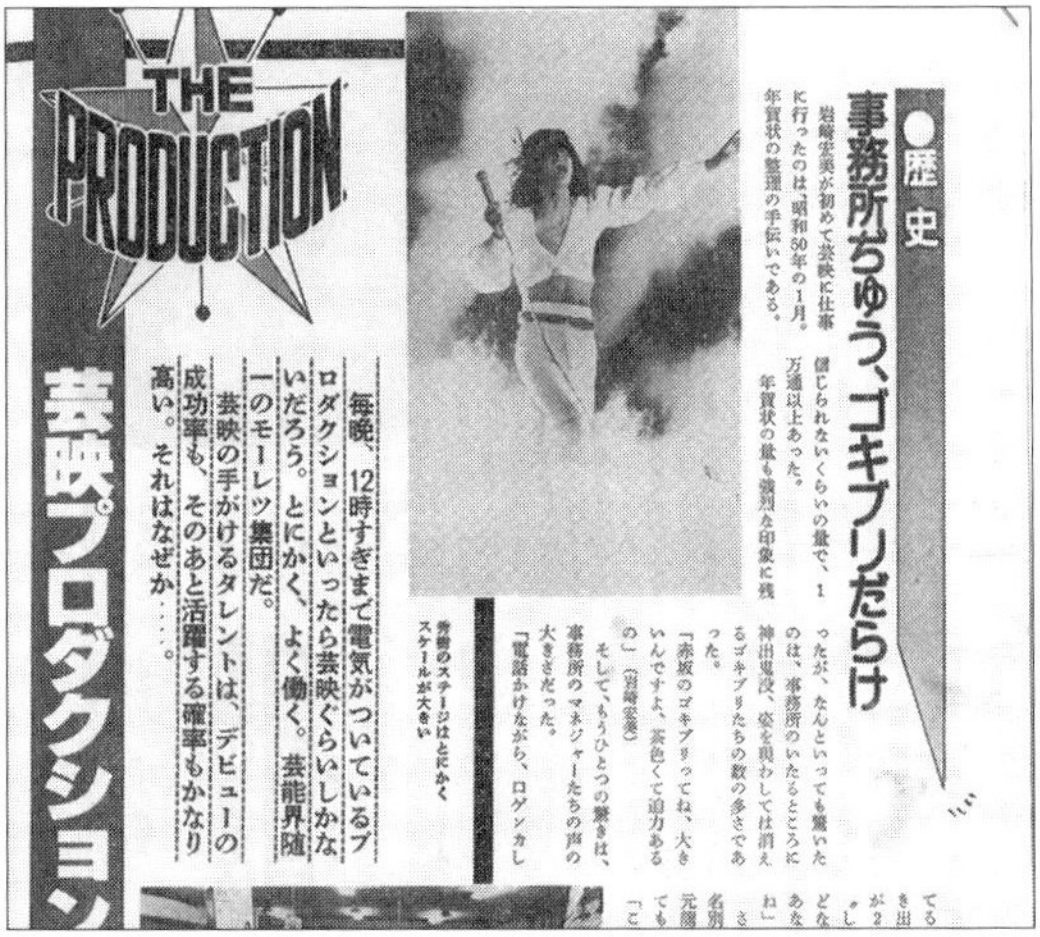

1983年の『週刊平凡』1192号に掲載した芸映の記事、塩澤執筆

そして、もうひとつの驚きは、事務所のマネジャーたちの声の大きさだった。

「電話かけながら、口ゲンカしてるでしょ、大声で。それで引き出しなんかあけると、ゴキブリが2〜3匹飛び出してきて、〝じっ、あっち行け！〟なんてどなってるのね。そのとき、まあなんて品の悪い事務所だろうって思ったのね」（岩崎宏美）

さて、年賀状の整理だが、宛名別に分類していくなかに、木本龍雄という人宛のはがきがとても多い。

「この人いったいだれだろうと思って、そばにいる人に聞いてみたの。そしたら西城秀樹さんの本名だった」（岩崎宏美）

彼女は、この年の春、『二重奏（デュエット）』を歌って芸映からデビューする。

芸映。芸能界ではやり手ぞろいのマネジャーたちの集団としてよく知られている。芸映の歴史は古い。前身の『伴淳三郎東京事務所』を兼ねた『東京芸映プロダクション』の設立は昭和32年。渡辺プロが発足したのと同じ年である。

株式会社『芸映』になったのが昭和34年。ただし、このころはタレントのプロデュースをする会社ではなく、映画製作プロダクションだった。初代の社長は、NHK『とんち教室』のメンバーのひとり、医師であり、画家でもあった宮田重男。2代目が伴淳三郎。3代目の現在が、伴淳のマネジャーだった青木伸樹である。

《人がいて、それから組織作り》

映画製作だけでは商売にならず、タレントのマネジメントに乗り出したのが昭和38年。つくば兄弟という男の演歌歌手を売り出したが、これはうまくいかず、つづいて4分の1外国人の血が混じった女の子を連れてきて、髪を金色に染め、エミー・ジャクソンと芸名をつけ、デビューさせる。このエミー・ジャクソンが『涙の太陽』でそこそこの売れっ子になって、芸映の今日につながるきっかけを作るのである。

そして、いしだあゆみ。『ブルーライト・ヨコハマ』を120万枚売って、それまでさみしかったフトコロをあたたかくしてくれる。このころまでの芸映はあたりはずれの多い、不安定なプロダクションだったのである。

そして、現在の芸映だが、専務の鈴木力は「組織を作ってそこに人をはめ込むんじゃなくて、能力があって根性がある人がいて、それから組織を作りました」という。

芸映には強烈な個性をもったチーフプロデューサーが2人いる。秦野喜男と香川洋三郎である。2人とも35歳と、古い歴史を持つプロダクションのチーフプロデューサーとしては、ひじょうに若い。鈴木専務の談。

「ときどき肝心なところをコントロールすることはありますが、ふだんはもう、まかせっきりでやらせてます」

ふつうのプロダクションでは、制作の実権は制作部長が握っている。ところが芸映では、現場のチーフプロデューサーが裁量をまかされている。

『週刊平凡』誌面のヒデキと秦野喜男氏、名コンビだった

西城秀樹　膝にたまる水を注射で抜きながら

秦野喜男がはじめて西城秀樹に会ったのは昭和47年冬、すでにデビュー曲も『恋する季節』と決まったころだったという。当時を回想して、こういう。

「黒いスリーピースに白いワイシャツの襟を出して、不良っぽく見えた。このヤロウ、生意気そうなヤツだと思った」

まさかその1か月後に自分が担当することになるとは思わない。

「レッスン室にひとりで閉じこもったきり出てこない。なにをしてるんだろうと思ってのぞいてみたら、壁の鏡に向かってひとりで一生懸命にレッスンしていた。あっ、こいつ根性あるなと感心しました」

デビューは3月25日だった。歌手として荒削りで未完成だったこともあるだろう。競争相手も多かった。西城のデビューは野口五郎や郷ひろみに比べると必ずしも順調ではなかった。

秦野は必死のマネージメントをくり広げた。

「地方のラジオ局のスケジュールがとれると、それを大切にして仕事してきたんです」

芸能界で生き残っていくために秦野がまず西城秀樹に教えたのは、夢を追いかけるということだった。

「秀樹、この歌、ベスト10の1位にしたいな」

「秀樹、野球場みたいなところでコンサートやりたいな」

西城は秦野の語る夢に目を輝かせ、うなずく。およそ1年半かかって、彼は自分の歌をベスト10に入れることに成功した。秦野の思い出話はつづく。

「ステージからセリに落ちたことがあった。たいへんだ、と思っていると、血だらけになってセリからはい上がってきてまたうたい始めた。そのとき、こいつは必ずビッグになるなと思った」

そのころの西城秀樹のうたいながらの激しいアクションは売り物のひとつだった。しかし、跳んだりはねたりは当然、脚の関節に負担をかける。西城は、数少ないスターの椅子に座るために、膝にたまる水を注射で抜きながら秦野のあとをついていったのである。

《秀樹は商品じゃない、人間だ》

デビューして4年目。それまで好調に50万枚近くのレコードを売っていたのが、ひどい落ち込みを見せ始める。15万枚くらいまで下がったという。

昭和51年から52年にかけてという時代状況を考えると、それまでの固定のファン層がニューミュージックに心移りしそうになったのだろう。暗中模索のなかで、ちょうどレコーディングの日に事務所を訪れた秀樹が秦野に、

「秦野さん、ぼく、まだいろんなことが足りないね。いままで追われるように仕事してきたけれど、これからはひとつひとつの仕事をたいせつにしていかなくっちゃね。ぼく、これから初心に戻ってレコーディングに行ってきます」

といい残して出かけた。このとき吹き込んだのが『君よ抱かれて熱くなれ』で、これがしばらくぶりの大ヒットになった。秦野の弁。

「これだけはいえる。ぼくは秀樹をけっして商品としては扱わなかった。いままでどんな小さな仕事でも秀樹にこまかく説明し、意見をいわせ、それから決めてきました」

西城秀樹のコンサートに集まってくる客たちは、貯金箱から10円玉や5円玉を集めて切符を買

いに来る人たちだ。そのことを秦野は、まだ少年だった西城秀樹に何度も言い聞かせたという。

原稿はこのあと、岸本加世子や浅田美代子、角川博を手がけたもうひとりのプロデューサー、香川洋三郎のタレント作りの話が出てきて、話の最後にまた、西城秀樹が自分の思いを語っている。

わたしがこの原稿を書いた1982年（10月7日号に掲載とある）はわたしも芸能記者としては最後の一年、秀樹もこのあとすぐ、所属のプロダクションから「お前もそろそろ一国一城の主になれ」といわれて、芸映から独立するのである。秦野は岩崎宏美、そのあと、とんねるずを手がけて、これも大ブームを起こしている。秦野さんの消息を調べると、スポーツ新聞だが、こんな記事が乗っていた。一部だが、抜粋しよう。

あまり大きく報道されることはなかったが、10日に肝不全のため69歳で亡くなった芸能事務所「AtoZ」代表取締役社長の秦野嘉王（はたの・よしお）さんの通夜と告別式には、多くの芸能界の重鎮が参列した。西城秀樹（60）や岩崎宏美（56）をプロデュースするなど、70年代以降の音楽界の中心人物で、何より「とんねるず」を生み出した人物。（略）

元々はミュージシャン。その経験を生かして、芸能事務所「芸映」に入社した。その所属アーティストだった西城をデビューからプロデュース。当時としては珍しかったコンサートでのダイナミックな演出など、すべて秦野さんが考え出したという。
一方で、元ミュージシャンということもあってか、関係者によると「感覚的で強引な部分も多分にあった」という。自分が気に入らないと楽曲の書き直しや、歌い直しなどは突然言い出す。そのため西城とつかみ合いのケンカをすることもあった。当時を知る人は「だけど、男同士で感情をぶつけ合った後は、また同じ方向へ進んでいくいいチームでした」と語る。（註1）
秦野さんはすでに三年ほど前に亡くなられていた。ふたりは天国で無事に会えただろうか。

芸映というプロダクションがなかったら彼のようなアイドル歌手は生まれなかった。記事の後半には秦野と並ぶ、もう一人のプロデューサー香川洋三郎の仕事ぶりについて、岸本加世子、岩崎宏美の話が書かれている。

岸本加世子　周囲の猛反対を押し切ってデビュー

香川洋三郎が最初に岸本加世子に会ったときおもったのは、「この顔はゼニのとれる顔だ」ということだったという。
芸映の新人開発セクションで浅田美代子、岩崎宏美、角川博とデビューを手がけてきた香川だが、岸本加世子は、香川がはじめてスカウトから手がけたタレントだった。昭和52年のことである。岸本本人の回想である。

「そのころ、うちは川崎の団地に住んでいたんですけれど、うちの母は足が悪いんです。それで、長い階段を上がらなきゃならないでしょ。私はぜんぜん芸能界に興味なかったんだけど、香川さんが〝親孝行できるよ、加世子ががんばれば家を建てることだってできるかもしれないよ〟っていったんです。それからですね、本気になったのは」

事務所のほうはこの年、別の新人をデビューさせる予定で準備を進めている。当然、岸本加世子のデビューには反対する。そのときの香川はこんなふうに行動した。

「ふつうのプロダクションだったら、〝おまえ勝手になんだ、やめとけ！〟って引導を渡されるでしょ。それを、黙って、そんなにやりたいんならやってみろってやらせてくれるんですから、すごい会社でしょ」

岸本加世子に賭けた香川の意気込みはすごかった。好きだった酒もプッツリとやめ、〝この子をスターにするまでは……〟とヒゲもそらず願をかけたという。

「いま考えるとぞっとするんだけど、あのときは、ぼくは、前に天地真理や浅田美代子が座っていた椅子があいているはずだというひじょうに安易な考え方があったんです。それで意地を張ってがんばった」

岸本加世子は、『北風よ』という歌でデビューし、この歌はまあまあ売れた。

《この靴で私をぶって！》

デビュー当時のことを岸本は笑いながらこう話している。

「デビュー曲をうたったとき、香川さんがグリーンの胸当ての付いたミニスカートを作ってくれたのね。それがすごくうれしかった。ところがあとから、浅田美代子さんの『赤い風船』のジャケット写真を見たら、デザインが同じなんだもの。私、アゼンとしちゃった」

浅田美代子は香川が手がけた最初のタレントだった。まだまだこれからというときに、吉田拓郎と恋愛し、引退してしまっている。このことは香川にとってよほど残念だったのだろう。岸本はいう。

「私にもニューミュージックの男たちには絶対に近づくなと何べんも釘をさしたんですよ。アハハハ……」

岸本加世子のデビュー曲はそこそこ売れたが、そのあとが続かなかった。いろいろまよったらしい。そして、岸本は香川に自分の思いを告げた。

「本人が歌よりも芝居の方が好きだ、女優になりたいっていいだしたんです」

香川には歌手をプロデュースする自信はあった。しかし、女優のマネジメントはこれまで手を染めたことのない世界である。ふたたび、岸本談である。

「そのとき、香川さんはこういったんです。〝よくわかった。オレは芝居のことははっきりいってわかんない。恥ずかしいけどできるだけ努力して頭下げて教えてくださいって頼んでやってみる。だからお前もオレについてきてくれ〟って」

映画に出演したときの話だが、涙を流すシーンがあった。役に感情移入するひまもなくあわただしくコマ撮りするなかで、監督が目薬をささせようとすると、岸本加世子は香川に、

「どうしても涙が出てこないから悪いけど、このハイヒールで私の顔をぶって！」

と頼んで思い切りたたいてもらい、痛さのあまりワーッと泣きだす。急いでカメラが回る、というようなモーレツなこともあったという。

香川の最初の言葉通り、岸本加世子は去年、母のために小さな家を買った。

岩崎宏美　彼女は一言も弱音を吐かなかった

さて、岩崎宏美だが、彼女はデビューのプロデュースを香川が、その後のフォローを秦野が受け持っている。まず、香川が初めて彼女に会ったときの感想である。

「はじめて彼女の歌声を聞いたとき、〝なんてきれいな声の子なんだろう〟と思った。それで浅田美代子でやりたくてできなかった作業を徹底的にやろうと思った」

浅田美代子は、何度目かのチャレンジでやっとNHKのオーディションに合格したことがニュースになるような、人前でうたうのをいやがるような、歌唱力のない女子だった。岩崎宏美は、デビューした年、1日も休みをとっていない。夏の平均睡眠時間は4時間ぐらいだったという。とにかく、時間があれば歌を聴いてもらうための作業をしていた。

「眠いとか疲れたとか一言も弱音を吐かなかった。そういうところを見て、ぼくはどうしてもこの子を形にしてあげなくてはいけないと思った。彼女の燃え方っていうのがね、芸能界の組織がどう動いているのかもわからぬままに、ただがむしゃらにやってるでしょ。初々しい燃え方だったんですよ」

本人とスタッフの努力のかいあって、岩崎宏美は、歌唱力に定評のある、ちょっと毛色の変わったアイドル歌手に成長した。それから、秦野にバトンタッチされ、安定したレコードセールスを続けてきた。

《10年うたうために今年がんばれ》

岩崎宏美が転機を迎えたのは、去年のことである。

「歌手というのは現状維持でやっていたら必ずしりつぼみになっていきます。1年、3年、5年、7年と1年おきに乗り越えなきゃならない壁が待っている。岩崎宏美の場合、ずっと安定はしていましたけど、このまま将来ずっといけるとは思えなかった」

香川のあとを引き継いだ秦野喜雄はそう言う。

歌手のマネジメントの場合、コンサートの動員力やＬＰレコードの売れ行きにも影響してくるのが、シングル盤のヒット曲だ。3年先も同じように歌手活動を続けていたいと思ったら、いま、うたっている歌をヒットさせることしかない。

秦野は、岩崎宏美の7年目をラッキーセブンにするために綿密な計画を立てる。そこから出てきた作戦が草花をテーマにした、『すみれ色の涙』以下のシリーズのイメージ展開だった。それについて、岩崎自身はこういっている。

「それまで、もちろん歌は好きだったけど、あんまり真剣に取り組んだというわけじゃなかったと思うの。先のことあまり考えないで、のほほんとやってた。それが秦野さんに、〝10年、いっぱいの観客が集まったコンサートでうたっていたかったら、今年がんばらなきゃダメだ〟っていわれてから、もう一度、新人にもどったつもりでキャンペーンやろうと思ったんです」

去年の暮れ、彼女はレコード大賞の歌唱賞をもらった。

「去年はがんばったから、今年は例年通り、のほほんと……」

彼女がそう思っていたやさきに『聖母たちのララバイ』が大ヒットしたのである。

「歌手のプロデュースをやっている以上、そりゃ、レコード大賞、いつかは取らせてやりたいです。秀樹にも宏美にもね。音楽に国境はないというから、作曲したのが外国人だって支持したのは日本の人たちですからね。関係ないはずなんだけど、規則ですから仕方ありません。ぼくは、外国曲でレコード大賞に該当せずっていうのが、秀樹の『ヤングマン』と宏美の『聖母たちのララバイ』と2曲あるんですよ。おかしなめぐり合わせですね」

秦野喜雄の思い出話である。

赤字のコンサート　目先の利益は絶対追いかけない

香川洋三郎はいま、河合奈保子のマネジメントに熱中している。こんなことをいっている。

「うちがやるコンサートはまず赤字ですね。河合奈保子だって45人のスタッフがいて、11トン車で機材持ち込んでやりますから」

芸映の首脳陣の考え方の最大の特徴は、まず目先の利益を追わない、ということだろう。鈴木専務の考え方である。

「売れっ子だからといって、需要に応えてなんでもやらせていたらすぐにつぶれてしまう。いまは一年一年で勝負する時代じゃないし、そういう意味でコンサートを中心に将来のことを考えながらやるわけです」

現在、ほとんどのプロダクションがマネジメント業務に付随する利益の追求に血道をあげているが、芸映はそういう考え方をしない。鈴木専務はこう説明している。

「営業とかＣＭ制作とかマーチャンダイジングとか、利益を生み出すものっていうのは、タレントの周辺にいっぱいあると思うんですよ。そういうものは、うちの場合、全部、日ごろお付き合いしている仕事仲間の会社に持っていっていただく。みんな古くからの大切なつき合いですからね。そして、本体はなるべく人数、少なくして身軽でいようと思ってます」

コンサートが赤字でもかまわないというのも独自の考え方がある。

「予算がこれだけかかって、会場のキャパシティから見た興行収入はだいたいこれだけという大枠はつかんでおきます。だけど細かいことは考えるなといっているんです。自分たちのやりたいことをやれ、と。そのイベントで赤字でもそのあと新しいファンが広がるかもしれない。その可能性を追求させたい」

そこで、たとえば、西城秀樹がヘリコプターに乗ってコンサート会場に姿を現したりする大がかりな舞台が実現するのだ。今年の大阪球場でのコンサートも、2万人の観客を集めて大盛況だったが、そのために延べ1400人のスタッフが投入されたという。

ただ、その芸映も、音楽出版の管理だけはきちんとしている。これは制作部長の松尾幸彦（まつおゆきひこ）の専任である。松尾は、まだ作曲家たちがレコード会社の専属システムがあたりまえだったころ、なかにし礼と2人で、作った楽曲を売り歩き、フリーの作家たちの時代を実現させた人である。

《新人歌手は2年に1度だけ》

新人歌手も2年に1度しか出さない。ふたたび、鈴木専務。

「うちは、1人の新人歌手をデビューさせると、それに社の70パーセントの勢力をかけます。新人をきちんと軌道に乗せるのにはそのくらいの覚悟が必要だと思うんです。1年はそうやって新人を軌道に乗せる。もう1年は、旧人たちのマネジメントの軌道修正をするっていう体制になってるんです」

芸映には、現在11人のタレントが所属している。秀樹、宏美、加世子のほかに、篠ひろ子、北浦昭義、角川博、相本久美子、清水由紀子、河合奈保子、石川秀美、風見りつ子である。

「うちにいる35人の社員たちはよその3倍くらい働いているんじゃないですか。それでも、11組のタレントでもう手いっぱいですね」(鈴木専務)

最後にもう一度、西城秀樹に芸映を語ってもらおう。

「スターっていう座り心地のいい椅子に座ってそのまま終わるか、それとも、周りの人たちと声をかけ合いながら前に進んでいくか、これは自分との戦いだと思うんです。

西城秀樹っていうみんなが知っている名前と、27歳の男の闘いなんだと、最近思うようになったんです。

自分はその闘いに喜びを感じるし、同時に、自分が結婚して子供ができてっていうこの先の人生を考えると、自分に対して真剣にならざるをえない。そして、芸映はぼくがそういうことがわかるようになるまでじっと待っていてくれたと思うのね。だから、ぼくは芸映が一番素晴らしいプロダクションだと断言できるんです」

ちなみに、岩崎宏美を驚かせたゴキブリたちだが、その後さすがに問題になり、2度の消毒剤散布ですっかり姿を消したという。

この記事は1982年に書いたものである。この時期、西城自身にはあまり自覚はなかったようだが、タレント活動の曲がり角に来ていた。

というのは翌年、やがて、芸映から独立することになる。なにがあったのだろう。紹介した［芸映プロダクション］の6ページの最後のまとめ書きの部分。

こんなふうに書いている。

●芸映プロダクション　音楽評論家・伊藤強さんのコメント

「歴史が古いわりに大所帯じゃない。でも、タレントはみんな第一線で活躍しています。あれくらいがプロダクションとしてもっともいい大きさじゃないですか。あそこはタレントとスタッフが本当に和気藹々（わきあいあい）とやっている。見ていて微笑（ほほえ）ましいくらい。着実で堅実なんですが、反面〝大胆トライ〟というのを表面に出さない。ケチをつけるとしたらそのくらいじゃないかな。まあ業界屈指の優良企業じゃないですか」

◆芸映プロダクションの概要

所属タレント11組。資本金1200万円。従業員数35名。

社長・青木伸樹　専務取締役・鈴木力

この記事のインタビューは1982年10月におこなったものだ。ここで、芸映ほどステキな、居心地のいいプロダクションはないと断言した西城秀樹だったのに、翌年、1983年にその芸映から独立して、自分の個人事務所を開いている。いったい、なにがあったのだろう。

このころの秀樹のことを思い出すと、長くヒデキのチーフマネジャーを務めていた秦野さんは岩崎宏美に担当替えしていて、マネジャーはわたしの記憶だが、清水さんという人が付いている。この人は、わたしはそういうヒデキとの関係を知らなかったのだが、ヒデキが上京して、芸映に所属することになる前、芸能界の名物男のひとりだったのだが、のちに安西マリアのマネジャーになる上条さんという人がいて、この人がヒデキを広島で発見した張本人なのだが、上条さんのところで下宿していたころ、内弟子として同居生活を送った人だった。

清水さんは温和で、秦野さんのようなムチャクチャをいってヒデキを引っ張っていくようなやり方の人ではなかった。事務所が秦野さんをヒデキから岩崎宏美に担当替えしたのは、いま、スケールの大きいマネージメントが必要なのは、ヒデキよりも宏美という判断があったのだと思う。

１９８３年の秋はわたしがヒデキといっしょにギリシャ旅行をした年で、たぶん、これが独立直後の仕事だったのではないかと思う。ヒデキは、事務所とケンカしたというようなことでもなく、将来はこうしたいああしたいというような、いろいろな夢を語っていた。

芸映からの独立の経緯について、著書の『ありのままに』のなかでは、こんなふうに書いている。同書の87ページからの引用である。

所属事務所の芸映から独立し、自分の事務所を開いたのは二八歳のときだった。

「そろそろ独立して、経営のほうも勉強してみたらどうだ?」

当時所属していた、芸映の社長がこう言ってくれたからだ。

「もし社員が必要なら、うちの会社から出向させてやろう。三年間はうちの傘下という形で、四年目から完全に独立すればいい」

こうしてなにからなにまで用意してもらい、ぼくは歌手であると同時に、青年経営者になったのである。

「所属事務所から独立すると、芸能界から干される」

こんな話も芸能界ではささやかれていたが、僕の場合は独立後も仕事に恵まれた。

しかし、経営に関してド素人のぼくは、わからないことだらけ。最初の三年間は、軽いうつ状態になったほど事件やトラブルが続発した。頼りにしていた近しい人にお金を持ち逃げされる事件もあった。(略)

高校一年で上京し、いきなり芸能界に飛び込んだぼくだが、この辺で社会勉強をしっかりしなくてはいけない。お金に対して、もっと真剣に、慎重に向き合わなくては。ぼくがしっかりしなくては、ここまでついてきて来てくれたスタッフにも申し訳ない。

ぼくは仕事の合間を縫って、財務や会計の勉強を始めた。それまでお金で苦労をした分、必死だった。おかげで今では、経理のスタッフが倒れても大丈夫。お金に関しては、ぼくは三〇代でちょっとした企業経営者に負けないぐらいの知識は身につけたつもりだ。

これを読んで、わたしがすぐに思いだしたのは、昔、15年ほど前に自分が書いた作品で、『KUROSAWA』という本があるのだが、そのなかで書いた映画監督の黒澤明さんの東宝からの独立の経緯だった。黒澤さんも、昭和34年のことだが、長く所属していた東宝から、無理やり独立させられて、『黒澤プロダクション』を創設、というか、作らされるのである。

その間の事情をわたしは『KUROSAWA』の第2巻［映画美術編］の92ページに紹介しているのだが、資料の『映画年鑑1960』のなかで、こんなふうに説明されている。

【藤本取締役の進退伺い事件】とタイトルを付けた次のような記事である。

（東宝）製作担当取締役藤本真澄（さねずみ）は『隠し砦の三悪人』（黒澤明監督）完成遅延の責を取って、58年12月23日、清水社長に進退伺いを提出した。しかし、清水社長は「過去はいっさい問わず、こんご再びこの種の問題を起こさないよう方法を考究する」ということで進退伺いは却下となったが、この問題の背景が日本映画全体におよぼす影響多大と話題を投げたものである。

黒澤監督の『隠し砦の三悪人』は、58年5月撮影開始、8月いっぱいで完成、製作日数100日間、撮影実働日数83日間、制作費9千万円（封切りは11月第1週）という予定であった。ところが、撮影開始から完成まで実に8ケ月、製作日数201日、実働日数は147日という大遅延となり、しかも製作費は1億9千5百万円という日本映画界では破天荒のものになった。（略）したがって、販売原価は製作費1億9千5百万円、宣伝費2千万円、プリント費（116本）1千7百万円、配給費3百万円、合計2億3千5百万円となり、これも日本映画では未曾有のものであった。これに対する配給収入は販売原価の回収が精いっぱいだといわれた。

ここで問題点は（略）「あのようなやり方をされては、映画界全体に影響して困る」という声であった。しかし、黒澤監督には一片の悪意もない。むしろ、会社の営業に貢献するよう娯楽大作を作ろうという、きわめて善意から出発したのであるが、ロケを主体とした同作品が天候に恵まれなかったのと、黒澤監督特有の芸術的良心からくる凝り性に原因があった。（略）映画は商品である以上、経済を無視しては成り立たないということから、森専務（森岩雄）を中心に今後のあり方を検討した結果、59年1月20日、プロフィット・シアーリング（利益分配性）による株式会社「黒澤プロダクション」の設立を決定。黒澤作品は、東宝の別枠に置くことにした。

要するに、予算を守って、計算の立つ映画作りをしてくれ、ということなのである。予算はいちおう立てるが、それが途中でグチャグチャになって、オーバーしてしまう。そういうことがあると、映画監督はしばらく映画をつくらせてもらえないのだが、東宝も〝天皇〟という異名まである黒澤明に対してはさすがに「もう仕事させない」とは言えない。それで、独立採算制にして、儲けを監督と会社とが歩合で分ける、という提案をするのである。もう少し、利益のことも考えてくれという話だ。

わたしはたぶん、秀樹の音楽活動でも同じようなことが起こっていたのではないかと思う。

なぜ、わたしがヒデキの独立話を、アッ、これはコストパフォーマンスの話だなとピンときたのかというと、じつは、わたしも黒澤監督と同じで、まことにお恥ずかしい話だが、予算を守って本を作るのが下手な編集者だったからだ。編集長だった『ガリバー』という雑誌を作っていたときは、イタリア特集を作って発行部数10万部で定価500円のところ、9万5千部くらい売ったが、これの編集製作費に4900万円かかっていて、いくら売れても赤字の雑誌を作ってしまったし、『平凡パンチ』で韓国特集を作ったときは、2週間発売の合併号一冊で2700万円の編集費を使った。通常号の一冊の編集費は1300万円だったと思う。これはもちろん、わたしひとりで使ったお金ではなく、編集部全体のかかりだったのだが、この本もよく売れて、返本率1パーセントという、当時としてはものすごい売れ行きを記録した。しかし、取材費を使いすぎていて、完売したり、販売率99パーセントを記録して売れた売れたと会社をあげて騒いだわりに全然もうかっていなかったのである。

要するに、コスト感覚がちゃんとしていないのである。儲けは二の次、これはいまでもそうかもしれない。思うにたぶん、ヒデキも同じようなところがあったのだろう。とくに、秦野さんと組んでいると、話がドンドン大きくなってきて、「それじゃあ、コンサート会場にヘリコプターで舞い降りちゃおうか」みたいなところにいってしまう。このパフォーマンスは確かに人を驚かせて話題になるが、莫大な費用がかかる。それもあって、芸映は秦野さんとヒデキを分けたのかもしれない。

雑誌作りだったら、こういうことが起こると、編集長を辞めさせればよくて、そういうわけでわたしはキナさん（当時の社長。木滑良久）から「シオザワ、10億円損したから編集長を辞めてくれ」といわれて、わたしは編集長をクビになり、雑誌も休刊することになった。

黒澤明さんやヒデキの場合は会社員ではないのだからそういうわけにはいかない。自分で収支感覚を身につけて、ビジネスとして黒字にしていく仕事の仕方を身につけるしか方法がないのである。たぶん、ヒデキの独立はそういう性格の話ではないかと思う。

黒澤さんの『隠し砦の三悪人』はけっきょく、正月に公開されて、大騒ぎになる。

こんな記述が残っている。

（東宝は）59年正月は五プロ九作品の陣容で臨んだが、第1週に公開した「隠し砦の三悪人」が全国的に大ヒットし、9億5百39万円配収（ブッキング一万八二九〇）をあげ、配収、ブッキングともに前年正月の番線内総収入3億4千264万2千円は戦後における、東宝配給作品の最高配集記録でもある。

予算がどうこうとか言っていないで、力のあるクリエーターが思いきりいい仕事をしようと考えれば、金はかかる。

しかし、それが話題になり、それに見合うだけの収益をもたらす作品を作れるのである。この話はそういうことの実例なのだが、予算を守って短期間で作りあげたら、もう一本、映画を作れたじゃないかという反論もできる。

タレント活動も同じで、芸映の鈴木専務の話でもわかるように芸映は、「コンサートは赤字だけどやるんだ」という話をしていた。ヒデキになんとなく巨大なイメージがあるのはそういう損得だけで仕事をしないスケールの大きいマネジメントが一役買っているとは思うのだが、それにしても、何万人と集まるコンサートなのだから、黒字にして、利益を生み出す形にしなければ企業活動としては健康な状態とは言えないだろう。

これはヒデキ本人がコスト感覚を身につけて、お金の使い方を工夫すれば、もっと利益が出せるのである。芸映から独立するのはデビュー10年後の1983年、彼が28歳のときの話だが、彼の独立劇は円満退社で、ある意味、非常に幸福なことだったと思うが、新しい試練への挑戦であることに違いはなかった。

歌手になった10年目の節目で、名実ともに［大人の芸能人］として、仕事をしていく時期が来ていた、ということなのだと思う。

【註】

（1）『スポーツニッポン』２０１５年8月29日号

沈黙図書館ファイル　20200518

死後二年

コロナコロナコロナで気持ちがすっかり、いまのコロナがどうなっているか、そういうことばかりにいっていたが、考えて見ると、秀樹が死んでからもう2年たつ。

2年前、自分のブログで初めて、ヒデキのことを書いた（本書156ページ）。

西城秀樹さんが亡くなられて、なんだか何かにせっつかれたように、彼の思い出をいますぐ書かなければいけないような気がして、この文章を書いている。

こんな書き出しで、けっこう複雑だったそのときの心境を書き綴った。

そして、結語にはこんな文章を添えた。

わたしは西城秀樹はまぎれもなく時代の産んだ純正のアイドルだったと思うが、彼の場合はそれだけではなく、アメリカでいうとクリーデンス・クリアウォーター・リバイバルのジョン・フォガティやディープ・パープルのイアン・ギランのような絶叫型のロック歌手だった。こういう歌手はそれまで日本にはいなかった。

ジョン・フォガティやイアン・ギランが不世出のロックンローラーであったのと同様に、西城秀樹もエネルギッシュにシャウトする前衛的な歌唱技法を持ちながら、突出した大衆性を合わせもつ希代のアイドルだった。そんな尖鋭的でありながら、広く性別や年齢を超えてみんなに愛される歌手は残念ながらいまはいない。ヒデキは本当によく戦った。冥福を祈る。お疲れさまでしたといってあげたい。

このあと、何度か秀樹について書いているのだが、それらのブログはたくさんの人たちに読んでもらえたようだ。ずいぶんたくさん、秀樹のことを書いていたが、いい加減なことは一つも書いていない。

わたしが週刊誌で秀樹について書いていたのは、いまからもう40年近く前の芸能記者時代のことである。何度か直接インタビューして、彼の原稿を書いている。

１９８３年、秀樹が芸映から独立した直後に、ギリシャのロードス島でしたインタビューは、死ぬほど懐かしい。秀樹は歌っている最中はパワフルだが、ふだんいっしょにいると物静かで、温和な雰囲気をもった若者だった。それが陽気に騒ぎ始めると、周りの雰囲気までそっくり変わってしまうような、人格の伝播（でんぱ）力（カリスマ）をもった人だった。

［死者、日々に疎（うと）し］という。

人は生きるのに忙しく、いつまでも死んだ人の記憶に縛られているわけにはいかない、という意味だ。生きていると、必ず、目の前に自分で解決しなければならない問題が立ち現れる。一生懸命に生きようとすればするほどそうだ。残酷かも知れないが、わたしは、亡くなられた人について、何度もくり返して、同じようなことを書く気になれない。

………

それでもヒデキのことを思い出すのだ。

わたしが知っている西城秀樹は行儀のいい男だった。秀樹について思い出すのは、いつも彼が抑制的に、まわりの人たちの事情を理解しようとして、相手のいうことを黙って聞いている立ち姿だった。秀樹はもちろん、最初のところには、自分の夢を追いかけた、ということがあったのだろう。

しかし、そのあとははっきり意識して、家族のため、応援してくれるファンのために生きることを決意した、あまりエゴイズムの匂いのしない人生を生きた男だったと思う。いっては悪いが、そのへんが野口五郎や郷ひろみと少し違う気がする。

五郎やひろみは好きなように生きている(ホントは違うかも知れないが)、そういう印象がある。そんな、ほかの芸能人との生き方の違いも彼の寿命を縮めたのかも知れない。

これが秀樹の人生が基本的に悲劇的であった所以（ゆえん）だろう。

人にいえないいさまざまの悩みを抱えながら、みんなに笑いと幸福感を放射しながら生きた。どうしても彼のそういう彼の生き様を忘れられない。彼の人生には、

「お願いだから、西城秀樹がそういう男だったことを忘れないでくれ」

と、あらためて特筆して書いておくだけの価値がある。

いまもそう思っている。しばらくぶりに、秀樹のことを書いた。

秀樹ロス

沈黙図書館ファイル 20200519

みんな、西城秀樹のことを忘れられずにいる。

まず、自分でも、びっくりしたのである。

しばらくぶりに西城秀樹のことを書いて、非常に驚いている。

前日まで、わたしのブログ［沈黙図書館］はアクセスが多い日でも1000に届かず、700とか800ぐらいのところでウロウロしていたのが、5月18日に「秀樹が死んで2年がたった」という話を書いたら1万件を超えるアクセスがあった。この日だけで5000人近い人が、わたしのブログを読んでくれ、翌日も4000件を超えた。

みんな、秀樹を忘れられないでいるのだ……と思った。


死によって、人々の永遠に忘れられない存在になる……。

秀樹もそういう存在になろうとしているのではないか。

そもそもゴルゴダの丘で十字架に磔（はりつけ）になって死んだイエス・キリストが、死によって神格化されていった最初の歴史的存在だったのだが、現代でも例えば、外国ではジェームス・ディーンやジョン・レノンがそうだし、戦後の昭和の時代にも、若くして死んだり、非業の死を遂げて、あの時代を生きていたわたしたちにとって忘れられない存在になっていった、俳優だったら赤木圭一郎や市川雷蔵、文学者でいったら太宰治や三島由紀夫がいた。

この人たちはみんな悲劇的な、不幸な「死」によって永遠に忘れられない、永遠の命を与えられた伝説の存在になっていった人たちなのである。彼らをそういう存在にしていったのは生きている人間たち＝ファンたちだった。

いわゆる〝夭折（ようせつ）者〟という言葉がある。若死にした人という意味だ。西城秀樹は60歳をすぎるまで生きた。わたしは、直接的には若いころの西城秀樹しか知らないせいもあり、まさか死んでしまうとは思わずにいたことも理由なのだが、秀樹は若死にした、そんな気がしてならないのだ。

昔は人生五十年といったが、いまは男でさえも八十歳を超えて生きるのが普通になっているから、秀樹の63歳は、少なくとも早すぎる死と書いてもいいのではないかと思う。

晩年の秀樹の様子を直接は知らないが、テレビなどで見る限り、どれだけ病気で苦しんでいても、彼は若々しく見えた。苦しそうな顔をしていても、すぐにも冗談を言いそうな、軽やかさを感じさせた。これはたぶん一生懸命に生きようとすること自体が人間を若々しく見せる、ということだったのではないか。

たぶん、秀樹はこういう時期、こういう時代に、こういうタイミングで死んで、昭和の芸能の黄金時代、一九七〇年代にタレント生命を授かった者たちの最初の存在として、永遠の命を持つ、歴史的人間の象徴＝イコンになったのだと思う。

どうしてこういうことになったかというと、そこには、秀樹が死んでしまっても、その死を受け入れることができず、生きていたころと同じように彼を支持する、おおぜいの、たぶん一万人を超える数の人々がいて、その人たちが「わたしたちは絶対に秀樹のことは忘れない」と心に決めて、生きているからだろう。

彼がたくさんのそういうファンに恵まれたのは、彼がさまざまな苦しみをくぐり抜けながら、身清く、必死になって、回りの人たちのために生きようとしたからだ。

三回忌が来て、マスメディア、出版や音楽の世界で、秀樹にまつわるさまざまの商業活動がくりひろげられ、そういう商品は、秀樹のファンだった人たちに買われて、もしかしたら、遺族の人たちの生活を潤してくれるかも知れない。これからの問題は、それらの商業活動が、ただ金儲けだけのためにくり返されて、そういうなかで西城秀樹という歴史的なイコンが文化として深まっていくかどうかだと思う。

ただお金を儲けるだけのために、西城秀樹のことをくり返して商品化していったら、秀樹の歴史的象徴性そのものが無意味化して、虚無的になっていく。秀樹のファンたちもそれを見抜く眼力を持たなければならない。

西城秀樹とはなにものであったのか。

どういうふうに生きたから、そういうふうにして死んで、みんなから忘れられないと思われるようになったのか、わたしの考えでは、この一連の問いかけのなかに、〈大衆文化〉のもっとも高質のエキスのような人生の哲学がある、と思う。

もう、亡くなってから二年たったのだから、彼をそういうふうに考えて、分析的にアプローチする発言が出てきてもいいと思うのだが。いつまでも「カッコよかった」「ステキ」だけでは話にならない。秀樹の象徴性がいったい何であるのか、そのことをみんなで考えなければいけない。その考えを深めることが、西城秀樹という人間の歴史的な価値を高めていく作業＝彼を伝説にする作業なのだ。

それは根を張る作業であり、その根がしっかりしていなければやがて忘れられる。

一時のトレンドから文化の、生活感覚として支持されるトラッド（伝統）にならない。

石原裕次郎や美空ひばりが秀樹と同じようなピュアなイコンになっていくかどうかは難しい問題だが（二人とも商業主義にまみれてしまっている気がする）死後も存在感だけは失わないでいるのは、その根の部分をマネージメントしているからだろう。

西城秀樹が歴史のなかで永遠の生命を獲得することが出来るとしたら、それはまぎれもなく、熱心に、死んだあとも彼を応援しようとする、生前からのファン、死んだあと、ファンになった人も含めてだが、そういう人たちのおかげだと思う。

わたしも含めて、マスコミや出版の世界で生きている人間は、これは別に秀樹に限ったことではないのだが、ものを作るときの内的な必然性を自分に問わなければならない。

なぜ、西城秀樹の本を作るのか、金儲けのためなのか。

人間がやることのなかで、経済的な利益を得ようとすることは否定のしようがないが、カネ稼ぎのためだけに、そういうファンたちの気持ちを利用してはならない。秀樹の本を作ることで、作家や編集者はなにを伝えようとするのか、美辞麗句を連ねるのではなく、秀樹の人生が持っていた人間の本質をわかりやすく伝えなければならない。

たぶん、このあとも、秀樹の本が売れるとわかれば、いろんなところがいろんな企画の本を出版するだろう。そういうときに、その本がどういう意図を持って作られたか、ファンの人たちはそのことも見極めることができるようにならなければならない。

最後に、わたしもいつか、西城秀樹の本を書きたいと思う。

昔、文学が全盛の時代に、「夏目漱石研究」とか、「芥川龍之介講義」などという、学芸本がたくさん出版された。それは一種の文化論だったのだが、そういう本をみんなが読んでいた時代があった。わたしは、いまはそういうインテリ限定的な文化論はすたれてしまったが、大衆文化の世界でも、「西城秀樹研究」とか、「沢田研二講義」というような本が存在して、大学の卒業論文でもそういうテーマが選ばれてもいい時代が来たと思う。

大衆文化はいまや、文化のメイン・フィールドを形成している。

じつは、いま、わたしは『昭和芸能界史』という本を書いている最中で、とうぜん、その中には西城秀樹のことも沢田研二のこともでてくるのだが、いま書いているのは、昭和三十年代の芸能界の話で、昭和四十年代のことを書くのはまだまだ先のことになると思う。

ガマンしきれなくて『西城秀樹学研究』なんて本を書こうとするかも知れない。

ヒデキの話はとりあえず、ここまで。なにか思いついたら、また、秀樹のことを書きます。

沈黙図書館ファイル　20200522

日本文化のなかで西城秀樹が果たした役割

西城秀樹がなぜ、令和のいまも忘れられない存在であるのか。

秀樹の歌った歌はなぜいまも色褪せないのか。

五十年前、1970年代初頭、わたしが芸能記者になったころの記憶を書く。

いまもそういうふうに考えるヒトがいるかも知れないが、昔、芸能は文化のジャンルのなかでもっともくだらない、卑俗なもののひとつだった。

それは、歴史的に見て、芝居や歌謡が民衆のもっとも卑近な娯楽であり、民衆＝いまの大衆を一部の特権的な支配階級が差別的に考えていて、大衆は愚かであり、芸能は下賤であると考え、芸能者を〝河原もの〟と呼んでいた歴史と関係している。

わたしの考えでは、この、教養主義的な文化のなかで芸能が低位に見られる位置関係が変化していったのが1970年ころから、というより、西城秀樹がデビューしたころから、西城、郷、野口が新御三家と呼ばれ始めたころからなのである。

正確にいうと、1970年にデビューした、にしきのあきらや野村真樹が歌ったのは当時、藤圭子やクールファイブ（前川清）が歌っていた演歌と呼ばれるジャンルの歌で、実は野口五郎は1971年と、新御三家のなかで一番早くデビューしているのだが、デビュー曲は『博多みれん』というご当地ソングでこれは運悪くというか、運良くというか、全然ヒットしなかった。ただ、野口は子供のくせに歌はうまかった。

わたしの記憶では歌謡界全体の流れを変えた衝撃的、象徴的な出来事が三つある。それが、

①野口五郎が路線転換してポップス調の『青いリンゴ』をスマッシュヒットさせた。

1971年8月のこと。これは先行的な出来事で、歌のヒットの規模はそれほどでもなかったが、新しい展開の可能性を感じさせる歌になった。

②沢田研二がソロ歌手として活動をはじめ、1972年に『許されない愛』を大ヒットさせた。

これもソロデビュー二弾目。ここから沢田は延々と自由恋愛の歌（不倫の歌）を歌いつづけることになる。

③西城秀樹が１９７２年にデビューし１９７３年に『情熱の嵐』、『ちぎれた愛』を大ヒットさせた。秀樹は若い世代の人たちの恋愛感情を直接的にムキ出しで歌い、多くの若者に支持される。秀樹の歌った歌は、沢田研二のように不倫ではなく、ムキ出しの恋愛だが健康的だった。これらの背後にあったのは、戦後のアメリカナイズされた日本社会での恋愛至上主義の風潮だった。この世の中で一番重要なのは男女の関係がうまくいっていることだという考え方、恋人、夫婦、家族なども含めた、思えば自然な男女関係である。

それまでは、明治以来の近代国家創出の背景になった考え方だが、人間にとって一番大事なことは立身出世して社長になったり、軍人になって大将になることや偉い政治家になって総理大臣になり、国のお役に立つことだと思われていたのである。

これは女性歌手の分野でもおなじことで、それまでの女性の理想像は良妻賢母、いしだあゆみが『ブルーライトヨコハマ』でうたったような、だまって男の子のあとをついていきます、みたいな女のコだった。

変化が始まるのは１９７０年ぐらいから、『四つのお願い』や『喝采』のちあきなおみや『真夏の出来事』を歌った平山みき、『わたしの城下町』『瀬戸の花嫁』の小柳ルミ子、『17才』でデビューした南沙織、さらには天地真理などが出現してからだった。

どの人の歌もわたしの一番大事なのは好きな男の人です、という主張をしていた。

彼女たちの登場で、それまで主流だった女性の演歌歌手たち、藤圭子や青江三奈は若い世代の同性の支持を失っていった。そして、こういう真正面から男女の恋愛を賛美する歌をうたった歌手たちをわたしたちはアイドルと呼ぶようになったのである。

新御三家の形成には、野口と西城に後付けの形で郷ひろみが加わって、完成形になるのだが、西城や沢田がくり返して恋愛を歌のテーマに取りあげて歌って、なにを相手に戦っていたかというと、自分の生活を犠牲にしても会社で出世するとか、偉くなって社長になる、というような生き方だった。つまり、人生についての社会通念の首座をめぐる戦いだった。

敵は儒教的な、戦前の教育的なことだった。大学教育を受けた知識人＝インテリたちは大衆は愚昧(ぐまい)であり、きちんとしていない、ちゃんと啓蒙(けいもう)して滅私奉公や親孝行を教育しないとダメだという考え方をしていた。この考え方は、恋愛が人生で一番大事とか、女房（恋人）や家族の幸せが一番重要という、秀樹や沢田研二が歌で主張していることとは反対の考え方だった。

１９７０年代に流行した歌というと、ほとんどが男女間の気持ちのやりとりを歌にしたものだが、そのなかで１９７０年代から大活躍している歌手で、いまでも人気がある人というと沢田研二と西城秀樹がほかの人たちとは違うレベルの力を持っている。このふたりの共通項というと、真正面から臆面もなく恋愛肯定の歌を歌ったことだった。

１９８０年の正月の芸能週刊誌『週刊平凡』の表紙に登場したのは百恵ちゃんとヒデキだった。西城秀樹はこの時代（１９７０年代）の本質（古い価値観からの脱却と新しい文化の創出）を象徴する歌手だった。みんなは、もう知ってるかも知れないが百恵ちゃんも最初のころ、秀樹のことを好きだったという話がある。

この、会社での出世が一番大事という考え方と、ささやかでもいいから愛する人と幸せな家庭をつくりたいという考え方の戦いの決着がつくのは80年代に入って、世の中に自分の好きなファッションとかライフ・スタイルが情報として大量生産されるようになり、大衆がさまざまなモノを買って、美しく着飾って楽しい人生を送りたいと考え始めてからのことだ。

［画像引用］雑誌『週刊平凡』1980年正月発売号の表紙とカラーグラビア

もちろん、自分が愛する人といっしょに幸せに生きていきたい、という考え方が圧倒的な勝利を収めた。それらの基礎にあるのは、好きな人と幸せに暮らしたい、という西城や沢田が必死で歌っていた歌の世界の心情だった。

つまり、芸能は、そういうふうに社会が変わっていく尖兵の役割を果したのである。

沈黙図書館ファイル　20200524

秀樹の音楽の芸能界史的背景

秀樹の音楽が生まれた芸能界的な背景について書いてみよう。

西城秀樹の芸能活動が大衆文化のストリームの中心的動向であったという問題について。

この前の説明（「西城秀樹が果たした役割」）では、大衆文化がいまのような、日本社会の文化の中心になっていく部分の説明が粗雑だといわれる可能性がある。１９７０年代に芸能産業が日本の娯楽の中心になり、やがて時代を経て、いまのように生活文化の中心のストリームを形成するようになる経緯をきちんと説明しておこう。

秀樹のファンの人たちに読んでもらうのに、あまり歴史的に緻密で理屈に走ったことを書いても分かってもらえないかも知れないが、秀樹に興味のない人でも読むに耐えうる、きちんとしたことを書いておかないと、あいつはいい加減なことばかり書いていると批判されることもあるので、要注意だ。

わたしは以前のブログで「アメリカ的な恋愛至上主義の風潮」と書いたが、これは時代をさかのぼって説明しないと分かってもらえない。アメリカ文化の日本国内への浸透は、そもそもが戦後、本格的には昭和30年代のテレビの普及といっしょにはじまったものだった。

総論として、大衆文化は常にテレビとともにあり、テレビの歴史的変化に合わせて、芸能界も姿を変えていったところがある。嵐などを見ていると、いまやテレビの主役はアイドル、と書いてもいい状況なのだが、これは一朝一夕にできあがったものではないのだ。

西城秀樹はミュージシャンとかテレビタレントという前に、アイドルがこういうポジションに着くことができた、パイオニア（開拓者）だったと書いていいのではないか。当然、それなりの努力があったのだが、その前のそこに到る外的環境の経緯はこうである。

戦後すぐに生まれた人でないとわからないかも知れないが、昭和30年代にはテレビ放送で『パパ大好き』とか『うちのママは世界一』というような題名のアメリカ製のホームドラマが放送され、同様に『ザ・ヒットパレード』のような、渡辺プロが作るザ・ピーナッツ（双子のデュエット。伊藤エミさんは沢田研二さんの前の妻だった）を中心にしたアメリカからやってきたポップス中心の音楽番組が人気を集めた。

これによりそれまでは、日本的な歌謡曲、演歌と呼ばれる流行歌が中心だった音楽の世界も非常な勢いで様変わりしていった。例えば、それまでは日本の女性歌手が歌う歌は、男にだまされた、遊ばれたというような内容の歌がすごく多かったのである。それが、きっかけはたぶん、１９６８年のヒット曲、いしだあゆみのうたった『ブルーライト・ヨコハマ』だったと思う。この歌の大ヒットがあり、基調のところで異性を賛美し、恋愛感情を謳歌する流行歌が70年代の音楽の世界の主流になっていったのである。

この『ブルーライト・ヨコハマ』をヒットさせたのはいしだあゆみサンなのだが、彼女は、当時、やがて西城秀樹が所属して、そこで芸能活動をくりひろげることになる［芸映プロダクション］に所属していた。このプロダクションはもともと伴淳三郎さんという喜劇役者がいて、その人が映画をつくるために創設された制作会社だったのだが、それが、時流に合わせて、やがて西城秀樹や岩崎宏美、浅田美代子というタレントを生み出していった。わたしの記憶ではこの事務所には制作部長だった相馬さんという人がいて、その人がタレント仕切りの中心になっていたのだった。２１７ページの芸映を紹介した記事に登場している、二人の若いプロデューサー（秦野喜雄と香川洋三郎）は彼の薫陶を受けたマネジャーたちだった。相馬さんはやがて、芸映をやめて独立。１９７０年代の後半にはピンク・レディーをマネジメントする人なのである。

芸映自体も男性タレントは秀樹が突然変異のような形で出てきた、基本は女性アイドルを得意とするプロダクションだった。だから、正確にいうと、西城秀樹というタレントの出現はプロダクションのマネジメントが作り出したものとは書きにくい。自然発生的に本人たちの努力が実った、と書いていいかもしれない。

西城秀樹の音楽はこういう出自風土のなかから、マネジャーだった秦野さん(もともとはグループサウンズのギタリストだったらしい)とか、自身も洋楽が大好きだった秀樹の音楽的なこだわりが合わさってできあがったものだった。おおむねの曲が、歌を聴いてくれる人を恋人に想定してうたった歌だった。そこのところはファンと自分の間をマネジメントする発想があったのだろう。ただ、秀樹が偉いのは、「ファンはオレの恋人なんだ」という発想に殉じて人生を生きようとしたことだろう。この話は、みじかく片付けるようなことではない。どこかで再論するつもりだ。

秀樹のマネジメントと同様の動きは当時、一番の大手プロダクションだった渡辺プロダクションにも見られた。当時の渡辺プロもポップミュージックの普及に命をかけているようなところがあった。

伊東ゆかりの『小指の思い出』や園まりの『夢は夜ひらく』、中尾ミエの『かわいいベイビー』などのヒット曲がひとつの系譜を作りだして、併行的に大流行していたグループサウンズのなかから、沢田研二という、これも当時を代表するような人気歌手を生み出すのである。歌の特質を述べると、秀樹の場合は若い〝恋人〟に歌いかけていたのだが、沢田研二の場合、ファンの女性たちの位置付けは〝愛人〟だった。そこがふたりは大きく違っていた。

いずれにしてもそういう内容の歌をうたったことで、西城秀樹や沢田研二という人たちは、日本の音楽の主流が歌謡曲からポップミュージックへと移行していくなかで、メイン・ストリームをになうことになった人たちだったのである。

そして、この文化の流れがやがてそれまであった、インテリたちが中心になって作ってきた〝戦後民主主義文化〟ともいうべき、高等教育を受けていないと理解できないような教養主義的な文化潮流を衰退させて、誰にでもわかりやすい大衆文化を日本社会の中心的な生活の規範にしていくことになる。

このことのメディアの立役者がテレビと雑誌だったのだ。

インテリゲンチャの作りだした〝高尚な〟戦後民主主義文化を大衆の〝低劣〟といわれていた（それまでサブ・カルチャーといわれてきた）文化が圧倒するのは１９８０年代の中期のことである。背景に日本の消費社会化があるのだが、秀樹が長年所属して、活躍のベースにしてきた芸映をやめるのもこの時期（１９８３年）のことなのだ。このことも大きな文化の流れに関係していると思う。この話も簡単なことではないので別段で再論する。

ついでに論じる形になるが、郷ひろみをつくり出したジャニー喜多川も同様の音楽的な流れのなかにあるマネジャーだった。彼がつくり出した郷はやがて、当時は演歌歌手の専門的なプロダクションだったバーニング・プロへと移籍してしまう（郷が移籍した当時、バーニングには南沙織が所属していた。男性歌手では本郷直樹、この人は演歌系の歌手だった）。この移籍話を植物にたとえると、そっくり生態環境の違う場所に移し替えられてしまった形になる。

この話もまた別のテーマなのでここまでにする。

ポップスが音楽の主流になり、男女平等の恋愛を歌の中心的なテーマにすることで、大衆文化のなかで、流行歌が大きな力を持ちはじめ、西城や沢田のような「アイドル」と呼ばれる人たちを作りだした。もちろん、このふたりのほかにも当時はたくさんの、西城・沢田的なポップスを歌う人気歌手はいたのだが、時代の経過のなかで淘汰されて姿を消していった。具体的に名前をあげるのは残酷なのだが、フォーリーブスもそうだし、伊丹幸雄とか城みちるなんていう名前をあげることもできる。

たくさんのアイドルの名称を授かった人たちが活躍した。去年だったか一昨年だったか、週刊誌が読者の投票をもとにアイドルの人気投票をおこなった。この話は１９２ページで紹介している。

いま、人気絶頂のはずの嵐とか、ＴＯＫＩＯとかも含めて投票をした結果、西城秀樹と沢田研二がほかの、第三位の郷ひろみ以下を大幅に引き離してダントツだった。秀樹とジュリーでは秀樹がジュリーを僅差で抑えてトップだった。

どうしてこんな結果になったのか。そもそも週刊誌の読者の年齢が高い、芸能人をアイドルという存在として認めるヒトの年齢も高い、という理由もあるかもしれない。それにしても、デビューから50年近く、あるいは50年上以経過したというのに、いわゆるアイドル歌手のなかで、西城秀樹と沢田研二だけが現在も突出していて、人気が衰えないでいる。

なぜなのか。それはふたりが特別だからなのだが、どこが特別なのだろうか。

沢田研二はいまや、大丈夫かなというような変わり方をしてしまっている。彼のこれまでの芸能界のルールを逸脱した、例えば、新幹線のホームで殴り合いの喧嘩をしたり、最近では客の入りが悪いからといってヘソを曲げてステージを中止したりした、数々の奇行のエピソードを思えば、いまのビジュアルの沢田も、ありうるひとつの形だろう。それでも、彼のファンは彼についていく。

秀樹は沢田が無視したような、社会的な良識＝常識にも配慮をする男だった。

病気のせいもあるかも知れないが、いつもどこかにストイックな雰囲気を漂わせていた。

そして、病気のことに関係なく、歳をとって黙っていてもさまになる人だった。

俳優としてドラマのシリアスな役もやらせてみたかった。

年をとってゆったりと成熟した老人になった西城秀樹をみたかったと本当に思う。

沈黙図書館ファイル20200524

アイドルかアーティストか

ブログのフォロワーの方たちから、たくさんコメントをいただきました。
自分で自分の文章を褒めあげるのは本当は好きではないのだが、人からもらった文章を書き替えるわけにもいかないし、話を前に進めるためにも必要な引用なので、あえてガマンしてそのままの形で読んでもらいます。

………

お書きになっていることは令和からの若いファンの方々にも昭和の時代背景と秀樹を知ってもらえるのに大変わかりやすいのではと思います。
わたしたちはまだまだこれから、コツコツ秀活（ヒデカツ）です。

［わたし］………

秀活という言葉は新しいね。ぼくがやっているのも秀活かもしれませんね。
まず、ブログにコメントしてくれた。その人たちにご挨拶。

［わたし］………

文章を書くのはなんでもありません。
頭のなかにある原稿をパソコンの画面に移し替えているだけです。
秀樹のことを書くのはボクも楽しい、というか充実している感じがします。

それから、こういうコメントもあった。
このコメントについて、思うところを書くために、これを書いている。
こういう内容の、一種の異議申し立て。

………

確かに当時としては「アイドル」だったのかもしれないけれど、元々の音楽好きだった秀樹にしてもジュリーにしても音楽センスは抜群だったたし、歌唱力も他の追随を許さなかったと思う。様々な優れた才能や感受性を持ち、自己表現が出来る…。わたしは「アイドル」と思った事は無い！「アーティスト」だと思います！

［わたし］………

芸能人（エンタテイナー）をアーティストと呼び始めた風習は１９７０年代中葉のニューミュージックの歌手たちのとりまきのスタッフたちが、テレビに出ない、言い訳として使い始めた呼称で、これはボクは本物の芸術家（アーチスト）たち（商業主義に対して厳しい態度で臨む表現者たち）に対して非常に失礼だと思っています。

実際に、アーティストを気取る芸能人というのがけっこういますが、伝統的な教養主義的な考え方からいうと、いい加減にしてくれ、という話だと思います。これは大衆文化と芸術の境界線がどこにあるかという問題でもあり、いちがいに沢田や西城をアーティストではないとはいわないけれど、あなたが、ニューミュージックの歌手たちのとりまきのマネジャーたちと同じようなレベルで「ウチのタレントはアーティストだから」というような意味でいっているのであれば、ぼくは、それは違うと思います。本人とファンとの関係性から行くと、やはり彼らはエンターテイナーだと思う。

芸術家というのはもちろん、有名ではあるけれど、一作品いくら、たとえば絵一枚が一千万円というような形で評価を受ける人たちで、芸能者とは本質的に商品価値の質が違うと思います。でも、秀樹はいまのままでいって、彼の言ったことやったこと、生き方、それに作品がきちんとおしなべての大衆に評価されていけば、〝アーティスト〟などという胡散臭いものではない、昭和から平成にかけて、自分なりに時代を背負って、坂本竜馬のように駆け足で生き抜いた歴史的なヒーロー（英雄）といわれる日が来るかも知れませんね。

ボクは芸能者がそういう評価を受ける時代が来たと思っています。

西城秀樹とはなにものだったのか、という視点について、わたしのなかには彼がアーティストだったという考え方はない。かれの本質はどこまでもファンを大切にする、たとえ観客が二人しかいなくても一生懸命に歌おうとするような、三波春夫的な歌手＝芸能者＝エンターテイナーだったと思っている。

実際に、秀樹と話をしていて、彼がわたしに「ボクも芸人の端くれだからね」といったことがあった。そのとき、コイツ、根性あるな、と思った記憶がある。名前の出た三波春夫というのは21世紀の初めに亡くなられた「お客さまは神様です」という有名なセリフをいった国民的歌手。『チャンチキおけさ』など、大ヒット曲がいくつもあるが、東京オリンピックとか大阪万博などの国家的行事も歌にした人である。

この話はコメント欄のことではなく、みんなにも読んでもらった方がいいと思い、原稿の形にした。すると、ハンドルネームあおぞらサンという人がコメントを送ってくれた。

あおぞらサンは１９７４年ころ、高校生だったというから、わたしが雑誌の『平凡』で記者をしていた時期、読者（もし読んでいれば）だった人のひとりである。

彼女はこんなことを書き送ってくれた。

………

三波春夫さんで思い出しました！

私は74年〜77年頃まで学校帰りに赤坂に行って、芸映に来る秀樹を待つようなファンでした。で、74年秋頃、いつものようにやってきた秀樹が、「♪こんにちは〜こんにちは〜♪」と歌いながら車から降りてきて。

私たちファンが（まだ4、5人しかいませんでした）笑うと嬉しそうにしていました。それからしばらく秀樹のなかで三波春夫さんがマイブームになったようで、よく歌ってくれました。いま思えば、１９７０年の万博からまだ4年しか経ってなかったんですよね。

なんだか不思議な気がします。

ユキトンさんの文章はとても分かりやすく興味深く、あの頃の独特の空気感が音や色や匂いとともによみがえってきます。あまりに生々しいので時々、胸がつまって困るほどです。でも、あの頃の時代の証言者も少なくなったいま（なにより秦野さんの言葉が聞けないのが悲しいです）、ユキトンさんの回想、考察は本当に貴重で有り難いです。

没後、なぜかちゃんとした追悼特集もなく、音源も再販されず、関連本も出版されず、秀樹ファンは嘆き悲しみ、なんとかして秀樹の軌跡功績を広く一般に伝えたいと、ＳＮＳなどで日々、試行錯誤してきました（それを皆が自然に「ヒデカツ」というようになりました）。

このヒデカツは「自然発生的」なもので、18年8月にクリス松村さんがＮＨＫ ＦＭで9時間を超える「ありがとう！ヒデキ三昧」をオンエアして下さったとき、「ヒデキファンの結束力」を誉めて下さいました。

山口百恵さんも引退間近の番組で、秀樹ファンを讃えて下さっていましたが、これはユキトンさんが仰っているように、「ファンはオレの恋人なんだ」という発想に殉じて人生を生きた秀樹だからこそ。うわっ面ではなく真摯にファンを信じてくれていたことを、ファンは身をもって感じていたからこそだと思います。

全国のＦＭラジオでも「西城秀樹特集」を組んでくださる番組が増えています。少しでも秀樹を特集すると、「番組史上最多」のリクエストやメッセージが寄せられる。それでパーソナリティーも制作スタッフも「心を動かされた」と。少しずつでもそうやって「ヒデカツ」することで、秀樹の歌が世に流れる機会を増やせれば、と思います。

美空ひばりさんは偉大な歌手ですが、その素晴らしさが広く一般に知られたのは、地上波での特番や、関連本、音源の多さによるものだと思います。あの歌謡曲全盛期、秀樹は美空さんよりも誰よりも多くＴＶに出て、お茶の間に向かって歌っていました。『ヤングマン』はいまなお、幼稚園でも高齢者施設でも歌って踊る歌となっています。まさにユキトンさんの仰る通り、秀樹は万人にアピールできる才を持った「エンターテイナー」。どうぞユキトンさん、秀樹のことを本にして下さい。

そういえば、「秦野・清水・富士原」体制のあと、ヤングマンの日本語詞を書いた秀樹のマネジャー天下井（あまがい）さんは芸映に入る前、日本大学文理学部心理学科の卒論に『西城秀樹のファンの心理分析』を書いた人です。たくさんの視点から様々な「西城秀樹論」が出来ると思うのです。でも何よりもあの「面白いこと何でもやってやろう」という70年代の熱い空気を知るユキトンさんの「秀樹論」が読みたいです。期待しています。

かなりの長文のリアクションだった。わたしは自分の書いたものをほめてくれたのも嬉しかったが、なによりもまず、１９７０年代に体験した［芸能界］の熱やエネルギーをわかってくれたのが嬉しくて、秀樹のことだけではないのだが、あの当時の芸能界のことや大衆文化のこと、娯楽雑誌のことを思い出すように書いているのだと思う。

山内恵介は『冬枯れのヴィオラ』という歌のなかで、

「過去など未来の足枷なんだよ」

とうたっている。山内恵介はまだ四十歳だから、そういう歌詞を抵抗なくうたえるのだろう。しかし、少なくともわたしはそうではないと思う。

そう思えない理由は、わたしが歳をとって、もう未来があまり残っていないせいかもしれないが、少なくとも、あのころは自分の心のなかにも、いつもこのままじゃダメなんだ、もっとやらなくちゃいけないんだと思えるような闘志のようなものがあり、いまの時代より、みんなが希望に燃えていて、明日はきっとイイコトがありそうだと思えた時代だった。

わたしはたぶん、みんなに励まされて、『西城秀樹論』を本にするだろう。

わたしは、売れるかも知れないと思って本を書いたことは一度もない。

書きたいものを書いて、それを本にしてきた。

損得を優先して考えないのだから、出版社の社長としては失格かも知れないが、編集者・作家としては筋が通っていると思っている。

『西城秀樹論』もわたしが書きたい、作らねばと思う本になってきた。

［わたし］………

みんなが書き送ってくれる文章のなかに、きっと西城秀樹のことをいつまでたっても忘れられない、なにか秘密の理由が書き込まれているのではないか、そんな気がしています。

みんなの反応

沈黙図書館ファイル　20200525

いろんな方たちからいろいろと意見をいただいて、思うことがある。

それは、大衆文化の象徴的な存在としての西城秀樹や沢田研二を戦後の文化の座標の上で、きちんと評価できる人間がアカデミズムのなかにはいないのではないか、ということだ。

これは、悪いけど、当時、芸能の取材で現場にいた人たちが、自分たちはあのころ、一体なにをしていたのか、あまり深く考えていないで、むしろ、バカなことばかりやっていたかも知れない、と考えているのではないかということと、大学などのカルチュラル・スタディーズ（サブ・カルチャー）の研究者たちが、欧米の大衆文化の研究に忙しく、日本のあのころの芸能産業や芸能人たち（タレントたち）をバカにして、あんなものはくだらないと考えて、彼らの持っている意味をあまり深く考えないでいるのではないか、ということだ。

ひるがえって思うのだが、いまの新聞（わたしが定期購読している朝日新聞も三月まで読んでいた読売新聞も）の夕刊を見ると、二面の記事からはズラリと芸能＝大衆文化の情報が並んでいる。

また、テレビのニュース枠でも、芸能人というか、アイドルたちの芸能活動の情報が入り乱れている。テレビ番組のなかには誰がどこのコマーシャルに出演した、というようなことまでニュースに仕立てて報道するところがいくらでもある。これはどのくらい視聴者の需要があってやっていることか、わたしは当事者ではないからわからないから、外側を見て判断するだけだが、情報発信元がスポンサーということもあるだろうし、需要があるからしていることなのだろう。

１９７０年代、アイドルが商品のコマーシャルに起用されることはあまりなかったが、じつは、新聞の紙面が芸能のニュースで埋まるかたちというのは、わたしたちがいまから五十年前に芸能週刊誌でやっていたこととそっくり同じなのである。

あのころは芸能は文化のなかでの位置関係がはっきりしない、一部の人からは、バカバカしい娯楽と思われていたのである。いま、はっきりいえることは、芸能産業はテレビなど企業のコマーシャルを中核に持つメディアと結びついて、大衆の欲動を左右する影響力を持つようになった、ということだ。いまのこの状況は、たぶん、芸能や大衆娯楽のスケジュールなどの情報が、読者や視聴者＝大衆にとってごく一般的に、新聞やテレビ、つまりメディアが伝えるべき最重要話題になっている、ということだろう。

当然、そうであれば、当時の芸能ジャーナリズムも再評価されるべきだし、当時、活躍したタレントたちもその意味を再吟味されるべきではないか。

そういうことに対する反応についていうと、まだまだマスコミに従事する人間たちのあいだに、インテリゲンチャ的な反応、あんなヤツくだらないとか、あんな番組くだらないといって、頭から一蹴してしまうような、愚かしいアカデミズムが残っているのではないか。

ひいてはそれは、いまの大衆が抱く夢やあこがれ、志向を軽視する考え方ではないか。

この話はおおかたがファンのみんなには関係ないことだが、話の本質は秀樹にとって、とても重要なことではないか。

秀樹はアイドルの先頭を切ってハウス食品のカレーのＣＭに登場し、バーモントカレーを国民食と呼べるようなレベルの食べ物にまで押し上げた。この力技は、たぶん、若いアイドルのなかでは秀樹にしかできないことだったと思う。

あのころはそのことに気が付かなかったのだが、これはあのころの秀樹がほかの人と違っていたという例証のひとつなのだろう。みんな、どうして秀樹を忘れることができないのだろうか。

それよりまず、どうしてわたしはあの時代のことを忘れられないのだろう。

みっともない話だが、あの時代の自分のことが自分でもよくわからない。

どうして、あんなにみんながバカにしているような芸能の取材に一生懸命になれたのだろう。

よくわかっていないのにあの時代のことならいくらでも書ける。そのことも不思議だ。

たぶん、そういう曖昧模糊（あいまいもこ）とした濃霧のなかに、１９７０年代、あの時代が持っていた重要な意味がある。わたしはそう思っている。

沈黙図書館ファイル　２０２００５２５

ふたつの生命を生きる宿命

西城秀樹は希代のアイドルだったという話である。

アイドルであれ、スターであれ、芸能人について、わかってあげなければいけないことがひとつある。それは彼らが二重の構造の人生を生きなければならない、ということだ。

簡単にいうと本名と芸名の話。秀樹だったら、木本龍雄という名前と西城秀樹という名前。芸名が本名と同じ場合もある。沢田研二は本名は澤田研二らしい。

芸能人ではないがわたしは逆で、戸籍名が塩沢幸登で、ペンネームが塩澤幸登。余計な話だが、戸籍名の澤を新字の沢に変えたのは親父の仕業。そのくせ、自分が作った墓は「塩澤家之墓」となっている。

この芸能人の持つ名前の二重性というのは、大変な問題を孕んでいる。

普通の人は、本名で働いて、労働時間に合わせてお金をもらうのだが、芸能人は、その芸名によって、その人に価値があり、その価値に合わせて収入が発生する。

どうしてこんな話を書いているかというと、タレントはみんな、苦労して、努力して、一生懸命やって自分の名前に価値を持たせ、仕事をするからだ。ただの本名某という人が別名で苦労し、歌をヒットさせ、ファンの数も増えて、芸名も売れて、レコードも売れ、テレビの視聴率も稼げるようになる。すると、普通の人が一生かかっても稼げないようなお金を1年、2年で手に入れることが出来るようになっていくのだ。

そういうふうにして芸名に付加される価値をタレント生命という。

これはマルクス経済学の話だが、労働者が工場とかで一生懸命に働いて作り出すもの＝生産物、それによって市場で商売の成立するものを［商品価値があるもの］というのだが、芸能人というのは生きた人間で、その自分自身に商品価値が付加された存在なのである。
タレント生命に値段がつけられるのだ。どの芸能人もこのタレント生命をさらに強くし、盛んにするために与えられる仕事を必死になってやる。そしてここから、お客さまが認めてくれなければダメ、という考え方も生じる。大衆＝ファンの人たちの支持が必要になる。

そして、ここから秀樹の話。

西城秀樹の場合は、デビューしてまたたく間にデビュー曲がヒットして、人気者になってしまった南沙織や郷ひろみ、デビュー曲はうまくいかなかったが、すぐ路線変更して、ヒットを出した野口五郎や山口百恵などと違って、デビューから『情熱の嵐』で歌手としての目途がつくまで、一年近くあり、歌がなかなか大きなヒットに繋がらず、かなり苦しんでいる。仕事がないと、事務所で電話ウケをしていた、というような話を聞いたことがある。

このころのアイドル歌手を調べると、ほとんどの人がデビューの時からスムーズにいくか、デビューがダメであっというまに姿を消すか、どっちかなのだが、秀樹が苦労したのはＲＣＡビクターというレコード会社のせいもあるかも知れない。

同じレーベルの和田アキ子も、デビューから相当モタモタして、やっと二、三年がかりで『あの鐘を鳴らすのはあなた』をヒットさせた。西城や和田アキ子のように消えそうになってフラフラしながら、やがて大ヒットを飛ばす新人の歌手というのはそんなにいないのだ。演歌歌手の場合、デビューして、芽が出ず、八年ドサ回りしてやっとヒットが出たなんていう話はよくあるのだけど。

また、西城のようにシングル5枚目（たしか5枚目だったと思う）でやっと大ヒットが出て、そのあと一発屋で終わらず、長くアイドルの第一人者だった、というようなケースもほかにない。沢田研二でさえ、ザ・タイガースとして関西から上京して、デビュー曲で人気者の仲間入りしている。沢田が苦労したのは、グループを解散して、ソロ歌手としてヒットを出すまでの期間（2年くらい？）。秀樹のようにしぶとく一つの路線をまもりつづけて生き延び、金脈にたどり着いたのは演歌歌手で、ドサ回り八年という五木ひろしのような例はあるが、ポップスで、しかもアイドルで、という例はほかにはない。

これは本人の才能もあるだろうが、努力と人柄、彼の場合はそれに尽きる、それに加えれば、置かれた環境もよかった。芸映とＲＣＡビクターの組み合わせ（ＲＣＡのディレクターはロビー和田さんで、宣伝担当は早野サン）の賜物と考えざるをえない。

しかし、彼が本当に偉かったのはここからで、普通は、タレントというのは実生活の自分と芸名の持っているイメージとのあいだのギャップに苦しむもので、人気絶頂なのにかげでコソコソと女遊びしてスキャンダルになり、タレント生命をダメにする、そういう人がすごく多い。

スキャンダルの問題は、良し悪し、別の論義が必要だが、秀樹がすごかったのは、木本龍雄としての全身全霊を西城秀樹に捧げたことだった。そこのところはいろいろと話が聞こえてきた郷や野口とだいぶ違う。西城の場合、かなり大人になってから、年上の女優との浮いた話があったが、その恋愛話も、ホントのところを聞くと、かわいそうになるくらい純情で可憐である。この話にあまり深入りするのはやめよう。

秀樹がすごかったのは、西城秀樹というタレント（アイドル）の辻褄を徹底的に合わせて、自分を支持してくれたファンに自分を捧げたことだったと思う。ファンのために生きた、と書いてもいいかもしれない。

さらに、病気が彼のそういう悲劇性に拍車をかけたということもある。

だいたいの芸能人が、死んで何年かたつと、ぼろぼろと隠されていた噂がにじみ出てきて、週刊文春ほかに書き立てられるものだが、彼にはいまのところ、そういう気配はない。

もしかしたら、広島時代、子供のころから親に厳しくしつけられた育ちのおかげで、ストイックに生きることができたのかも知れない。彼はきちんと生きなければという強い意志を持ちつづけていた、そういう人間だったと思う。

とにかく、秀樹は美しい、凛々（りり）しい男だった。木本龍雄は西城秀樹を形の良い、美しいアイドルとして仕事させつづけた。もしかしたら、そういう彼の自分に対する厳しさがかえって、彼の肉体の生命を縮めたのではないかという気もする。しかし、そういう生き方をしたからこそ、なかなか彼の名前を忘れられない。

木本龍雄の肉体の生命はすでにこの世に存在しない。

しかし、西城秀樹のタレント生命はいまも熱く、息吹(いぶ)いている、そういう気がする。

これが西城秀樹の宿命だったのかも知れない。無念なことである。

沈黙図書館ファイル　20200527

秀樹のタレント生命について

みんながどうして西城秀樹のことをスパンと忘れてしまわないのか、その理由をいろいろと自分なりに考えてみた。おそらく、それは彼がデビューしたころから10年くらいのあいだの、つまり基本は芸映時代の強烈なタレント活動に関係があると思う。

これも一般論から話をしなければならないのだが、大衆が昭和30年代からつづいていた所得倍増計画によって、それなりの、以前とは比較にならない経済力＝生活力、消費能力を持ちはじめ、レコードや雑誌を買い、テレビというメディアに対しても発言力を持ちはじめ、大衆の一般的な嗜好や情熱が視聴率という形をとって、マスコミを左右し始めるのである。

音楽や出版の世界もそれによって、変化し始めて、たくさん売れなければ話にならない、そういう時代がやってくるのである。芸能界でもそういう思潮が強くなり、そういう環境のなかから若い人たちがアイドルとしてテレビの世界で生きる若い、美男美女のタレントたち、つまりアイドルを生み出すのである。

一方で、全体的な風潮として、それまで（主として昭和30年代に）知識人＝インテリゲンチャたちを相手に行われてきた出版活動や音楽業界ではジャズやクラシックに偏重する考え方が、絶対的な消費能力の少なさによって、徐々に衰退して、市場を失っていくのである。そして、そういう人たちがくだらないといって軽蔑していた歌謡曲や人気者が主演する映画、テレビドラマが文化の主導権を握り始めるのだ。

わたしの考えでは、そういう大衆文化の地位向上の尖兵（せんぺい）になったのが、アイドル歌手たちであり、その先頭に立っていたのが、いま思えば、西城秀樹と沢田研二だった。

このふたりの背後には、西城の場合には彼らを支えるある程度、大人になりかかった女の子たちと、沢田の場合には完全に成熟していて、場合によっては人妻だったり、恋人がいたりするけれども、沢田が好き、という女性ファンたちがいた。つまり、西城のファンと沢田のファンは微妙に年齢層や社会的階層が異なっている。

これらの女性たちの支持の背景には、ある思想があった。それはドイツの心理学者のフロイトが「人間にとって一番重要なのは性的な欲望だ」といった主張とか、現代思想の気鋭の思想家であった吉本隆明（よしもとたかあき）が「人間の観念にとって一番大切なのは［対幻想（ついげんそう）］＝男女の恋愛だ」といった、そういうことと同じ水準にあることだった。

これは、アメリカが終戦後の占領時代に、日本社会に持ち込んだ、男女平等の思想、人生で一番大事なのは愛し合っている男女が作る幸福な家庭だ、という思想とも共通したものだった。前に、ちょっと書いたことがあるが、週刊文春が70年代の忘れられない男性の人気歌手の投票をしたとき、西城と沢田がほかの歌手、第三位の郷ひろみ以下を圧倒的に引き離して、第一位と二位に君臨していたことがデータとして証明されていた。

なぜこのふたりがそういう存在だったのかについてあらためて説明すると、ふたりがうたっていた歌は、自分が支持してくれる成熟した女性たちに対する賛美と恋愛に対しての賛歌、つまり相聞歌（そうもんか）であった、ということだと思う。もちろん、それだけではなく、いろいろと工夫されたマネージメントがあったのだが、例えば、郷ひろみがどうして西城や沢田に大きな差をつけられてしまったかといえば、やはり、彼の素行の問題があったのだと思う。

別の言い方をすると、西城や沢田はそれぞれ自分の信じるところで、筋を通している、そういう印象がある。郷もそれなりに一生懸命にやっていたのだろうが、彼の場合、マイクを持たせると、自分のことばかりしゃべっていて、自慢話ばかりしていた印象がある。

このことは長くアイドルたちを見守りつづけてきたファンの女性たちにとっては「あの人はああいう人」という具合になっていく。郷についてはここではこれ以上、深くは論じない。

沢田と西城は対照的なところもある。テレビというメディアに対しても、ふたりとも最重要だと考えていたのだと思うが、その間合いは微妙に違っていた。

昔のことだが、フジテレビの『夜のヒットスタジオ』という歌番組の楽屋でも、これはそのころのふたりのキャリアというか、貫碌の違いかも知れないが、沢田の回りは人を寄せ付けないような雰囲気があり、ひっそりしていた印象がある。

一方の秀樹は回りに笑い声が絶えず、おしゃべりが絶えないような賑やかさがあった。このことは、ここに到るまでの西城と沢田のタレント活動の軌跡とも関係しているような気がする。いずれにしても、ふたりはそれぞれ自分の信じるやり方でふるまっていて、わたしにはそれが強烈な記憶として残っている。

そういう記憶の破片は、テレビカメラを通して、茶の間の視聴者たちにも伝わっているはずで、沢田の孤高の雰囲気と秀樹の、誰とでも仲良くなってしまいそうな人なつっこい印象はみんなの青春とかその時代の華やかな記憶と結びついて、そのころ若かった世代の人たちに、時代の象徴として忘れられない存在になっているのだと思う。

補足的に自分の話を書くが、わたしにだって、そういう記憶はある。

わたしの場合はアイドル歌手に夢中になるということはなかったが、それでも若いころ、愛した人を忘れられないでいる。あまり売れないファッションモデルだったが、その人も美貌の女子だった。いまの自分のその人への気持ちは愛というのとも違うと思うが、なんだか大きな喪失感に付きまとわれていて、その人を思い出すといつも切ない。

歳をとったから余計に鮮やかに昔の恋愛を思い出すのかも知れない。

それでも、みんなが若い時代を秀樹の歌に熱中して過ごせたことは幸せだったのではないか。どうしてかというと、一人のステキな男を愛した記憶を共有できるからだ。そして、死んでしまった秀樹は永遠に変わらない形でみんなの心のなかに存在しているからだ。

死は不幸なことだが、誰にでも訪れることだ。それは人間の宿命である。

そう考えるところから、彼の死を受けとめるしかない。

沈黙図書館ファイル　20200528

1983年のこと

わたしにとっても秀樹にとっても、重要な一年だった［1983年］について、書いておきたい。どうして1983年が重要かというと、それは大衆文化が既成の戦後、インテリゲンチャたちが作りあげたいわゆる〝戦後民主主義文化〟を逆転・凌駕したのが、83年をピークにした前後、数年間の社会の変動である、と考えているからだ。

そのことは、1980年ごろから本格的になだれるようにして始まった。

1980年には70年代の象徴的存在であった山口百恵さんが結婚引退し、プロ野球ではホームランを800本も打った、不滅の大打者王貞治が引退した。アメリカではスティーブ・マックィーンやジョン・レノンが死んでキャンディーズやピンク・レディーも引退し、芸能界にとって黄金の時代であった1970年代が終わり、その、あと片付けが終了。

ここから時代の雰囲気がすっかりかわりはじめ、芸能界では松田聖子やたのきんトリオがデビューした。

話をまた1983年に戻すのだが、この年の1月に秀樹は芸映から独立し、アースコーポレーションを創業。大人のタレントとしての活動を開始。一方、わたしは同じ年の5月に芸能記者を卒業して、『平凡パンチ』という男性雑誌の特集デスクのキャップに昇格した。

秀樹は11年間のヤング・アイドル生活、わたしは13年間の芸能記者生活だった。

また、わたしがいた平凡出版はこの年の10月にマガジンハウスという名前に社名変更した。その直後、わたしと秀樹が同じ企画のなかで、ギリシャのロードス島に旅行したのは、11月のことである。

このことの意味を考えると、ふたりの所属先だった芸映と平凡出版はそれぞれアースコーポレーションとマガジンハウスという横文字の会社に変わり、それぞれ、秀樹は会社の社長、わたしは男性週刊誌の特集デスクの責任者に昇格、二人でギリシャ旅行に出かけた。

なんだかこれも、背後に大きくうねるグローバリズムのなかの小さなシンクロニシティ（運命的な偶然の一致）だったような気がする。

わたしも秀樹もなにか時代の大きな波にのせられて動いていたのではないか。

前後する話になるが、80年に入るころからインベーダーゲームがはやり始め、やがて、ファミコンが大ブームになり、パソコンが登場し始める。小さな箱のようなアップル(マッキントッシュ）が登場し、同じころ、小泉今日子や松本伊代、早見優、堀ちえみがデビューする。

携帯電話が登場するのはほぼ、この十年後からである。

どうしてこんなことを書くかというと、この人たちが一緒にデビューして、アイドルの新時代がやってきたと書いたのが、わたしの『週刊平凡』での芸能記者としての最後の仕事だったからだ。

文化の逆転劇の話にもどす。

１９８１年には老舗で百科事典の版元だった平凡社（私がいた平凡出版とは別の会社）が負債を60億円かかえて、会社の財産を整理、東京・麹町の日本テレビの隣にあった自社ビルを売却、事典や文学全集が全く売れなくなってしまってのことだった。

一方で、マガジンハウスと社名変更したわたしたちの会社の新社屋が完成したのも１９８３年のことだった。このころ、作っている雑誌は、『アンアン』とか『ポパイ』とか『クロワッサン』とかあった（いまもある）のだが、どの雑誌も売れに売れて、大変な量の広告が入ってきて、出

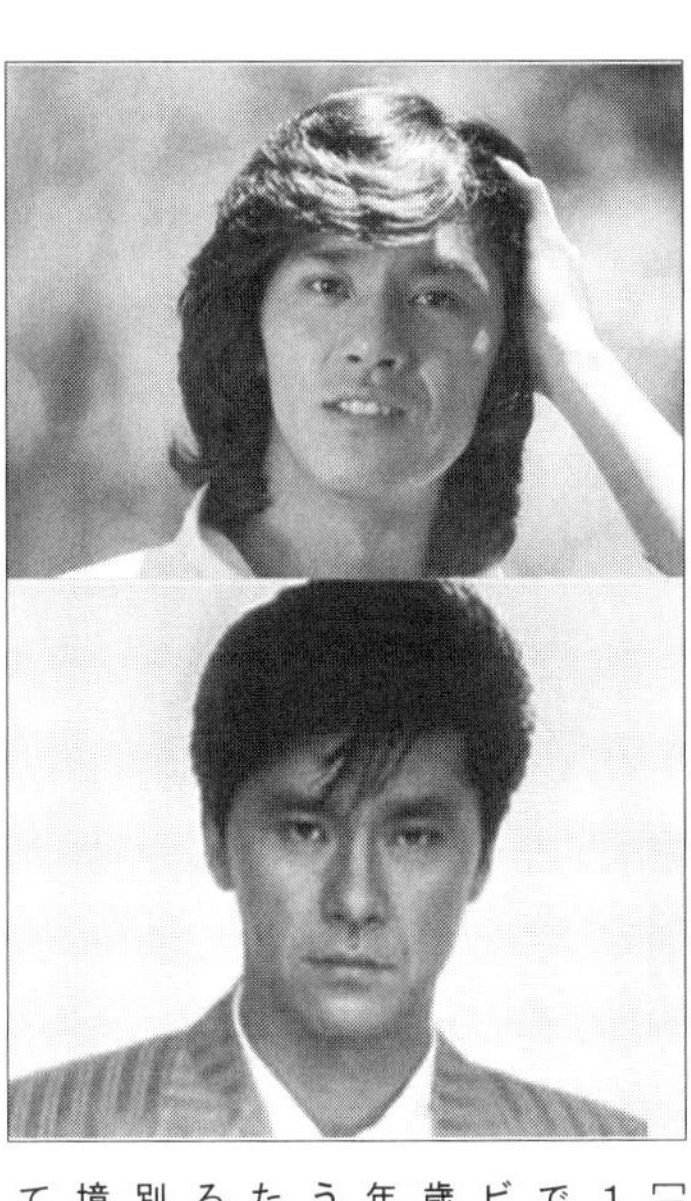

［画像引用］

１９８３年に彼は自分の事務所を作り社長になったところで、ヘアスタイルを変えた。この髪型なら銀行を相手に、ビジネスの折衝もできただろう。彼はこの時、27歳から28歳になるところだった。この年齢は青年だが、精神的に少年が男になる時期だった。郷ひろみも野口五郎も独立ということはなかったが、秀樹は人間としても成長し続けていたのだ。テレビに出てきても自分の話しかしなかった郷ひろみのことはさておき、おそらく、これは芸映という、特別な風土を持つプロダクションが秀樹のために用意した環境だった。そこでタレントとしてだけでなく人間的にも育てられ、大人として旅立つ用意をしていたのだと思う。

販界の大きな話題になっていた。

平凡社の社長がある席で「ウチは真面目ないい本を作っているのにビルを売らなければならなくなってしまって、あっち（平凡出版）はいい加減な雑誌を作っているだけなのにビルを新しく建て替えている」と発言したのを、清水達夫さん（平凡出版の社長）が小耳に挟んで、激怒し、そのことがマガジンハウスという新社名に変更するきっかけになったという伝説がある。わたしたちが作っていた大衆文化の雑誌はくだらない、価値のないもの、と思われていたのである。

日本社会はものすごい勢いで資本主義を発達させつづけ、変化しつづけていた。

1982年には筑摩書房がフランスの哲学者ジャン・ボードリヤールの著書『象徴交換と死』を日本発売。この本は、現代の社会のキーワードは生産ではなく消費、これからは大衆がなにを買うかが社会を動かすと断言したものだった。ここから［消費］は［生活］の同義語になっていく。そして、やがてバブルが到来、日本社会も日常のなかでコマーシャルが挨拶のように行き交う消費社会へと移行していくことになる。

大衆文化がインテリたちの文化、思想と逆転した典型的な例証を挙げよう。

1984年にマガジンハウスの雑誌『アンアン』に現代思想の気鋭の評論家だった吉本隆明が、コムデギャルソンを着て登場し、大衆文化を肯定する発言をした。大事件だった。吉本さんはこのとき、資本主義がこのように発達するなかで、人々が豊かになり、幸福だと思いながら生活する人たちが多くなった社会の現実を否定するわけにはいかない、と発言している。

これらのことがきっかけになり、いわゆるインテリゲンチャたちがアイドル歌手や人気タレントがつくり出すサブカルチャーを馬鹿にすることができないもの、と考え始めるのである。初めてのことだった。

思い起こせば、わたしも秀樹も社会の抗いようもない、一種のグローバリズムに身をまかせながら、仕事していたということだったのだろう。秀樹は１９８３年、事務所移籍後、『ギャランドゥ』を発表し、わたしは社命を受けて雑誌『ターザン』の創刊に取りかかる。

歴史の歯車は、ここでわたしと彼の道をふたつに分け、これ以降、わたしたちはもういっしょに仕事をする機会を持てなかった。

１９８３年の年末だったと思うが、わたしは秀樹から連絡をもらい、招待されて家族を連れて、日本武道館のコンサートを見せてもらいに行った。楽屋を訪ねて、『元気そうだね』『はい、シオザワさんも』と少なく言葉を交わしたのが最後になった。

１９８３年のことである。

死んだ人を忘れられない

沈黙図書館ファイル　20200528

秀樹はホントにいい歌手だった。わたしは彼をなかなか忘れられない。

死んだ人を忘れられないって、どういうことなんだろう。

わたしは自分がここまで生きてしまったからかも知れないが、自分の思い出のなかの人たちのかなりの数が死んだ人になってしまった。雑誌『オリーブ』の編集部にいた三浦恵とか鈴木るみ子とか遠山こずえ、みんなかわいい女の子たちだった。

仕事仲間でいったら、作家の百瀬博教、景山民夫、イラストレーターの安西水丸さん、いっしょに『絶対内定』を作った杉村太郎、芸能記者として親しくつき合った人では、ジャニーさんとかメリーさん、突撃取材の梨元勝さんなどがいる。死はどの人についても悲しいものだが、そのなかでもやはり、西城秀樹の死は早すぎるよとか、オレより先に死ぬなよ、という思いがまつわりついて、悲劇性に充ち満ちている　なかなか無念の思いを振り切れない。


昔、大ヒットした韓国の作品なのだが『冬のソナタ』というドラマがあった。有名な作品だから、覚えている人もいるだろう。このなかに、記憶を失った主人公が愛していた昔の恋人（死んだと思われている記憶を失う前の主人公、実は同一人物）をなかなか忘れられないヒロインの相手役に向かってこういうのである。

「死んだ人にとって一番いいのは、その人を忘れてあげることです」

実は、この言葉は相当に説得力がある。

人間は、例えば、肉親の親や兄妹に死なれて、精神的に大きなダメージを受けたときに、立ち直るには相当に苦労する。わたしは母親に35歳の時に死なれた。いまでもはっきり覚えているのだが、ヒデキとギリシャを旅行したのは、オフクロが胃がんで余命を宣告されて、闘病している最中のことだった。日本を留守にするのは苦しかったが、あと三ヵ月しか生きられないということを知らない母親は海外出張を命じられたわたしに、

「会社の仕事をきちんとしなさい。わたしのことは心配しないで」

といってわたしを送り出してくれた。

医者の予想通りという言葉も皮肉だが、約束通りにオフクロに死なれて、死んだあと、死の痛手を忘れられなかったからだが、死んだあとの5、6年、毎月、月命日に墓参りした。それで、そのうち、墓参りばかりしていても意味ないな、いつまでも悲嘆に暮れていないで、自分の生活をきちんとしないといけないなと思いはじめた。

わたしたちは秀樹が雄々しく生きていた記憶をいまも忘れられずにいる。

どうすれば、彼の死を乗り越えることができるのか。

この〝秀樹ロス〟がどのくらいつづくのか、わからないが、それぞれの人が、それぞれの気持ちのなかで、自分のためではなく、人のため、まわりの人のために生きた、秀樹の生き様を自分の生きる基準にしていく、そういうことなのではないかと思う。

そういうふうになれば、秀樹は20世紀から21世紀をまたにかけて、猛スピードで走りつづけた、伝説の、神話的な存在になっていくのではないか。

わたしは、〝死んだ人にとって一番いいのはその人のことを忘れてあげること〟なんてとても思えない。わたしの記憶のなかには、死んだ人たちがいっぱい生きている。

わたしの精神はその死んだ人たちといっしょに生きていこうと決意している。

たぶんそれが、年老いた人生を生きる、ということなのだ。

沈黙図書館ファイル　20200529

『ブルースカイ ブルー』のこと

秀樹のうたった歌、『ブルースカイ　ブルー』の話である。

わたしは秀樹の歌で一番好きなのは『ギャランドゥ』で、あの歌を聴くたびに、人生のなかであった何人かのいい女たち（実は、女房もそういう女の一人なのだが）を思い出して、ちょっと気持ちが盛り上がる気がするのだが、女性の側からすると、多くのヒデキファンが一番好きな歌はどうやら『ブルースカイ ブルー』らしい。

たしかに、これもいい歌だ。

………

歌は年上の女へのかなわぬ恋をうたったもので、たしかに『ブルースカイ ブルー』は秀樹の歌唱力の確かさを証明するような、秀樹のほかのリズムのいい、調子のいい歌と違ってメロディーラインの美しい歌だ。あの歌はたぶん、郷ひろみにはうたえないだろうし、沢田研二や野口五郎がうたったら、歌のぐらつきはないだろうが、もっと線の細い感じがして、歌声はあそこまで野太い感じはしないのではないか。

………

実は、先日、このブログのフォロワーのひとりなのだが、山口県に住んでいる女性の方から沈黙図書館宛に、こんなコメントをいただいた。

※西城秀樹『ブルースカイ ブルー』について
塩澤さま　いつも「沈黙図書館」を拝読しております。

当方、１９７４年、75年のヒデキさんの全盛期に高校時代を過ごし、大学は彼の出身地広島を選び、その後、広島で長年過ごしました。長い間、離れていましたが、2年前の訃報を受けて「ブーメラン」、最近は山口、広島、大阪の「ヒデ友」さんと日々連絡を取り合いながらヒデキを語る日々です。

青春時代の再来のごとく、還暦を越した今、再び華やかな日々を送ることができています。ヒデキさんに感謝です。

訃報以来、脚光を浴びている『ブルースカイブルー』について考察をまとめました。

現在、大学院に籍を置いておりますが、自分の研究以上にヒデキ研究を楽しんでいます。塩澤さまにもぜひ読んでいただきたいのですが、ＰＤＦで送る方法がわからず、何か方法を見つけましたらお送りしたいと思います。

「西城秀樹」の本を執筆して下さるとしたら、ほかの誰でもない、塩澤さまであると信じます。お体に気を付けて今後の執筆を楽しみにしております。

このメールにこういう返事を書いた。

………

ブログをお読みくださり、ありがとうございます。

ヒデキ研究の論文を書かれたとか、一度読ませてください。楽しみにしています。塩澤彼女から、すぐこういうアンサーがあった。

この度は早々の返信をいただき大変恐縮しております。
ヒデキ研究の論文、という大袈裟なものではありませんが、『ブルースカイ ブルー』のまとめです。先日『関ジャム』のTV放映（大人の愛の歌特集）で、ヒデキの『ブルースカイ ブルー』が取り上げられておりました。この歌はヒデキが旅立ったあの日以来、私自身も、以前から一番気になっている歌詞であり、その解釈を巡って、番組終了後、ヒデキのツイッターもにぎわい、私の「ヒデ友」さんも、よくわからないと言う方もおられたので、皆の意見を「まとめる」ものを書いてみました。
完成したレポートを数名のヒデ友さんに見ていただいたのですが、「自分の心の交通整理ができた」などと感想をいただきましたので、まだまだ洞察の不足するところもありますが、一つの意見として塩澤さまにも見ていただければ、これほど嬉しいことはありません。

そのレポートは、全文を本書の後段で紹介している。

……

青空の青がまぶしい、そういう憧れ……

その『ブルースカイブルー』という歌を部分引用する。

♪あの人の指に絡んでいたゴールドの指輪を引き抜き
このぼくとともに歩いてと　無茶をいったあの日
恐れなどまるで感じないで　激しさが愛と信じた
立ち止まることも許さずに　傷をつけたあの日
ふり向けばあの時の　目にしみる空の青さを思う
悲しみの旅立ちに　まぶしすぎた空　思い出した♪

………

みんな知っている歌だけれど。

この歌について、A子さんはこういうふうに書いて送ってくれた。

………

塩澤さま　お忙しいさなかにレポートを読んでくださり、たいへん恐縮しております。

『ブルースカイブルー』は、その方と同じ数ほどその方の『ブルースカイブルー』がある、と言ってよいほど、ファンにとっては最も大切な歌です。ですから、「ブーメラン」の私に「語る資格」はあるという自信はありませんが、「ブーメラン」だからこそ書けることもある、と割り切って書いたものです。

2年前の葬儀には、長年離れていた身としては、「参加する資格がない」私などが参加しては申し訳ない、という思いから参加しませんでした。

そのことを踏まえたうえでの引用であればたいへん光栄に思います。


ブログのコメントにしては長い、A子さんのアンサーでした。

………

それにしても、この歌を聞くと、秀樹の歌唱力の凄さと阿久悠さんのものすごい歌作りの才能を痛感する。いまのアイドルたちの誰がこの歌を秀樹と同じように高らかに朗々と歌えるだろうか。のどのできが違う感じがする。


この歌は秀樹のマネージメントの見地からいうと、大人の歌手として、そういう歌を大人の女性たちに聞いてほしいと思ってうたった歌だったのだろう。

年上の女性への思慕をうたった、阿久悠ならではの歌の世界だった。

最初からのファンの女性たちもみんな、大人になろうとしている。

もっとファンの年齢層を広げたいという希望もあったのだろう。

そして、たぶん、秀樹のなかにも自分の手の届かない、年上の美しい女たちへの憧れみたいなものもあったのだと思う。

※Ａ子さんのレポートは、このあと第三章の『研究篇』に全文を掲載しています。
お読みください。

沈黙図書館ファイル　２０２００５３１

秀樹と雑誌『平凡』

最近、わたし宛に、メッセージを送ってくださる人が増えてきている。

この人も、そういう方のひとり。


………


初めまして！

秀樹の訃報後（２０１８／５／18）のブログ以来、拝読させて頂いてます。

勝手ながらプリントアウトし保管もしています。

最近は、それをツイートするようになり、先日たまたま自宅で見つけた『週刊平凡』最終号

（1987年10月6日号）の表紙と秀樹の記事の部分をアップしたところ、ユキトンさんに見てもらって欲しいとのコメントが寄せられました。

いままでコメントは失礼かと思い、控えていました。既に退社された出版社の本なので、誌面の記事は読まれているかどうか推し量れませんので、紹介致します。

「……略　僕らは『平凡』によって育てられ、大人となるための教育を受けさせてもらった部分がとっても大きいと思います。それに、何より僕たちタレントと編集部の人間関係がじつによかった。人間同士の交流があった最後の場といってもいいんじゃないでしょうか。編集部の担当者には「秀樹はオレが育ててやるんだ！」という情熱があった……中略　今も忘れられないのは、僕が『ヤングマン』でレコード大賞以外の賞という賞を総ナメにしたときのこと。担当者が一緒に涙を流してくれてね、本当にうれしく思いました。……中略　もう、雑誌社とのああいうおつきあいはないでしょうね。……略」

お互い信頼しあってお仕事ができた良い時代だったんですね。

………

この『週刊平凡』の最終号は、じつは［沈黙図書館］も〝永久保存〟扱いで保管している。

その171ページ。秀樹のコメントの全文を転載します。

………

『平凡』がなくなる、と聞いたのは、ちょうど相本久美子さんの披露宴に出席していたときのことでした。正直言って、びっくりしたというより、ああ、いよいよ来るべきものが来たなって感じでしたね。だってこれだけたくさんの雑誌があって、なかには150円のものもある時代に、28年間もひとつの雑誌がつづいたということ自体、驚異だと思うんですよ。

でも『平凡』には、いまの雑誌にはない夢やロマンがいっぱい詰まっていた。

月刊がアイドルを作りだし、そこを卒業すると週刊へというパターンがあって、ぼくらは『平凡』によって育てられ、大人となるための教育を受けさせてもらった部分がとても大きいと思います。

それに、なにより僕たちタレントと編集部の人間関係がじつによかった。人間同士の交流があった最後の場、といってもいいんじゃないでしょうか。

編集の担当者には「秀樹はオレが育ててやるんだ！」という情熱があって、たとえば泥まみれになってサッカーの写真を撮るときなんか、「寒いだろ。オレもやるからな」って、パッと上着を脱ぎ捨て、一緒に走ってくれて……そうした編集者とのコミュニケーションが読者の心に強く訴えたんだと

西城秀樹

「平凡」がなくなる！と聞いたのは、ちょうど和本久美子さんの披露宴に出席していたときのことでした。

正直いって、びっくりしたというより、ああ、いよいよ来るべきものが来たなって感じでしたね。だって、これだけたくさんの雑誌があって、なかには150円のものもある時代に、28年もひとつの雑誌が続いたということ自体、驚異だと思うんですよ。

でも「平凡」には、いまの雑誌にはない夢やロマンがいっぱい詰まっていた。月刊がアイドルを作り出し、そこを卒業すると週刊へというパターンがあって、僕らは「平凡」によって育てられ、大人となるための教育を受けさせてもらった部分がとっても大きいと思います。

それに、何より僕たちタレントと編集部の人間関係がじつによかった。人間同士の交流があった最後の場、といってもいいんじゃないでしょうか。

編集の担当者には「秀樹はオレが育ててやるんだ！」という情熱があって、たとえば泥まみれになってサッカーをやっている写真を撮るときなんか、「寒いだろ。オレもやるからな」って、パッと上着を脱ぎ捨て、一緒に走ってくれて……そうした編集者とのコミュニケーションが読者の心に強く訴えたんだと思います。

いまは、ただ取材に来て、カメラをパシャパシャでしょ。なんていうか、そこに至るまでのプロセスがまるでないんですよね。

いまも忘れられないのは、僕が「ヤングマン」でレコード大賞以外の賞という賞を総ナメにしたときのこと。「平凡」の担当者が一緒に涙を流してくれてね。本当にうれしく思いました。その後、一時期僕が落ち込んでいたときに、いろいろな角度から刺激を与えてくれたことも……。それは、当時は僕も腹を立てたり、小さないさかいだっていっぱいありましたけど、いまにして思えば、みんな僕を励ますためにしてくれたことなんですね。もう、雑誌社とのああいうおつきあいはないでしょうね。

「平凡」のようなソフトで愛のある雑誌がなくなることは確かに寂しいけれど、おそらくこれから10年後、20年後にこそ、その価値が認められるんじゃないかと思います。なんか、図書館においてあってもちっともおかしくないような気がするんです。

10年後、20年後にこそ、その価値が認められる

『平凡』は、私の生みの親

島倉千代子

私は、昭和29年、第5回コロムビア歌謡コンクールで優勝し、翌年の3月に「この世の花」でデビューすることができました。このコンクールを「平凡」さんが協賛してくれたんですよね。だから新人当時からいろいろお世話になりました。

歌手・島倉千代子にとっては生みの親みたいな雑誌です。それがなく

思います。

いまは、ただ取材に来て、カメラをパシャパシャでしょ。なんていうか、そこに至るまでのプロセスがまるでないんですよね。

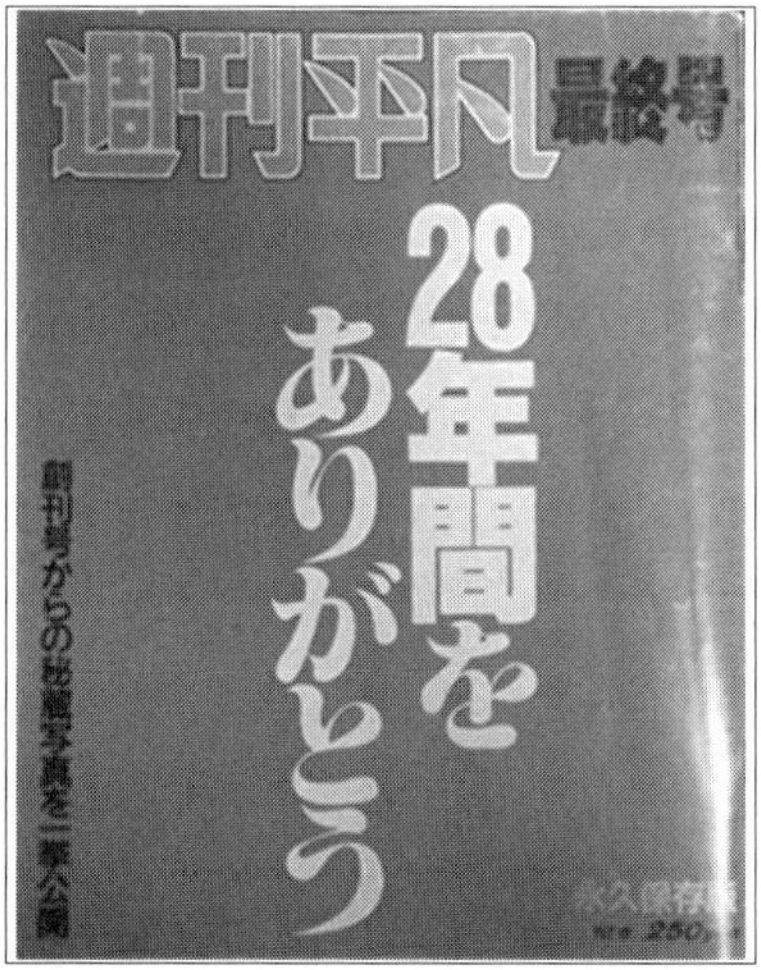

いまも忘れられないのは、僕が「ヤングマン」でレコード大賞以外の賞という賞を総ナメにしたときのこと。『平凡』の担当者が一緒に涙を流してくれてね、本当にうれしく思いました。その後、一時期、僕が落ち込んでいたとき、いろいろな角度から刺激を与えてくれたことも……。それは当時は僕も腹を立てたり、小さないさかいだっていっぱいありましたけど、いまにして思えば、みんなぼくを励ますためにしてくれたことなんですね。もう、雑誌社とのああいうお付き合いはないでしょうね。『平凡』のようなソフトで愛のある雑誌がなくなることは確かに寂しいけれど、おそらくこれから10年後、20年後にこそ、その価値が認められるんじゃないかと思います。

なんか、図書館においてあってもちっともおかしくないような気がするんです。

……

以上が全文。雑誌の発行は１９８７年だから、わたしが彼と最後の仕事をしてから４年たっている。

『平凡』二誌が廃刊になった理由は煩瑣になるので、ここには詳しくは書かない。

このコメントを読んで、デビューしたばかりで、まだ二十歳になる前の少年だった彼を思い出すと、よくここまで大人になったなと思う。

月刊『平凡』時代のわたしは秀樹の直接のタレント担当記者ではなかった。

ここで、秀樹がデビューした当時の月刊の平凡編集部の時代の秀樹の担当者たちの名前を書いておくと（わたしは郷ひろみの担当記者だった。その経緯と顚末は簡単にだが３２５ページ以下に掲載している）、東京・大井町の豆腐屋の息子だった高橋光男や、バクチ、とりわけ麻雀がやたら強かった櫃間努（ひつまつとむ）だった。彼らがいま、どうしているか、残念ながら消息がわからない。

いずれにしても、野口五郎も含めて、わたしたちが彼らを〝新御三家〟と呼び始めたころの芸能界はものすごい熱い雰囲気で、いい本を作って、ファンの人たちに読んでもらいたいという情熱にあふれていた。

……

秀樹は絶叫型熱唱タイプの歌手、ほかに日本にこれだけ野太い声で愛のバラードや激しいロックンロールをうたえる人気歌手は（わたしの記憶では）いなかった。時代が移り変わっていったのだから、なにがどう変わったということでもないのだが、やはり、わたしや秀樹も含めてみんな変わった。そのことは、秀樹もわかっていただろう。

文中で、秀樹は10年後、20年後といっているが、あれから32年たつ。

みんな、歳月を生き抜くのに忙しかった。

……

わたしたちが作った雑誌のなかで、かれはいつもにこやかに笑っていた。

彼は死んでしまったが、年老いてわたしたちは、やっと彼の気持ちに自分を寄り添わせて、彼のうたう歌を聴くことが出来る。

自己犠牲という言葉

沈黙図書館ファイル　20200602

人は死んで、人生の形を定めると言ったのは、昭和を代表する評論家の小林秀雄だった。

いま、あらためて思うに、西城秀樹が死んで二年たち、次第に分かってきたのは、彼の一生には強烈な理想の匂いがした、彼の人生には人間にまともなことを考えさせる説得力があった、ということだ。

本当かどうかわからない、出典を忘れてしまったが、昭和のある日、三島由紀夫と石原慎太郎が二人でおしゃべりしていて、人間にとって一番大切なものはなにか、という話題になり、互いにその大切なものを言葉にして、自分の手のひらに書いて見せ合った。そうしたら、二人とも［自己犠牲］と書いていた、という。

もしかしたら、これこそ、昭和を必死で生きた男たちの最重要の哲学だったのではないか。戦場で死んだ兵士たちも、日本の高度経済成長を支えるために必死で働いた男たちも、本質は家族のため、愛する人のため、自分が犠牲になることを厭わなかった、それがあの時代の精神だったのではないか。

そして、ここから西城秀樹の話になるのだが、秀樹が一番大事だと思っていたのも、自分が誰かのために一生懸命を尽くして生きる＝自己犠牲の精神だったのではないか。

秀樹に『サンタマリアの祈り』という歌がある。１９８０年の10月にシングル発売された、こちらは阿久悠と並ぶ作詞の天才、〝昭和のランボー〟といわれた、なかにし礼が作詞した。

こういう歌だ。

♪くちづけで　君の病いを吸いとってあげよう　ぼくの胸に
……
♪サンタマリア　ぼくの命を　ここに捧げます　どうぞ奪ってください
……
♪今　青い空に　鐘は鳴りわたる　鳩はみだれ飛ぶ　君よ　めざめて　おくれ
……
♪愛の歌は　ひとり　ひとりぼっちでは唄えはしない　唄えはしない

［画像引用］
正教会の伝承によれば、聖使徒ルカによって生神女（しょうしんじょ）マリヤの存命中に彼女を描いた絵が最初のイコンだとされている。地中海のトルコ、ギリシャのあたりは中世期にはイスラムの支配下にあり、厳しく偶像崇拝が禁止されていた。オスマン帝国が崩壊した後、聖画は西ヨーロッパ的な絵画技法が大幅に取り入れられ、美しい宗教画が描かれるようになった。カラーでお見せできないのが残念。これは何枚もあるわたしが持っているイコンのうちの一枚。聖母マリアはカソリックでも、「神の母」として、熱烈に信仰されている。アンダルシアの巡礼祭りは有名。年に一度、１００万人の人たちが狭くて小さな、人口数万人のロシオの村に集まってくる。

この歌の世界も阿久悠が描いた愛の世界に劣らず強烈だ。なかにしはおそらく、秀樹といろんな話をして、その話のなかから彼の人生観を読み取って、この歌を作ったのだろう。

この歌を本心からうたいこなすのはかなり難しい。自己犠牲そのものをテーマにした歌である。この歌を秀樹は朗々と歌いあげている。

もちろん、彼は芸能人として成功して、アイドルとなり、スタアとなって、寝食の心配がなくなり、物質的には恵まれた環境にあったのだろう。それがいまの芸能人たちのように自分のことは自分でしっかりキープして、それから支持してくれた人たちにサービスするというのとはちょっと違う、自分の生活の何もかもを犠牲にして全身全霊をこめて、大衆＝自分の歌や存在を楽しみにしている人たち＝ファンに尽くすということがあったのだと思う。

いまから思いだしてみると、たしかに西城秀樹のサービス精神は、ずば抜けていた。

いまの時代は自分がやりたいことをやるんだという〝自己実現〟という言葉と、自分のそういう欲望とか生活の内実は秘密にしておきたいという〝個人情報〟という言葉が氾濫し、そのふたつの、自分に対する〝執念〟が人々のこころを占有していて、みんなが自分のやりたいことにしがみついている。いまのこの時代に、誰かのために生きるとか、自分の欲望や願望を抑制して生きるのは大変な苦行だろう。

西城秀樹が死んだあと、あらためてその生き様に人々が尊敬の念を抱いて、彼を追慕しているのは、彼の生き方の自己犠牲の高さがほかの芸能人とケタが違っていたからだろう。

例えば、病を得て半身不随になりながら、普通だったら、そういう姿を人にさらすことを嫌がるものだが、かれはそこで自分が惨めにさまざまの苦難を受容しながら、それを克服しようとして努力する様子をみんなに見せようとした。身体に障害を持つものとして、同じようにして苦労して、苦しんでいる人たちの代表になって、メッセンジャーであろうとした。

自分の描く夢の実現をめざすのは現代に生きる人間たちの権利だ。

しかし、問題は夢が実現したあとのことだ。もし、自分の夢が叶ったら、それからどうする。その答えはふたたび、なにかに向かって努力をすること。その具体例が西城秀樹の人生にある。

沈黙図書館ファイル 20200607

ヒデカツということ

西城秀樹のことを研究して書くんだといいながら、勉強不足で恐縮しているのだが、わたしはこれまで［秀活］という言葉があることを知らずにいた。

これはどうやら、婚活（結婚活動）とか就活（就職活動）と同様の意味合いらしいのだが、「秀活」は〝西城秀樹活動〟の略語で、字面でわかる通り、故人となった西城秀樹の事蹟・業績をきちんと日本の文化の歴史のなかに刻みこもうとする、思えば、西城秀樹に興味のない人たちにとってはかなり大胆な、無理クリといってもいいかもしれない作業なのである。

わたしは自分が青春時代を捧げて働いていた１９７０年代の芸能界での経験を、芸能記者という職業の楽しさや面白さ、儚さとか哀しさを含めて、みんなに知ってもらいたいと考えて、アレコレと書き散らしているあいだに、我知らず、秀樹がいなくなって悲嘆に暮れている人たちがひそかに推し進めていた〝ヒデカツ〟に荷担していた、というわけだった。

この「秀活」もそもそもはヒデカツと読むのではなく、終活（終末活動）をもじって、シュウカツと読んだところから始まった、というのが、古くから「ヒデカツ」にかかわった某女の説明である。

いずれにしても、そのこころ根は、

「わたしたちは死ぬまで秀樹のことを忘れないゾ」

という強い決断なのである。

性別でいうと、女性が圧倒的に多いらしいが、秀樹の音楽を愛する〝ロックンロール野郎〟もかなりいるらしい。わたしもどちらかというと、秀樹の、直接求愛型の「愛してやるから、いますぐ裸になれ」というような、秀樹のロックンロールが大好きだから、彼の歌を忘れられない、という女の子たちの気持ちはよくわかる。

世の中で、戦後の日本が作りあげた大事なものがどんどん失われて、姿を消していくなかで、みんなが西城秀樹に目をつけたのは、慧眼だったとわたしは思う。その目利きをほめてあげなければならない。

ヒデキは渋い、いい顔をしている男だった。笑顔はおちゃめだったが、素は郷ひろみみたいに甘口でなく、コーヒーでいったらちょっとだけ地のカラメルの味がする淹れたてのブラックコーヒーみたいなハードな雰囲気もあわせもった青年だった。

わたしは彼を偉大だったと思っている。どうしてそう書くかというと、西城秀樹の出現こそ、旧弊な日本の大衆社会が古い価値観から脱出する契機を作ったからである。初期の担当区域は人妻と独身女性と多少違っていたが、女性たちに意識革命を起こしたという意味では、沢田研二との共同作業のようなところがちょっとあった。

このふたりを忘れちゃうと、１９８０年以降の日本の大衆文化はメハナ（目鼻＝要諦）がなくなってしまうのだ。大げさなことをいうと、１９７０年から71、72年にかけて三島由紀夫が自殺し、黒澤明が自殺未遂し、川端康成がガス自殺して、戦後日本の民主主義文化が袋小路に迷いこみそうになったときに、これから一番大切なものは男と女の恋愛だとばかりに、その社会の進むべき明確な方向性を打ち出したのは、文学者や映画監督ではなく、西城秀樹や沢田研二、阿久悠やなかにし礼、ジャニー喜多川や田辺昭知らの芸能界の人間たちだったからだ。

［ヒデカツ］はそういう日本文化の底流の闊達なその部分と繋がる作業なのである。

西城はそういう状況のもっとも明確な（沢田研二のような妙なクセがない分）、時代の水先案内人である、とわたしは思っている。

それで、ヒデカツをやっている人たちの説明によると、この運動への参加者は大きく分けると、三つのパターンに分かれるらしい。つまり、

①一直線型
②ブーメラン型
③新規発生型

というもの。

それぞれ、どんな特徴があるかはいま、文献を集めて鋭意、研究調査中である。

沈黙図書館ファイル 20200613

喪失と獲得　西城秀樹主義

西城秀樹が亡くなったことで、あらためて、みんなが知ったことがある。失われたものがなにで、得られたものはなにか。サッカーじゃないけれど、得失点差の世界。彼に死なれたことで、逆に、わかったこともある。ブーメランといったり、新規発生といったり、そういう人たちはもちろんだが、これまで、ずっとヒデキを応援して来た人たちも、彼が死んだらそれなりの義理も果たせた、死ぬまで応援してあげた、という達成感もあるはずで、これからは五郎のファンとか、ジュリーを応援します、という人が現れてもいいと思うのだが、そういう話をあまり聞かない（実際にはそういう人もいるらしい）。

もしかしたら、そういう人もいるのかもしれないが、わたしのところにはそういう話は届いていない。むしろ、これまでよりもっと深く、〈ヒデキ沼〉にはまり込んで、ヒデキ世界に熱中している人が多い。

みんなが書いて送ってくれるコメントを読みながら、わたしが思い出していたのは、大正の詩人、三木露風（みきろふう）が書いた童謡『赤とんぼ』の二番だった。有名な歌詞だ。

♪十五でねえやは嫁に行きお里のたよりも絶え果てた

少女のころに描いていた夢や希望を、大人になって生きていくことで、いつの間にか忘れていった、それが、人間が生きるということなのだ、という意味の歌である。同じ、三木露風の『廃園』という詩集の中に、「ふるさとの」という詩がある。

ふるさとの
小野の木立に
笛の音の
うるむ月夜や
少女子（おとめご）は
熱き心に
それを聞き
涙流しき
十年（ととせ）経（た）ちぬ、
同じ心に
君泣くや
母となりても

露風の『廃園』は１９１０年代の詩集で、いまから１００年以上前の作品なのだが、たぶん、明治・大正のころの〝美しい笛の音〟は、憧れの音楽、戦後昭和の時代にヒデキが男と女の恋心を歌った一連の相聞歌と同じような音楽だった、と書いてもいいだろう。

少女のころ、涙を流しながら聞いた歌を、妻になり、母になることで、いつのまにか忘れて生きるようになった。そういう歌を、自分がある年齢になり、長い人生を生きたあとで、あらためて愛した人の死をきっかけに聞き直して、自分のなかに残っていた乙女心、男だったら少年の心を蘇生・復活させた。ああなんと人生は豊かなのだろうか。

………

こんなふうにその詩は読み取ることが出来る。

そうやって、西城秀樹という大衆文化の最大のイコンのひとつが現実社会で実体を喪失することで、［VRヒデキ］VR（ヴァーチャルリアリティ）＝仮想現実のなかの精神的存在、これは、精神的には神様に近いありかたの存在だと思うのだが、そういう自分自身の中にある西城秀樹への思いを高めていった人たちをわたしは［西城秀樹主義者］と呼ぼう。西城秀樹主義は、小さな過去を決して忘れないという意味で、わたしの［沈黙主義］に共通しているのである。

ある年齢になっても、若かったころの感受性を保持しつづけるとか、子供だったときにステキに見えた自分の住む世界の美しさを忘れないとか、それを、長い人生を生きたあと、リアルに思い出すことが出来るというのは、幸運な、得がたい、人間的能力だとわたしは思う。

いまの現実社会は、すこしも未来が輝かしく見えず、政治も文化も、芸能も芸術もすこしも美しく見えない。これはわたしだけの錯覚かも知れないが、テレビも、雑誌も、新聞でも読むと、なんだかうんざりする。たぶん、錯覚ではないだろう。

日本文化が持っていた、新陳代謝と蘇生の機能が衰弱しているのだ。

西城秀樹主義者＝秀樹の死によってある種の覚醒をした人たちは、日本社会が新しい文化を創出する能力を喪失しようとしている、そのことを彼の死によって本能的に察知した人たちなのではないか。

……

昭和は確かに、毎日がなんだか面白くて、未来に希望がある、そう思える時代だった。

いま、このコロナの時代に、そういう筋道をどこに探すのか。

ヒデキの歌と人生には、確かにその謎を解く鍵がある。

沈黙図書館ファイル　２０２００６１８

秀樹のこと　話ふたつ

関西に住む、秀樹ファンで、沈黙図書館の読者が、秀樹の過去の雑誌のスクラップなどを整理して並べた資料集と、60周年を記念して作られたＣＤ『心響ＫＯＤＯＵ』を送ってくれた。

ありがとうございます。参考になります。

秀樹のＣＤは『ＧＯＬＤＥＮ☆ベスト西城秀樹シングル・コレクション』というのを一枚持っている。が、これ一枚しか持っていない。秀樹のＣＤは1枚しかないからあまり自慢にならないが、それでも、音楽のＣＤは全部で５００〜６００枚くらいあるだろうか。かなり幅広くクラシック、バッハやモーツァルト、ジャズ、ロックなどなど、持っている。

コレクションみたいな意識はほとんどないし、持ちものを自慢して書いているわけでもないのだが、ポップスでは、ビートルズは7枚くらいある。イギリスだったらデーブ・クラーク・5やジ・アニマルズやザ・サーチャーズ、アメリカだとビーチボーイズやジャン&ディーン、時期がずれるが、グランド・ファンク・レイルロードやオリビア・ニュートン・ジョンも持っている。ユーミンは10枚くらい、中島みゆきは4枚くらいある。歌謡曲はいちおう、淡谷のり子からある。石原裕次郎は5枚、持っている。冠（かんむり）二郎、黒木憲から笹みどり、伊藤咲子まである。山内恵介や山川豊も好きな歌手。演歌歌手の歌もいちおう全部、聴いている。

歌は好き嫌いの世界のものだから、客観的な基準というのはあまりないと思っている。

細かいことを書きはじめると際限がないからここまでにしておくが、歌や音楽を聴いて、耳にひっかかって気に入ったものを買ってきた。えらそうなことは言わないようにしているが、わたしの音楽の趣味は広くて浅い。いまのＪポップはあまり好きではないのだが、それでも米津玄師（よねづけんし）は買って聴いた。

送ってもらった『心響』を聴いて驚いた。

60周年というから2015年の発売だと思う。病気の後遺症を克服して作ったもの。

大丈夫かと思いながら、聞いたが、歌はみごとなものだった。

ちょっと巻き舌の感じがしたが、リハビリの最中というのをまったく感じさせなかった。声帯がフル稼働していた。肉体のそんな条件のなかで歌手として円熟しようとしている、そういう気がした。大変な努力で作りあげた音盤なのだろう。

頭が下がる思いで、最後の曲「蜃気楼」を聞いた。

♪もう一度だけなら　立てる気がした　焦げつきそうなこの身体
……
♪どうにもならないと諦めていた　胸が引き裂かれる痛み

歌のなかでわずかにだが、病気と闘う辛さを正直に吐露していた。

狂いのない、完全な歌唱だった。

ジョン・レノンが死ぬ前に歌っていた「Steal & Glass」を思い出した。

努力の果てにたどり着いた、音楽の極北を思わせた。

何度もくり返して聞いているうちに、涙が出てきた。

もう一話。秀樹のこと。

ある日、元・マガジンハウス、素人落語家もしている、本当は校正の専門家、長田衛さんと会って新しく出す本の打ち合わせをした。

彼は素人落語家〝あっち亭こっち〟を自称している。わたしと同じ早稲田の文学部出身。年に何回かの落語の独演会を主催していて、そこで一生懸命にわたしの作る本の宣伝をしてくれる。あっち亭こっち、こと長田さん。高座で「この本は面白い！」「買いなさい！」と力説してくれる、いい人だ。この人はマガジンハウスの編集者時代、雑誌『クロワッサン』の校了責任者を務めた。校了責任者というのは役職は副編集長だが、船でいうと、機関長みたいなものだ。このひとはかなりの物知りで、わたしの諸葛孔明（知恵袋）である。そして、実はこの人も、もと月刊平凡の編集経験者。秀樹の取材の思い出を語ってくれた。

長田さんの思い出話。

僕が『平凡』の編集部にいたのは昭和53年から2年間、一度、秀樹とロケバスで泊まり込みで千葉の海岸まで乗馬の写真を撮影しにいったことがあるんです。一日中ずっと一緒にいて、三食、一緒にご飯を食べた。好青年ですよね、快活で明るい人だった。

気になったのは三食、食事のときにビールを飲んでいたこと、酔っぱらったりはしませんでしたけど、お酒が好きなんだなあと思った。

わたしには秀樹と三食共にしたという経験はないから、彼の飲酒の実体はわからないが、その話を聞いて、思い出したのは、石原裕次郎さんのこと。石原裕次郎も日活の撮影所で昼食の時、必ずビールを頼んで飲んでいたという。裕次郎の場合、その飲酒の習慣がのちに五十代になるころ、静脈瘤破裂という大変な病気を引きおこした。

……

断定的なことは何も書けないが、秀樹ももしかしたらそういう飲酒の習慣が病気にかかわっていたのかも知れない。飲酒も程度の問題みたいなところがあるから、決めつけるようなことは書けないが、思い出すと、舟木一夫と大の仲良しだった『週刊平凡』の編集者、加藤安貞も食事の時に必ずビールを飲む人だった。この人も肝臓ガンだったと思うが、63歳で死んだ。

雑誌の編集者は取材や締め切りがあって気の休まらない仕事だが、アイドルやスターというのは、もっと自由の裁量が少ない仕事だったのだろう。

秀樹は仕事に真面目で、こっそり裏で悪いことをしちゃうような人ではなかった。彼のアイドル稼業はファンの女の子たちに全身を捧げて生きたところがあり、お酒を飲んでストレスを発散させるくらいのことしか好き勝手なことの出来ない、不自由な仕事だったのだ。

これは推測である。

沈黙図書館ファイル　20200711

歌本の表紙の話　雑誌『平凡』1972年8月号

とんでもないものをみつけた。

昔からの秀樹ファンはみんな知ってるかも知れないけれど、雑誌『平凡』の1972年8月号の付録、歌本である。表紙を飾っているのは西城秀樹、田頭信幸（たがしらのぶゆき）、伊丹幸雄の3人である。わたしはこのころ、芸能記者3年目で、一番忙しく働いていた時期なのだが、この歌本の表紙のことを全然、覚えていない。

1972年の8月号というと、発売された期間は6月25日～7月24日まで。編集部の校了が6月10日で、締め切りは5月末、だからこれの撮影は5月中のはずだ。付録は専門に歌本を作るデスクがあり、そこが表紙も担当していた。

当時のわたしの編集部での所属は本文の活版デスク（読みものの記事を作るデスク）で、この表紙のことがまったく記憶になかった。そのころは、紀比呂子（きのひろこ）とかフォーリーブス、天地真理とか堺正章、森田健作の取材で忙しかった。

このころ、本当に人気があったのは誰か、と記憶をたどって資料を調べた。

『平凡』の場合、表紙を選ぶ編集方針は、そのときの人気ナンバーワンとか、成長株ナンバーワン、話題でナンバーワンというようなことが選出の基準だった、それで、この周辺を調べた。

7月号の表紙は沢田研二と天地真理、

8月号の表紙は野口五郎と小柳ルミ子。

9月夏休み特大号の表紙は天地真理と森田健作。

野口五郎と沢田研二はこの時期、すでにトップアイドルだった。この前後で男性タレントではこのほかに、石橋正次、沖雅也、堺正章、女性タレントでは、南沙織、麻丘めぐみが表紙に登場している。郷ひろみはこの時点ではまだ歌手デビューしていない。

ひるがえって、歌本の表紙は新進の注目株、デビュー直後のレコード会社推しの有望歌手が受けもつことが多かった。

調べてみると、このころの西城、田頭、伊丹の3人はこんな状態だった。

西城秀樹　1955年4月生まれ。　72年3月デビュー。デビュー曲、オリコン42位。

伊丹幸雄　１９５５年２月生まれ。72年４月デビュー。デビュー曲、オリコン22位。
田頭信幸　１９５３年10月生まれ。72年３月デビュー。デビュー曲、順位不明。

要するに、この３人はおなじ時期に、それぞれのレコード会社の肝煎りでデビューしている期待の星だったのである。

西城はちょっとクセのあるＲＣＡビクター。
伊丹はＣＢＳソニー。
田頭はワーナー・パイオニア。

［画像引用］このころ流行っていた歌。天地真理の「ひとりじゃないの」がセールス記録60万枚で、大ヒット街道を驀進中。そのあとを小柳ルミ子の「瀬戸の花嫁」が追いかけている。ベストテンのなかには南沙織の「純潔」もいる。そのほかには青い三角定規の「太陽がくれた季節」、石橋正次の「夜明けの停車場」、橋幸夫の「子連れ狼」などがヒット。この後、吉田拓郎の登場、新御三家の成立で歌の世界は大きく変化していく。下は昔の日劇。

歌本デスクというのは、レコード会社とのつき合いがかなり重要で、どんな新人でも一度は挨拶に訪ねてくる部署だった。たぶん、3人とも同じ時期のデビューで将来有望ということで、誰かひとりを選ぶというわけにもいかず、先物買いして、この3人の表紙を作ったのだと思う。

YOU TUBEの西城秀樹が出てくる『徹子の部屋』のなかで、彼が、最初の新御三家はボクと田頭信幸さんと伊丹幸雄さんだった、と発言している。これは、秀樹の記憶違いで、確かに、おなじ時期にデビューしているから、そういえばそうなのだが、この時の3人の扱いはタレント・クレジット的には『新人三羽烏』『フレッシュ・ヤング3』というようなものだった。

実はこの3人で、72年の5月6日〜12日まで日劇の第45回ウエスタン・カーニバルに出演している。ネットの百科事典ウィキペディアでは、第47回ウェスタン・カーニバルで『新人三羽烏』と呼ばれたとあるが、第45回の間違い。

『日劇レビュー史』という本のなかにそういう記録がある。

日劇50年の歴史が全部、書いてある。

この中に、この時の『ウェスタン・カーニバル』について、こういう記述がある。

○第45回ウェスタン・カーニバル（47・5・6〜12）
出演　P・Y・G、ロック・パイロット、伊丹幸雄、西城秀樹

　ＧＳブームは去った後だったが、沢田研二、萩原健一らの人気は相変わらず、初日前日から劇場前で徹夜したファンが百人前後いたという。関心を集めたのは、伊丹幸雄、田頭信幸、西城秀樹の三人で、いずれも初登場の新人トリオだったが、若さとカッコ良さに憧れる女性ファンには恰好のアイドル的存在。ことに十六歳という伊丹には嬌声が集中していた。

これが日劇、あの時代のコマーシャル・ロックンロールの聖地だった。

文章を読む限りでだが、この時期は、秀樹よりも伊丹幸雄の方が人気があったようだ。オリコンの順位を見てもわかるが、伊丹の背後には渡辺プロと絶好調のＣＢＳソニーがいて、弱小の（渡辺プロにくらべればである）芸映と出足の遅いＲＣＡビクターの推す西城は伊丹の後塵を拝していた。

　田頭はこれも渡辺プロが資本を出したレコード会社であるワーナー・パイオニアと田辺エージェンシーの合作だったが、田辺エージェンシーとしては、前年10月にデビュー、スマッシュヒットを飛ばしたガロや荒井由実（今のユーミン）のプロデュースをしているかまやつひろしのことが大事だったのではないかと思う。

　田頭のプロモーションはむしろ、ワーナー・パイオニアの後ろにいた渡辺プロまかせで、渡辺プロは伊丹幸雄で忙しくて、それどころではない、というようなことだったのではないか。

というのは、わたしは前にもちょっとブログに書いたが、副社長の川村さんと仲良しで、「シオちゃん、頼むよ」と取材をせがまれ、ガロとかまやつの取材はしたが、田頭の取材を頼まれた覚えがないのだ。

伊丹と西城を比較すると、デビュー曲は伊丹22位、西城42位と伊丹の方が勢いが良かったのだが、西城はその後のシングル曲第二弾でオリコン18位と伊丹のレコードセールスを抜いている。伊丹の二曲目はたしか、デビュー曲ほど売れなかった記憶がある。

この後の日劇のウェスタン・カーニバルの秀樹の出演記録を調べると面白い。

○47・8・26〜9・1　第46回ウェスタン・カーニバル
出演　沢田研二、萩原健一、伊丹幸雄、西城秀樹ほか
○48・2・10〜16　いしだあゆみショー
出演　いしだあゆみ、西城秀樹ほか
○48・5・7〜8　ウェスタン・カーニバル・第三弾ヤングアイドルショー
出演　西城秀樹、伊丹幸雄、草刈正雄、葵テルヨシ、あおい健、あのねのねほか

ここで、初めて秀樹がメインになっている。『情熱の嵐』が大ヒットした後。草刈正雄の名前があるのもビックリ。あおい健というのは今の俳優の田中健。

葵テルヨシはジャニーズ事務所のソロシンガーだった。

前後に二日ずつ第一弾・フォーリーブスショー、
第二弾・郷ひろみショー、
第四弾・沢田研二ショーが行われている。

◯48・8・26　日劇ウェスタン・カーニバル第二弾西城秀樹ショー
出演　西城秀樹、ロックンロールサーカス、日劇ダンシングチームほか
ここで初めて、秀樹ひとりでのステージが成立している。
この西城秀樹ショーの前後でも第一弾と第三弾がある。
第一弾はガロとあのねのね
第三弾は「ハローロックンロールパーティ」
伊丹幸雄やフィンガー5その他が出演。伊丹はその他大勢扱いで、ステージに出る形になる。これ以降、秀樹の日劇出演はない。

秀樹が月刊の『平凡』の表紙に初めて登場するのは、昭和48年（1973年）の4月号から。アグネス・チャンと一緒だった。この時期に本当の新御三家が成立したのだと思う。

それまで、伊丹幸雄は一度だけ、郷ひろみと一緒に表紙になっている（この話は168ページ参照）が、そのあとは郷ひろみと野口五郎と秀樹が交代で表紙をつとめている。

これもシンクロニシティの一種かも知れないが、参考までに、

野口五郎は1956年2月生まれ
郷ひろみは1955年10月生まれ
西城秀樹は1955年4月生まれ

1972年時点で、野口、郷、西城の3人は16歳〜17歳で同学年。
伊丹は1学年上で、田頭は20歳をすぎていた。
新御三家は同い年で合わさり具合が良かったのである。

これ以降、『平凡』の表紙は郷、西城、野口のローテーションが成立する。もっと細かく資料を調べれば、いろいろな力関係のなかで、秀樹が苦労して、トップアイドルの坂道を駆け上がっていったことが分かるだろう。

ここでは、伊丹、田頭との新御三家＝実は新人三羽烏の問題について、説明した。

沈黙図書館ファイル　２０２０００６１２

皇さんの思い出　秀樹が広島にいたころの秘話

先週の金曜日（一昨日）に、六本木のグランドハイアット東京のカフェで元テレビ朝日のプロデューサー〝テレ朝の天皇〟と呼ばれた、皇（すめらぎ）達也さんに会った。『昭和芸能界史』の続編の取材のためのインタビュー。この人は昭和16年生まれ、石川次郎さんと同世代。カメラを持っていくのを忘れて、写真を撮れなかった。テレビの世界というより、芸能界のフィクサーの一人。こういう人である。Wikipedia より引用。

★

皇 達也（すめらぎ たつや、１９４１年5月4日生まれ）。

日本のテレビプロデューサー。テレビ朝日にて事業局長、取締役制作局長を歴任後、テレビ朝日サービス代表取締役社長を務めた。テレ朝の天皇の異名で知られた。

父は元広島大学学長で教育学者の皇至道。叔父も東北大学名誉教授で、玉川大学文学部長を務めた教育学者の皇晃之。

広島大学附属中学校・高等学校、慶應義塾大学文学部卒業。慶應在学中からＮＥＴテレビ（日本教育テレビ。後のテレビ朝日）でアルバイトをしており、卒業後、正式に入社。ドラマスタッフを経てバラエティ番組担当となり、人気番組を手がける看板プロデューサーとして活躍。

映画、演劇、新聞といったあらゆるジャンルから集まって、テレビという怪物に立ち向かった先輩たちをテレビ第一世代と名付け、自らを純粋テレビ育ちの〝テレビ第二世代〟と自認していた。「外部との交際が上手くない」と言われたテレビ朝日の社風を破り、プロダクション、レコード会社、他局の同業者と交際を広げた。その積極姿勢が実り、萩本欽一、タモリ、武田鉄矢、ビートたけしなど、当代のテレビスターの中でも最もテレビ的なタレントを掌中に収め、同時期に報道番組のプロデューサーとして活躍していた小田久栄門とともに「テレ朝の天皇」の異名を奉られた。

1999年に取締役に昇進。その後、子会社・テレビ朝日サービスの社長、顧問を経て、現在はジャパン・コンテンツ・コンサルティング社長。

この人の秀樹についての思い出話、皇さんも出身は広島である。

皇さんが喋ったそのままを再録する。

面白い話があるわけじゃないんだけど、昭和四十五年ころかな、芸映の鈴木さん（鈴木力専務）から、えーと、広島の登町（のぼり＝幟町らしい）っていったかな、三河会館かな、ライブハウスがある、と。そこで、オニイチャンがマネジャーをやっててバンドやってる、そこにいいコがいるらしい、と。広島に帰るんだったら、どんなのか見てきてくれないかと言われた。

それで、広島に帰ったときに見に行って、オニイチャンに会って、それで、まだ全然、形になっていないんだけど、ああ、このボーヤかと。それで、なんかあったら、声がかかるかもわかんないよ、といって。それで東京にもどって、力さん（鈴木専務）にその話をして、オレとしてはテレビ局の人間が、新人歌手のスカウトするのもどうかと思って、力さんと相談して、話を上条（上条英彦）に、お前、見に行ってこいって渡したんですよ。それで、上条が広島まで秀樹に会いにいって、秀樹が東京に出て来ることになったんです。

業界の人間で秀樹にあったのはぼくが一番最初だと思いますよ。広島出身ということがあるんですけどね。吉川晃司もそう。彼が渡辺プロの音楽学校の広島校にいたのを見つけた。

秀樹は初めて会ったとき、なんか一、二曲歌ってくれたんだけど、これは売れるなっていう、才能を見極めることが出来なかった、ああ、こんなもんかと思った。でも、オレの話から、上条ほか、何人かの東京の芸能界の人間が広島まで彼を見に行って、西城はああいうことになっていったんだよね。

本人は死ぬまでまっすぐな人間で、一生懸命に仕事した。残念ながらああいう死に方をしましたけど。今でも、奥さんとは時々、電話連絡で、子供連れてきてメシ食いましょうっていって会ってるんです。

という話だった。

……

秀樹を東京に連れてきたのが上条だというのは、わたしも知っていたが、一番最初に秀樹に会いにいったのが皇さんだということはわたしも知らなかった。

皇さんにはいちおう「秀樹の本、作ろうと思っているんです」という話はした。皇さんは「なにか、俺がやることがあったらいってくれよ」といっていた。細かなことはいまは書けないが、おおまかな筋道は見えてきた気がする。

……

皇さんに時間をもらって、このインタビュー取材をしたのは二〇二〇年の六月。その九か月後のことだが、皇さんは二〇二一年三月、誤嚥性肺炎のために亡くなられた。

享年七十九。

ご存命であれば、と思う。わたしの書く本の仕上がりを楽しみにしておられた。

ご冥福を祈る。

沈黙図書館ファイル　番外編1

新御三家のこと

新御三家のことを書いておこうと思っている。

まず、個人的なキャリアの話になるが、わたしが大学を卒業して平凡出版（現・マガジンハウス）という出版社に入り、芸能雑誌（月刊『平凡』、『週刊平凡』など）の編集記者をやっていたのは、１９７０年4月から途中、『スタア』という新雑誌をはさんだ１９８３年の5月までの約13年間である。この間､覚えているかぎりでなにが芸能界での大事件だったかというと､月刊『平凡』の編集記者時代（１９７０年4月から１９７５年5月まで）は、やはり新御三家と新三人娘の出現だったと思う。

わたしは月刊『平凡』のころは天地真理と郷ひろみの担当記者だった。

天地真理の人気の爆発と短期での失速は70年代前半の大事件のひとつだった。

そのことも大きな出来事だったが､わたしには､なんといっても郷ひろみの出現と彼のジャニーズ事務所からの離脱、バーニングプロへの移籍騒動はあのころの芸能界を揺るがした最大の事件だったという記憶がある。

天地の人気急落については、別の機会にゆずる。この天地の失墜と郷の移籍騒動で、わたしは月刊『平凡』を用済みになり、それで新創刊した雑誌『スタア』に異動、この雑誌で一年間働いたがうまくいかず休刊になって、このあと『週刊平凡』に異動することになるのだ。これが75年～76年にかけてのことだ。

天地真理、郷ひろみ、フォーリーブスの人たちは、入社してわりあいすぐに、わたしが担当の記者としていっしょに仕事した仕事仲間でもあった。編集者になったばかりで、一生懸命に仕事した。もちろん西城秀樹、野口五郎についても仕事仲間だったのだから、このころすでに、知らない仲でもなかったのだが、新御三家について書こうと思うと、必然的に、どうしてもまず、最初に郷ひろみ中心で、ということになってしまう。

郷は１９７１年にジャニー喜多川に見いだされて、いろいろあってジャニーズ事務所からデビューするのが72年。レコード発売はその年の８月である。

郷がデビューしたこの１９７２年の夏というのは、先にデビューしていた西城や野口、それにソロ歌手として活動し始めた沢田研二にとっては捲土重来といってもいいかもしれない、ポップス調歌謡曲というか、日本製のロックンロールで、それぞれ大ヒットを飛ばして、群を抜いたアイドルになっていくきっかけを掴んだ時期でもある。

具体的にいうと、こういうことだ。

［画像引用］『週刊新潮』の２０１６年2月25日号に、３人の鼎談が掲載された。芸能人は人気商売で本来、精神的には孤独なものだが、野口五郎という生涯の友に恵まれたことは秀樹の生涯の幸運だったのではないかと思う。

○西城秀樹　１９７2年3月『恋する季節』でデビュー。これはオリコン45位。2曲目シングル「恋の約束」18位。最初の勢いはもう一つだったが、73年に『情熱の嵐』、『ちぎれた愛』で人気に火がついた。以後オリコン1位を連発、『愛の十字架』、『薔薇の鎖』ほか大ヒット曲を何曲も持っている。

○野口五郎　１９７1年5月『博多みれん』という演歌でデビュー。路線転換し、8月発売の2曲目『青いリンゴ』からポップス歌手に、これがスマッシュヒットとなる。年齢が若く、１９５6年生まれ、72年に最年少16歳で紅白初出場を果たし『めぐり逢う青春』を歌う。74年に『甘い生活』で初のオリコン一位。

○郷ひろみ　１９７2年8月にレコードデビュー。デビュー曲の『男の子女の子』で、いきなりオリコンベスト10に入り、そのあとも順調にヒットを飛ばし、この年のレコード大賞新人賞を受賞。翌年、日本歌謡大賞の放送音楽賞、有線大賞の大衆賞を授賞し、紅白歌合戦出場を果たす。

○沢田研二について。沢田でさえもソロ歌手として活動し始めた1枚目のシングルレコード「君をのせて」はそこそこのヒットくらいの売り上げ(10万枚)で次の曲につないだ、というような役割を果たした曲というような位置付けだった。

野口、西城。郷と三人並べた写真を見ているといろいろと思い出すことがある。三人とも仕事仲間だったが、当時、どういう感じの少年だったか、わりあい鮮明に記憶している。

一番大人っぽく見えたのは西城で、のこる二人はまだ子供だった。西城は親に反対されながら歌手になりたくて広島から上京して、東京でいろんな目に会い、彼は芸映というプロダクションの所属だったのだが、デビュー前は事務所で電話ウケをしていて、というような話もある苦労人だった。

野口は岐阜県の出身なのだが、小学生の頃から『ちびっこのど自慢』など、いろんな歌番組に登場して、優勝している〝番組あらし〟で、親がかりの(母親が一番熱心な)[歌オタク]だった。デビューが15歳だったから、まだ完全な子供である。

郷も15歳から芸能界周辺でフラフラしていたのだから、子供といえば子供だったのだが、この人の場合は、クラスによくいる〝普通にしていられない子供〟みたいなところがあった。遊びでも勉強でも(仕事でも)目立たないと気が済まない、自意識がものすごく発達していて、自分が特別でないとイヤだ、みたいなところが強烈にあったと思う。これは悪口を書いているように見えるかも知れないが、彼の場合、自分が特別であるために必死で努力しつづけた、というふうにも書ける。この時代の郷はとにかく可愛かった。

それにしても、沢田研二を含めてもいいのだが、こうしてほかの人と郷を較べると、彼がどれだけ恵まれたデビューを果たしたかがわかる。

しかも、歌手としてデビューする前に、ＮＨＫの大河ドラマ（『新平家物語』）に出て、顔と名前を前もって売っている。しかも、機会のあるごとに事務所の先輩のフォーリーブスからテレビカメラの前で「今度デビューする、僕たちの弟になる郷ひろみ君です」と紹介してもらい、みんなをバックに「レッツゴーひろみ！」という声援を受けながら踊らせてもらった。それからレコードデビューを果たした。デビューも成功して当たり前だった。

この作戦は全て、マネジャーのジャニー喜多川が考えたことで、郷はジャニーが敷いてくれたレールを一生懸命に走って人気アイドルになっていった。

わたしが最初に彼に会ったとき、彼はまだ中学生で、学生服を着ていた。

清潔な印象だったが、父親がつとめる南武線の駅のそばにある中学校に通っていた。薄ぼんやりとだが、国鉄の官舎に住んでいて、そこに写真を撮らせてもらいに行った記憶がある。

ジャニーさんが「カレ、原武裕美（はらたけひろみ）クンていうんだけど、いいでしょ」と見せびらかすように紹介してくれた。これはたぶん、原武少年をいろんなところに連れ歩いて、いろんな人にこの少年を見せて、反応を見ていたのではないかと思う。そのとき、オレは、原武裕美は確かに正真の美少年で、これはうまくマネージメントしたら、大変なアイドルになるな、と思った記憶がある。

あの時代のことを考えてみて、1970年代の芸能界の激動を具体的な時期でいうと、70年、71年の模索期、助走期をへて、1972年からの約8年（女性アイドルでいえば、72年の天地真理ちゃんのデビューから山口百恵が引退したあと、松田聖子＝1980年デビューまで、男性のアイドルでいえば、1980年にたのきんトリオが出現するまで）の芸能界で3人の巨大なアイドルが鼎立（ていりつ）する『三国志』のような時代が現出したのだった。（沢田研二については、新御三家とはまったく別の支持基盤に立脚していた。そのことは別の機会に、別の本でお読みいただきたいと思っている）。

新御三家成立の入り口が72年で、この時期、たくさんのアイドル候補生が芸能界デビューして本格的に乱戦模様に突入していったのだが、そういう一種の生き残りゲームのような状況のなかで、72年から73年にかけて、沢田も西城も、野口五郎も、郷もみんな、大きなヒットを飛ばして、それまでの青春スターとは異なる、新しい「アイドル」と呼ぶべき，社会的存在になっていったのだった。

問題はここからで、どこの誰が［新御三家］という名称をどういうきっかけで使いはじめたか、これがよく分からない。これは［沈黙図書館］（わたしのブログ）の沢田研二のところにも書いているのだが、1973年の夏に雑誌『平凡』で人気投票をしていて、その結果はこうだった。

上位5人は、

第1位 郷ひろみ 90158票
第2位 西城秀樹 52320票
第3位 野口五郎 45059票
第4位 フォーリーブス 15331票
第5位 沢田研二　 9078票

というメンバーで獲得票数も上記のようなことなのである。

あんまり記号論的な分析をしても、だからどうしたというような意味しかないと思うが、あの時期、郷、西城、野口、それに別格で沢田研二と、この四人は、具体的な名前は出さないが、残りの、あの時期にたくさん現れたアイドル候補生に較べて、やはり、素材としての力（本人の才能や能力）も、人柄も、マネジャーたちの力量も、レコード会社のバックアップ体制も優れていて、バランスがとれていた。彼らが新しく現出した1970年代らしい芸能界のトップタレントとして上位を占めたのはある意味、必然的なことだった。

そのなかでも、この投票結果では郷の得票数が突出しているのだが、この時点ではまだまだフレッシュな取れたて果物みたいなところがあって、これは本人がアイドルとしての天性の素質十分で、素の少年の彼は愛嬌もあり、頭の回転も速くて、ジャニーが入れ込んで、タレントに仕立てただけのキャパシティを十分に持っていた、それが女の子たちに受け入れられたのだ。郷の1973年夏時点での雑誌のなかでの人気ぶりは、上記の4人のなかでも一頭地を抜いていた。しかし、このアンバランスが後に［郷ひろみ独立劇］の基底要因になっていくのである。その説明は後回し。

この並びについてもう少し詳しく説明しておくと、沢田研二はたぶん、月刊『平凡』の読者がメインの支持層ではなく、もう少し年齢の高い女性たちを主要なファンにしていたと思う。残りの人たちに較べると大人のアイドルということである。また、フォーリーブスについていうと、郷ひろみの売り出し作戦に全面的に協力して、最後は彼が歌ううしろでバックダンサーまでやってあげたというから、人気順位が入れかわるのは当然のことだった。

この人気投票は翌年、1974年も行われ、そのときの男の方の投票結果はこういうことになっている。

第1位 郷ひろみ 58146票
第2位 西城秀樹 47874票
第3位 野口五郎 32973票
第4位 フィンガー5 111106票

第5位 ジャニーズ・ジュニア 10651票
第6位　フォーリーブス　9483票

この投票では沢田研二の獲得票数は4998票で第8位に甘んじている。ベストテンのなかには、このほかに、あいざき進也、城みちる、荒川努（あらかわつとむ）などが入っている。投票規模自体も前年よりスケールが小さくなっていて、このあと、下位タレントの所属するプロダクションへの配慮や雑誌部数の減少などもあり、イベントとしての人気投票は行われていない。

この結果を前年と比較すると、郷ひろみの獲得票数の激減が目立つ。3万票以上、減っている。秀樹も減っているが5千票くらい。野口の減りが1万2千票。おそらく、この数字の変化は人気の実態の変化、そのものだと思われる。郷についていうと、新鮮さが薄れて、支持票数が大幅に減ったのである。これは、本人は相当に焦ったのではないか。

そして、投票は行われなかったが、翌1975年には事務所とゴタゴタしていた郷と『傷だらけのローラ』を大ヒットさせ、テレビドラマの『寺内貫太郎一家』でも役者として大活躍していた西城の順位は入れかわっていたのではないかと思う。

〝御三家〟という切り口を作ったのはじつはマスコミなのだが、この時期、長く『平凡』の編集長を務めた高木清（たかぎきよし）さんに電話をして確認したのだが、「はっきり覚えていないが『新御三家』

といい出したのは、少なくとも『平凡』や『明星』ではないのではないか」ということだった。当時、若い人向けの雑誌、『少女フレンド』のような漫画雑誌や『女学生の友』のような女のコの生活雑誌にまで芸能の記事が溢れ、テレビでは毎日、ゴールデンの放送時間に最新のヒット曲を集めた、いわゆる〝ベストテン番組〟が放送されていた。［新御三家］の呼称は、どこかのテレビ番組が言いだしたことではないか、というのが、高木さんの記憶だった。

これは一時代前に、橋幸夫・西郷輝彦・舟木一夫という、こちらがそもそもの御三家なのだが、こういうくくりをすると問題の設定が、［この人を好きか嫌いか］ではなくて、［この3人のなかで誰が好きか］という選択になっていく。三人並ぶと、三人とも嫌いといわせない強さがあるのだ。これはマネージメントの詐術の一つである。

新御三家としてくつわを並べて、一番得をしたのは誰か、という設問はけっこうむずかしい。これによって雑誌も新しい時代の到来を読者に告げることが出来たし、レコード会社もプロダクションも、共同作戦で集客を考えることが出来るようになる。相乗効果が生じる。野口も西城もそれぞれ、それなりにぬきんでた魅力を持っていた。それぞれうたう歌のテイストも違い、キャラクターも違っていたから、並べてみると、余計に面白かった。

雑誌やテレビ番組が企画色を溢れさせて面白くなっていくためには、新しい人間たちや情報、思想性が必要である。面白くなれば、読者、視聴者はどんどん増えていく。雑誌のことをいま考えれば、新御三家とか、新三人娘、花の中三トリオなどという、違う個性をひとまとめにしてみせる、ネーミング戦略は雑誌の読者層を増やす作戦的にはかなりの威力を発揮したのだと思う。わたしたちが編集していた『平凡』は、70年4月時点では部数が低迷していて（かつては140万部を超える部数を持っていた）、69万部というどん底の部数(69万部でどん底なのだから、恐れ入る）の状態だった。それが、72年からのタレント乱立時代、その後の新御三家の成立時代に突入するあたりからいきなり賑やかな雰囲気になり、猛烈に部数を回復し始めて、一年半ほどのあいだに153万部というモンスター的なところまで伸張するのである。

この雑誌がそのように絶頂期を迎えたころ、この文章を読んでいる人たちのどのくらいの人がそれを体験したか、わからないのだが、1973年10月に日本を石油ショックが襲う。この前後から素朴な高度経済成長の神話がなんとなく信じられないような、イーグルスがアメリカを「ホテル・カリフォルニア」という歌一曲にとじこめてしまったような、日本人みんなが大きな船に乗り合わせた運命共同体であることを思わせる、安保闘争も全共闘運動もない、平和といえば平和な時代が始まるのである。

この時点で、ジャニーは自分の作った［ジャニーズ↓男の宝塚・計画］の実現に夢中になっていて、「ひろみを中心にした本格的ミュージカルを作りたいんです」といって、日本でアメリカに負けないショービジネスを展開するべく［郷ひろみ］につづくタレントをつぎつぎとデビューさせようとする。

わたしは彼から相談されて、その計画を［それは面白い］といって、わりあい無批判・無条件に、ジャニーがやるんだったらきっとうまくいくだろうと考えて賛同し、協力体制を敷いて、雑誌で全面的にバックアップ体制をとり、どこが可愛いのかわからないようなジャニーズジュニアをタレントに仕立てようとするのだが、これに一番反発したのは、たぶん郷ひろみ本人だった。ジュニアはこのころ、フォーリーブスに変わって、彼のバックダンスを受けもっていたのだが、彼にしてみれば、ジュニアはあくまでも自分の添え物という考え方をしていたと思う。

わたしはジャニーからこの［男の宝塚計画］話を聞いて、だったらジャニーズ事務所のタレントの頭数を増やすために、フォーリーブスも郷もどんどん協力するべきだと思っていたが、本人たちにしてみれば、気持ちは複雑だったに違いない。フォーリーブスのみんなもこれ以上、新人タレントの売り込みに自分たちを利用されてはたまらないと思っただろうし、郷は郷で、やっと一人前のタレント活動が出来るようになったところなのに、他の人の引き立て役なんかやらされるのはイヤだ、と考えたのではないか。

あるとき、いっしょにタクシーで移動している最中に、郷本人から「シオザワさん、ジャニーさんのやり方、どう思いますか」と聞かれたことがあった。このとき、わたしは、彼がジャニーさんに対する批判をはっきり口にしたことにびっくりした。デビュー前後の経緯を考えれば、彼がジャニーになにも文句をいったりすることのできない、彼をトップのアイドルタレントにしてくれた大恩人のはずだったからである。

わたしはあのころ、郷に「ボクは実力もないのに大丈夫でしょうか」などと相談されて、「がんばってレッスンして力をつければ……」というようなアドバイスをしたりしていた。わたしはあの時期、いろいろなことがあり、彼がジャニーがいうことやすることをイマイチ納得できないと思っていることになんとなく気が付いていたが、先生のいうことを聞かない生徒は悪い子だみたいな調子で、お前は黙ってジャニーのいうとおりにして、ジャニーのあとを付いていけばいいんだよ、というような考え方で「ジャニーさんがいまやっていることを信用してあげたら」というようなアドバイスをしたのである。そうしたら、そのあと、彼はわたしにはなにも相談しなくなった。それはしかし、どうだったのだろうということをいまごろになって考えるのである。

フォーリーブスについてはここでは詳しくは書かないが、彼らはおそらく、ことの経緯に不満を持ちながら、それを表立って言えないようなところに置かれていたのだろう。郷がジャニーズ事務所に反旗を翻したとき、わたしは彼を恩知らずの裏切り者だと思った。それで、顔を合わせても挨拶もしないような関係になっていってしまった。

いま、思いだしているのだが、あのとき、わたしは郷が自分に対して自信たっぷりに、オレは正しいんだと思って、そういう道を選択したのだと思ったのだ。そういう彼をいやな自信家で、あれだけみんなに応援してもらいながら、売れっ子にしてもらって、都合のいいところで辞めちゃうなんて、なんてひどいやつなんだと思ったのだ。しかし、そのあとの郷のいうことやることを注視していて、ずっと、これは何か本人が説明していないことがあるなということに気がついていったのだった。

1975年の郷ひろみのジャニーズ事務所からの独立劇は、わたしのなかでは何十年にわたって解明できない謎の一つだった。このあいだまで、あのことは郷が九割くらい悪い、彼のわがままだと思っていた。

そのことが、そうかそういうことだったのかと腑に落ちたのは、2年ほど前に『週刊新潮』で西城、野口と三人で集まって話をしている座談会の記事を読んでからだった。そこで、郷は「ぼくは若い頃、二人に対してコンプレックスを持ちつづけていた」と発言していたのである。これを読んで、わたしが分かったのは、あのころの彼は、こちらが考えていたように、自分に自信を持って行動していたのではなく、むしろ、反対に野口や西城のように優れた歌唱力がないことにコンプレックスを持って、いつも劣等意識に苛(さいな)まれていたということだった。

この言葉をきっかけにして、わたしはいろんなことが分かった。彼はおそらくジャニー喜多川が作り上げた「郷ひろみ」というスーパーグレードなイメージのアイドルに対して、ぼくにはそんな実力はない、実力がないのにトップに祭り上げられてしまったと、力とイメージのギャップに苦しんでいたのだ。

人気はあるが実力はない、そういう現実のなかで生きるタレントは苦しい。たくさんのそういう芸能人たちが時間のもつ冷酷な淘汰(とうた)のなかで姿を消していった、そういうこともわかっていたから、彼はいたたまれなかったに違いない。

それに気がついたとき、わたしは郷がジャニーズ事務所をやめようと考えた、真の理由がわかったと思った。郷の両親はジャニーにまつわる悪い噂とか、事務所が会社組織の体をなしていないことに対しての不満とか、そういうことで、よその事務所に移ったほうがいいと考えたのかもしれないが、多分、郷の本音は、実力がもともとそんなにないのに自分は幸運なデビューをしてしまった。そのことに対して自分は必ずしっぺ返しされるだろう、と考えて、どうしようかと悩んでいたのだと思う。

ジャニーズ事務所を辞めたあとの［郷ひろみ］の戦いは、《原武裕美》という素の人間がジャニー喜多川が作り出した《郷ひろみ》という虚像とどう戦い、それをどうやって乗り越えるのか、それへの挑戦だったのではないか。それはジャニー喜多川と敵対していたというより、素質と容貌に恵まれた一人の若者がマネジャーが作り出した【郷ひろみ】というスーパーアイドルなイメージと格闘しつづけた、ということだったのではないか。そういう気がする。そのことに気がつくと、ジャニーが自分のところから出て行ったあとの郷に対して、あまり憎しみを持たず、案外優しかったわけもなんとなくわかる。ジャニーにも、［郷ひろみ］というタレントを完全なアイドルとして作り過ぎてしまったという反省があったのではないか。

わたしは遠くからだが、40年以上にわたってジャニーと郷のやっていることを見つづけてきたのだが、ジャニーも［郷ひろみ］以上の、ダミーの人形のようではないアイドルを作り出そうと必死で考えつづけ、郷は郷でジャニーの作り出した［郷ひろみ］を、つまりそれは自分をということなのだが、乗り越えようとしてきたのではないか、という気がする。

これは新御三家のひとりである、ということについても同じで、どうすれば、虚勢のアイドルから野口五郎のように歌唱に優れた歌手として存在できたり、西城秀樹のようにエネルギーに溢れた存在であり得るのかを、必死になって模索しつづけてきたのではないかと思うのだ。それでなければ、長期休暇をとって、ニューヨークに発声の勉強にいくなどということはしないだろう。彼は要するに、ジャニーがつくった［郷ひろみ］を徹底的に自分の考えているような郷ひろみに作り変えようとしたのだ。

ジャニーズ事務所を離れてからの郷ひろみとわたしは（彼がバーニングに移るのに前後して、わたしも雑誌の編集部を異動になった）、職場で顔を合わせても挨拶もしない、冷えた間柄になった。もう何十年も前のことだが、夜中に女房と二人でキャンティに食事に行ったら、隣のテーブルで郷と二谷友里恵さん（昔の奥さん）が口喧嘩していたりしたが、相変わらずバカだなくらいにしか思わなかった。これは、わたしに言わせれば、いくら子供の頃からの知り合いでも、別に用事もないし、仕事の関わりもないのだから、それでいいと思っていた。

わたしがあのときの彼が間違った選択をしたと考えていることを、はっきりと分かるようにした方がいいと思った。郷もおそらくわたしのことを、人の事情も知らないで、なに言ってやがるみたいな反感を持ってみていたと思う。

わたしには、郷ひろみは新御三家のなかでも〝飛び抜けて熱狂的なファンを持っていて、立ち居振る舞いもエネルギッシュ〟にも見えたが、郷本人は、自分を野口、西城と見比べて、いろいろな違いに気が付いて劣等感に苛まれていたのだった。わたしはそのことをあらためて知った。それを逆に、野口と西城は郷のアイドルとしての天性のカリスマみたいな輝きをうらやましいと思いながら見ていたというから面白い。

付録のような形になるが、西城秀樹と野口五郎についても書き添えておこう。

西城、野口がデビューした当時、わたしはフォーリーブスを担当していたから、当然、担当編集者になることなく、他の人が担当した。そのあと、郷の担当記者になるから、タレント本人たちと直接仲良くなっていくのにはちょっと時間がかかったが、それぞれのマネジャーたち、西城は芸映のハタノ氏、野口はプロダクション名を失念したがコダマさんとはすぐ仲良くなった。

これは前に西城秀樹の追悼記事でも書いたが、わたしは野口五郎とはそれほど大仕事はしていないが、新雑誌（『スタア』）でインタビュー記事を書かせてもらっている。週刊平凡当時の取材スケジュール帳などを見ると、回り持ちの連載企画で、［マネジャー日記・野口五郎の巻］とかで取材している。また、それとは別にこれはなんの取材で時間をもらったのかわからないが、1982年の2月18日の午後2時から2時間、彼の時間をもらってインタビュー取材している。

西城秀樹とは、これもゴローと同様に年に何度か、コメントをもらったり、インタビューさせてもらったり、写真撮影をやらせてもらったりしていた。三人を比較すると、野口は歌オタクと前述したが、「歌の求道者」と書いてふさわしいような一途な歌手だった。

郷は逆に自己表現ということに徹底的にこだわって、自分の可能性を追求しようとしたタレントだった。彼についての見方が変わっていったのは、郷がテレビで、55歳になったことで、余計勢いづいて面白がって「ゴーゴー！」とやっているのを観て、コイツもやっぱり芸人だな、と思ったことからだった。

そしてヒデキだが、先日の追悼記事で、わたしは彼のことをディープ・パープルのイアン・ギランやクリーデンス・クリアウォーター・リバイバルのジョン・フォガディのような不世出、希代の絶叫型ロックンローラーだったと書いたが、それとは別に、彼ほど自分のまわりの弱い人たち、スタッフや新人歌手の人たちを思いやる、優しい人間はいなかった。同じ事務所だった岩崎宏美、河合奈保子、浅田美代子らはヒデキの熱狂的なファンだったし、山口百恵や松田聖子まで本当はヒデキのことが好きだったという。自分が下積みで苦労した分、人を思いやる男だった。

ここの部分から愛称で書くが、ヒロミはジュリーやヒデキ、ゴローのように歌唱力を磨き上げて歌の完成度を追求して、聴く人たちを感動させようとする歌手ではなく、ステージやテレビメディアの前で繰りひろげる一挙手一投足のなかでなにか、生きることに関わるメッセージを表現しようとする芸人なのだ。歌も昔に較べればずいぶんうまくなったが、むしろ、それより、生き方を見せつける、ビートたけしや堺正章などと同じようなタレントなのである。

そのことに気が付いたあと、わたしが彼の歌のなかで一番好きな「哀愁のカサブランカ」をあらためて聞き直してみた。何十年か前に聞いたときには、本歌のバーティ・ヒギンスがうたった歌の方がいいやと思ったが、あらためて聞いた彼の「哀愁のカサブランカ」は心にしみた。

♪抱きしめるといつもキミは洗った髪の香りがした
　まるで若すぎた季節の香りさ　結ばれると信じてた

といううたい出しで、清純な若者の恋心をうたった歌だ。

それにしても、当たり前のことだが、今年、わたしが74歳になったら、新御三家は67歳になってしまった。それがどうしたといわれると困ってしまうのだが、15歳の中学三年生が52年生きて67歳になった、そしてひとりは亡くなってしまっている。それを思うとなんだかため息をつきたくなる。当たり前のことなのだが、自分も含めて、人間はこうやって成長し、変化し、年老いて死んでいくのだなと思う。そんな無常なことをあれこれと考える。

そして、そんな思いのなかで、長い時間がかかったが、わたしは初めて郷ひろみという人間の生き方が少し理解できるようになったような気がしている。インタビューなどで郷は自分のことしかしゃべれない、狭隘（きょうあい）な、社会性を疑わせるようなところがあるが、彼もやはり、自分という精神の荒野を疾走しつづけようとするチャレンジャーのひとりだと思う。

ヒデキが死んで、新御三家は永遠に失われてしまったが、このあと、ヒロミとゴローにはヒデキの分までがんばって、元気で活躍してほしい。

沈黙図書館　番外編2

新御三家の歌

わたしが書いている芸能人の話は、いつも芸能にこむずかしい理論や理屈を持ち込んで、作品やタレント本人のステキさ＝カッコよさそのものの価値を半減させているところがあるのではないかと思う。芸能の本質はなにかというのは重要な問題だが、基本的には、もっと気楽に、感覚的に《いけてる》《いけてない》という感性のレベルで語られるべき事象のことがらだと思う。

それで、ここでそういう原稿を書いてみる。

わたしがベストで好きな［新御三家］の歌はなにか、という話。むずかしい理屈は書かない。

わたしもそう熱心に新御三家の歌ばかり聴いていたわけでもないし、ＬＰ＝ＣＤもそう何枚も持っているわけではないから、大きなコトはいえないのだが、それでも、「この歌はアイツらしくていいな」と思う歌や「この歌、ステキだな」と思う歌がある。わたしの選曲は平凡＝月並みで、異論があるかも知れないが、好き嫌いの世界の話なのだから、目くじらを立てずに読んでいただきたい。

まず、野口五郎の歌。これは『青いリンゴ』と『私鉄沿線』で決まり。

『青いリンゴ』をうたったときのゴローはまだ15歳だったが、彼は本当にこの歌に救われたと思う。この歌がヒットしなかったら、（実名をあげて悪いが）本田孝（ほんだたかし）とか、本郷直樹とか、《ヤング演歌路線》を選んでデビューし、結局、歌手としては大成できなかった人たちがいるのだが、そういう人たちと同じ道を歩いていたかも知れない。ゴローはこの曲が最初のヒット曲で、このあと、いくつも彼の歌唱力がなければ歌いこなせなかったに違いない熱唱型のラブ・バラードがあるのだが、わたしのベストは『私鉄沿線』。

『私鉄沿線』もいい歌なのだが、何度も聞いているウチに〈その女はゴローのことがイヤになって別れたのに、そいつにもう一回、どっかでお茶しないかって誘ってるんだ〉という、歌の趣旨がなんとなく伝わってきて、女にフラれた男の未練を歌った歌だとわかる。わたしにもそういう経験があるから、なんだかそういう気分はホントによく分かり、〈ああ、オレもそうだったよな。アイツともう一回、どこかの喫茶店で会って、「もう絶対、浮気はしない」とか、「お前以外は女じゃない」とかいって、自分のバカを謝りたかったよ〉というような気持ちにさせられる。そういう（もしかして女遊びが過ぎて）本当に好きな女に捨てられてしまった男の心情をこのくらい上手にまとめた歌は他にない。

つづいて、郷ひろみ。この人もいろんなバリエーションのヒット曲を持っているのだが、わたしがこの人の歌で好きなキーワードは［哀愁］。この言葉は、舟木一夫が『哀愁の夜』をうたったりしているし、田原俊彦に『哀愁でいと』という曲があるのだが、この言葉が一番似合うのは、やっぱり郷ひろみだと思う。1974年の『よろしく哀愁』、1982年の『哀愁のカサブランカ』の二つは絶品。ヒロミの歌は自分がいっとき担当記者だったこともあって、いろいろに聞いてきたが、まず、この2曲を思い出す。

74年の『よろしく哀愁』は、現在進行形の恋愛で、〈2人で暮らせる秘密のアパートが欲しいね〉という歌なのだが、その8年後に歌っている『哀愁のカサブランカ』は失われた恋の思い出を哀切に歌い上げている。〈あのころのぼくたちはきっと結ばれる、と信じていたね〉みたいな歌。これも、わたしとしては自分の経験＝記憶と結びついて、なかなか心中穏やかに聞くことの出来ない、甘美な、それこそ哀愁に満ちた歌なのである。

どうも、新御三家だけの話だけではなく、わたしは黒沢年男の『やすらぎ』とか沢田研二の『LOVE〜抱きしめたい』とか、森進一の『冬の旅』とか、上手くいかない恋愛の顚末(てんまつ)をうたった歌が好きなのである。

そして、最後の西城秀樹だが、このひとにはとにかく、求愛・絶叫型の歌が多い。

ダイレクトに〈オレはお前が好きだ〉と歌いかける歌は、女の子向けで、女の子たちはみんな、ヒデキのこういう歌を聴いているウチに、秀樹は自分のことが好きなんだと思わせてしまう、魔力のようなものがあった。この一連の歌をディレクションしていたのはＲＣＡビクターのロビー和田だったが、歌謡曲としての完成度は高い。というのは、いま、繰り返して聞いても歌の説得力がなくなっていないな、という感じがするからだ。けれども、男のオレとしては、この歌、いいなと思うのはそういう女の子たちに求愛をアピールする曲ではなく、ヒデキの〝男の心意気〟を歌った『若き獅子たち』と、〝年の差・恋愛による失恋〟を歌った『ラスト・シーン』という、ヒデキにしてはリズムを押さえたラブ・バラードといってもいい歌があるのだが、この歌がなんともいえず、好きだ。

『若き獅子たち』は男の格調を歌にしたような阿久悠作詞の作品なのだが、問題は『ラスト・シーン』。こちらの作詞も阿久悠で、こういう歌だ。

何年でも待つよといったら　あなたはさびしく微笑みながら♪
そんなことをしたら不幸になるわ　忘れた方がいいという
ありがとう　しあわせだったわ
一緒に歩けなくてごめんなさい♪

あたたかい春の陽ざしの中で
熱があるように　ぼくはふるえてた♪

もう恋などしないといったら　あなたは馬鹿ねとつぶやきながら♪
そんなことをいって困らせないで　無邪気な方がいいという
ありがとう　しあわせだったわ
出来ればもっと早く逢いたかった
にぎやかな街の通りの中で
夢をみたように　僕は泣いていた♪

この歌も阿久悠の作詞だが、物語の主人公は多分若い男と、年上の女。男のなかにある年上の女へのあこがれと、そういう形の悲恋を歌い上げている。わたしもそうだったと、一般論のレベルに落として書くのだが、男は誰でも年上の女に憧れる。年上の女は男のコである若い男に、教科書に書いていないような、いろいろなことを教えてくれる。具体的な自分の経験を書いてもしょうがないので、そこまではやらないが、あのとき、わたしは25歳であの人は31歳だった。彼女は女のことを全部、教えてくれた。そういう人もいた。わたしが70歳になっているのであれば、彼女は76歳になっているはずだ、と絶望的な気分で、年の差のことを思い出す。オレのことなんか、とっくに忘れているだろうけれどね。

ヒデキの歌のなかではこの歌だけがちょっと異質のような気がする。

わたしは歌謡曲が好きで、気分的にへこんでいないときはだいたい歌謡曲を聴いているが、なにが好きかといって、歌の背後にひろがっている、だいたいは男と女の話なのだが、人生の物語が好きなのである。ヒデキが年上の理想の女に出会ったかどうか、それはオレにはわからないというか、具体的な事実関係についてはなにも知らないから、書かない。

ただ、自分の人生の遍歴というか履歴を顧みてそう書くのだが、たくさんの愛を失っているからこそ、最後に残った、壊れないですんだ愛が尊い。

男は結局、最後ひとりの女に愛を捧げて死んでいくものだ。

そんな思いのなかで聴くヒデキの歌は、多くの物故した歌手たちがうたった歌と同様のある種の哲学性を帯びて聞こえてくる。

第三章　西城秀樹を研究する

ここにはわたしのブログの読者で、西城秀樹の熱心なファンの方たちから送られてきたレポートを収録している。専門的なテーマを研究するために大学院に通い、別の大学で講師として教壇にたっている女性、ヒデキ大好きのあまり、思わず書いてしまった論文とか、ほかにもいろいろある。文章力は第一章に登場したジャーナリストたちと比較して遜色ないとわたしは考えている。

彼女たちはいちおうみんな匿名希望で、作家でもペンネームを使う人がいるのだから、そのことについては許容した。ただ、ヒデキを深く愛していなければ書けない原稿ばかりだと思う。

彼女たちの原稿を読むと、いまも西城秀樹を忘れられずにいるファンの人たちは、もちろんさまざまなこころ模様を描いているのだが、それが、いくつかのタイプに分かれていることも、彼女たちが書いてくれたレポートで知った。

これらのレポートは西城秀樹の事蹟を記録したジャーナリストたちの原稿（＝コール）にたいしてのヒデキファンからのレスポンスでもある。

西城秀樹ファン心理自己分析レポート①

心のなかの西城秀樹さんと共に生きた五十年

文◇いとしの南十字星（ハンドル・ネーム）

私が西城秀樹さんのファンになったのは小学校低学年の頃だったかと思います。当時の自分自身のことすらよく覚えていないので、何がきっかけか残念ながらはっきりとは思い出せないのですが、おそらく「情熱の嵐」の頃だったでしょうか。

1970年代といえば、テレビが娯楽の主役だった時代でしたから、歌番組もそれは数多く、毎日のように姿を見ていて、気がついた時にはすっかりその魅力のとりこになっていました。長い手足でシュッとしたスタイル、ブラウン管から飛び出てきそうな情熱的なアクションと歌い方、それに加えて王子さまのような衣装、歌番組を見るのがドキドキワクワク、それは楽しみでした。難しいことはわからない。けれどもとにかく理屈抜きで、何をやってもカッコいいし、アクションがビシッと決まって、誰よりも絵になる。同じような男性アイドル歌手はたくさんいましたが、私の中ではなんといっても秀樹さんがナンバーワンでした。

まだ小さかったし、地方に住んでいたため、コンサートや公開収録など、生の秀樹さんの姿を見る機会は全くありませんでしたが、その頃はテレビやラジオ、そしてレコードを聴くだけでも十二分に楽しむことができました。なぜなら「紅白歌のベストテン」や「夜のヒットスタジオ」、「ザ・ベストテン」のような歌番組には毎週のように出演していたし、それに加えてドラマやラジオまで、全部見たり聴いたりするだけで精いっぱいでした。今から考えると、テレビ番組はほとんどが生放送でしたから、それだけ猛烈な人気だったということ。食事する時間や寝る時間もないほど忙しかったはずです。ただでさえ細い身体を、文字通り身を削るように歌っていた印象があり、それがまたカッコよかったのです。

どうしてもビジュアル面から取り上げられることが多いけれど、スタイルやアクションなど外見の良さだけではなく、秀樹さんの本当の魅力は歌そのもの。「歌唱力」とひと言で表現すると簡単ですが、うまいということに加えて、曲の持ち味を十分に引き出す力がありました。これからでも、もっと高く評価されていいと思います。

シングルで言うと、「情熱の嵐」や「薔薇の鎖」のようなノリのいい曲は軽やかに、「ラストシーン」や「遥かなる恋人へ」などは包み込むようにあたたかく、「ブルースカイブルー」や「若き獅子たち」のような壮大な曲は雄々しいスケールで、「愛の十字架」や「傷だらけのローラ」ならふり絞るように全身全霊で、曲が増えるたびにその幅が広がっていくのを感じていました。緩急取り混ぜメリハリのある歌い方ができるから、ロックを歌えば心躍り、バラードを歌えば魂が揺さぶられるのです。一年の中でも四季のそれぞれの雰囲気に合わせた楽曲、またワンステージの中でもメリハリのある選曲、こんなにバラエティにとんだ歌を楽しめたヒデキファンは、一番ぜいたくな経験をしているのではないでしょうか。

一番聞かれて困るのは「どの曲が一番好き？」という質問です。一曲に絞るということがなかなかできないのはうれしい悩みでもあります。

歌詞がはっきり聞き取れて、その情景が映画のように目に浮かぶ表現力の高さも大事なポイントです。小さい頃は、かなり大人の世界の歌詞がダイレクトに耳に入って、正直気恥ずかしくなることもありました。悲しい愛を歌った時は、その世界に入り込み過ぎて聴くのが辛くなるときも。「ジャガー」や「ボタンを外せ」、「サンタマリアの祈り」など、今になって楽曲の良さに気づいた歌も多く、当時は敬遠していたのが本当に悔やまれます。

「夜のヒットスタジオ」のオープニングメドレー、秀樹さんが次の人の持ち歌を歌う時は、「そのままフルコーラス歌ってください！」といつも思いながら見ていた私。どんな曲でもすっかりヒデキ色にして歌うのがとても好きでした。洋楽・邦楽、ジャンルにこだわらず、他のアーティストの曲をいち早く取り入れたカバー曲が多いのも秀樹さんの特長です。

かつてテレビの歌番組で井上陽水さんの「夢の中へ」を秀樹さんが歌ったことがありました。

当時は井上陽水さんの歌とは私は知らず、ヒデキの新曲と信じこんでしまっていて、恥ずかしい思いをしたのも今では笑い話。それくらい、借り物感がなかったということなのです。その影響か、以降はオリジナルなのか他のアーティストの曲なのか、よく確認するようになりました。

カバーするにしても、皆が知る大ヒット曲に限らず、アルバム中の隠れた名曲であるとか、まだ知られていないアーティストでも感じのよい曲が選ばれていました。どこから探してきましたかと尋ねたくなるような選曲センスにも驚いたし、どれだけアンテナを張ってさまざまな曲を聴きこんでいるのかと感心したものです。歌番組やステージで秀樹さんが他の人の曲を歌うのを聴いて初めてオリジナルを知り、レコード屋さんに買いに行ったという曲も多くあります。世界にはこんなにステキな曲があると音楽の世界を広げるきっかけをくれたのも秀樹さんでした。

そういったことがきっかけで、学生時代はＦＭラジオで洋楽をよく聴いていました。特定のアーティストを、というものではなく、とにかくヒットチャートに入ってくる曲を手当たり次第に聴いていました。80年代、おりしも米国ではＭＴＶが始まったころで、洋楽ミュージックビデオの番組がいくつも始まり、それもよく見たのを覚えています。それでも不思議なもので、秀樹さんから離れて誰かのファンに移ってしまうということはなく、秀樹さんがホームのような感じで、そこを軸として枠を広げていくように音楽を楽しんでいました。当時の洋楽、「ホットスタッフ」や「素直になれなくて」、「セパレート・ウェイズ」など、自分が聴きなじんだ曲を秀樹さんが歌ってくれた時は、とてもうれしかったものです。そして、いつかは秀樹さんが世界でも活躍して、

ＭＴＶで取り上げられたら、なんて期待もしていました。

秀樹さんの最大の魅力はやはり、テレビの歌番組では収まりきらない、ライブでのパフォーマンスではないでしょうか。

初めて行ったコンサートは、大阪球場。それも10回目、最後のスタジアムライブでした。最後だからということで行けることになったコンサートは、初めて秀樹さんのステージを見た私にとってそれはもう驚くことばかり。広い球場を所狭しと走り回って、たった一人であの空間の空気を埋め尽くし、全ての人間を魅了してしまうパワー。トラックで客席の近くをめぐってコンテナの上に乗って歌ったり、クレーンで操られたゴンドラに乗って客席の上空で歌うようなアクロバティックなステージは、至近距離で秀樹さんを見られるドキドキと「アブナイ！」のドキドキとがごちゃ混ぜになっていました。

10年の集大成ということで、これまで使われた乗り物（？）も総動員されたようで、開演前にグラウンドに置かれていたその乗り物たちは、失礼ながら普通のハリボテに見えましたが、いざ秀樹さんが乗ってスポットライトが当たると、ゴンドラやイーグルまでカッコよく見えました。当時は巨大ビジョンなどなかった時代、観る人にどうやって楽しんでもらおうかと毎年考えて生まれたアイディアの結晶だったのかなと今では思います。

何より感動したのは、ゴンドラに乗ったり走り回ったり、一瞬も立ち止まることなく激しく動き回っているのに、最後までどの歌も声がかすれることもなく、全くおろそかにならなかったこと。秀樹さんの持つ歌のエネルギーをまざまざと見た日でした。

それ以来、コンサートに行くのが楽しみになり、できる限り見に行きました。会場の大小にかかわらず、どのステージも最後まで全身全霊で挑む秀樹さんに、パワーと感動をいつももらっていました。中にはシングルリリース曲をほとんど歌わず、洋楽やカバー曲だけを歌うステージもあり、当時は少し寂しく感じることもありましたが、何歩も先を行く選曲センスはなお衰えず、いつも驚かされていました。

70年代の躍動感あふれる若い秀樹さんももちろん素敵ですが、80年代に入って髪を短くしてからの秀樹さんも魅力的で私は大好きです。アクションも年が経つにつれて動きは抑えられ、その分、身のこなしの美しさ、カッコよさは渋みを増していったように思います。自分の裁量で歌えるようにもなり、歌声もますます充実していたように感じました。

私も社会人になり、仕事の都合で時間が取れないときもありましたが、それでもできるだけコンサートには行くようにしていました。２０１０年以降のライブ、特に病気の後は、その影響もあったでしょう、思うように動けないこともあり、ステージに立つのも大変なのではないかと思われる時もありました。個人的には見ていて辛いところもありました。そこまでして大変な姿を見せる必要はないのではないか、そう思うこともありました。それでも、懸命に歌う秀樹さんを見るうち、ただ歌を届けたい、誰かの前に進む力になりたい、そんな秀樹さんの気持ちを、ここまで続けてきたファンならば受け止めなければいけない、あらためて思いながら家路についた２０１７年秋のコンサート。この時は、まさかこのステージが私にとって最後になるとは思いもしていませんでした。

その知らせはあまりにも突然でした。テレビのニュース速報で流れた訃報は、到底信じがたいものでした。毎日のようにリハビリに励んでいたはずなのに、まさかこんな日がやってくるとは、ショックでしばらく立ち上がれないままでした。応援している人が天に召されるのはファンにとってでも大変辛いことですが、何より、秀樹さん本人が一番無念だったのではと思うとなおさら辛かったです。もっと歌いたかったでしょうし、夢もいろいろあったことでしょう。ファンとしても、うまく体調と相談しながら、ずっと歌い続けていけるものと信じていたのに。若い頃の不摂生がたたったと言われてしまえばそれまでですが、あまりにも早すぎる。その日は何を食べたか、いつ寝たかもわからない状態でした。

翌日、思いをはせつつ「ブルースカイ ブルー」を聴いていて、「もう二度と会えぬ あの人だろう」のところで涙があふれてしまいました。若き日の愛する女性との別れを思い返した曲ですが、こんな時に心に刺さるとは思ってもいませんでした。そして、青山斎場でのお見送りの時にもこの曲が流れ、またまた涙、涙。今では少し落ち着いた気持ちで聴くことができるようにはなりました。もともとファンの中でも愛される名曲であり、私自身も大好きな曲、「ブルースカイ ブルー」は、さらに意味を持つ、忘れられない曲になりました。

訃報のあと、多くの親しかった方々から、秀樹さんの気さくな人柄やあたたかいエピソードを話してくださることがあります。そんな人柄は、実際に会ったことのない私でもテレビの画面を通してうかがい知ることができました。例えば歌番組で、次に歌う人へのちょっとした気遣いなど、台本や演出のないところで垣間見える優しさ、周囲への細やかな心配りがありました。あれほど忙しいのに、どうしてそこまでできるのか不思議でした。まだ人生経験の少ない私にとって秀樹さんは、学校では教えてくれない人生の師匠のような存在。最後の最後まで、まさしく身をもって人としての生き様を示されたと思います。

何より音楽が心から大好きだったのだと思います。音楽のためなら、どんなことでも懸命に取り組む前向きな姿勢、うまくいかなくても簡単にはあきらめない強い信念があったから、「スタジアムコンサート」や「ペンライト」、「マイクアクション」など、今までなかった新しいことも実現できたのかもしれません。

もちろん師匠には到底追いつけない私ですから、秀樹さんはこれからも忘れることのない心の道しるべであり続けるでしょう。残念ながら、秀樹さんが生で歌うライブはもう見られませんが、今からでもかつての映像が公開されて、多くの人にその魅力を知ってほしい、そう願っています。

昭和の歌謡界に新しい風を吹き込み、さらなる発展に貢献した唯一無二のアーティストとして、そして何千に及ぶ楽曲も、これからもずっと語り継いでいきたい。同じ時代を共にできたことがこの上ない幸せです。

・いとしの南十字星◇1965年生まれ　兵庫県出身　東京都在住　会社員

西城秀樹研究レポート①

♪『ブルースカイ ブルー』の歌詞の研究

文・ＫＡＹ

□前提：歌詞の解釈は人それぞれ

この歌の作詞者は阿久悠氏である。したがって詩作の真意は、本当は阿久悠氏に聞いてみないと分からないのだが、氏が故人であるということ、そして何より、歌の歌詞というのは、いったん世に送り出されたあとは、作者の手を離れて、受け取り手（聴き手）に委ねられているので、「自分が思うように解釈してよい」、そしてその解釈はその人の中で時を経て「変わってもよい」。つまり、「若い頃はこう思って聞いていたけど、今聞くとこういう意味だと思う」など。聴き手は常にその歌を「自分と重ねて」聴くので、年を重ねて経験を増すほど、思い当たることが増え、解釈は当然、変わっていくものだ。

２０２０年5月17日放映のＴＶ番組『関ジャム』（以下、『番組』）で、若い頃は歌詞の意味を考えることなく、若者の「青雲の志を歌うさわやかな歌」だと思っていた、という意見があるのもそのためである。もちろん、どれが正解、というものはなく、人それぞれ、自分と重ね合わせて解釈しながら、この歌を愛し続けている。

ここでは、その歌詞の解釈のしかたをまとめてみる。大きく分けて次の２つ。

1．共通の解釈（背景とタイトル）
2．解釈が分かれるところ

□共通の解釈

（1）背景

だれもが共通に持つ解釈の一つは、この歌詞の背景であろう。
この歌は『番組』でも紹介されていたように「略奪愛」であると言われる。とはいえ、多くのファンはそれで済まされるのを良しとしない。これは青年が既婚の女性を奪うという独りよがりの愛ではなく、相手を思いやったうえでの純愛。1番はそれを貫こうとする青年の強い意志である。これが2番に進むにつれて「制裁を受け、引き裂かれる」悲しみへと変わり、少し時がたった今、「過去を受け入れ懐かしむ」気持ちへと成長していく。

［1番］♪あのひとの指にからんでいた～無茶をいったあの日
①あの日＝既婚の「あのひと」を奪おうとした日
←
略奪愛（純愛ゆえの）

［2番］♪いたずらで人を泣かせるなと大人から頬を打たれた〜愛が消えたあの日
大人＝「あのひと」の主人 or ぼくの親
②あの日＝「あのひと」と別れた日
←　制裁を受け引き裂かれる
♪少しだけ時が行き　もう過去と言える恋の日々を
①の日々＝「あのひと」を奪おうとした恋の日々
←　過去を受け入れ懐かしむ

（2）タイトル（「ブルースカイブルー」）

もう一つの共通認識はタイトル、「青空の、その青さ（ブルースカイブルー）」である。歌のタイトルであるのに、歌詞の中には出てこない「ブルースカイブルー」。これがどのような意味を持つのか。

あの人が連れ去られたあの日、理不尽な別れによって一人で「悲しみの旅立ち」をした日、暗く沈む青年の気持ちとは裏腹に、見上げる空は雲一つない青空（ブルースカイ）だった。青空は本来、人を晴れやかな明るい気持ちにさせてくれるものである。しかしながら、あの日の晴れわた（ブルースカイ）はその時の自分には「まぶしすぎた」。そして空の目に染みるほどの青さ（ブルー）は、悲しい青年の気持ちを心に刻み込んだ。「青空の青さ」は、青年が青空を見るたびに、あの日のことを思い出させる。だから「青空の 青さ」、「ブルースカイ」と「ブルー」と間に半角が入っているのである。

（ちなみに、悲しい心と裏腹のお天気という意味では、ユーミンに『悲しいほどお天気』という楽曲がある）。

しかし時がたった今では、青年は悲劇に終わったつらい「過去」と決別して、今は楽しかった恋の日々の「過去」として懐かしむことができるようになった。青空の青さ(ブルースカイブルー)が青年の気持ちを浄化してくれたのであろう。

これまで多くの人たちがSNS上で、「青空を見上げるたびに空の青さが切なく悲しい」というツイートを上げている。この詞では「青空の青さ」が、青年に、彼が「悲しみの旅立ち」をしたときの悲しく切ない気持ちを思い起こさせるのであるが、ファンの我々にとっては、青空は、ヒデキが「悲しみの旅立ち」をした日の青空を思い起こさせる。だから、青空がやってくるたびにヒデキの不在を感じ、目に染みるその青さが切なく悲しいのである。

□解釈の分かれるところ

一般的には以上のような、略奪愛に始まり過去を受け入れて前に進もうとする青年の完結した成長物語、という解釈であるが、この歌詞の解釈にはさまざまな可能性があることが多くの人によって語られている。異なった解釈を与えるのは、主に次の3つのキーワードによる。

〈解釈のためのキーワード〉

①「もう二度と〝逢えぬ〟」:「逢えぬ」の解釈は1通り

②「悲しみの旅立ち」　:2通りの解釈

A「あのひと」と別れた「あの日」のことを、「悲しみの旅立ち」(悲しみが始まった日)と言い換えている

B「あのひと」が遠いところに「旅立った」、すなわち亡くなったこと

③「〝悲しみ〟は〝余りにも〟大きい」:

〝悲しみ〟の解釈は2通り

A「あのひと」と別れた悲しみ

B「あのひと」が亡くなった悲しみ

〝余りにも〟大きい　の解釈は1通り

これら3つのキーワードによって、いくつもの解釈ができるようだ。

主なものは次にあげる3つ。ただしあくまで「可能性」の話であることを念押ししておく。

❶解釈その1：「あのひと」は生きている。

〈キーワード〉

①「もう二度と〝逢えぬ〟」

②A「悲しみの旅立ち」は、「あのひと」と別れた「あの日」

③A「〝悲しみ〟はあまりにも大きい」は、「あのひと」と別れた悲しみ

あの人と無理やり別れさせられたあの日以来、青年は青空を見るのがつらかった。まぶしすぎる空の青が当時の悲しみを思い出させるからである。でもそんな青年も、少しだけ時がたった今、雲一つない青空（ブルースカイ）のその空の青さ（ブルー）を見ていると、悲恋に終わった過去も、今となっては懐かしい「恋の日々」だと受け入れることができるようになった。そして新しい人生／恋に向けて、やっと「あのひと」に「さよなら」を告げる気持ちになった。

体と心に染み付いたこの皮肉な対比（コントラスト）を、あの日以来ずっとぼくは忘れることができなかった。青空を見上げるたびに、あの人のこと、別れのあの日のこと、つらい過去を思い出してしまう日が続いた。悲しい思い出であるうちは、過去からもあの人からも決別できないからだ。

でも、少しだけ時が過ぎた今、空を見上げるとあの日と同じ青空。きっとこの青空はあの人が

連れてきてくれたんだな、悲しい過去になったけれど素晴らしい恋の日々があったことを忘れないで、そしてまた前を向いて歩いてね、と教えにきてくれたんだろうな。わかった。悲しい過去から懐かしい過去へ変えていくよ、過去と決別し新しく歩んで行くよ。もう二度と（恋人として）逢うことはできないのだから悲しみは大きい。だからせめて青空よ、遠くで同じ空を見ているであろうあの人に「さよなら」とお別れを伝えてくれ。

ちなみに自然に心を伝えてと託すという意味で有名な詩に、佐藤春夫の『秋刀魚（さんま）の歌』がある。

あはれ　秋風よ　情（こころ）あらば伝へてよ——
男ありて　今日の夕餉（ゆふげ）に
ひとり　さんまを食（く）らひて　思いにふける　と。

ひとり身になってしまった男が、一人で秋刀魚を食べ、そのしょっぱさが身に染みる、といった詩である。文学青年である阿久悠氏はおそらくこの詞を想いながら、大サビの文言を書いたのではと思われる。

さらに、恋の日々が懐かしく思う「過去」に変わるためには、かなり時間がかかるものだ。そこで大サビの前の♪ラ〜〜ララ〜〜ララ〜〜〜〜〜〜〜〜の16小節は、その時間の経過を表している、とラジオ番組『2R again』エフエムたちかわ（2020年5月17日放送）でカイエさんが述べている。作曲者の馬飼野康二氏、超 good job である。

ここで注目すべきはキーワード①「もう二度と〝逢えぬ〟」の漢字遣いである。

あの人は遠く離れたどこかで生きているから会うことはできるだろう、でも二度と逢って（もとの恋人の関係に戻っては）はいけない人だ、と青年は決意し、あの人と決別しているのである。

〈2通りの「あう」〉

※「会う」：人と人とが約束をして会う、偶然に会う。

「二度と会えぬ」：二度と約束して会うことも偶然会うこともできない、すなわち相手は亡くなっている可能性がある。

※「逢う」：「会う」の美的な表現で、親しい人との対面。（例）恋人と逢う

「二度と〝逢えぬ〟」：相手は生きている。しかし、親しい人、愛し合う二人として逢うことはできない、あるいは逢ってはいけない。

したがって、キーワード②「悲しみの旅立ち」は、この場合、「あのひと」と別れた「あの日」のことを表し、「悲しみの旅立ち」（「ぼく」の悲しみを背負った旅立ちが始まった日）と言い換えている。

❷解釈その2：「あの人」は亡くなっている。（病死or事故死）

〈キーワード〉

①「二度と〝逢えぬ〟」は〝会えぬ〟の意味も含む、と（無理やり）解釈する。

②Ｂ「悲しみの旅立ち」は、「あのひと」が亡くなったこと

③Ｂ「〝悲しみ〟は余りにも大きい」は、「あのひと」が亡くなった悲しみ

キーワード③

「大サビ」の存在理由と、「悲しみは余りにも大きい」

訃報後、『ブルースカイ ブルー』が何度も流されるうちに、この曲に「〝大サビ〟があったことを知らなかった」、「この〝大サビ〟が素晴らしい」というコメントをよく耳にした。この「大サビ」があるからこそ、この曲の解釈が変わってくるのである。

『番組』では、最後の大サビには触れられていない。おそらく、大サビの中の、「悲しみはあまりにも大きい」の解釈が重すぎるからであろう。阿久悠氏の歌詞をたどると、「二度と〝逢えぬ〟」の漢字遣いから、あの人には「逢えない」けど「会うこと」はできる、という解釈になる。そうなると、「あのひと」は生きているで決まり！　なのだけれど、「あのひと」は亡くなったのではないかと解釈している人もいる。

なぜだろうか？　おそらく次のような疑問が生まれたからではないだろうか？

恋の日々が「過去」と言えるようになり、青年の悲しみはひとまず和らげられたというのに、♪ラ〜ララ〜ララ〜の16小節を経て、大サビにきてなぜ突然また「♪悲しみは余りにも大きい」のだろうか？　そして何がきっかけで青年は今、青空を見上げ、なぜその日に限って、その青空は「あのひとが連れてきた」と思ったのだろうか？　そしてなぜ今また再び、青空にあの人への「さよなら」を託したのだろうか？

キーワード②

「悲しみの旅立ちに」
←
「あの人の悲しみの旅立ち」に
←
「悲しみの旅立ち」を知ったその刹那に

大サビにきて突然、♪悲しみは余りにも大きい、と新たな展開を見せる。

一応は過去と決別した青年が再び大きな悲しみに遭遇するのは、どのような状況であろうか。

おそらく、再び時が過ぎたある日、あの人の「悲しみの旅立ち」の知らせ、すなわち訃報を受けとったのであろう。大サビの歌詞は、その刹那に、新たな大きな悲しみがおとずれたことを物語る。

ぼくはあの日以来、あの人を忘れようとつらい日を送っていた。そこへ、あの人が亡くなった(病気か事故かはわからないけれど、いずれにせよ若くして亡くなった）という知らせが飛び込んだ。あの人の悲しい「旅立ち」を知ったその日も青空。あの人と別れた日もぼくの悲しい心と裏腹の青空。今日のこの青空は、遠い空へと帰っていったあの人が、お別れにぼくのもとに連れてきてくれた青空なのだろうか。「わたしとの恋の日々を良い思い出としてほしい、わたしは亡くなったけどそのことは忘れないで」と言っているかのように。

このように、「悲しみの旅立ち」の訃報にあたって、今日の青空が青年のところに、もう二度と逢えない（会えない）あなたを、(永遠の）お別れのために連れてきてくれたんだ、と考えることもできる。二度と逢う（会う）ことがかなわなくなったから、悲しみは大きい。だから青空よ、遠い空に帰っていったあの人に「さよなら」と伝えて、と空に思いを託した。「さよなら」は、あの人との永遠の別れを告げる「さよなら」であり、もちろん「そしてありがとう」という気持ちも含む。

そうなると、前述の♪ラ〜ララ〜ララ〜の16小節は、いったん過去の懐かしい思い出となってしまってから、ある日その人の訃報を聞くまでの時間の経過を表す。その場合には、新たな展開を表すには長い行間が必要だと判断した馬飼野康二氏のGood jobが再び光る。

❸解釈その3：「あの人」は亡くなっている。（自死）

キーワード③「悲しみは〝余りにも〟大きい」

あの人が亡くなった知らせをうけて新たな「大きな悲しみ」、いずれにせよ二度と会えないというのに、訃報を受けた刹那の悲しみが「〝余りにも〟大きい」という解釈は、ただ一つ、あの人はぼくと無理やり別れさせられ、元の生活に戻ったあとも、ぼくとの恋の日々ほどの幸せな、愛されていると感じられる人生を送ることができなかった、そしてぼくとも二度と逢うこともできない……その絶望のあまり、自ら命を絶ってしまった。――

こうなると、この訃報を受けた刹那の「悲しみは〝余りにも〟大きい」という歌詞がリアリティを持ってくる。なぜなら、この死がもたらす「悲しみ」は青年自身にかかわってくるからである。

ぼくと一緒にいれば絶望で死ぬようなことはなかったのに。

という後悔、これはもう取り返しのつかない悲しみである。「取り返しのつかない」悲しみほどつらいものはない。取り返しのつかないことに対しては、どんな言葉を言ってもウソになる。「さよなら」以外の言葉はもはや虚しいだけ。だから、今はもう、遠く空の向こうに行ってしまったあの人に「さよなら」と伝えて、と青空に託すことしかできないのである。

ちなみに、「取り返しがつかない」については、大江健三郎氏の「『自分の木』の下で」の中で、子どもの時、何より恐ろしかったのは「取り返しがつかない！」ということだ、と述べている。父の死に際してその遺体の側で母親が「取り返しがつかない！」と何度も言っていた、というところによる。人の死ほど「取り返しがつかない」ものはないのである。

□最後に

私自身は、『ブルースカイ ブルー』は「略奪愛」だとか「不倫」という下世話なモチーフの歌ではなく、あくまで相手を思いやったうえでの純粋な愛を貫こうとした青年の歌であると思っている。これはこの歌を初めて聞いた40年以上前と今も変わらない。ヒデキの曲には「短調（マイナー）」が多いのに、これは珍しい「長調（メジャー）」。原曲のキーは「F」なので、歌詞なしで曲だけを聞くと、たいへん美しい調べである。この曲にヒデキのさわやかな青年の声が乗っているのだから、独りよがりの「略奪愛」の歌ではなく、青年の純愛の歌である、と当初から感じていた。

ちなみに、私個人の解釈は❶、あくまで「あのひと」は亡くなっていない。二度と逢えないけれどなかなか忘れられない。悲しみはあまりにも大きいから。でも今日のこの青空を見て、悲しかった別れの日の青空を思い出した。二人だけが特別な意味を持つ青空を、あの人もあの日のこと、ぼくのことを忘れていないよ、と言うことを伝えるために、あの人が青空を連れてきてくれたんじゃないかと思うと、自分だけが同じ悲しい思いをしているんじゃない、だからやっときちんと「さよなら」を言えるようになった。その気持ちを同じ青空の下にいるあの人にとどけてほしい、というのが最後のメッセージ。

　でも私たちが青空に託してヒデキに伝えてほしいのは、「さよなら」ではなく「ありがとう」。これが「ブルースカイ ブルー」の歌詞と少々違うところ。「ありがとう」ヒデキ!!!

□番外

：『ラストシーン（1976年　阿久悠作詞）』の「あなた」のゆくえは⁉


『ラストシーン』の女性は、（病気で）余命が短いことを知っている。そのことを男性は知らない。ゆえに、年下の若い男性に別れを告げる、という見方もある。「そんなことをしたら不幸になる」（心を鬼にしてでも男性を自分のもとから去るようにし向ける、という男性に対する深い愛情）、「できればもっと早く会いたかった」（もっと一緒にいたいのに自分は長く生きられない、という悲しみ）、「あなたは寂しく微笑みながら」（女性のはかなさ、か弱さ）が表現されていると。

　阿久悠氏の詞の世界には、「生と死」がテーマになっているものが多い。生と死のぎりぎりのところで、自分たちの力では解決できないジレンマを抱えた中で、それでも精一杯、悩みもがきながら思いを遂げようとする人々の姿が浮き彫りにされる。それゆえにいつの時代も、聴き手が自分の人生と重ねて味わうことができるのであろう。

□あとがき

長々と読んでくださり有難うございます！　あくまで「個人の感想」なので、様々な解釈の一つとして自分の思いと比べながら読んでいただけたなら嬉しいです。ファンのみなさんにとって、おそらく一番「大切な」歌ですからそれぞれの思いは深いことと思います。いろんな方の『ブルースカイブルー』のお話を聞いてみたいです。

私自身は約40年前にこの歌を聞いたときに、まず、無茶をしがちな青春の甘酸っぱいイメージを抱きました。しかしその後、折に触れて聴くたびに、いろいろな箇所が気になり始めました。「二度とあえぬ」が、「会えぬ」か「逢えぬ」か気になってレコード店で歌詞カードを確かめたあの日、「逢えぬ」だったから、「よかった〜あの人、生きてた〜！」と安心したのも束の間。2年前のあの日、あの状況で改めて耳にした大サビ、

♪青空よ心を伝えてよ　悲しみは余りにも大きい――

またまた解釈が揺らいだのでした。それから2年後、ようやくいろんな気持ちをまとめることができました。少しスッキリ!?

これでやっと少し前に進める気がします。

ＫＡＹ◇１９５７年生まれ。大学非常勤講師。73年〜74年に山口県で支部活動を行っている。

□参考文献、引用コメントなど

松任谷由実(1999)「悲しいほどお天気」
佐藤春夫(1929)「秋刀魚の歌」
大江健三郎(2001)「『自分の木』の下で」
「関ジャム」（２０２０年5月17日放映）
「OTOTAKE　西城秀樹 週間記事ランキング『ブルースカイ ブルー／西城秀樹』かなわない恋…？ それとも永遠の愛…？」<http://ototake.com/matome/wqxFdr>
「西城秀樹の『ブルースカイ ブルー』ダム親父の歌探し、生きがい探し」
http://ameblo.jo/dam-oyagi/entry-10150765607.htl>
「ブルースカイ ブルー 西城秀樹 昭和の名曲シリーズ　その７」
http://gekko1236.blogspot.com/　2013/06/blog-post.html?m=1
「それゆけ！ドーナツ版万博　ヒデキは『自分の使命』として西城秀樹を演じていた」
http://news.1242.　com/articles/147675
「昭和歌謡あれこれ Vol.6 西城秀樹『ラスト・シーン』茶々吉24時
http://ameblo.jo/ikebero/entry-12376718856.html
「2R again」（エフエムたちかわ２０２０年5月19日放送）

西城秀樹ファン心理自己分析レポート②

『ミーハー』は長生きの秘訣～ひとりのファンとして～

文・KAY

まえがき～余はいかにして『ブーメラン組』となりしか～

西城秀樹――この文字を見るだけで心ときめく、「ヒデキと私」の接点を発見して喜ぶ、身の回りの全てをヒデキと結び付けてしまう、自分のやり方で「ヒデキと私」の関係性を作り出している、――多くのヒデキファンは、およそこのような感情と行動を共有している。

違うのは、ファン歴によって大きく「古参のファン（ヒデキのライブLPでヒデキと一緒に会場で綺麗な声で歌っているお姉さま方、と尊敬を込めて言われることが多い）」、「（訃報後、再びファンに戻った）ブーメラン組」、「新規」と分けられる立ち位置。しかしそれもファン同士がオンライン・オフラインで知り合うと、たちまち垣根が取り払われ、共にヒデキを応援する仲間（「ヒデ友」）となる。

同じなのは、ヒデキの訃報ののち、その肉体的不在にもかかわらず、ヒデキは我々の心の中に生きて存在している、と誰もが感じていること。訃報後、『2R（ツーラウンド）から始めよう』（77枚目のシングル曲）に因（ちな）んで、ヒデキとの「2R」を再び楽しもう、という捉え方が広く支持されていることからも、ヒデキが今なおファンの心の中に生き続けており、その楽曲が私たちを楽しませ、その生き方が私たちを魅了し続けているのは明らかである（註1）。

さらに自分が楽しむだけでなく、ヒデキの功績を次の世代に伝え残していきたい、という思いでそれぞれの活動（「ヒデ活」）をしている人も数多くいる。

私自身は「ブーメラン組」の一人である。現在63歳。仕事以外でこれまでハマったことと言えば、音楽、クイズ、絵画、などなど。好きになったらとことん突き詰める。ミュージシャンなら、その楽曲を聞くにとどまらず、コンサートに行く、ファンクラブに入る、関連雑誌や書籍を読む、ゆかりの場所を訪れる。あるいは、作家やスポーツ選手なら、講演会や試合などに出向き、ご本人に会い、その人の息づかいを直接、感じる。自分自身の目で見て聞いて、その人を丸ごとすべて受け取りたいからである。そして、何が自分をここまで夢中にさせるのか、その正体を確かめたいからである。

このように「私を突き動かす」ものの半分は、限られた自分の時間を使って夢中になる価値があるのか、というプラグマティックな性格に由来する。そしてあとの半分は、好きになったことはとことんやらないと気が済まない自分の性分、いわゆる「ミーハー」魂である。

そんな私が2018年5月16日のあの日、高校時代の2年間、身も心も捧げて夢中になったヒデキの訃報に接したとき、たちまち、今まで忘れてかけていたヒデキに「ブーメラン」し、いま再び、一日の大半が彼と共にある生活を送ることとなる。

なぜだろう？　なぜこれほどまでに私を突き動かすのか？

「余はいかにして『ブーメラン組』となりしか」

――これを解明したくなり、訃報以来、自分とシンクロする内容のツイートやブログ記事は片端からPCにデータ保存してきた。それらをまとめて凝縮したものがこのレポートである。

これは自分のヒデキレポート、というよりも、代表としてのレポートである。もちろん、ファンにはそれぞれの「ヒデキと私」の物語があるのだが、典型的なファンの一つの事例としてお読みいただければ嬉しく思う。きっとシンクロするところが多々あるだろう。

まずはファンになったきっかけから現在に至るまでの足跡を、時系列で紹介する。

始まりから現在までの経緯

①1974年（ヒデキ18歳）

本州の西の端で生まれた私は、16歳の時、高1まで続けてきたクラブ活動を辞めてしまい、打ち込めることが何も見つからない失意のうちにいた。久しぶりに出会った先輩に「部活をやめた」と言った時、「じゃあ今、何してるの?」と眉をひそめられ、「何もしていない、何もない」と答えるしかない自分が情けなくて恥ずかしかった。

そんなある時、何気なくつけていたラジオ番組で、耳に飛び込んできた歌――ビートルズを始め洋楽ばかり聴いてきた私にとって、歌謡曲の一つにすぎないけど、言葉の塊が力強く胸に突き刺さってきた、そしてセリフが――その瞬間、雷に打たれてしまった。

これが『ちぎれた愛』（6枚目のシングル）との出会い、今で言う「ヒデキ沼におちた」（ファンになった）きっかけである。歌謡曲を聞いてこんなにドキドキしたことはない。それまで意識していなかったこの男性歌手のことを、もっと知りたい、もっと聞きたいと思った。「ミーハー魂」に火を点けられた瞬間である。

その日以来、ＴＶ番組で「西城秀樹」の名前を探し求めた。求めなくても一日に2つか3つの番組に出ていた。とにかくテレビをつけたら、そこに彼がいた。そして「キャーッ！！」という声援を受けながら、大きく口を開けて、大きなアクションをしながら歌っていた。

もちろん、その姿かたちも美しい。さらに器械体操をやっていた自分の目から見ても、「振り付け」というよりも体全体で歌の世界を表現する身のこなし、ふとした所作、目線、指先に至るまで気を配られたその姿、バレエでもやっていたのかと思うほど美しかった。

当時は歌番組が多くあった。「8時だョ！全員集合」もバラエティーというよりは、「響きやリズムの宝庫。あらゆる音楽を偏見なく聴く姿勢を育ててくれた『音楽学校』だった。」（矢澤孝樹氏）（註2）。

また、音楽の聴き方も今のように各自が好きな音楽を取り出して聞く「個人型」ではなく、一家に一台のテレビで番組から一斉に提供されるものを聞く「共有型」。だから、その日初めて聴いた曲が「レコ大」など、あり得なかった。時代を反映し、だれもが口ずさめる、今でも口ずさめる歌が大賞を取った。1台のテレビと歌番組は古き良き時代のお茶の間の象徴であり、家族全員で見たシアワセな記憶を私たちに残してくれた。

ヒデキと出会ってしまった私の話に戻る。クラスでそれを公言すると、すぐに2人の仲間が見つかった。そしてファンクラブに入会した。当時は「支部制」だったので、支部から送られるファンクラブの会報を通して「ショー」（当時はコンサートではなくショーと呼んでいた）の申し込みをし、一日2回あるショーの合間には、「ファンクラブの集い」があり、それを知らずに初めて参加したショーの前に、ふだん着のヒデキが普通に出てきた時には、ホンモノとは信じられなかった。ショーの前には放課後の教室で、紙テープにアルミ箔を刻んで作った銀のラメを仕込んだ。ラジオのリクエストも書いた。とにかく楽しかった。当時はそんなことには気が付かなかったけど、「西城秀樹ファンクラブ」に入ったということは、部活のように、同じ趣味で熱くなり盛り上がり、同じ思いを共有できる仲間のいる新しい「居場所」を得たということだったんだなあ。しかもあの2年間、１９７４年、75年は、いわゆる「ヒデキの黄金時代」であり、新規ファンに「あの頃のファンの人がうらやましい」と言わしめる、キラッキラの時代だったのだ。自分が何ともシアワセな状態にいたことに、当時は気が付きもしなかった。

当時のヒデキは私にとって、ショーの時だけテレビの中から私たちの前に現れて、2時間くらいのショーが終わると、またテレビの中に戻っていく人だった。だから、ラストの曲のイントロが流れると、「いやだ～、ヒデキ、行かないで～！」と涙があふれたものだった。

また、ヒデキはラジオ番組もいくつか持っていた。「ヒデキとこず恵の楽しいデート」の番組は毎週日曜日に録音して繰り返し聴いていたし、歌謡曲のラジオ番組、特に公開録音番組には電話でリクエストをし、一度は採用されて、生放送の電話口で熱くヒデキを語ったこともある（初めての大阪球場コンサートのことを夢中でしゃべった）。

その2年間は、地元で行われるショーには全て行った。ある時は、『明星』に載っていた「ヒデキの過ごした広島の町紹介」の地図を片手に、ファン仲間と「広島聖地巡礼の旅」に行った。初めてゆっくり訪れる広島の町を気に入り、何よりヒデキとの接点がたくさんありそうで、大学に来るなら絶対にここ！　ここで生活したいなと思い、図らずも志望校が決定した。その後、全ての雑誌記事を処分してしまった（バカヤロウな）私であるが、その「広島の町紹介」の記事だけは、「生涯で一番大事な切り抜き」として、後生大事に保管している。

一方では、何とか本人に近づけないかと、『愛と誠』の相手役オーディションと、ドラマのお手伝いさん役に応募してみた。もちろん、採用はされないのは承知の上だけど、万が一でも1次予選が通ったら、2次予選で本人に間近で会える、その一心で。身の程知らずだけど、ホンキだった。

1974年の暮れ、レコ大では『傷だらけのローラ』で歌唱賞、初めての紅白には「ゾロ」の衣装で登場。2つ年上のヒデキが「少年から青年に」変わりつつあるキラッキラの時期を見ていたとは。今でも「長髪ヒデキ」が好きなのはこのためか。というか私にとって「短髪ヒデキ」はいまだに不思議な違和感がある。でもじわじわと短髪ヒデキに悩殺されつつある今日この頃のばぁばである。

②1975年（ヒデキ19歳）

受験体制に入る高3直前の春休みには、ファン仲間と大阪、東京、広島と、ヒデキ追っかけの旅に。目的は、大阪ではヒデキのショー、東京では芸映とファンクラブ事務所の訪問、そして広島では前回行けなかったところを訪ねること。母は呆れたけど、綿密な企画書を書くと、なんと父はスポンサーになってくれた。「取引をしている東京の店に『ふぐ提灯』を届ける」という大義名分を作ってくれて。私の「ミーハー」は、実は父譲りであったのかも。ちなみに、商売人の父は、昭和40年代前後のことを、「東京オリンピック、万博、と日本全体が活気にあふれていた。目が回るほど忙しかったけど毎日が楽しくてしかたがなかったな」とよく言っていた。

娘のミーハーな行動も、咎めることなくむしろ後押ししてくれた。

これで堂々と「ヒデキ追っかけツアー」に。もちろん、東京在住のファンのように、毎日のように公開番組を見に行ったり、芸映に通ったりすることはできないけど、せめてその真似事をしたかったのだ。いつもより後ろの席で見た大阪のショー、『あこがれ共同体』のロケ地だった原宿の街、当時流行の「マンションメーカー」、六本木のアマンド、芸映事務所で本人に手渡すことはできなかったけど、ヒデキの歌う洋楽の曲の歌詞を自分なりに和訳したノートを事務所の人に渡したことなど、今でも鮮明に覚えている。

広島では、お父さんの経営するパチンコ店に行ったり（高校生なのに！）、近くのケーキ屋さんで鏡にヒデキのサインが白いマジックで書いてあるのを見つけたりと、ヒデキ三昧の5日間だった。行きは大阪南港まで1泊のフェリーの旅、帰りは全線開通したばかりの山陽新幹線だった。

③1976年（ヒデキ20歳）

1976年2月29日、うるう年のこの日は伝説のTBS「セブンスターショー」の放映日。訃報後の多くの人がYouTubeでこの番組を見て「沼に落ちた」という番組であるが、私自身は全く記憶にない。もちろん私も訃報後にこの番組を知り、再び沼に落ちた！

彼のワンマン番組の中では「断トツ第一位」に輝く番組になったというのに、リアルタイムで見ていないとは！　それもそのはず、翌日の3月1日は高校の卒業式、そしてその足で広島に受験の旅に出かける予定の日であった。受験日は3月3日、4日。広島暮らしができるかどうか、運命の日であった。

結局、その年の大学受験は不合格、それでも広島に行くという決心は固く、予備校から広島へ。テレビもない下宿の4畳半で、しばらくは受験勉強に専念することとなった。

再び家族の話であるが、当時「女子の浪人生」は珍しかったため、家族への風当たりは強かったであろう。もちろん、私自身は世間体を気にして地元を離れ広島の予備校に通ったわけではなく、単にヒデキの故郷広島で暮らしたい、それだけであった。合格するまでは家に帰らないと決め、高校から家出同然で東京に出てきたヒデキの思いと重ね合わせていた。

さらに言えば、「寺内貫太郎一家」でヒデキ演じる周ちゃんと同じ「浪人生」になったことも嬉しかった。両親も「女だから…」とは一言も言わず、私の願いを叶えてくれた。これもまた一昔前なら難しいことだったかもしれない。

このようにして広島での質素な下宿生活が始まったが、テレビのない生活の中、ヒデキの面影を追い求め、予備校の同じクラスに「ヒデキそっくり」の男子（絶対的に身長が足りなかったが）を見つけて一方的に目の保養をする毎日だった。それでも秋には、受験勉強中の自分へのご褒美として、広島郵便貯金ホールで行われたヒデキのコンサートに行った（11月）。終わってから西蟹屋町の実家に行くと、多くのファンが帰りを待っていた。

いつ帰るか分からないから、遅いからみんな帰るように、と言われたけど、私たちの支部にも来られていた広島本部の方が私のことを覚えていて下さり、特別に「もうじき帰ってくるから」と教えてくれたので、みんなが帰った後も残っていた。地方から来たという年下の女の子二人と共に。そしてついにヒデキと遭遇！　実家が経営する「funky baby 西城」から出てきて（いつの間に入ってた!?）、すぐ隣の自宅の白いドアを開け入ろうとしたその瞬間、すかさず握手をと近づくと、すぐにマネージャーさんにダメダメ、と追い払われた。

それを見てヒデキは、これ以上ないサワヤカな笑顔で、「またね～」と言ってくれた。私たち三人だけのために!!　正確には、「まったね～ん！」というイントネーション。この時の声はいまだに耳朶(じだ)に焼き付いていて、いつでも再生可能である!!

その時の服装は、赤いセーターに赤い軍手手袋（毛糸の鎖あみのひもでつながれたものを首に引っ掛ける、当時はやったスタイル）とジーンズだった。最近、その時の広島コンサートと仲間の家での集まりを掲載した『明星』記事（SNSに上がっていた）でこの服装の写真を見つけたときは、大いに喜んだものだ。「夢じゃなかった！」一緒にその「夢」をみた女の子二人は、そのあと泊まるところがないというので、私の狭い4畳半の下宿に泊めたのだが、あの二人はヒデキの訃報をどう受け止めただろうか、今どうしているだろうか？

あの夢のような出来事を覚えていてくれるだろうか？

④1977年～その後

そして1年後に晴れて大学に入学。しかし、予備校時代、大学時代と下宿にテレビがなかったのは致命傷であった!!　あの黄金時代をリアルタイムで見逃した――これも今となって気づくこと。大学時代はバンド活動をしていたこともあって、同じ広島出身のミュージシャンの自作の楽曲にハマっていく。さらに結婚、出産、子育てという自分自身の生活の変化により、ヒデキの存在がさらに遠のいていった。

しかしながら時折、TV（時には地元広島のCM「いつも心にヒデキを」）で見かける姿や当時の歌には懐かしさを感じてはいたし、何かしら影響を受けていた。最も影響を受けたのは、川崎の白亜の自宅。お城のような豪邸の中を紹介する番組を見た。絵画や彫刻などを配置した美術館のようなその豪邸を見たとき、私もいつかこのような美術館をコンセプトにした家に住みたいなあ、と思った。それらしき夢がやっとかなうのは60歳を迎えてからである。また、「着物が似合う女性が好き」というインタビュー記事はよく覚えていて、いつか自分がそうなりたいと思っていた。着付け教室に通い、買い揃えていた着物をやっと自分で着付けができるようになったのも、同じく60歳を過ぎてからである。

２００３年の1回目の脳梗塞のニュースも驚きはしたが、それ以上にその前年、最愛の母を末期がんで失ったショックの方が大きかった。同様に結婚のニュースも、自分がファンである間に結婚しなくてよかったな、など全く自分本位の受け止めであった。

それでも、２００５年に広島の自宅近くの区民センターで行われた、脳梗塞に関する学会のシンポジウムに、パネリストの一人としてやって来る、という知らせには、飛んで出かけた。会場2時間前に行って並び、最前列に！　短髪のヒデキを初めて生で見た。相変わらず背が高く、カッコ良かった。長女の幼稚園の面接用に初めて紺のビジネススーツを作った話（そりゃそうだ、ピンクや紫のＴＶ用スーツで言ったら浮くわな、と一人でウケていた）や、奥さまと一緒に親子面接の練習をしている、といった話を聞き、ああ、『カタログ』の歌詞みたいに、いいパパになったんだなあ、良かったなあ、もう完全に元気になったんだなあ、と単純に嬉しかった。

しかしそのあと2回目の脳梗塞のニュース。再発がどの程度のダメージかわからないけど、それでもまたあのように復活するものと信じていた。

iPodを購入した時に、今は違法だが一時期までダウンロードし放題だったので、いの一番に、ヒデキの昔のYouTube動画をたくさん入れた。出演していたドラマ、映画、歌番組の動画を、高校時代の思い出として。家庭ビデオがまだ普及していなかった時代、二度と見られないと思っていた映像が、いとも簡単に見られるYouTubeの存在に驚き、感謝した。

そののち、30年間の広島での生活を終えて地元に戻ってきたタイミングで、ヒデキの最近の様子をSNSで検索して愕然とした。SNSの動画で見る最近のヒデキ、1回目のように回復していない。歩くのもやっと？　リハビリ？――その流れで、「ヒデキを応援したい」というコンセプトで始まったという「同窓会コンサート」の存在を知り、姉と二人で、近くで行われた「同窓会コンサート」に行ってみた。２０１６年8月、別人のようにあまり動かないヒデキ、表情もほとんど変えないヒデキ、それでも持ち歌を一生懸命立って歌うヒデキ。ショックではあったけど、今の姿を必死で見つめた。姉が心配そうに「大丈夫？」と聞いた。ＹＭＣＡのタオルを首にかけてペンライトを振る、会場のお姉さま方の姿がまぶしかった。

⑤２０１８年5月16日

そして運命の２０１８年5月16日。実際には逝去が公にされた翌日17日の午後を回ったころ。

テレビでは「ニュース速報」が流れたそうだ。どんな知らされかたでも、同年代には同じ衝撃が走ったことだろう。

「定食屋のテレビに西城秀樹のニュースが流れたとき、中高年のおじさんたちが嘘みたいに全員、手を止めて黙ってテレビを見た」というツイッター記事があった。

私は仕事中に偶然開いたタブレットのネットニュースでそれを知った。その瞬間から動悸が止まらなくなり、居てもたってもいられなくなり、高校時代のファンクラブ仲間にメールをした。でも、「残念だったね」くらいの感想で、それが本当に残念だった。

この世から居なくなったことを認めたくなくて、葬儀のニュース映像はまともに見なかった。番組を録画しているけれど、いまだに見られないでいる。ヒデキはコンサートで♪死ぬまで〜とか「死」という言葉の入った歌をいくつか歌っていたけど、そのつど「ヒデキが死ぬわけないじゃない」と思っていた。ヒデキは「死」から一番遠いところにいた。

♪君がのぞむなら、命をあげてもいい、なんて、ホントに逝くことないのに、ヒデキ……。

訃報の翌朝、次女から電話があった。

「お母さん、大丈夫？　西城秀樹ってお母さんが広島に行くキッカケになった人よね、この人がおらんかったら、うちら生まれとらんかったよね。感謝せんといけんね」。

確かに、ヒデキを追っかけて広島に行っていなかったら、娘たちの父親（大学の先輩）に出会うこともなく、彼女らも存在していない。

それにしてもこの衝撃。長い間ほっておいたのに、離れていたのに、この喪失感は何だろう？　どうやってこの空虚さと不安を埋めよう？　そうだＳＮＳだ！　と必死で毎日YouTubeを漁った。リアルタイムのツイッターの存在を知ると、私とまさに同じ気持ちの人がそこにはたくさんいた。行き場を失って漂っていた。でも漂う場所があった。またまた「居場所」を見つけて、教育現場では悪名高きＳＮＳを、初めて有難いと思った。

７月に広島で『愛と誠』の上映会があると知り、そこに行けば同じ思いのファン仲間と会えるに違いない、と飛んで行った。そこで数名のファンの方と知り合い、涙ながらに互いの話をした。やっと同じ思いを共有できる仲間に出会えたと思った。それ以来ほぼ毎日、グループＬＩＮＥで情報交換をしたり、時には一緒にイベントに行ったりして皆でヒデキを応援している。ヒデ友さんは私にとって大切な仲間である。

映画上映の間には、同級生の方々のトークイベントもあり、たっちんのやんちゃなお話や人柄が偲ばれるエピソードをたくさん聞かせていただいた。こんな素晴らしい仲間がヒデキを支えていたのだと感動した。

⑥その後（現在まで）

私が「ブーメラン組」になった大きな要因は、再びヒデキの歌のファンになってしまったことと、彼の人間としての素晴らしさを知ったことである。訃報のあと、１９８０年以後は自分の中でほとんど更新されていないヒデキの曲を、猛烈に聴き始めた。

悲しい（嬉しい）ことに、87枚のシングル曲のうち、半分以上が「新曲」。有難いことに、北海道のラジオ局の番組（『大和英嗣の歌謡クロニクル』）が訃報後いの一番に、「ありがとうヒデキ」という企画をして下さり、その年の年末まで計25回、ヒデキのファンであるというアナウンサーの大和英嗣さんが、丁寧な解説を加えながら時系列でヒデキの曲をかけてくれた。「ヒデキ愛」にあふれるその番組は、その後、ヒデキに特化した番組を全国のラジオ局がレギュラーで発信するようになる、その先駆けであった。

私は曲名と大和さんの解説を聞き漏らすまいと、メモを取りながら何度も放送を聞いた。中には、高校時代に『ちぎれた愛』で雷に打たれたのに近い衝撃を受ける歌もたくさんある。何回聞いて飽きない、何回でも聴いていたいヒデキの声。歌も、当たり前のことだけど、どんどんうまくなり表現力も豊かになっているヒデキ。

空白の40年間、損をしたなぁと後悔した。

訃報1年後は、全国のイベントに出かけた。大阪、広島、神戸で多くのヒデ友さんにお会いした。また、地元にもファンがおられることもわかり、会うことができた。ヒデキがつないでくれたこのご縁にみんなが感謝している。ヒデキ、ありがとう!!

以上は、私の個人的な物語である。しかし驚くべきことに、今、私の身に起こっていることと同じようなことを、全国の多くの人が経験している。私個人に限ったことではなく、社会現象にもなりつつあるヒデキファンの存在とその行動。動機や行動の仕方はひとそれぞれであるが、その軌跡を、以下にまとめてみる。

社会現象としての「ヒデキファン」の軌跡（2018年5月16日〜）

訃報以来、ＳＮＳで自分と同じ思いのコメントや各界の方からの嬉しいブログ記事を見つけるたびに、古いツイートがなくなっていくのがもったいなくて、それらを全てＰＣに保存することにしている。

なぜ私は40年の時を経て再びブーメランしてヒデキに舞い戻ったのか、いや、私だけでなく、訃報後のブーメラン組や新規ファンの人たちが、なぜこんなにいるのか、なぜみんなこれほど夢中になっているのか？　なぜ本人不在のままファンクラブが存続したり、新たな会員（私もだが）が増えているのか？

さらに、自分（たち）だけが楽しむだけでなく、「ヒデ活」と呼ばれる活動をしている人がたくさんいる。どんな人たちが？　何のために？

自分を突き動かすものの正体を確かめたい以上に、社会現象にもなっているこれらのムーブメントをきちんと記録したいという思いで、毎日、資料を収集している。

それらの資料を元に、あれから３年間の（主に）ファンの軌跡をまとめてみた。

❶さまざまな人たちと、その悲しみ

冒頭にも書いたが、主にＳＮＳにヒデキを語る人たちを、次のように分類してみる。ファンは、「古参のファン」、「ブーメラン組」、「新規」の３つに大きく分類される（正確に言うと、個人の数だけさらに細分化される）。しかしオンラインやイベントで知り合うと、垣根を越えて互いを「ヒデ友さん」と呼び、連絡を取り合うこともある。

さらに、カミングアウトした「男性ファン」も多くおられる。もちろん、同じ芸能界でヒデキと共に過ごした方たち（野口五郎さんをはじめ）のブログや、雑誌記者のコメントなども多くあり、特にヒデキが評価されたものを見つけたらすぐにTwitterに上がってシェアされ共に喜ぶ。

そしてヒデキの訃報後、それぞれの悲しみの中味は少しずつ異なるように思われる。

「長年のファン」の方の悲しみの深さは、５月25日の葬儀、出棺のお見送りの際の姿に凝縮されていると思う。長年共に生きてきた最愛の人に旅立たれた悲しみはどんなに深いことか。あのシーンを見ると今でももらい泣きしてしまう。

新規ファンの悲しみは、訃報後YouTubeなどでヒデキの素晴らしさを知り、苦しいほど好きになったのに、もう生のステージを見ることはできない、新譜を手にすることはできない、ヒデキの伝説のコンサートの数々に行かれた往年のファンの方が羨ましい、という悲しみである。これもまた過去には戻れない分、悲しみは深い。

そして私のような「ブーメラン組」の悲しみも別にある。かなり長くなるが、これについて述べてみる。

「ブーメラン組」の悲しみ

２０１８年5月の訃報を受け、「ブーメラン組」は、大きな後悔の気持ちを感じ、取り返しのつかない深い悲しみを感じた。

長年、最後までずっとファンだったある方がこのように言った。

「いい時も悪い時もずっとヒデキを見てきて、変わらずカッコよかったことを知っている。最後まで見届けたから、今も悔いはない。」（K子さん）

納得するまで添い遂げたから悔いがないのだ。すごくうらやましいとも思った。ブーメラン組の私にも、「これからも一緒にヒデキについて行きましょう」と言ってくれた。

一方、自分はといえば――ヒデキは自分の青春を華やかなものにしてくれた人であったのに、その後ずっと離れていた。たくさん素敵な歌も出していたのに、全く聞くこともなく過ごしていた。つらい時があったろうに、応援に行くこともしなかった。そしてあの日、罰が当たったかのように訃報を受けとる。そして今になってヒデキが恋しい気持ちがよみがえってくる。

ヒデキの「旅立ち」の時に『ブルースカイ ブルー』が流され、その日の空がまさに「ブルースカイ」だったとニュースが報じた。多くの人がこの歌を聴いて涙が止まらなくなるのは、この歌詞があの日から阿久悠氏作の本来の意味を離れて、次のように変換され、独り歩きし始めたからだろう。

〈阿久悠氏オリジナル〉	↓〈変換後の解釈〉
今は過去と言える恋の日々を	↓（昔）ヒデキに夢中になっていた幸せな青春の日々を
青空が連れてきた	↓この青い空がまた自分に連れてきてくれた
もう二度と逢えぬ（会えぬ）あの人だろう	↓もう会えなくなってしまったヒデキがそうしてくれたんだな
悲しみの旅立ちに	↓ヒデキの旅立ちという悲しみの日を
まぶしすぎた空思い出した	↓これからもまぶしすぎる青い空を見るたびに思い出すでしょう
青空よ心を伝えてよ	↓だから青空よ、ヒデキを（再び）思うこの私の心を伝えてよ
悲しみは余りにも大きい	↓ヒデキを失った悲しみがこんなに大きいとは
青空よ遠い人に伝えて	↓青空よ、遠い空の彼方で星になってしまったヒデキに伝えてよ
さよなら、と	↓さよなら、そしてありがとう、と。

今でも青空を見るたびにヒデキを想う人は多い。ましてや「ブーメラン」の私には、右のよう

に変換された歌詞が、青空を見るたびにズブズブと心に刺さり、深い喪失感に襲われる。

それとともに、次の疑問がわいてくる。

「もしヒデキがこのような早い旅立ちをしなかったら、今のように毎日、ヒデキを追いかけた生活をしていただろうか？」

――少なくとも私は、否である。ヒデキがいなくなったから思い出したのである。

ずいぶん虫が良すぎるのではないか？

ヒデキに対して失礼ではないか？

「ブーメラン」組が『ブルースカイ ブルー』を聴いてことさら悲しみの気持ちが募るのは、ヒデキの歌声が（本人は全く意図していないのに）そのような後悔と取り返しのつかない悲しみを連れてくるからではないか。

「ヒデキ、離れていてごめんなさい」と懺悔の気持ちや罪悪感を持つ人さえいる。

「『いなくなる』ことによってその存在を思い出すなんて、あまりに大きい犠牲ではないか？

そんなんだったら、思い出さないからずっと生きていてほしかった」

という取り返しのつかない悲しみが襲う。

だからこそ、「ブーメラン組」の人たちは、若者の多い「新規ファン」と共に、ヒデキの功績を後世に伝え、未来の多くの人の耳に、目に、心の中にヒデキを永遠に生かしていくために、今の自分たちにできることをそれぞれの場所でそれぞれの思いをこめて活動をしているのかもしれない（いわゆる「ヒデ活」。これについては後で詳しく記す）。

「ほら、『きっとあなたは戻ってくるだろう』って歌っていただろ、ボク」とヒデキが言ってくれれば嬉しいのだけれど。そしてきっとヒデキは「ブーメラン組」の私たちに、後悔などしないで、顔を上げて青空を見上げて、目線を上に向けて歩いて行ってほしいと願っていると思うのである。

ちなみに「ヒデ活」とは、長年のファンだった方には違和感のある言葉であるらしい。なぜなら、彼ら彼女らがしてこられたのはずっと「ヒデ活」だったのだから。そんなことも、改めて言われないと分からないとは、トホホである。

❷ヒデキが与えてくれる喜び、楽しみ

前出の「2R again」のラジオ番組を発信しておられるカイエさんはいつも、番組の冒頭に「この番組は西城秀樹さんのファンによる秀樹さんの歌をひたすら楽しむ番組です」と言われる。ヒデキを失った悲しみは深いけれど、ヒデキの残した歌や映像は、今でも私たちを楽しませてくれる。私自身も、ラジオやSNSで様々な背景知識を得ながら、ヒデキの歌をより深く聴いて楽しんでいる。もちろん、ヒデキの画像や動画を見てはニマニマする毎日である。また、ヒデキがかつて雑誌の取材で訪れた場所が近所にあるのだが、私はその画像を一生スマホの待ち受け画面にするだろうし、毎日その場所までヒデキを聴きながウォーキングをしているのだが、これも

一生続けるだろう。いつも心にヒデキを！一生ヒデキ！

❸ファンの2年間のあゆみ

①SNSの効用

これほどまでに早いスピードで情報交換できているのは、もちろんSNSのおかげである。ヒデキの名前で検索すると出てくるツイッターには、さまざまな有難い情報が満載である。

自分の思いを綴られるのはもとより、過去の雑誌記事（ほとんど処分してしまった私にとっては、再びお目に書かれて夢のようである。記事を保存されていた長年のファンに方には本当に感謝である）、名曲紹介、メディアの情報、感動したブログの紹介など、が毎日刻々と上げられている。毎日これらすべてに目を通すのが日課になっている人も多いだろう。自分がヒデキを追っかけていた時代のエピソードを書いておられるものを見ると、それを追体験するだけでも胸がキュンキュンする。あるいは、ヒデキとの心温まるエピソードを見ると、大スターヒデキの気さくな、誰からも愛される人柄を知る。さらにすごいことに、それらの中にヒデキを中傷したり、互いを誹謗するものがほとんど見られないのである。

ＳＮＳの中でも、ことさら有難いのがYouTube。中には違法に上がっているものもあり、注意しあう場面もあるが、これによって、特にヒデキのビジュアルの美しさと歌のうまさに気付いた人が多くいるようだ（若者の中にも）。とある「ニコニコ動画」のヒデキ歌唱は、コメントの弾幕で、もはやヒデキの姿は見えないほどである。

もちろん各界からのブログやツイートもある。親しくしておられた芸能界の仲間は、今でもヒデキのことを折に触れて書かれている、特に親しかった野口五郎さんのブログは格別である。「ヒデゴロ」と呼ばれる二人の関係を、誇りに思う、

②ラジオ番組

テレビ番組は、使用する映像の権利の問題など複雑な問題が絡むため、なかなかヒデキ登場は難しいが、前述した「歌謡クロニクル」を始め、各FM局あるいはキーステーションを持たないインターネット配信の形でヒデキに特化したラジオ番組を制作するところが増えている。（註3）その中には、ヒデキファンに寄り添い、イベントの取材に来られるアナウンサーの方もおられるし、番組を応援しに行くファンの方もおられる。そして番組へのリクエスト及び番組への感謝のメール、便りも欠かさない。

③TV番組

ファンの誰もが、きちんとした「追悼番組」がなかったことに今でも残念で悔しい思いを抱いている。しかしながら、主にCSやBS、時に地上波で、ヒデキの過去の出演番組が放映されている。特に逝去後の「NHK紅白歌合戦」に対して、多くのファンがムーブメントを起こした。

すなわち、何度も紅白に出演したヒデキの功績を伝える映像やコーナーを設けてほしい、と多くのファンがハガキやFAXを出したのだ。このお陰で、番組編成上の理由で残念ながら「紅白出演」希望はかなわなかったが、その分、「NHK思い出のメロディー」や他の番組で、ヒデキを取り上げる場面が増えたように思われる。ファンの行動が少しずつではあるが、世の中を動かしている。もちろん、ヒデキファンが視聴率の一端を担う、とまではいかないけれど、ヒデキが出れば確実にファンは見る、という実績は局側も認識しておられると思う。私たちはもちろん、自分が楽しむだけでなく、ヒデキの素晴らしさが一人でも多くの人の目に触れてほしい、その一心だが。（註4）

④公式ファンクラブの動き

通常であれば、本人が亡くなるとファンクラブも消滅するのでは、と思われるが、ヒデキの公式ファンクラブ（「プラネッツ オブ アース」）は、現在もさまざまな形でファンにヒデキを提供してくれている。

一周忌では、東京・豊洲（とよす）でフィルムコンサートの上映、三回忌も同様のフィルコンが予定されていたが「コロナ感染拡大」のため中止。一周忌のタイミングで「CD＋DVD BOOK」発売、その後「写真集」発売、そのパネル展も東京、大阪で開催された。

三回忌のタイミングで、待望の「フジテレビ『夜のヒットスタジオ』DVD」発売、名言を集めた『一生青春』の書籍発売、未発表音源にグラハムボネットのバックコーラスを入れた「ナイト・ゲーム2０2」』のCDを発売。その他、グッズ販売（ヒデキの声の目覚まし時計、LINEスタンプなど）などで、これまでと変わらずヒデキとファンを結び付けてくれている。

⑤交流の場所

ファンの方が、ファンが集まれる場所としてお店を開かれている例がある。ヒデキを語り、ヒデキを歌い、ヒデキ愛にあふれる場となっている。

⑥聖地巡礼

ヒデキゆかりの場所を巡る、「ヒデキ聖地巡礼」の旅が、ヒデ友さんたちの間で行われている。まずは東京。TV番組や雑誌で紹介されていた、ヒデキがよく通った店を巡る。最も有名なのは浅草のマウンテン。「クリームパフェ」を「ヒデキ席」でいただく。その流れでマルベル堂（ブロマイド）へ。（註5）

2０19年、「古賀政男音楽博物館」の「大衆音楽の殿堂」にレリーフが飾られることになった。そこもまたマストの場所である。さらにヒデキが毎夏、球場コンサートを行った後楽園球場（現在の東京ドーム）には、ヒデキのプレートが掲げられている。さらに、赤坂の芸映プロがあったところ、ヒデキが住んでいた赤坂のマンション跡地など、ゆかりの場所は多い。個人的には、明治大学内にある「阿久悠記念館」も訪れたい。

ヒデキが住んでいた横浜（現在もご家族が住む）では、ヒデキがリハビリで歩いた公園や、NHKの番組でも紹介された、お気に入りのステーキハウスなどがある。ご自宅近辺は遠慮したい。川崎のもと自宅は、現在は所有者が変わっているが、面影があるということで、ここもスポットである。ヒデキがよく訪れ、YMCAが流れていたという鹿島田商店街、ヒデキが初詣に訪れていたという有馬神明神社。

大阪は、何といっても、大阪球場（現在のなんばパークス）。手形コーナーにヒデキの手形がある。初めての球場コンサートを行った場所であり、ヒデキにとっても忘れられない聖地である。今でも多くのファンが集まる場所となっている。

そして広島。広島駅の北口から、龍華樹院というお寺の中にある立正幼稚園（現在は他の施設に）～尾長小学校→二葉中学校（校舎内に2013年にヒデキがNHKの番組で訪れた際に書いた色紙が飾られている、ヒデキが寄付したという、うわさの赤いスリッパも履かせていただく。「ザ・ベストテン」で2千人のファンとYMCAを踊ったグランド）～ヒデキの実家（のあったところ）～荒神陸橋（ヒデキがよじ登っておまわりさんに叱られた）～樺澤のお好み焼き屋さん（とにかく美味しい、とヒデキが小さい頃から通った）～あたご屋さん（同級生がやっておられるお好み焼き屋さん）～宇品港（山陽高校のヨット部で練習をした場所）などなど。

「ヒデ活」の目的と目標～ヒデキの遺産を後世に残す～

ヒデキファンの中には、ヒデキの功績や遺産を次の世代に残したい、伝えたいと願い、さまざまな活動をしている人たちがたくさんいる。その活動を「ヒデ活」と呼ぶ。

❶背景にある共通の思い／願い～ヒデキの使命は「ローラを救う」～

「ヒデキの使命は『ローラを救う』である。」と寒川瞬氏は言う。（YouTube『多事争論』）「ローラ」とは、ヒデキ自身も特定の女性のことではないと言う。寒川氏は、（女性）ファンの一人一人がそれぞれ「ローラ」であり、ヒデキはデビュー以来、何万人というそれぞれの苦悩を持った「ローラ」たちに、常に全身全霊、命をかけて歌い、愛と幸せを与え、救ってきたと言う。

そして、ヒデキに救われた私たちが、逆にヒデキを救うのだ。ちょうど転換期にいたヒデキに、かつての悩める「ローラ」であった、さくらももこさんが、『走れ正直者』という曲を歌う機会を与え、それによってヒデキが救われたように、今度は我々がヒデキを救う番。ヒデキとファンは「相思相愛」である。もとより、ファンは「恋人」と公言してきたヒデキである。

以上のように考えると、ヒデキの残した音楽遺産を、残された我々が生きている間に享受するだけでなく、我々ヒデキ世代亡きあとも、後の世に長く継承すること、ヒデキの音楽を日本のいや世界の「音楽史」に刻むこと――この流れがファンの取る当然の行動であり、共通の思いであり願いではないだろうか。

❷「ヒデ活」の目的

ヒデキの楽曲を愛し、生き方を愛すると同時に、ヒデキの楽曲、ヒデキの生き方を後世に伝える。

❸目標

具体的な行動目標は次のようなものがある。

テレビ各局に「地上波」での過去の番組放映をリクエストすること。ＣＳやＢＳ放送でもよいのだが、「地上波」なら、ヒデキを知らない多くの人に見てもらえるから、あくまで地上波の放映をお願いしたい。実際に放映されたら、お礼のメッセージも忘れない。

各地でのフィルムコンサートやイベントのリクエストをすること。広島では、あるファンの方が、市の施設でヒデキの映画上映（「ブロウアップ　ヒデキ」）をお願いしたところ、１日（３回）上映されることになった。（２０２０年1月）

記念館や記念碑の設立、県民栄誉賞、国民栄誉賞を願う。難しいかもしれないけれど。

東京オリンピックで『ＹＭＣＡ』を、ドラマの主題歌にヒデキの楽曲を、など、ピンポイントでヒデキが生かされるようにリクエストをする。

きちんとしたヒデキの価値づけがされた評伝、『西城秀樹論』のような書籍の出版を願う。

❹ヒデキの遺産とは：後世に残したいもの

①音楽性（とビジュアル）

これまでリリースした全ての楽曲（ＬＰ、ＣＤなど）、映像、画像の全て（ＤＶＤ、写真集、

出演TV番組など）（注6）

② 音楽界に与えた影響

・ロックの普及（洋楽の伝播。特に初期のコンサートの半分以上は当時、第一線の洋楽）

・後輩に与えた影響

・たくさんの「初めて」（軽量マイクスタンド、ペンライト、スモークマシン、球場コンサート、ファンとのコール＆レスポンス、など）

・その他たくさん

③ ヒデキの生き方

・あれだけの大スターなのに、悪い話はほとんどない。さまざまな立場の方がヒデキの良さをSNSで発信してくださり、そのおかげで知れば知るほどヒデキが好きになる。謙虚で表裏のない生き方が、歌やビジュアルと共に、ファンの支持を得る最大の理由。

１９７９年のレコ大で、大賞を受賞したジュディ・オングさんをステージまでエスコートした姿が彼の人柄をしている。還暦コンサートで五郎さんと抱き合った姿と共に、ずっと語り継ぎたい場面である。

cf 最期までのファンK子さん：２０２０年5月30日の「沈黙図書館」のブログの感想（LINE より）

「私の話が、なんか家族のようだとか感じ取られて……そんなつもりはなく、ただ秀樹をずっと見てきて悔いはないし、いなくなったのはとてもとても悲しくて、残念だけど、これからも動画など残されたものがたくさんあるし。これからもずっとヒデキのファンであり続けますよ。ただただ、ヒデキの歌、ヒデキの生き方が好きでずっとついてきただけ。もちろんカッコいいし！」

・講演会や書籍（特に発病後、講演会で講話を行ったり、『ありのままに』『あきらめない』の書籍を通して同じ病気の方々を励ましてきた。）

・『西城秀樹　一生青春　120の言葉「愛に生きる」』（2020年5月出版）では、ヒデキの言葉がメッセージとして掲載されている。

個人的な結論「余はいかにしてブーメラン組になりしか」

①『ミーハー』に理由はない。だって好きなんだもん。

以上、いま私を突き動かすものを、他のファンの人たちとの共通点を見出しながらまとめてみたが、とどのつまりは「ミーハー」に分析は実は不要であった。

「だって好きなんだもん」、「（ヒデキのどこが好き?）ぜ〜んぶ！」。

好きになるのに理由はいらない。理由など付けだしたら冷めてしまって嘘になる。例えば、広島のお好み焼きを食べる時には、お皿に移さず、鉄板からヘラで切り分けて直接、ヘラで食べるように。冷めてしまったら美味しさが減ってしまうから。ヒデキがアツアツのお好み焼きを、へラで口に運ぶ画像が思い浮かぶ。ヒデキを知れば知るほど、全部が好きだから「ブーメラン」しました。少しスッキリ。

②好奇心を与え続けてくれるから

もう一つ、ヒデキは、『一生青春』の中でこう述べている。

「サミエル・ウルマンという人の詩に、『青春とは年齢でなく、好奇心がある限りは青春だ』というのがあって、ぼくはこの詩が大好きで、自分もそうありたいと思う。」

実はヒデキは私に「好奇心」を限りなく与えてくれるのである。例えば歌を聞くときには、次のようなマニアックな楽しみ方をさせてくれる。

- 歌い方（「恋する季節」の巻き舌、「ローラ」の12通りの表現、などを見つける楽しみ）
- 歌詞の解釈（「ブルースカイ ブルー」の歌詞の解釈はレポートにした）
- 楽曲からの発見（このスタジオ録音のギターは松原正樹氏ではあるまいか、はたまた今剛氏か、藤丸さんはこの曲だろうか、などクレジットが入っていない分、妄想を楽しむ）
- ヒデキの音域（最高音はGであるが、頑張ってAを出す曲は「ギャランドゥ」、「センチメンタル・ガール」など）

馬飼野康二氏は、B♭まで音域が広がったと言うが、どの曲だろうか、などなど。

もちろんヒデキの人間性も。ヒデキのエピソードを知り、人柄を知れば知るほど誇らしく思え、さらに知りたくなる。そして、仲間と共に、ヒデキファンであることをずっと誇らしく思いたいから「ブーメラン」しました。さらにスッキリ。

③副産物：『ミーハー』は長生きの秘訣　～同じ趣味を持つ仲間と共に～

最後に、「ミーハー」は結果的に副産物として「長生きの秘訣」であると思う。「ワクワク元気の秘訣」という記事には、３つの「動」として次のようなことが書かれている。（註７）

３つの「動」を提案します。一つ目は「感動」。心を動かし、ワクワクドキドキしてください。そして「運動」、最後に「行動」です。様々なことに興味を持ち、（同じ趣味を持つ仲間と共に）美しい中年期、更年期、老年期を過ごしましょう。

※括弧内は筆者が追加。

「ミーハー」は、自分一人でやっている分には自己満足であるが、「同じ趣味を持つ仲間と共に」楽しむとその楽しみは倍加する。まさにその通り。この年になって仲間とワクワクする生活ができるとは！　ヒデキはこんな幸せも用意してくれていたとは。

とはいえ、50歳を前にして病いを得た後のヒデキからその生き方を学んだ私たちも、これからは確実に老いていく。

病を得たり、身体の自由を奪われる日は、だれにもやがてやって来る。

でもその時に不自由になった自分を呪うのではなく、ヒデキが見せてくれたように「あきらめない」「ありのままに」の姿勢に倣(なら)って、老いや病を受け入れて、常に前を向いて生きて生きたい。

その勇気をヒデキはすでにくれている。ヒデキもあれだけ最後まで頑張ったんだから、あきらめず、ありのままに生きていこう。でも、くじけそうになる時は、きっとまたヒデキが我々を元気づけ、救ってくれることだろう。

俺が闘う！（『ジャガー』）、
俺が救う！（『傷だらけのローラ』）、
俺が守る！（『ちぎれた愛』）、

それがヒデキ‼

【註】
（1）エフエムたちかわ 毎週火曜日「2Rを楽しもう」
（DJはコンスタンタンさん、カイエさん。2020年からは「2R again」）
（2）朝日新聞　2020年5月26日「ドリフの時代、その音楽1」
（3）ヒデキチャンネル（ルシファーさん提供。月命日の16日には必ず）、FMからつ「愛燦サンデーいついきヒデキじゃけん」などヒデキに特化したラジオ番組は、週に8番組（2021

年10月現在）

（4）念願叶って２０２１年10月2日にＮＨＫＢＳプレミアムとＢＳ４Ｋで「伝説のコンサート～西城秀樹デビュー50年スペシャル」が放映された。ツイッターは３万件を超え、初めてヒデキの歌唱を見た人たちの感動のコメントも多く見られた。

（5）マルベル堂のブロマイド売り上げの月刊売上げ第1位の連続記録を樹立した（２０１８年5月から12カ月）。

（6）２０２１年6月より、待望のオリジナルアルバムが順次、復刻販売されることになった。

（7）朝日新聞　２０２０年3月10日　朝日健康・医療フォーラム２０２０

西城秀樹研究レポート②

団塊ジュニア世代が見た西城秀樹と日本の音楽文化

文・bintan-rockey

西城秀樹さんの訃報後のファンです。

色々な報道、特に音楽業界（ミュージシャンではなく業界の人）から聞こえる声が私が子供の頃みていた景色と相当隔たりがあったので気になり、彼の功績・偉業をまとめた資料レポートを作ることにしました。

［1］なぜ多くのメディアは西城秀樹を見過ごしてきたのか

西城秀樹さんが亡くなって1年が過ぎた。（以下敬称略）
元々ファンだという自覚はなかった。しかし、彼の訃報後、動画を見て愕然とした。自分が幼い頃、毎日テレビで見ていた彼が、ありあまる音楽の才能と情熱をブラウン管の向こうからこちらに向けていて、こんな素晴らしい才能のある歌手が、私たちの楽しい幼少期を彩り豊かにしてくれたことに気づき、また今更気づいたのでは遅いという後悔と懺悔。心をえぐられるような衝撃を受けた。その後は贔屓にしていたバンドを放置して、毎日、秀樹の遺した歌を探し求めて聴いている。

しばらく経ってのことだが、田家秀樹さんが西城秀樹についてのコラムを書かれた。そして命日近くに私が大学生の頃から馴染にしていたFM局でヒデキを特集してくださった。

少しではあるが、やっと真っ当な音楽的解説が聴けたと感謝している。田家さんは今まで西城秀樹を見過ごしてきたことを悔いておられたようだ。ラジオでも「こちら側（音楽業界）」「あちら側（芸能界）」としきりに何度も仰っていた。

私は73年（昭和48年）、秀樹さんのデビュー後の生まれで、西城秀樹をずっと追いかけてきたファンの主要世代ではない。ただ幼い頃のテレビの歌謡曲時代を過ごした後、洋邦問わず様々な音楽を聴き、様々な生の舞台を見たからこそ、今更ながらにヒデキの凄さ、音楽の才能の大きさ、影響力の大きさに衝撃を受け、訃報後ヒデキの音源を追いかけている。

そして私と同じような状態になっている人が大勢いるようなのだ。わたしの感覚は、ネットのなかで見つけた文章だが、次のような説明と同じである。

何十年、洋楽を聞いても、日本語のように歌詞がダイレクトに心にしみることはないのだと、日本語をとてもきれいに大切に歌うヒデキの歌を聴いて思い、虚しくなった。（中略）

生活の中心にＴＶがあり、ＴＶを見るのが今よりずっとずっと楽しみだったＴＶ全盛のあの時代、毎日のようにＴＶに出ていたヒデキと、私は一体どれだけ膨大な時間を共有していたのだろう？　日本の歌謡界でプロフェッショナルな歌手と言えばまずヒデキが頭に浮かんだし、歌の上手さは認識していたつもりだったが、ここまでとは思っていなかった。
特に、あの特徴的な細かくて伸びのあるヒデキビブラートには、こんなの聞いたことない！と驚いた。どれだけ並外れたすごい喉の持ち主だったんだ、ヒデキは。ＴＶを通してあまりに身近で、私自身も子供だったため、ヒデキの価値にあらためて目を向けることなくここまで来てしまったことがたいへん悔やまれた。（中略）
特に、ヒデキは日本のポピュラー音楽界の歌手の中では唯一無二のリズム感の持ち主というか、どんな歌でも完全に歌をリズムに乗せられるのは私の思いつく限りヒデキだけ、ヒデキと一緒に歌うと、みんなリズムに乗り切れていないのがバレる恐ろしい共演者だったと思う。ヒデキ、今更だけど貴方のすごさに感激デス。

左記の、こういう意見にも共感した。「西城秀樹さんの一周忌に寄せて」からの引用である。

秀樹さんのファンは、多くがもう大人だ。しかし、秀樹さんが駆け抜けた軌跡は、若い人たちにこそ知ってもらいたいと強く思う。（中略）
アートとは本来、一流が本流で二流がサブであるべきなのだが、悲しいかな狭い島国の日本では、少しだけ抜けた価値観があたかも１００％正しいかのような走り方をしてしまう事故が起こることがあって、日本の歌謡界ではそのような着地点が本当に長く続いているように見える。もちろん二流を否定するつもりはないし多くのファンの方がおられることも理解できるし、未来の一流の可能性を尊重し、大切にすべき対象であることは当然なのだが、『程度の問題』である。それこそ『数の論理』で、一流がアンダーグラウンドに押しやられているとさえ感じることがある。とても悲しい。（中略）

40年近く経って、私は秀樹さんに再会した。これは音楽がつないでくれた縁という意味合いだけでなく、忘れかけていた自分の本質をたぐり寄せるという、驚くべき心の変化をもたらした。この体験は、魂のスーパースター西城秀樹さんからの特別なギフトであり、何ものにも代えられない宝物だと思っている。音楽の聴き方も変わったと思う。うまく表現できないが、魂で受け止められるようになっている。（中略）

秀樹さんは、演出側の意図を増幅させ、自ら主体的に参画し、超えてくるアーティストであったと思う。それでなければ、あれほどの長期間、各界の優れた才能がスタッフとして周りに集まらない。一曲ごとに表現の手法は違っても、伝えるべき共感の本質であるところの、人の魂は根っこで繋がっているということを、ごく自然に理解し影響力を持って表現できるので、歌を仕上げる作業の中でも、譜面や歌詞の方から秀樹さんに近づいてくるようなところがあったのではないかと思う。（中略）

一般的な秀樹さんの評価はそれ以降、「歌謡曲」という実態のない、すでに形を変えてしまった枠の中で留まっているかのような錯覚と共にあった。それが秀樹さんに、私たちに、どれ程の損失を与えたのだろう。私は、40年近く秀樹さんの本当の姿に気づけなかった。なぜか。私がある時期から日本の「歌謡界」に興味を失ったことが大きい。ひいてはわたしの先入観が「歌謡界」というレッテルに支配されていたことが要因だと思う。

その「ヒデキ後追い世代」の人たちと、SNSなどで、なぜ自分たちはこんなに衝撃を受けたのか、を語り合いながら、この一年間、西城秀樹の音楽・芸能人生を通して日本の音楽業界とその及ぼした影響についてずっと考えてきた。

田家さんご自身、何度も悔いておられることを告白されているので、また違った視点から同じ問題について考察したことを聞かせていただけるかもしれないと思った。いまは、可能な限り、このレポートを田家さんから音楽関係者、SONYの尾形さんなど担当の方にもご覧頂きたい。今後の西城秀樹について、だけでなく、今後の日本の音楽界について考えるための、ひとつの参考にしていただきたいと思う。

○「こちら側」メディアの年齢層とジャンルの偏り

ヒデキが亡くなってから、多くの報道で「昭和のアイドル」「アクションを取り入れた」とばかり形容されることに違和感を感じていた。さらに音楽評論家の田家秀樹さんがヒデキのことをほとんど知らずに来てしまった、歌謡曲をほとんど聞いていなかった、と仰ることには心底驚いていた。そんな時、こちらの記事を読んで少し糸口がつかめた。

西城秀樹さんの歌のうまさに、何故気がつけなかったのか。

「こうした隔たりが起きる理由の一つは、アイドルを評価する評論家が、主に年長の男性によって占められていたためだと考えられます。彼らが女性アイドルの中に物語を描き、高く評価していたのと裏腹に、男性アイドルについては『女性ファンにキャーキャーさわがれているだけの存在』と、一段低く見ていたのでしょう。」（北川氏）

と分析していました。この分析が１００％正しいかどうかはわかりませんが、一理はあるように思いました。年を重ね、そうしたラベリングから自然に解放されてみて、素の状態で歌を聞いてみたら、それまでに見えていなかったこと、聴こえていなかったことが立ち上がってきた、ということなのでしょう。逆に、これまで話してきた固有名詞や時代の価値についてまったく知識がない、実感値がない若い人たちの方が、素直にあの歌のうまさに気づけるのかもしれません。

右文中に登場する北川氏というのは大阪教育大学教授の北川純子さん。専門は音楽社会学の人である。彼女はこういうことを言っている。

『朝日新聞』２０１８年6月18日掲載の記事である。

西城秀樹とはどんな歌手だったのか。時代の中での位置づけを考えるために、「現代日本朝日人物事典」（朝日新聞社、１９９０年版）と「大衆文化事典」（弘文堂、91年版）でどのように取り上げられているのかを調べました。すると、野口五郎、郷ひろみの「新御三家」に関する記述は、それぞれ朝日人物事典で1～2件、大衆文化事典でも2件に過ぎませんでした。これに対し、彼らと活動時期が重なる天地真理、小柳ルミ子、南沙織の「新三人娘」は、大衆文化事典では、それぞれ4～5件と新御三家の2倍以上でした。アイドル本人の紹介だけでなく、財界人やプロモーター、歌謡曲の歴史といった他の分野との関わりでも登場しています。女性アイドルの優位は、桜田淳子、森昌子、山口百恵の「花の中3トリオ」でも続きます。とりわけ山口百恵は朝日人物事典では12件も登場しています。俳優の三浦友和との婚約が、そのほかのエピソードや事件の中にも登場するなど、日本の歴史の一コマにすらなっています。

こうした隔たりが起きる理由の一つは、アイドルを評価する評論家が、主に年長の男性によって占められていたためだと考えられます。彼らが女性アイドルの中に物語を描き、高く評価していたのと裏腹に、男性アイドルについては「女性ファンにキャーキャーさわがれているだけの存在」と、一段低く見ていたのでしょう。この評価は果たして正しかったのか。

私は新御三家より前の「グループサウンズ」に熱狂した世代ですが、西城秀樹の死をきっかけに、彼の歌を聴き込んでみました。最も驚いたのは「傷だらけのローラ」です。冒頭から最後まで12

回、「ローラ」が出てきます。最初と最後のローラの旋律が全く同じでビックリしました。ここで気がつきました。彼はローラを12パターン歌い分けていたんです。

ある時はいたわるように、ある時は励ますように、さらに時をかえて切望するように歌う力で変えていたんです。「ブルースカイ ブルー」も歌の展開の振り幅が非常に豊かでした。語りかけるように歌い始め、途中の『ふり向けば』からは伸びやかに歌い上げる。聴く側はみんなあそこで、青い空を脳裏に描くことができる。ローラと同じ馬飼野康二の巧妙な作曲を生かし切った、西城の歌の力です。

亡くなって、音楽番組「ザ・ベストテン」の司会をされた黒柳徹子さんが「あんなに歌のうまい人はいない」とおっしゃっていましたが、単に強い声を出すというのではなく、うまさの中の振り幅の多様さが称賛の理由でしょう。西城秀樹の評価は低すぎます。これからも長く聴き継がれるべき歌手だと思います。

（聞き手　編集委員・駒野剛）

おそらく田家さんが仰る「こちら側」の音楽業界はほとんどが男性で、そして年齢層も偏っていたのだと思う。西城秀樹より少し上の人が多いのだろう。１９７０年代主にフォークに夢中になっていた当時20代前後の人たちにとって、少し年下の、キラキラしたルックスの男が女にちやほやされている、見た目だけだ、という固定観念があったのだと思う。

当時、幼児の私にとっては全く知る由もないのだが、今いろいろな資料を見ながら振り返ってみて想像すると、学生運動の名残のある当時の若者のエネルギーが、メイン（王道）に対するカウンターカルチャー的なものの代表としてフォーク音楽へ熱狂させるものがあったのだと想像する。

一方、そういったフォーク世代以外の、当時の子供から年寄りまでの多くの日本人からすれば、70年代～80年代半ばまでヒデキは押しも押されもせぬお茶の間の大スターだった。何せ当時はテレビの歌番組ほとんどが視聴率が40％前後、紅白に至っては70％を超える時代だ。ファンであろうとなかろうと、とにかく多くの日本人が一銭も払わずに毎日のように生演奏の生歌を聞いていたのだ。

私自身、物心ついた頃、2歳ごろから毎日、テレビでいつも、ピンク・レディーや山口百恵と共に、西城秀樹の歌う姿は見ていた。新御三家とか、アイドルとかよりも、当時の昭和歌謡界、男性ではジュリーとヒデキが二大スターだという認識の方が強かった。

爆笑問題・太田光とくりぃむしちゅー・上田晋也が、自由奔放にトークを繰り広げるトークバラエティ番組がある。その番組を紹介したコラム。

スタジオに来る際、青山で行われていた西城秀樹さんの葬儀場の前を車で通ったという上田さん。弔問客がたくさんいて交通規制も行われていたそう。番組『太田上田』は２０１８年5月に亡くなられた西城秀樹さんについてのトークから始まります。

「こんなにショック受けるのっていうくらいショックを受けたよね」と太田さん。お二人にとっても西城さんは子どもの頃の憧れのスターでした。

話題は『YOUNG MAN（Y.M.C.A.）』がヒットしていた時のこと。西城さんがレコード大賞を取ると思っていたお二人でしたが、その時のレコード大賞はジュディ・オングさんの『魅せられて』でした。泣き崩れるジュディ・オングさんをステージまで連れて行ったのは西城さんでした。そんな西城さんの姿を見て「秀樹さん、かっこいいなあ」（上田さん）「男らしかったよね」（太田さん）と当時を振り返るお二人。

クイズ番組やトークショー、水泳大会のプールサイドで歌うヒデキ、土曜日の『全員集合』の記憶は鮮明だ。全員集合はヒデキがゲストで来るのを楽しみにしていたし、ヒデキが登場すると会場から、男子児童の「ヒデキー！」の掛け声がたくさんかかるのをいつも見ていたものだ。

ドリフの全員集合でのパフォーマンス。運動神経は抜群、ドラムの演奏はうまい、コントをやったその舞台の上ですぐに歌を歌う、生放送、生の舞台で虚飾のないスターの持つ才能がそのままブラウン管を通して伝わってきていた

当時の歌番組に出てくる歌手はみな、当然のように歌がうまく、音程が外れることなどありえなかったし、顔をしかめることもなく、歌の世界を体全体で表現していて、歌の世界をブラウン管のこちらにいる子供たちにまで届けてくれていた。

バラエティ番組に出ていてもあくまでも「歌手：西城秀樹」であって、コントや体操はこのころまではあくまでも付属品だった。本業は「歌手」だと子供でも理解していた。

80年代、少しずつ歌手がテレビ番組に出なくなってきたのはなぜだか知らなかったが、西城秀樹はベストテンもトップテンも、夜のヒットスタジオやミュージックフェアなど大人の音楽番組でも生演奏で素晴らしいパフォーマンスを見せてくれていた。ネットの百科事典『ウィキペディア』では『夜のヒットスタジオ』での出演回数はこういうことになっている。

1　222回　五木ひろし
2　204回　森進一
3　192回　西城秀樹
4　177回　布施明
5　176回　郷ひろみ
6　158回　田原俊彦
7　153回　沢田研二
8　146回　小柳ルミ子
9　126回　近藤真彦
10　124回　野口五郎

演歌歌手2人の次で彼はポップスではトップの192回出場している。

また、番組で大物外タレがよくスタジオにゲストで来ることも多かった頃も、ヒデキがそこにいれば、外タレと並んでも恥ずかしくないなと思ったのもよく覚えている。

私達団塊ジュニア世代にとっては、ヒデキは「アイドル」ではなくはじめから「大スター」だった。私の同世代の周りの友人も皆、「ヒデキはかっこよくて歌が凄くうまかったよね」と誰もが言うほどだ。それもそのはず。テレビでスーパースター西城秀樹を見ていた当時の子供たちのヒーローは、王貞治・西城秀樹・仮面ライダーだったのだ。ツイッターにこんな書き込みを見つけた。

【70年代の子どもたちのヒーローベスト3】
一位　王貞治、二位　西城秀樹、三位　仮面ライダー

そしてそれは見た目だけのものでも、体操が上手いからでもなく、ヒデキのようにかっこよく歌を歌いたいと思ったからだ。

70年代当時、日本の公共の電波を使って「ロック」を歌うことなど不可能だった。テレビで歌うということは、特別なファンでない人、日本人全世代の一般人に歌を聞いてもらうこと。一般人の大多数が納得できるだけの歌唱力が大前提として必要だった。当時の大衆音楽はシャンソンやジャズ、民謡、演歌が主体で、「ロックはカウンターカルチャーの一種で不良のもの」だった。そんな時代に、10代のヒデキはその天才的な歌唱力で日本歌謡界の重鎮の面々を納得させ、何

度も歌唱賞を授与されるほどの歌唱力を認められ、茶の間のすべての世代に説得力を与えた。そしてロック要素を取り入れたオリジナル曲をロック的な歌唱でいくつもヒットさせた実績により、日本におけるロックのジャンルを切り拓いたのだ。

その時のパワーが当時の多くの子供たちを魅了し、80年代後半からのヒデキの後継ともいえるバンドやミュージシャンが大勢誕生した。ヒデキがＪｐｏｐ、ロック系バンドの源流となったのだ。当時の子供達、言い換えれば団塊ジュニア前後の世代が、ヒデキのフォロワーとなっている。『傷だらけのローラ』のオマージュのＢｚシングルがある。Ｂｚはライブでファン向けに、ヒデキのマネをして見せることがある。また、ヒデキの声は音声解説の権威の先生が科学的に分析して、こんなことを言っている。日本音響研究所所長の鈴木松美博士である。

西城秀樹さんのビブラートはかなり正確ですね。幅が１００ヘルツの間で均等に上下していいます。これは美空ひばりさんが持っていた技術です。歌い出しの、この上から降りてくる唱法はおそらく西城さんが独自に編み出したテクニックでしょう。あまり例を見ないテクニックです。こうやってグラフを比較していくと、最近の人気バンドのルーツは西城秀樹さんといっていいでしょう。（略）同じ1オクターブでも高音域だとヘルツ数の幅が倍あるので、感情を伝えやすいのです。肉体的には声帯を酷使するので大変ですが、最近はボーカルも楽器の一部になっているんですね。声で聞き手を納得させようとしているんでしょう。

鈴木博士は美空ひばりと同等、といっている。

１９９７年に西城秀樹に憧れて育った若いロックアーティスト達によるトリビュートアルバムが発売された。80年代後半から、ヒデキチルドレンなアーティストはたくさん出てきていて97年にトリビュートアルバムが出た影響で、多くのアーティストがヒデキの影響を公言するようになった。

ヒット曲の仕掛けを見抜く10の法則

日本音響研究所所長・鈴木松美博士に聞く

声帯に負担がかかってます

●声帯の解剖図

秀樹型歌唱法は声帯を震わせるため負担がかかりやすい

西城秀樹さんのビブラートはかなり正確ですね。幅が100ヘルツの間で均等に上下しています。これは美空ひばりさんが持っていた技術です。歌いだしの、この上から降りてくる唱法はおそらく西城さんが独自に編み出したテクニックでしょう。あまり例をみないテクニックです。

こうやってグラフを比較していくと最近の人気バンドのルーツは西条秀樹さんといっていいでしょう。黒夢はビブラートを高音域で用いている。同じ1オクターブでも高音域だとヘルツ数の幅が倍あるので、感情を伝えやすいのです。肉体的には声帯を酷使するので大変ですが。最近はボーカルも楽器の一部になっているんですね。声で聞き手を納得させようとしているんでしょう。

すずき・まつみ●1941年生まれ、日本音響研究所所長。理学博士・名誉法学博士で声紋調査、音声科学の第一人者

［画像引用］出典不明。

日本音響研究所のホームページには「人の顔形がその人それぞれで異なるように、声が構成される声帯から口腔、鼻腔の形も人それぞれ固有の特徴を持つことから､声にもその人固有の個性が表れます。また、身長は声の高低と密接に関係しています。一般に身長の高い人ほど体の各部位も大きく、声帯も例外ではなく身長が高い人ほど声帯が大きいのです。大きい太鼓と小さい太鼓では大きい太鼓の方が低い音が出るように、大きい声帯を持つ人、つまり身長が高い人ほど低い声が出るのです」という説明があります。

70年代のなかば、ＮＨＫの夕方のアイドル番組でヒデキが一人でド迫力の洋楽ハードロックを歌った。わたしは当時、７歳だったが、その場面を一度見た時の衝撃が忘れられない。

ここまでヒデキの影響力の大きさは明らかなのに、メディアの報道でヒデキのプロフィールの紹介となると、デビュー当時のアイドル時代の話と、スタジアムライブの派手なパフォーマンスについての話ばかりだった。

45年以上も前の印象がどうしてここまで長くメディアの報道を左右したのか。

アイドルでデビューした人が40年以上もずっと「アイドル」と呼ばれるだろうか。

その原因の一つは、メディア側の固定観念を覆すほどの世代交代もなかった、つまり、ヒデキチルドレンと同年代の人たちが、メディア側にほとんど入り込めなかったからではないかと私は推察している。

ヒデキチルドレン主要世代の団塊ジュニア世代は、日本の年代別実人数としては第二次ベビーブーマー世代で団塊世代と人数はほぼ同等数いるが、ちょうど就職氷河期世代である。

実体験として、団塊ジュニアで氷河期世代の私自身、周囲で文系卒業では希望通りの業種・職種に就けた人がほとんどいなかった。現在、社会問題として表面化している、団塊ジュニア世代が遭遇した氷河期とロストジェネレーション。これと同じことが、おそらく日本の音楽業界、音楽メディア界隈で起こっていた（る）のではないだろうか。

さらに、もう一つ。音楽業界側のメディアにあるジャンルの高い壁。音楽業界そのもの、また音楽メディアに携わる人々が、音楽のジャンルの高い壁を後に作ったからだとも思う。
秀樹とみうらじゅんとの対談である。ふたりでこんな話をしている。

西城　そりゃロックシンガーなら大なり小なり決まった道で実は氷室（京介）クンなんかも。
みうら　氷室さん、大体、秀樹そっくりじゃないスか。歌い方とあのハイトーン。
西城　そうですかねえ。いや、この前、氷室クンのプロデューサーに会ったら、彼、ずっと僕のマネをやっていたそうなんです。じゃあ今度は何か一緒にやろうという話もあって。
みうら　それが秀樹さんの立場を証明する事実。今や、秀樹さんの影響を受けた人が続々と出てきていて、しかもみんなある地位を築いている。
西城　ま、そういうの、確かにあるのかも知れませんね。世良（公則）クンにもそんな話聞いたことある。
みうら　あっ世良くんはズバリだ。
西城　彼は、文化祭で〝ローラ〟やっていた口です。あと、永ちゃん。
みうら　矢沢永吉!?
西城　彼、キャロルのさよならコンサートに行ったとき、楽屋で会ったんです。そしたら彼、「オレホントは秀樹ファンなの」って言ってくれて。マネジャーがすぐに「ロックシンガーがそんなこといっちゃダメって、クギさしたけど」

氷室京介も世良公則も矢沢永吉もヒデキが好きだったということだ。しかし「ロックで売るからにはそれを公言しちゃだめだ」と指導された、とある。

ヒデキが茶の間にロックを日本の大衆に広めるまでに高い山を越えた開拓者であるにもかかわらず、業界の人たちはその後ヒデキに憧れてやってきたミュージシャンを「ロック」ジャンルで売るために、ヒデキからの影響を封印した。結果的に後からやってきたミュージシャンが、その前世代をリスペクトを封印し、高いジャンルの垣根を作ったことになる。

そしてそんなふうに垣根を高くしてしまったジャンルの影響を、音楽系メディアもそのまま受けたのだろう。聴衆を育てたという意味で、

1997年、西城秀樹に憧れて育った若いロック・アーティストたちによるトリビュート・アルバムが発売された

ヒデキが切り拓いたＪｐｏｐのロックバンドブームであったはずなのに、その功績が音楽業界のメディアからはあまり語られていない。

ジャンルや年齢層の偏りが「こちら側」音楽業界側に作られたがゆえに、ヒデキを語る報道は、47年も前の、デビュー当時の鮮烈なイメージが固定化され、いつも同じ切り口になっていたのだと思われる。

なんと不条理な話だろう。元からアイドルのイメージなどない団塊ジュニア世代としては、訃報後の報道は不可思議なことばかりだった。訃報後の報道でアイドルとか新御三家の報道ばかりされるので、昨年からアイドル時代の情報が刷り込まれている現状だ。

西城秀樹の海外での高評価も一般にはあまり知られていない。

１９７２年に芸映からデビューし数々の功績を残したヒデキは、１９８３年に独立しアースコーポレーションを設立した。

元々ヒデキは独立する気はなく、残留を懇願したという話もある。

ヒデキを広島でスカウトした上条英彦氏の書籍『ＢＯＳＳ――匹狼マネジャー50年の闘い』には、芸映からの独立を「不遇の時代が訪れる」契機になったという記載がある。

今にしてみれば独立後、時代の流れも急激に変わり、諸々の苦難が降りかかったようだ。

ＮＨＫからオファーのあった大河ドラマの『独眼竜政宗』も資金面で引き受けられなかったら

しいし、音楽のことだけでなく、会社運営のことを勉強する時間と手間もとられただろう。このことで音楽的な芸術家としての時間を削られてしまったのではないかとも思う。

さらに言うと、独眼竜政宗、周りのキャストはヒデキに馴染のある方々が多くキャスティングされていた。真田広之とは過去に、番組で「ウェストサイドストーリー」のミニミュージカルを共演している。真田広之は現在もハリウッドで活躍中である。

事務所の発信力も芸映と出来たばかりの個人事務所では相当の違いがあっただろう。ヒデキの性格から考えて、あまり過去の功績を発信することはしなかったに違いない。ヒデキが育った70年代はまだ「謙遜」が美徳だった時代だ。しかし日本社会、日本の芸能界の変質と共に、自社タレントを誇大に宣伝するような報道が増えていき、メディアも、事務所の発信する情報を頼りにしていったので、事務所自身の発信力のなさには大いにタレント活動を左右しただろう。

ただ、独立したがゆえに、海外での活躍もしやすかった一面もあった。元々デビュー当時から、海外でも通用する一流歌手になりたいという夢をずっと持っていた彼にとって、アジア諸国の人々が、熱狂的に迎えてくれたことは大きな幸せだったようだ。

ヒデキはこのことについて、雑誌『宝島』の1991年5月24日号でこう語っている。

アジアの人たちにはアイドルがどうのこうのという先入観がない。自分が今ここで出す音しか信用してもらえない。音だけの世界で人気を積み重ねた結果で、自分でも自信になった。

１９８５年前後の日本はバブル経済。メディアだけでなく多くの日本人に奢りがあったのだろう。なぜ日本より遅れているアジアに行くのだ、という発言をしたある有名な映画監督もいたほどだ。それゆえメディアがさほど彼のアジアでの大活躍ぶりを熱心に報道しなかった。私自身はテレビでの報道はみた覚えがあるのだが、当時の日本人全体がバブルに酔っていたのか、あまり認識されなかったようだ。１９８６年に香港で前代未聞の47週連続1位をとったアルバム『Strangers in the night』もほとんど話題にされなかった。世界中で親しまれているスタンダードジャズアルバムなのに日本では、再販さえいまだされていないのだ。時期的なことをいうと、ちょうどアナログレコードからＣＤへの切り替わりで、ＣＤもほんの少しは作られたようだが再販がないためにオークションで高額になっている。

また一方で、ヒデキにとってはアジアだけでなく欧米への世界進出の夢もかなり手の届きそうなほど近くにあった。70年代から海外からのスカウトもオファーも多数あった。『傷だらけのローラ』のフランス語版は、日本にきていたボーイソプラノのカナダ人ルネ・シマール君とそのマネジャーが本気になったことで実現し、カナダで発売され、大ヒットした。

また、東京音楽祭などでは海外のアーティストと舞台にあがることもあり、その後は世界各国からオファーが殺到したことも多かったようだ。東京音楽祭はＴＢＳが主催した外国人ミュージシャンも大勢来日して盛大に行われていた音楽祭。ヒデキは76年、78年、84年に参加していて、外国人審査員賞を受賞している。この音楽祭のあと、海外からのオファーが多かったようだ。

カナダ進出の話はすでに紹介したが、ソ連には実際には行ったことはないようだが、ソ連のラジオでかかったこともあったらしい。

キッスのマネジャーは、長年にわたってヒデキを口説いていたようだし、ディオンヌ・ワーウィックは、相当ヒデキを気に入っていた。バート・バカラックまで紹介して、ヒデキのアメリカ行きを全面的に協力すると長年言っていたようだ。

87年には天才プロデューサーと名高い、ジョージ・デュークともコンビを組んでいる。ジョージ・デュークのライブエイドにヒデキも参加して、ジョージに「ヒデキの声は世界に一つしかない、いい声だ」と太鼓判を押され、励まされたという。その他、ヒデキの自筆エッセイなどを読むと、他のアーティストの名前も複数、挙がっている。

ヒデキがもし日本を捨てていくことができたならきっと80年代のハードロックブームの時代に、ポップなアメリカンハードロックバンドのボーカルが似合っただろうと思う。

またコパカバーナの世界的ヒットで有名な超大御所バリー・マニロウにも気に入られた。

バリーが秀樹とデュエットを出したことで有名ではあるが、彼のヒデキへの入れ込みようは相当だった。彼も秀樹の為にアルバムをプロデュースし、レーベルを移籍し、この87年の時はバリープロデュースアルバムで全世界発売を目前にしていたらしい。この計画はのちにＲＣＡ自体が倒産して話がなくなった。倒産していなかったら発売になったかもしれない。

バリーとヒデキがデュエットしたシングル盤は実現したが、バリープロデュースのアルバムは結局、日の目を見ていない。さまざまな事情や悲運が重なって出せなかったバリーがプロデュースしたヒデキのアルバムをぜひ聞いてみたい。

資料だが、バリーのオフィシャル Twitter はヒデキとのデュエット音源についての記事を書いている。それがなんと虫の知らせでもあったのか、ヒデキ訃報前日のことである。

バリーにとっても日本語でヒデキと共に歌ったこの仕事は今でも印象に残っているのだろう。バリーにこの時の話をもっとくわしく聞きたいと思うのはわたしだけではないだろう。

さらにこんな話もある。ラジオで当時、ＲＣＡの宣伝担当だった早野さんが語っておられるのだが、ＢＭＧの担当者がわざわざ「金を出すからヒデキをくれ」と自社ジェット機で日本にやってきたそうである。

アースコーポレーションは個人事務所ながら、海外でのメジャーデビューについては目前にまで迫るほど何度も頑張っている。ここまで音楽先進国のメジャーの一流音楽業界人を本気にさせた歌手は日本にはいまだかつていなかったのではないか。

欧米の超一流の大御所アーティストは、気に入らなければ金を積まれても、共演などしない。それが共演どころか、何でもするからアメリカデビューを手伝って上げたい、と協力を名乗り出るアーティストが複数いたということが凄い。さらに金を出すからヒデキをくれと言い出すレコード会社までいたとは。ヒデキがいかに国際的に評価の高いアーティストだったかという証左である。

さらにヒデキが病気で倒れたあとも実は海外でヒデキを評価した有名ＤＪがいる。DJ Dimitri from Parisだ。ロンドンでのダンスフロアで、さりげなく角松サウンドをヒデキが歌った80年代のthrough the nightが日本語のままかけられているのは、けっこう有名な話。ヒデキのうたう『through the night』をテンポアップしてノリノリでかけている。DJ dimitriが今までかけた日本語の楽曲は山下達郎とヒデキだけだそうだ。さらに彼はヒデキの訃報に接した時、ヒデキのことを「Major Japanese Pop Icon」と評して追悼コメントまで出してくれている。

しかし、当時から、芸能界側のメディアや、一般メディアよりも音楽業界側の方が、ヒデキの才能も国際的評価も理解・認識していなかったように思う。Ｊｐｏｐブームに沸く、業界人は、シンガーソングライターだけがビジネスアイテムと思っていたのか、70年代の歌手はさほどビジネスにならないと思ったのか、昔のアイドルと思い込んでいたのか、はたまた海外との行き来は直接、日本の音楽業界には恩恵がないと思ったのか。

またこの頃、日本語禁止時代の隣国、韓国にもヒデキの熱心なファンがいた。日本のテレビ放送が見られる釜山(プサン)まで頻繁にヒデキを見に来ていた韓国人歌手イ・スマンだ。彼の招聘(しょうへい)もあって88年ソウル五輪の前夜祭イベントでは、ヒデキはそれまでの韓国の規制を破り初めて日本語で歌を歌い、その放送が衛星中継された。

イ・スマンは「ヒデキのような海外に通じるスターを韓国人で生み出したい」と東方神起などのプロデュース業をはじめ、現在の韓国の国家戦略を支える大きなビジネスＫｐｏｐの先駆けとなっている。訃報前はソウル五輪の前夜祭の話はあったが、訃報後の日本の報道ではその話はほとんど表だって出ていない。何らかの規制がかかったのではないかと勘繰るほどだ。西城秀樹は日本だけでなく世界の音楽シーンを動かしたのである。

昨年のヒデキ訃報のニュースは、海外、アジア各国はもちろん、アメリカでもかなり報道された。数々のアーティストが夢中になった日本の歌手で、ソウル五輪での日本語歌唱のことも書かれている記事もあった。

一方、日本でのヒデキの扱いは、訃報当初は各メディアもそれなりに時間を割いていたが、その後は事務所の力関係と妬み渦巻く芸能界側のメディアはヒデキの功績を過小申告しようと必死である。

葬儀に参列した一般ファンの人数さえたった2時間で打ち切られ、献花台にまで到達できなかった人も多くいた。２万枚のカードがすぐになくなったというのに、おそらくは１／３、もしくは１／４以下で発表し、海外での功績は、アジア進出について少し触れられるにとどまった。そしてヒデキの国際評価が高い話が、他のアーティストの障壁にでもなるのだろうかと勘繰りたくなるほど、海外ビッグアーティストからの高い評価についての報道は、訃報後は見たことがない状態だ。

個人事務所だからといって、音楽性の評価まで黙殺されるとは…と私は言葉を失っている。

［2］Ｊpop ムーブメント到来

Ｊｐｏｐブームの到来のなかで、なぜ多くの音楽系メディアは西城秀樹を見過ごしてきたのだろうか。

歌は世につれ世は歌につれという言葉がある。歌は世の成り行きに合わせて変化し、世のありさまも歌の流行に影響されるという意味だ。ここで時代背景を追いながら、日本の大衆音楽の歴史を考えてみる。

幕末・明治。幕末の混乱期。日本人も西洋列強に追い付こうと必死だった時代。日本人も西洋文化に親しむため、ヨーロッパで勉強してきた音楽家により、多くの唱歌が作られた。また日本人に馴染む外国曲に日本語詞がつけられ（いわば洋楽カバー）、学校教育に導入され、日本人の西洋音階による大衆音楽の歴史は始まった。

日本の古曲と思われている「さくらさくら」も、幕末に箏曲として作られたものが明治中期に五線譜に乗せられ、歌詞がつけられ普及したものだという。それまでの日本の伝統的な邦楽には、共通の譜面がなかった。楽器それぞれに別の譜面があり、楽器が異なると譜面は読めない。それぞれの楽器の奏者の職業保護の意味合いもあったらしい。

今でも、邦楽楽器奏者と、西洋楽器との合奏には、五線譜との「翻訳」が必要になる。

日本での伝統的な音楽は神社奉納の雅楽、お座敷遊びの音楽、そして村人が歌う仕事歌の民謡や、子供たちのわらべ歌など、少人数で合わせる音楽がほとんどだった。

五線譜という共通言語を持つ西洋音楽が入ってきたことにより、大勢での合唱、多種の楽器、大勢での大音量での合奏が可能になった。大勢で一つの音楽を楽しむことができるという西洋音楽に、日本人も虜になったのだろう。

大正時代には大都市ではダンスホールでダンスを楽しみ、ジャズも入ってきていた。

そして昭和の大戦。

戦後。焼け野原になった日本はＧＨＱ統括下に置かれた。進駐軍のクラブでは、当時アメリカで流行していたスウィングジャズを望まれたため、ジャズを演奏できる人が進駐軍のクラブでの演奏で食べて行けるようになり、服部良一も笠置シズ子「東京ブギウギ」（１９４７年）もその流れで一世を風靡した。そのほか、戦後の流行歌で有名なのは、藤山一郎の『青い山脈』（１９４９年）、並木路子『リンゴの唄』（１９４５年）などだ。その後、１９５２年に『リンゴ追分』をヒットさせた美空ひばりはジャズも多数歌っている。

極貧に落ち込んでいた日本の大衆の希望と期待が音楽と共にあったのだろう。

１９５２年、日本が主権を回復し、進駐軍が去ったあとも、米軍基地周辺ではアメリカの音楽がいち早く入ってくる環境だった。ヒデキは広島県出身だが、広島出身のミュージシャンが多いのは米軍基地の影響が大きいだろう。

高度経済成長期に入った60年代から戦前の流れを汲んで、クラシックやジャズを勉強した音楽家陣が、当時の日本人に喜んでもらうために多くの楽曲を送り出していた。ハリウッド映画に夢中になった人々も多く、映画音楽も大量に入ってきた。

大衆がそれらの音楽を聞く手段も、ラジオから白黒テレビへ移り変わり、そして70年代に入るとカラーテレビになって行った。家電製品の中ではテレビは圧倒的な普及率で、、カラーテレビの台数は70年代前半から急激に上昇

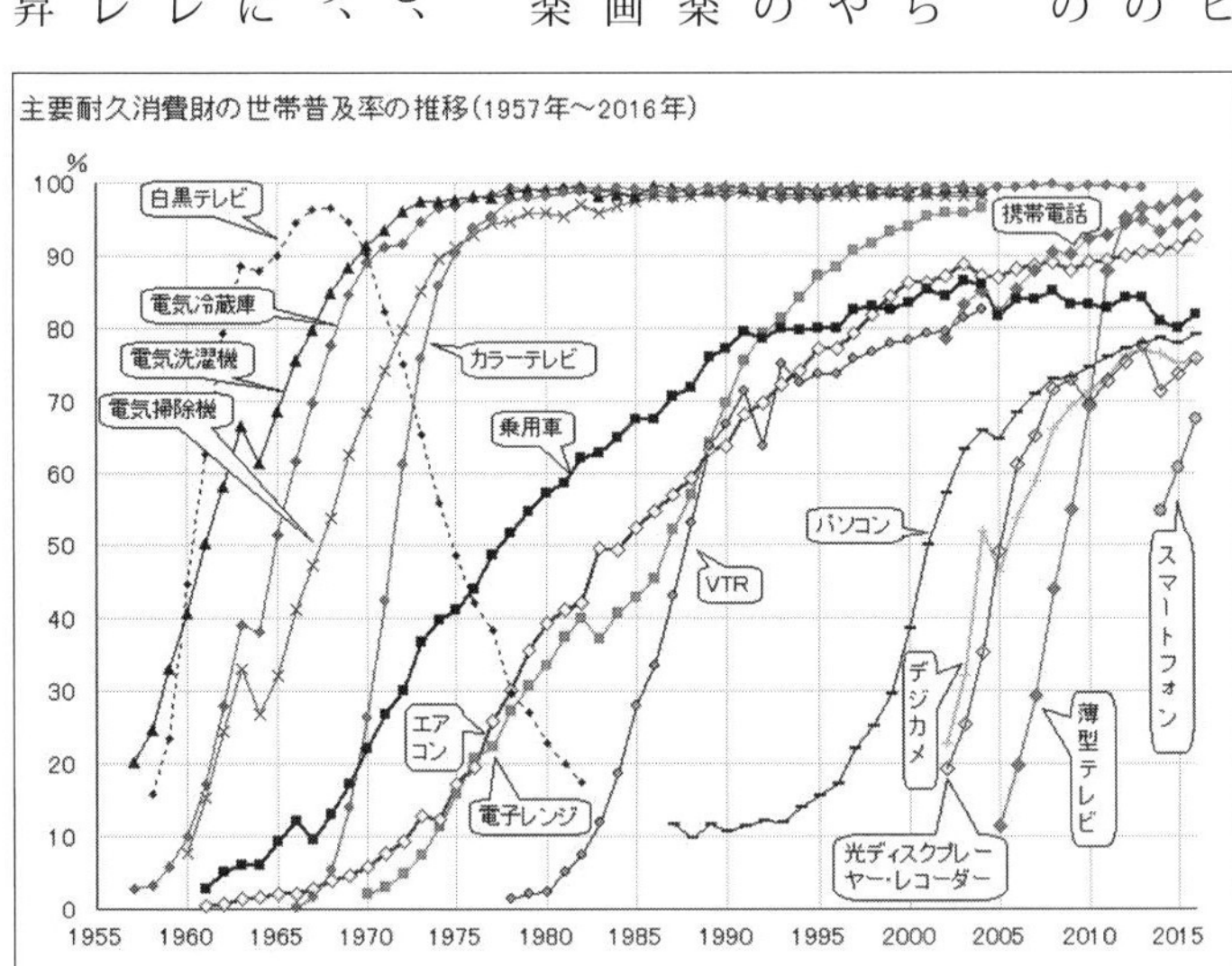

（注）単身世帯以外の一般世帯が対象。1963年までは人口5万以上の都市世帯のみ。1957年は9月調査、58〜77年は2月調査、78年以降は3月調査。05年より調査品目変更。デジカメは05年よりカメラ付き携帯を含まず。薄型テレビはカラーテレビの一部。光ディスクプレーヤー・レコーダーはDVD用、ブルーレイ用を含む。カラーテレビは2014年からブラウン管テレビは対象外となり薄型テレビに一本化

（資料）内閣府「消費動向調査」

している。世代を問わず人々を惹きつけたのが、プロ野球と歌番組だった。それだけ70年代半ばは日本人の多くがテレビ番組を夢中になってみていたというのは、グラフを見ても想像に難くない。見たい番組があるからテレビを欲しがったのだ。

カラーテレビがほぼ１００％の普及になってからは様々なものが急激に変化した。家庭用ビデオデッキも普及しはじめ、１９８５年カラオケボックスが登場。73年生まれの私の記憶では、70年代は一家に一台の家具調のテレビの前で、家族全員が、テレビを通して様々な音楽を聞き、歌っていた。野球のナイター中継か、音楽番組を見るかで親子喧嘩をしていた気もする。

野球のナイター中継はシーズン中、毎晩あったし、歌番組に関しては、一説によると全国のテレビ局を合わせると、週に１００本近くあったとか。とにかくどんな番組でも生演奏の大人数の楽団がいて、ゲストで出てきた歌手が最後に生放送で歌う、歌のコーナーがあった。

70年代当時、ものごころがついたばかりの第二次ベビーブーマー世代の私たち、団塊ジュニア世代はこんな音楽番組が流れる日常で育った。演歌、民謡、ジャズ、シャンソン、ポップスの歌手が皆「音楽」で繋がれていて、誰もが一つの音楽番組で輝いていた。

洋邦問わず、ジャンル問わず、すべての世代が音楽を楽しめた。ドリフターズでも、欽ちゃんコント番組でも、必ず歌手が出てきて、コントのセットの後の舞台で、いきなりビッグバンドと共に登場して完璧に歌っていた。

なんと素晴らしい「音楽」の世界だったのだろう！

70年代〜80年代半ばまでの歌番組隆盛期、まさしく日本における大衆音楽の【王道】であり、日本の音楽文化の大輪の花が開いた時代だったと今にしてみれば思う。

ヒット曲は数回聞けば、子供でも誰でもすぐに覚えて口ずさめたし、毎年、年末のレコード大賞も紅白も家族全員が楽しみにしていた。紅白の視聴率は70％以上、レコード大賞で40％以上、1978年から放映のベストテンでは30％以上の視聴率があった。そして今のように権利ビジネスも浸透していなかったので、町へ行ってもどこへ行ってもヒット曲が流れ、とにかく日常の生活に「歌」があった。そんな時代に、西城秀樹はスターとして輝いていた。色々なランキングや個人的な印象はあるだろうが、「沢田研二」と「西城秀樹」が男性では二大スターであったことは間違いない。

インターネットの［沈黙図書館］は週刊文春がおこなった「青春スター・ベストテン」について、こう書いている（本誌192ページ）。

――この投票結果を見て、一番最初に思ったのは、どうして、ヒデキとジュリーだけがほかの人たちを大きく引き離して、人気があるのだろうか、ということだった。昭和の時代の、昔の人気がそのまま持続している。

70年代後期から、ランキング番組が始まり、有名な『ザ・ベストテン』などは当時の子供たち皆が見ていて、学校へ行けば誰もが昨日のベストテンの話をしていたものだ（この話をいま令和元年の現在、小学生と中学生であるわが子にすると、とても羨ましがられる。皆が知っている曲があって皆で話ができるのが羨ましいと）。

そこにはすべてのジャンルの人が歌でつながっている素晴らしい音楽の世界があった。

タケカワユキヒデ氏もこう言っている。

「演歌の人たちと一緒に出てても、全然ヘンだと思わなかった。今、そういう混沌とした番組は『ＮＨＫ紅白歌合戦』くらいですよね。それを当時の僕らは毎日やってたんですよ（笑）。なんて楽しかったんだろうって思います。え？　それを観てる側も夢があった？　それは嬉しいね。僕自身も、テレビに出る前はずっと夢を見てやってきたわけですよ。そういう自分が見てきた夢を、今度は自分がテレビに出ることでいろんな人たちに届けることができたのかな。だとしたら、こんなに嬉しいことはないね」（３）

１９８０年代の後半にかけて、日本経済のバブル経済の始まりから終わりへ。

１９８５年　プラザ合意。急激に円高が進んだ。同じ年、国鉄がＪＲへ、たばこ産業がＪＴへ、電電公社からＮＴＴへ。公社の民営化がすすんだ。

次ページのグラフは日本の可処分所得の推移である。このグラフを見てもわかるように、70年代から80年代後半まで、日本の一般大衆の可処分所得は激増していった。ただ１９８５年を境に変わっていく。激動の時代だった。

科学技術の革新も日進月歩だったし、ファッションも音楽もコロコロ流行が変わった。

今はあまり大きな変化のない若い人にはわかりづらいとは思うが、当時流行が変わるとあっという間に少し前のものがダサく陳腐に見えてしまうものだった。個人的な思い出としては、姉のお下がり服をもらうのがとても嫌だった。7～8年も経てばもう流行が変わっているので、お下がり服を着ていたら嘲笑されるほどに、変化は激しかったのだ。

令和の時代になって、私が90年代に着ていたワンピースでも中学生の娘は喜んで着てくれるのを見ると、時代の変遷の速さ、遅さは確実にあるのだとひしひしと感じる。

音楽業界、録音技術や音響機材なども日進月歩でレコード会社の方針なども変化は激しかったのだろう。

80年代半ば、録画機能を持つビデオデッキ（ＶＨＳと

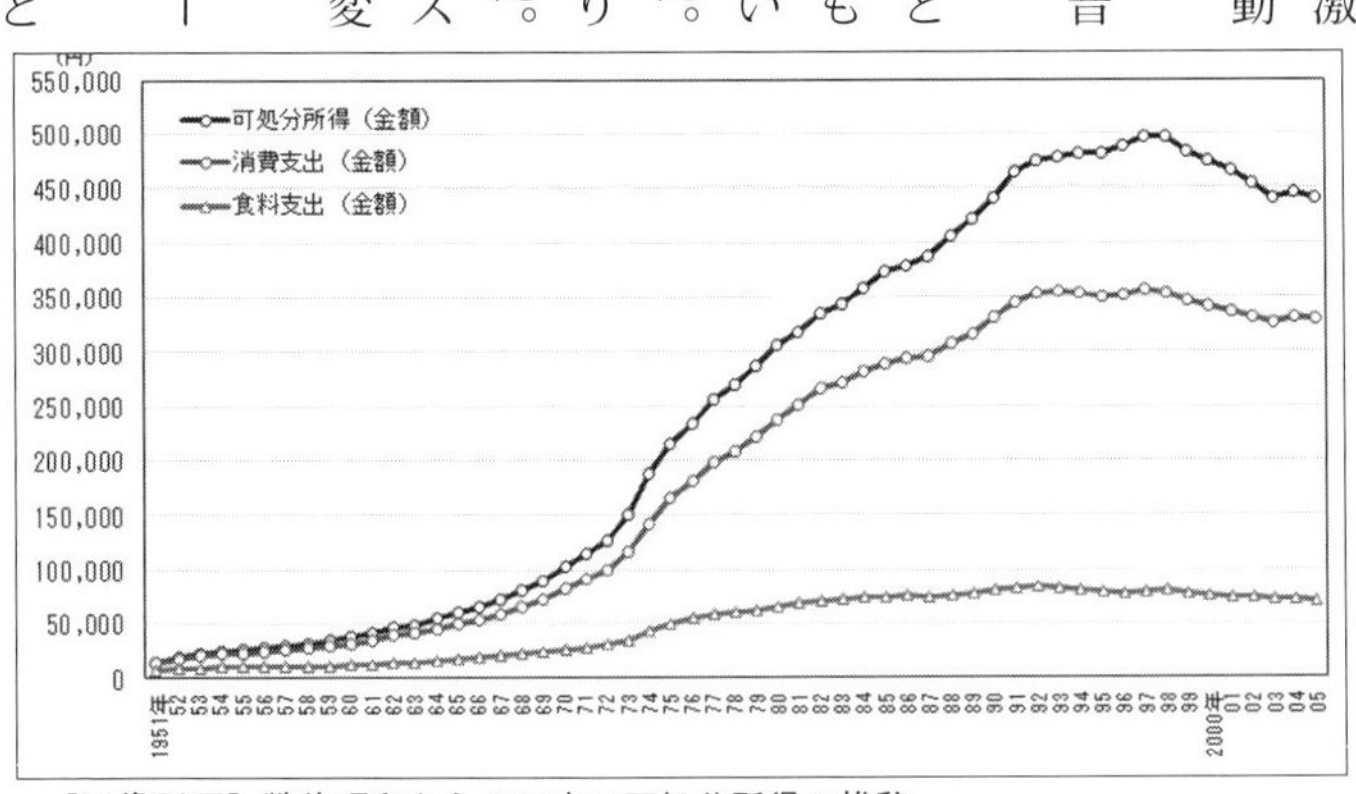

［画像引用］戦後昭和からの日本の可処分所得の推移

ベータのビデオ戦争も80年代初頭に終わりがみえていた）が普及し、その頃から音源のデジタル化も進んで、アナログレコードからＣＤへの切り替わる時代になっていった。小さくて扱いが楽なＣＤに皆が惹かれ、アナログレコードからＣＤへの切り替え需要も重なり、急激に売り上げが伸び、【Ｊｐｏｐ ムーブメント】が到来した。

Ｊｐｏｐムーブメントとは何か。音楽バブルとも言われる。金額のデータを見てみると下記のとおりである。

図版は「みずほ銀行のコンテンツ産業の展望－音楽産業」から抜粋である。90年代、大学生だった私は、当時、よく通っていたＶｉｒｇｉｎメガストアで突然「邦楽」という表示が「Ｊｐｏｐ」というカテゴリ分けになって驚いた覚えがある。

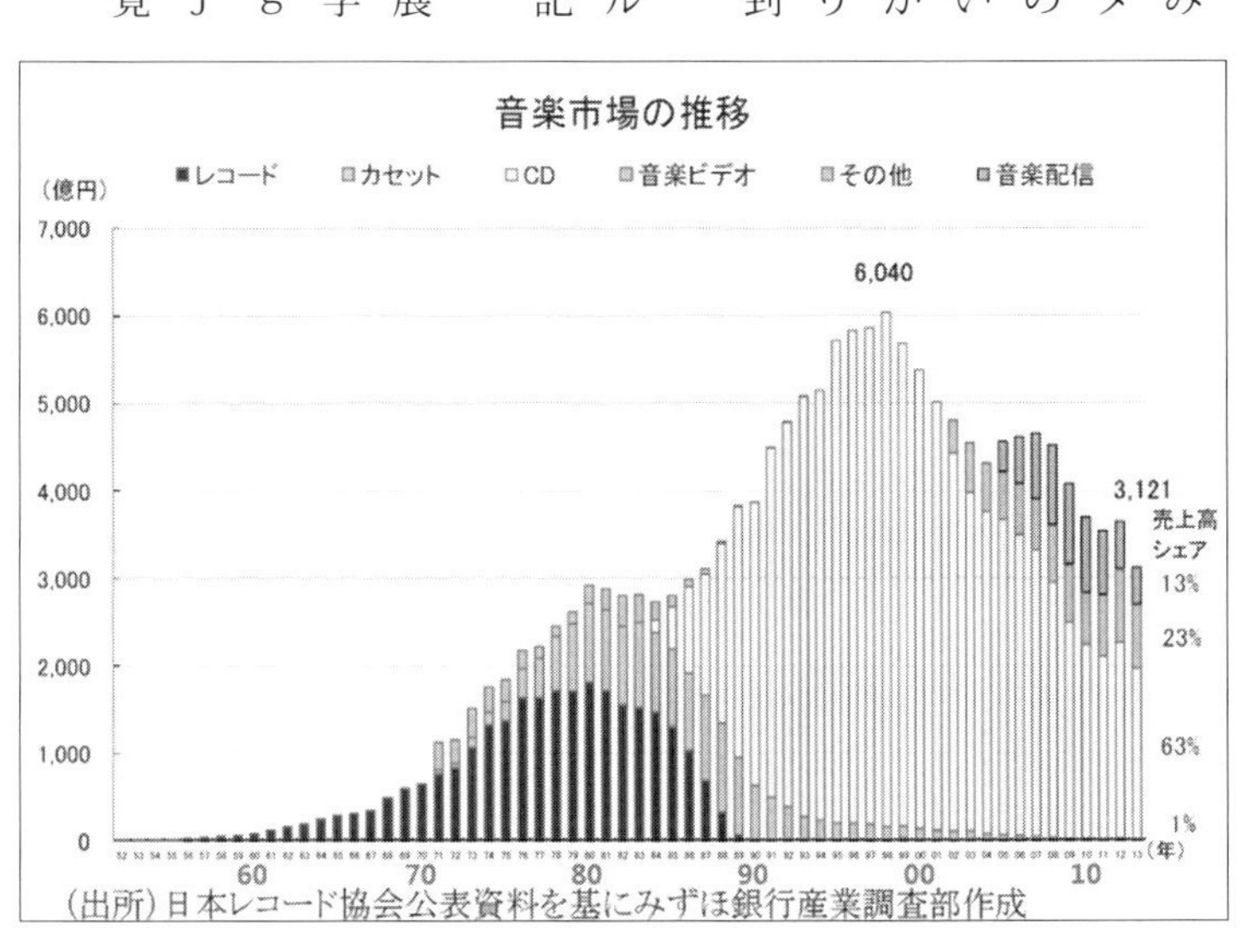

(出所)日本レコード協会公表資料を基にみずほ銀行産業調査部作成

Ｊｐｏｐとは、いったい何なのだろうか。ウィキペディアにこんな説明がある。

１９８８年、10月に開局したばかりの東京のＦＭラジオ局、Ｊ-ＷＡＶＥが「Ｊ-ｐｏｐ」の発祥となった。烏賀陽氏によれば、「Ｊｐｏｐ」というジャンルは、【マスメディア側が先導する形で音楽カテゴリーのひとつとして誕生し、それにふさわしい音楽を売り手側が分類していると いう点において、他の音楽ジャンルと異なる、大きな特徴といえる】とある。（中略）90年代、Ｊリーグが発足したのが93年で、同時期に一般的にＪｐｏｐという言いかたが定着していった。（中略）音楽を作る方の機材も格段に発展し、安価で大量に作れるようになり、またＦＭ局開局ブーム（後述※）もあってソニー・ミュージックエンタテインメント（当時）の坂本通夫は、１９９１年を音楽業界の転換点として「音楽が作品から商品に移り変わった時」と語っている。」

ちょうど私は90年代前半に大学生だったので、よく覚えている。元々バブルの香りが時代の空気として残っていて、何事も派手な時代だった。大学生の私も友人と様々なライブに行ったし、気になる邦楽バンドもあった。確かに爆発的に流行っているものも多く、次から次へのミリオンセールになって、セールス的には凄いと言われていたが、それは単なる「ヒット商品」であって、純粋に音楽愛好者が夢中になるような「楽曲」だったかというと若干疑問でとにかくドラマとタイアップの「商品」というイメージが強かったと思う。「Ｊｐｏｐバブル」とメディアで騒がれているほどは、邦楽にあまり面白味を感じていなかったし、なんとなくヒットチューンそのものの吸引力が落ちてきているのを感じていた。

大学の食堂で音楽好きの友人とこんな話をした記憶がある。

「70年代80年代の曲をいま自分たちが聞いているけれど、10年20年後になってから今の90年代の曲を聞くことってあるんだろうか？」

「そんなことはなさそうだね、邦楽も洋楽も70年代80年代の方がよかった気がする」

おそらくこれは上の年代の方々が遭遇したような、フォークソングやニューミュージックに熱狂的になっていたようなムードではなかっただろうと思う。70年代の歌謡曲で音楽心を育てられ、その後80年代の強烈な洋楽のＭＴＶの華やかさに夢中になった私たち団塊ジュニア世代の音楽好きの人たちは、たいして一大ブームのＪｐｏｐに夢中になっていなかったのである。しかし音楽産業の年商はどんどん数字が大きくなっていった。

当時はまだネットがなかったので、ニュースはテレビが主体だったが、音楽業界が喜んでいるな、というようなニュースがいつも流れていたのを覚えている。

「○○が売り上げ何百万枚を突破しました！」というようなニュースばかり。

ターゲット対象であったはずの私たち年齢層でも、もともと中高生の時から音楽が好きだった同世代は冷めた目で見ていたような気がする。売り上げ枚数がよかったら良い曲なのか、と。音楽系メディアが騒げば騒ぐほどに、元々音楽が好きだった私たちはどんどんとテンションが下がっていき、90年代後半以降ますます日本のヒット曲に興味を失っていった。

なんだか周りを取り囲む空気だけが浮かれて大きくなって、音楽が断絶され遠くなっていったような気がして、自分の好みの曲がかかりやすいラジオ局を探したりしていた。偏見のある表現をすると、当時、音楽というより流行ものに乗せられがちな人はブームになっていた邦楽が好き、という状況だったと思う。ドラマとセットでパッケージとして流行っていたからかもしれない。

音楽制作者連盟が任意団体としてスタートした１９８６年からのデータを見てみる。

データは86年からのものだが90年代以降も上昇を続け、２０００年以降も上昇線を維持をしている。中でも気になったのがこちらのグラフ「著作物使用料などの徴収額」の推移グラフである。

これで気づいたことがある。業界の方には怒られるだろう

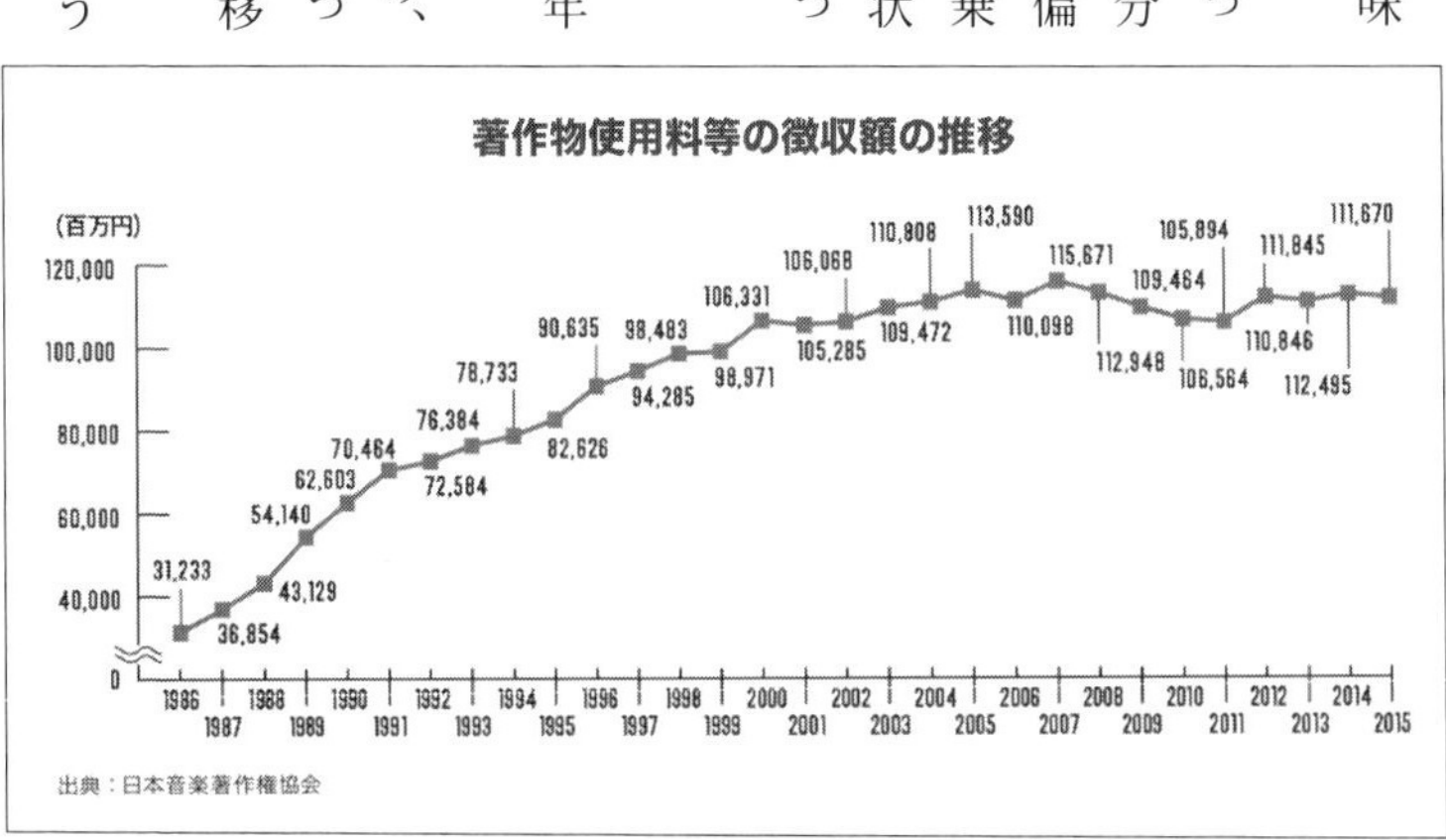

出典：日本音楽著作権協会

が、無知な素人がこれらの推移を見て率直に思ったことを書かせていただく。音楽業界としては、上記のように90年代以降がバブルで一番稼げたのだろう。

しかし、一般庶民の皮膚感覚ではどう考えても70年代〜80年代の方が、全世代の日本人が音楽が大好きで、音楽で楽しませてもらっていたと思う。それが数字には出てこない。

音楽業界の録音音源媒体の売り上げの数字で見るからだ。要するに、90年代初頭のＪｐｏｐムーブメントは「あちら側」の芸能界と「こちら側」の音楽業界を分断し、テレビ業界の方に流れていた音楽・ミュージシャン関連のギャラを、テレビ番組でのライブ・ステージングから著作権業に移行した業態転換でもあった、のだと思う。

ヒデキは70年代中盤から80年代まで、レコードの売り上げについては１位を取れなかった時もあったとは思うが、テレビやラジオ雑誌の出演回数などを入れると圧倒的に日本全国を、一世風靡していたと言えるだろう。後追いのファンの私たちが、毎日目を皿のようにして見ていても当時のファンの方が見せてくださる雑誌の誌面やテレビ番組のコーナーなど、とても終わりが見えない。それだけの膨大な時間を、捧げてくれていたと思う。

平成ではあり得ない、ワーカホリック状態。（このため若い頃から何度も入院していたようだ。睡眠時間が2〜3時間だったというのだから）当時、幼稚園児の私でさえ、この人はいつ寝ているのかしらと思った記憶があるほどだ。これら、テレビやラジオ、雑誌などの出版の露出量・金額面を合わせたら天文学的な数字になるだろう。ただマスメディア業界の数字はブラックボックスなので表には出てこないからわからないのだ。せめて本数だけでもとれればわかるかもしれないが、数だけでも膨大だ。

今現在、有志のファンの方々の間で、当時のメディア資料をデータベース化する作業が始まっているが、尋常な量ではない。他のミュージシャンの後追いでもある程度たてば、作品購入などはほぼ追いついていくのだが、西城秀樹の場合いくら毎日徹夜のように睡眠不足になっても追いつかない。いったいどんな量の仕事をしていたのだ？

まるで驚きと終わりの見えないトンネルのようだ。

２０００年以降に生まれた10代20代の若者にとっても、歌謡曲に興味を持った時に、動画を見るとその動画の数に驚いているらしい。これでもごく一部なのだが。80年代後半頃から、録音機材が発達し安価になったため、生演奏の方がコストと手間がかかるようになった。

そして生演奏番組での拘束時間を嫌がり、ＣＤを売ることに直結しない芸能界の仕事をして無駄に体力を消費し、時間を費やすのは損と考えたのだろう。歌手やバンドの多くが生放送のテレビ出演を避けるようになっていった。

テレビ出演を避ける人が増えれば、番組も白けてくる。それで徐々に音楽番組が減り、90年代以降はごくわずかになったし、生放送生演奏の番組ではなくなっていた。

ちょうど80年代後半はＦＭラジオ局開局ブームでもあった。

１９７４まではＦＭ局が４局だったのが１９８２年から10年間でＦＭ局開局が40局に、その後２０００年までで52局になっている。テレビに出る回数を減らして神秘性を保ち、ＦＭ局中心のプロモーションでレコード・ＣＤを買わせる。そうすればファン以外の多くの国民の前で生演奏で緊張して失敗することもなく、綺麗に録音できた音源を何度も聞いてもらえる。

各アーティストをブランディングし、スノッブなオタク志向をファンにもかきたて、固定ファンを獲得できれば、長くビジネスを保てる。大衆にとっても、「曲を作った」「詞を書いた」となればその音楽的価値がわからなくても、わかりやすく「才能ある！」と思えるのだ。一曲ごとに博打を打つ歌謡曲よりも、マーケティングプランがたてやすい。

ＭＴＶが始まったころ、The Buggles の Video Killed The Radio Star という歌が流行ったことがあったが、日本では「FM RADIO STARS KILLS TV STARS」ということになったのかもしれない。「あちら側」のテレビは、束売り・バラエティ売りで歌は付属品の現代「アイドル」が多勢を占め、「こちら側」のＦＭ局側にシンガーソングライターが収まるようになった。

Ｊｐｏｐという、メディアの業態の大変革により、70年代までの生放送、生演奏で歌うことで鍛えられてきた一流のプロの歌手はテレビ業界からも、音楽業界からも、壁をたてられてしまった。それまで歌で繋がってきた音楽の歴史を封印された形になり、70年代に活躍していた一流の本物の歌手の行く場所がほとんどなくなってしまったのが90年代以降だと思う。

主にテレビを中心とした、様々な媒体にまたがっていた80年代半ばまでの音楽ビジネスを、著作権ビジネスになった音楽業界の方が分断し、「こちら側」録音音源売り上げの数字だけで見るようになったのである。「こちら側」からの数字からしか見ないから、「西城秀樹」の音楽界における大きさが分からなくなっていたのだ。

大衆の所得も違う、時代のツールも違う、成長曲線は止まった時代に過去のデータを振り返る時に今現在の金銭価値（それも少し前世代のものになっていると思うが。バブル世代の楽して稼げた時代が忘れられない人が今の日本社会のあちこちにいるように、メディア系、レコード会社にも大勢いると思う）を基準にした物差しで物事を測るからおかしなことになっている。

［3］なぜ多くの音楽系メディアは西城秀樹を見過ごしてきたのか。その1

今に至る時代の経過のなかで、音楽のボーカル・歌唱は次第に軽視されていった。

それはなぜだったのだろうか。

Ｊｐｏｐという、メディアの業態の大変革により、70年代までの生放送、生演奏で歌うことを鍛えられてきた一流のプロの歌手はテレビ業界からも、音楽業界からも、壁をたてられてしまった。

言い換えると80年代後半、Ｊｐｏｐムーブメント到来以降「歌」そのものが軽視されていったということである。音楽評論家たちの記事を読んでみても、「歌詞」について語ることが多く、「歌唱」「ボーカル」に言及している記事が少ない。うまいとか、だれの影響だ、があれば良い方だ。楽曲を聞いた解説が、歌よりも歌詞について、語ることが断然多いように思う。もしくはバックバンドの演奏について、やアレンジについて語ることが多い。

バンドでも「ボーカル」「歌手」がフロントマンであるのは古今東西どこも同じであるなのに。そのあたりを考察する資料をこの章ではまとめていく。主に、石丸元章『危ない平成史〜絶望から始まり絶望で終わった平成の音楽産業〜』からの記事を引用する。

石丸　平成の音楽バブルはさらに複合的な原因によって起こったものだと僕は考えています。

（略）

sinner-yang　あらためて平成の拡大を考えてみます。まず業界内で最初に起こっていたことはアーティストの粗製乱造です。つまりは新人歌手の大量生産。先ほど石丸さんが仰ったように82年にＣＤが登場し、84年にレコードとＣＤの売上が逆転、その普及につれ、音楽のマーケットが急拡大しました。その需要に応じるべく、レコード会社各社が、とにかくＣＤを量産しようと動き出したんです。

石丸　その需要の拡大に関してはラジオの開局ラッシュもまた一因を担っていたと思いますね。88年のＪｗａｖｅ開局に始まり、平成の序盤にかけて、ベイエフエム、ＦＭフジと、関東圏だけでもＦＭ新局が相次いで開局された。全国も同時です。それによって、新曲のプロモーションの場がグッと増え、またラジオでかけるための曲の需要も増えた。

sinner-yang　そうですね。FM開局ラッシュは確実に需要拡大の一因になっていたと思います。（中略）あのころ、ラジオ業界とレコード業界は完全に利害が一致していましたよね。かたや曲が欲しい、かたやプロモーションの場所が欲しい。（中略）CDの普及やラジオの開局ブームなどによって需要が急拡大した。そこで、とにかく誰にでも下駄を履かせてみようとなったんです。詞が書ける、曲が書ける、ルックスがいい、歌唱ができる、そのうちどれか一つでもあれば、あとは周りで補填しよう、と。まずは打席に立たせ、もし一塁に出塁したら残すし、見逃し三振だったらもう終わり。つまりが粗製乱造。これは現在に至るまで続いている流れですね。

——粗製乱造、なるほど肌感覚ではわかるのだが、実際のデータはどうなのかと、調べてみると、さほど数は変わって

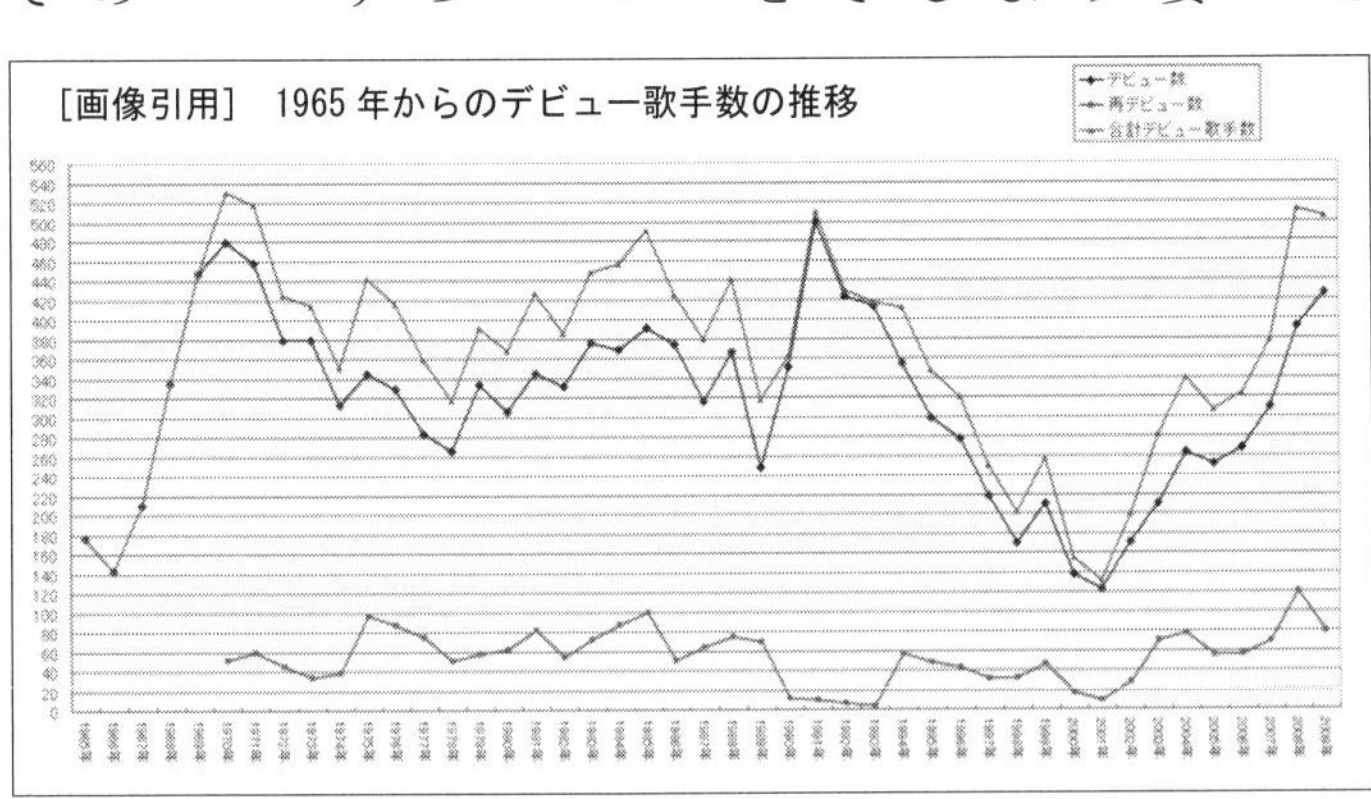

いないように思う。日本レコード協会が発表している数字をもとにしたグラフが右ページの図表である。［１９６５年（昭和40年）からのデビュー歌手数の推移」からの引用、バンドは1組を一人と計算している。

先の引用インタビューの方の感覚では「粗製乱造」になったといっているが、そういえるほどデビューする歌手（バンド含む）が増えたわけでもない。しかし露出メディアが多岐にわたって増えたために、デビューしてからプロモーションをかけられる歌手・バンドの数や種類は激増し、「粗製乱造」の印象になった。要するにそれまではほんの一握りのトップに立った者だけが華やかな歌番組に出られる枠だったのが、メディア枠が増えたために、メディアに出る歌手、バンドが増えた。

ＦＭラジオの開局ブームのことは、前段で既述している。この動向と同時に、選択肢が広がり過ぎた音楽業界の中で聴衆は「楽曲」「音楽」ではなく「アーティスト自身」に心酔するようになっていった。

「曲」には出来不出来があるけど、「キャラクター」はいったん出来上がればある程度、持続する。すなわち安定売上が見込めるのです。だからビジネスの都合上でプロの作詞作曲システムを崩して、アマチュアに渡しちゃったわけですが、そこで何が起こったかといえば、彼らが自分の言葉で歌っているという事実によって、歌い手の求心力がかつてなく大きくなってしまったんです。ようするに、「生き方」売りですね。曲を曲としてセールスしていた時代から、生き方を含めてセールスする時代になった。

音楽的な評価とは別のところで人がアーティストに心酔し、CDを買うようになったんです。

昭和においては歌謡曲の三権分立、つまり歌い手と作詞家と作曲家がそれぞれ異なるプロ仕事が主流であり、それが平成以降、アーティストの自作自演という、いわばアマチュア仕事へと変化していった。（中略）先にもお話ししたように、作品と人格を結びつけるのは客単価を上げるため（※シングル購入でなくアルバム購入を進める）の方便からはじまったんです。しかし、それが方便だったことを覚えている人はもういない。リスナーどころか、レコード会社もメディアも自分たちのついたウソに騙されているくらいだし。

「アーティスト」という呼称が一般化したのは80年代前半だと思いますが、あれだって作品と人格の結びつきを強化するためのレトリックです。逆に「アーティスト」と呼ばれることで付加価値を背負わせられる「ミュージシャン」や「シンガー」は可哀そうだと思います。本来それらは「アーティスト」の下位概念ではないはずなんですが。

その頃、機材のデジタル化が進み、飛躍的に録音源に凝った演奏が入れられるようになった。バックの演奏が豪華に聞こえると歌唱もカバーされる。生演奏、それも番組専属のビッグバンドでの歌唱をアップの映像でもできるようになるまで、歌唱力を鍛えずとも、録音音源の方が歌手を「アーティスト」として簡単にブランディングできるようになった。テレビの音楽番組への出演を拒否する歌手が増え、徐々に音楽番組は80年代後半衰退していった。

それと同時に当時の若い層にはテレビ番組に出る歌手の方が古くさく見え、ＦＭや有線でかかるシンガーソングライターの曲がカッコ良いとされていった。

80年代から90年代前半、日本全体が高度成長期を過ぎたという自覚はあっても、まだ「前に進んでいる」「新しいものが良いもの」という信仰があった。だからこそ当時の若い世代は新たにできたメディアのＦＭラジオ局に飛びついた。ＦＭでかかる音楽がカッコいい、と思うようになっていった。私たちもイメージ戦略に乗せられたのだろう。

以上の考察をまとめると、

日本社会の経済成長と同時に、機材のデジタル化が進み、ＣＤ生産が容易になり同時に音楽市場が急激に拡大した。

↓ＦＭラジオ局も開局ラッシュ。それぞれのＦＭ局の個性化を図るべく新人を求め、

↓急激に宣伝媒体が増え、聴衆が音楽を選んでいく際の指針として「楽曲」でなく「人」自身に心酔するようになり、
↓自分の言葉を歌う「シンガーソングライター」を神聖化、
人々は「音楽」でなく「ミュージシャン本人」を崇めるようになったのである。
自分の言葉を歌うので、「目立つ個性」と言葉を伝えることに重点が置かれ、「歌唱力」は軽視されていった。

こうやってまとめてみると、西城秀樹の音楽家としてのスタンスは上記の音楽業界の流れ、すべてに反しているようである。ヒデキは最後までテレビの歌番組には出続けていた記憶がある。団塊ジュニアの私自身、「ヒデキはテレビの人」だと思っていた。

時代の流れに真っ向から対抗していたのかもしれない。時代の趨勢を見て、普通にビジネスを考えれば、ヒデキも自作曲の アルバムでも作って転身をアピールすれば、十分にできたと思う。しかし、秀樹は最後までシンガーソングライターの立場を取らなかった。

以下の楽曲のように、実際にいくつかの自作曲は発表しているが、間に挟む程度に抑えている。ヒデキが自作曲を発表していたことは、熱心なファンしか知らなかっただろう。

何曲か、ヒデキが残した歌がある。いずれも素晴らしい。

「sweet half moon」　作詞・小林和子　西城秀樹・作曲、大谷和夫・編曲（１９７８年）
「Madness Love」　作詞・有森聡美作曲：HIDEKI（２００７年）

さらにヒデキは自分の言葉で主張をしなかった。政治的主張などロック系の人がやりがちなわかりやすい主張を言葉にだしては一切しなかった。ヒデキにとっては、主張をすることで傷つく人がどこかにいるかもしれないという優しさからだったと思うが、メディア陣が理解がしづらかった点だと思う。主張することで、一般大衆もメディア陣も「あの人は自分の主張を持っている」ということで一目置くことが世の常だからだ。そしてそれが反体制側の意見だったりすると、メディアは喜んで「ロック」と表現するものだ。しかしそういったロックアーティストにも収まろうとしなかった。

「シンガー」であり続けようとしたのである。

音楽といえば「シンガーソングライター」、テレビに出るアイドルは「時々、歌もうたうバラエティ要員」になりつつあった80年代後半以降、歌唱に拘る、西城秀樹はちょうどＪｐｏｐムーブメントのさなかにあって、理解されにくくなっていただろう。ますます、多くの音楽系メディアは西城秀樹を見過ごすこととなり、ヒデキが80年代に発表したアルバムレビューなど、音楽雑誌にほとんど掲載されなかったそうである。

長くなってしまったので、歌唱軽視にいたる他の周辺環境については次頁にまとめる。

［4］なぜ多くの音楽系メディアは西城秀樹を見過ごしてきたのか。その2

ここでは、カバー曲の軽視と歌唱の軽視についての風潮について論じたい。

80年代半ばから始まったＪｐｏｐブーム。

80年代後半から90年代、音楽業界はＪｐｏｐバブルに沸き、ミリオンセラーが相次いだ。

前述のように、ほとんどがバンドやグループ、シンガーソングライターだった。

昭和の頃のプロの三権分立で成り立つ歌謡曲ではなく自作自演が主流になった。ドラマやＣＭとタイアップできれば次々に新曲から大ヒットが飛び出した。平成後期以降から現在のようにカバー曲ばかりになった状態からすると驚くほどだがＪｐｏｐバブルの頃は「カバー曲」は冷遇、もしくはカバー曲は真っ当な音楽家は歌わない、とされていたようだ。

ラジオ番組などではよく様々なミュージシャンが「カバー曲は儲からない」と暴露したり、カバーシリーズが売れたら売れたで、自分の曲はないのかと言われ中断した人もいるようだ。

当時からずっとカバー曲シリーズを出していたこちらのミュージシャンも「カバーをするというと、曲が書けなくなったのかと言われ、周囲から相当な抵抗があった」とよくラジオ番組などで言っていた。ネットのなかでこんな投稿を見つけた。佐藤竹善という方である。

日本にカバーなんて言葉がなかったいい時代、美空ひばりの通算レコーディング曲数は1500曲、そのうちのオリジナル楽曲は517曲であった。書かれたものだけが作品ではなく、表現されたものそれぞれも「作品」という概念が普通だったピュアでおおらかで高民度だったシーン。(カバーという言葉を)便宜上使ってはいますが、カバーなんてカテゴリー分けは日本の、それもポップスだけの話です。クラシックやジャズ、ラテン、演歌の人が「カバー」ができないということになるとミュージシャンとして論外です。

彼はカバー曲シリーズを発表するためにそれまで相当大変だったようで、「カバー曲を格下のようにみなす、その考えそのものが日本の音楽文化の劣った側面だと断言できる」とよくラジオ番組で言っていた。

確かに。クラシックもジャズも日々、過去の名曲をカバーすることで鍛錬し、名演奏があり、人々はその演奏に酔いしれる。そして日本でも、→にあるように、Ｊｐｏｐブームの前までは洋楽のカバーが普通であった。平成後期以降、今はまたカバーが急増しているが、これを劣ったモノ、なんだ自分の曲じゃないのか、と感じている人も多いのではないだろうか。

そもそも江戸末期、日本に西洋音階の音楽を導入し始めた頃はもちろん日本人の作曲の楽曲などごくわずかであるがために西洋列強の世界的動乱の中でなんとか国力を上げるべく世界的言語である西洋音階を大衆に教育すべく外国曲に日本語歌詞をつけた楽曲を広めていった。「蛍の光」

がスコットランド民謡であることは有名な話だが、「仰げば尊し」も２０１１年に発見された事実として、１８７1年に米国で出版された楽譜に原曲が発見されたものだそうだ。今となっては外国曲とは思えない、戦前生まれのおじいさんおばあさんが歌い涙する楽曲は、アメリカでさえ有名になっていない楽曲なのに日本でこれだけ歌い継がれる名曲となっているのである。

昭和に入ってからはジャズがアメリカから入ってきて日本でも流行。戦前はダンスホールで歌に合わせて男女が踊る社交場になり戦中は出征する兵士に向けての慰安演奏会があり、戦後は進駐軍相手にジャズの演奏会があり、そこから出てきたステージで歌って聞かせられる名歌手が日本のスターになった。歌っていたのは多くがジャズのカバー曲だった。

その時は、より広く大衆の心をつかむ楽曲を選定し、より広く皆に楽しんでもらえるよう編曲し、客層に合わせて演奏、歌唱していたのだろう。日本人にとって心地よい楽曲を発掘するということは、日本語のリズムと日本人の心がわかる優れた音楽家しかできないことだ。

こうして歌は、音楽は継がれてきた。

その流れを汲んで60年代70年代は、民謡や演歌とともに洋楽のカバー曲、ジャズに加えてポップスやロックのカバーを歌手が歌うことが増えて行った。当時はステージでの歌唱、今でいう「ライブ」が音楽家の主な仕事であり、その中でも最も売れっ子の歌手の「ライブ歌唱」を日本中の多くの大衆が見ていた、テレビ番組で披露していた。限られたファンの前で披露するのではなく、日本中の老若男女がみていた。

しかし、高度経済成長期で、徐々に様々な音響機器、電子機器、ラジオやテレビが変わっていくにつれてステージ上での歌唱よりも「スタジオ録音」「自作自演」がポップス系のミュージシャンの主流とされライブで録音した作品は一段落ちるものとみなされていったような気がする。

Ｊｐｏｐムーブメントはその時代に起こった。

要するにバブル経済の中、「自作自演のスタジオ録音が商業音楽として最高位」という判断基準に変わったようだ。同時に、「音楽表現」「歌唱表現」をする「歌手」、また「カバー曲を歌うこと」「表現すること」が軽視されていったと思う。その理由の一つに、おそらくだが、高度経済成長期、すべての流行が激しく移りゆく中で、聴衆も新しい曲を聴くことを望み、元々知っている曲を聞くことを望まなかったということもあるのかもしれない。そうして「自作自演でヒットを当てた人がえらい」という認識に変わり、Ｊｐｏｐムーブメントの中で「音楽表現」「歌唱表現」が軽視されていった面があるのだと思う。

もともと芸術はお金で測れるものではない。スポーツのように数字で結果が出るものでもない。数字が出るのは、ビジネスとしての金の大小、売り上げのみである。バブル経済の中ですべての金額が大きくなっていく中、商業音楽の文化的側面、芸術的側面が徐々に無視され、売り上げ金額、売り上げ枚数、「数字」が業界の基準になり、大衆もそれをそのまま受け取ったように思う。時代が異なれば、社会背景も異なる、数字を一般化することなどできないのに。

カラオケブームが始まり、歌えないアイドルがテレビ番組で多くなり出したころ「歌のうまさなんて関係ない、売れたらＯＫ」と豪語する司会者の言葉をテレビで聴いたという人もいるくらいである。そして70年代にデビューした歌手は、隅に追いやられ、あまり営業に力を入れてもらえなくなった。それはおそらくこのような収益体制が大きく影響しているだろう。これはもしかしたら日本の中でも80年代半ばで体制が変化したのではないかと思うが今のところ素人の私では調べられていない。

日本と米国とでは音楽産業においての収益体制が大きく異なる。日本の場合は原版印税が大きく、歌唱印税が極端に小さい。そしてレコード会社、プロダクション、出版社に縛られているようだ。米国の場合はアーティストが個人事業主として、アーティスト主導の動きができるように見えるがどうだろうか。

ちなみに西城秀樹がデビュー当時から、敬愛し、目指していたエルビス・プレスリー（Elvis Presley）のヒット曲はすべてエルビスの作曲作詞ではない。さら

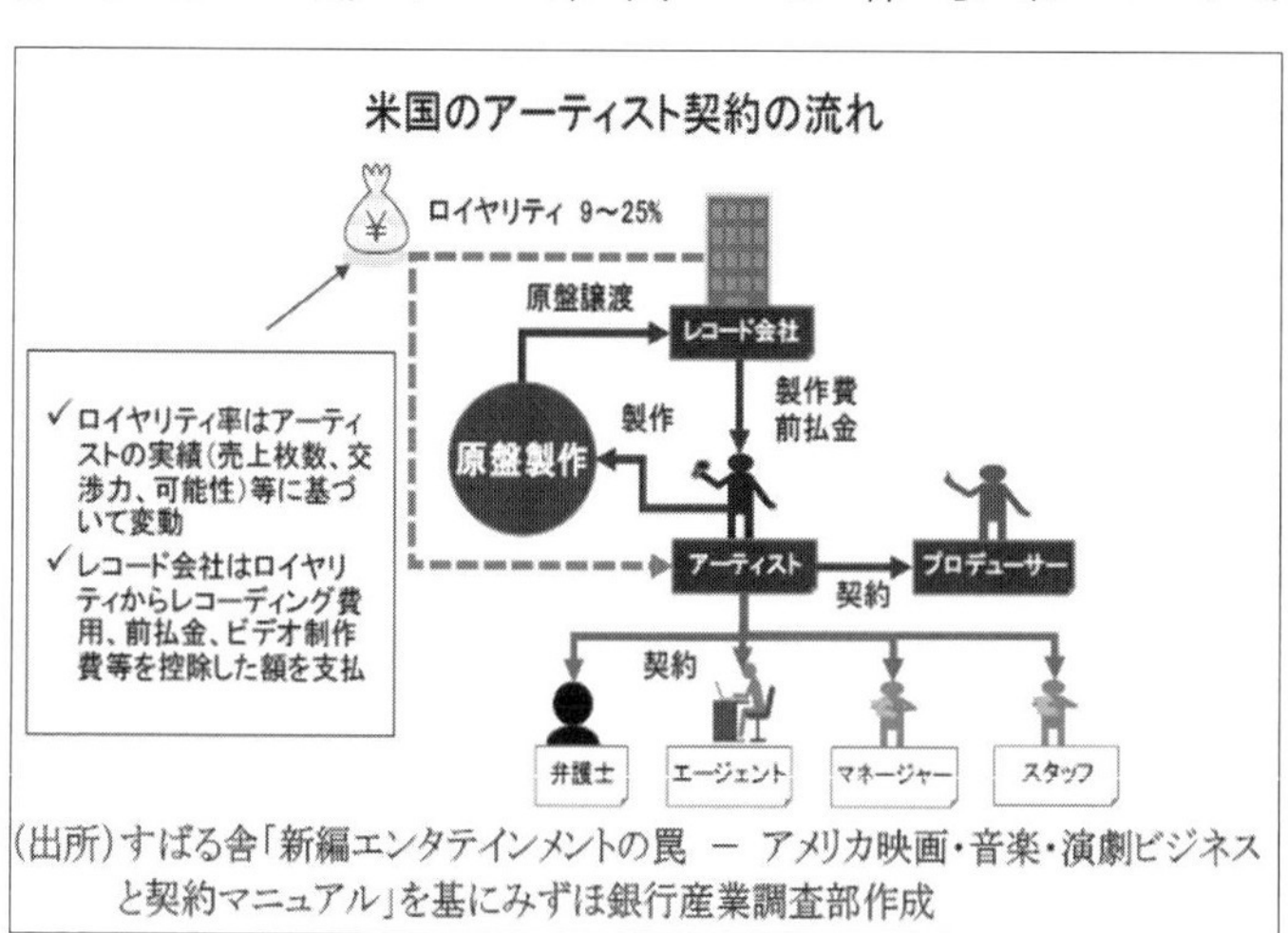

（出所）すばる舎「新編エンタテインメントの罠 ― アメリカ映画・音楽・演劇ビジネスと契約マニュアル」を基にみずほ銀行産業調査部作成

にヒデキがよく言及していたフランク・シナトラも同様である。しかし、彼らの歌唱によって広まり名曲として有名になった曲は「プレスリーの曲」「シナトラの曲」と言われている。さらに日本でも多くの人が名前と歌声を知っているホイットニー・ヒューストンもセリーヌ・ディオンも作曲はしていないが、グラミー賞シンガーと呼ばれ名声を得ている。

エリック・クラプトンの「Change the world」、多くの人がクラプトンの自作自演だと思っているだろうが、トミー・シムズ、ゴードン・ケネディ、ウェイン・カークパトリックが制作した楽曲でカントリー歌手のワイノナ・ジャッドが１９９６年にアルバムに入れた曲で、それを同年、ブルースギターで編曲し歌ったクラプトンの曲が大ヒットしたのである。

クラプトンがグラミー賞をとったのは「カバー曲」なのだ。米国・グラミー賞は１９５９年５月に第一回が始まったもので、今もなおアメリカでは音楽系の表彰では最も権

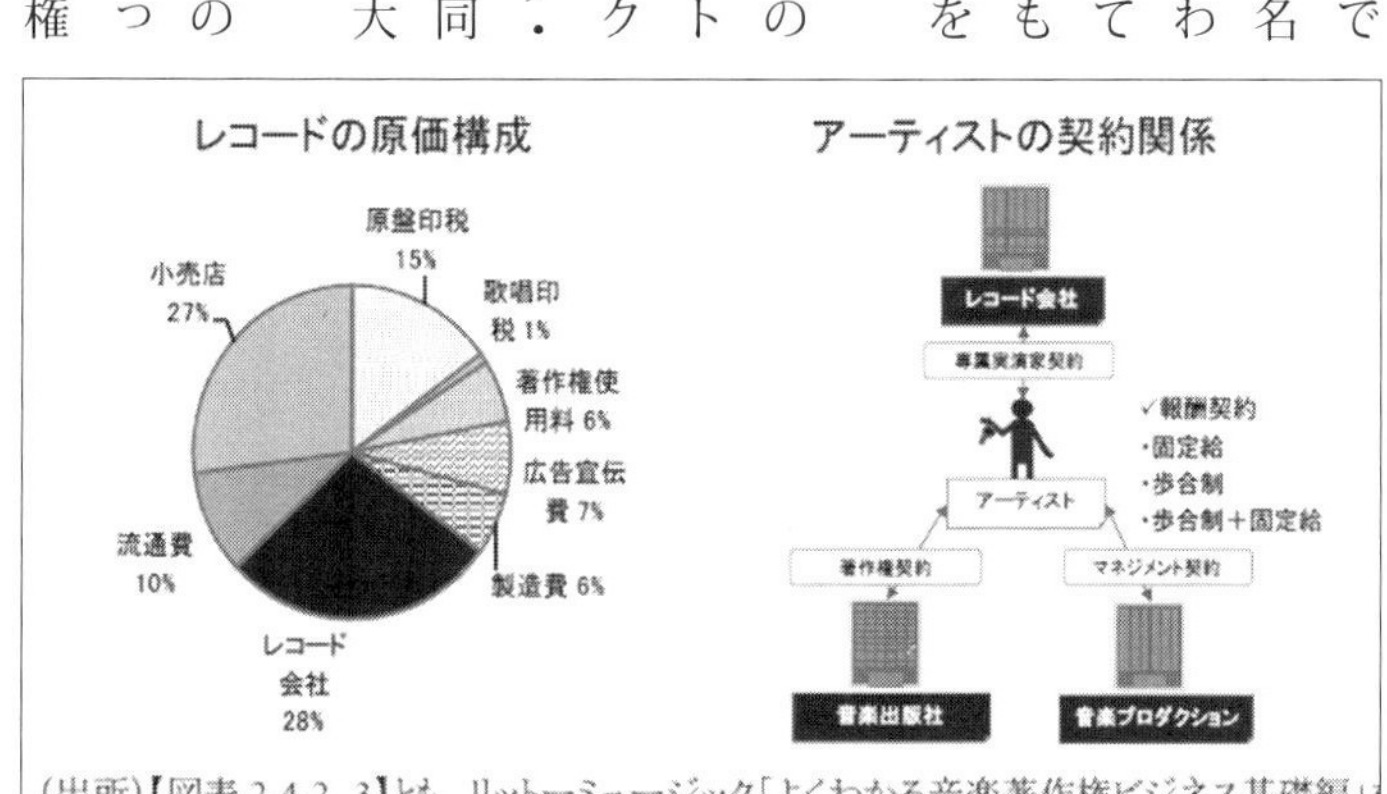

(出所)【図表 2-4-2、3】とも、リットーミュージック「よくわかる音楽著作権ビジネス基礎編」を基にみずほ銀行産業調査部作成

威あるものとされている。日本でも「グラミー賞」に啓発されるかたちで１９５９年12月に日本レコード大賞が創設されているが、１９７９年のレコード大賞は多くの人が覚えている逸話がある。１９７９年　西城秀樹の「ヤングマン」は空前の大ヒットを記録した。

第10回日本歌謡大賞、第８回ＦＮＳ歌謡祭・グランプリ、第12回日本有線大賞・有線音楽賞など賞を総なめ状態にし、歌いながら観客も簡単に踊れるという日本では初めての観客参加型の歌で大きなブームを巻き起こした。

しかし日本作曲家協会が主催の日本レコード大賞は「外国のカバー曲は対象外」ということで『勇気があれば』という別の曲でノミネートしたために受賞できなかった、とされている。その時のことを私自身は子供でおぼろげにしか覚えていないが少し年上のこの人たちは鮮明に覚えているようだ。

前出したが、爆笑問題の太田さんとくりーむしちゅーの上田さんが、「西城さんがレコード大賞を取ると思っていたら、その時のレコード大賞はジュディ・オングさんの『魅せられて』で、泣き崩れるジュディ・オングさんを西城さんがステージまで連れて行った。そのとき「秀樹さんかっこいいなあ」（上田さん）、「男らしかったよ」（太田さん）と思ったという。

40年も前の話になると、自分がしたことでさえ忘れていることも多い。ましてや子供の頃のことだ。それでも40年も前のことを今もこの「事件」を思い出せる人々がたくさんいるということはそれだけ当時の人々に衝撃を与えたということだろう。

作曲家協会に、日本では西洋音楽を取り入れた歴史が浅いのだから日本の作曲家を支援していくべきだという考えがあったのは理解できる。しかし、あれだけ盛り上がっていたレコード大賞、老若男女誰もが年末に盛り上がっていたあの時、あの年の西城秀樹はすべての大賞をとり誰もがとるだろうと思っていた、あの時に、その考え方が水を差すことになったような気がする。その当時から作曲家協会自身が、カバー曲を貶（おとし）めていたとも言える。

日本の作曲家の楽曲であっても、外国の楽曲であっても、とりまぜて優れた楽曲を日本で広めていくことで本来は音楽が豊かになっていき、日本でも作曲者が増え、日本の音楽が増えていけばよかったものの、自作自演の片一方だけを持ち上げ、音楽表現における歌唱表現を重視しない、というきっかけになったのではないかとも思うと残念なことである。

沈黙図書館ファイル　20200610

沈黙図書館「場を作る」に寄せられたコメント

秀樹の本を作りつづけている。これまで、ブログに書いた文章を整理し、構成を考えて、書き加えたり、書き直したりして、いじくり回して、いま、全体で単行本サイズ230頁くらいの原稿になった。今、自分でいいたいことはだいたいこの中に書いてある。わたしの原稿だけで230頁あれば、1500円くらいのペーパーバックにはなるのだが、この形で本にしたくない。読みにくくはないと思うけど、何か足りない気がする。定価がちょっと高くなっても、存在感のある、迫力のある本にしたい。

いまのところの本の内容を目次的に書くと、

①序　いまなぜ、西城秀樹なのか
②新時代の到来と新御三家の出現
③1972年の野口五郎と西城秀樹、そして……
④芸映という芸能プロダクション
⑤1983年問題
⑥わたしたちは西城秀樹をどうとらえればいいのか

⑦西城秀樹を永遠に忘れないために

というような構成。たぶん、原稿用紙で６００枚くらいか、この原稿はヘロヘロになりながら、夜も寝ないで昼寝して、カップヌードルをススリながら、一週間くらいかけて、作りあげた。わたしは恐るべき働き者なのだ。ヒデキも天国から応援してくれているような気がしている……。

それでも、何かが足りない気もする。それは何かというと、簡単にいうと、わたしのブログにコメントしてくれたみんなの声。はっきりしたことはここでは書かないけど、［沈黙図書館］のわたしのブログにコメントした人で、自分のコメントを本に載せたら嫌だという人は、いまから言って下さい。そのひとの書いたものは載せない。これを読んで、いままで何もいわなかったけど、わたしも……という人はいまからでもいいからコメントしてください。

みんなが考えていることも編集して、きれいに並べて、読めるようにして、永久保存できれば、というようなことを考えている。そうすれば、いまの、ヒデキが亡くなったあとの残された人たちの状況が浮き彫りになる。それが、［場］を作っておく、ということではないか。

ファンが書いた、いろいろを本に収録したい。面白楽しいレポートとかみんなが送ってくれたコメントにページを用意しよう。一番の難問が写真で、このことは今、調整中。

写真画像も名刺くらいまでの大きさだったら、編集権の範囲内だが、カバーに使ったり、ページ大でポートレートにしたりすると、パブリシティ権の問題が生じる。ということは、この本を、ヒデキの奥さんや後援会の人たちがどう思うか、ということでもある。ここから先は政治的な問題なので、いまは書かないで置く。とにかく、ジャーナリズムも含めて、みんなの声がきちんと反映されている本を作りたいと思っている。それで、思いついた一番いい方法は、安易だけど、みんなのコメントをそっくりそのまま本にのせてしまうということ。わたしの編集技術は変幻自在、融通無碍(ゆうずうむげ)、千変万化なのである。

………

わたしはただ、ペラッとした薄い本は作りたくないのだ。みんな、ぼくがいま、ここに書いたことをきちんと読み込んで、コメントを載せたら都合の悪い人は事前にいってね。

1　サイコ 1955

えぇ！　過去のコメントを読み直そうとしましたが、誰かのコピペをしたものでもなく、自分の書いた文章なのでそれでOKならば。ファンの思いが掲載されるなんて、秀樹感激！。秀樹へのラブレターみたいなものですね。あと諸々の交渉事がクリアーできるといいですね。

何でも初めてのものが好きだった秀樹、紙媒体の可能性が広がる灯になることを。

2　おしゃべりアジサイ

はじめまして。昔のVHSを整理していたら、20世紀の…と、出ていたので多分2000年頃のだと思いますが、カウントダウンTV、歴代ライブ回数ベスト10みたいなのをやっている画像が出てきました。もっぱらSNSは拝見するだけだったのですが、YouTubeとかを探しても、このデータが見つからなくて、でも、皆さんに知らせたくて場違いかと思いましたがこちらにおじゃましました。司会の渡辺満里奈が『過去のデータがない分もあって完全ではないが』としたうえで、10位スターダストレビュー1228回、9位JAY WALK 1247回、8位矢沢永吉1316回、7位浜田省吾1389回、6位松山千春1508回、5位松任谷由実1541回、4位アルフィー1630回、3位HOUND DOG 1650回、2位高橋真梨子1823回、1位西城秀樹2150回と云うのが出てきました。並みいるライブアーティストを押し分けて秀樹がダントツ1位だったのには、ゲストの浜崎あゆみやポルノグラフィティも意外な顔をしていましたが、凄い事でしたよね。あれから20年経っているので、記録は塗り替えられてはいると思いますが、それでも、まだベスト30位には入っているんじゃないかと思います。よくぞこんなお宝テープが残っていた！　と感激でした。秀樹の本、期待しています。

3 BAZABAZA

斬新な切り口の本、とても楽しみにしています。そして、おそらく全ファンにとっての、とても大切なお願いがあります。秀樹の写真は、各時代のゾッとするくらいカッコいい秀樹を使ってあげて下さい。昨今のネットニュースやデジタル誌面では、どうも病後の秀樹の写真ばかりを繰り返し掲載する傾向があるようですが、そもそもファンをここまで魅力したのは、独身時代のバンバンのオーラを放っていた頃の秀樹さんです。歌も含めその頃の秀樹さんを本来は広めたいものです（晩年の秀樹さんの境地を拓かれた崇高さも、もちろん十分感じていますが）。

既存のファンだけでなく、本を手にした全ての人達に、見て感じて頂きたいのです、遠き日の彼は、内外からどれだけの美しさを放っていたか。彼の美しさは、今のアイドルらのそれとはまるで違う類のものです。男らしさ、ワイルドさ、艶っぽさ、上品さ、切なさ、可愛らしさ、優しさ、危うさ、淋しさ、高潔さ、いっぺんに色んな匂いがする人です（時空を超えてもこれだけの大勢の女達を腰抜けにしている究極の色男なんですから、それを証明する様な独身時代の美しい秀樹を存分に見せつけて下さいませ！）。

もしも、女性の視点が必要で、お困りの場合はいつでもお声掛け下さいませ。ぜひともお写真の選定のお手伝いをさせて頂きたいものです。色々言いたい放題？　に難しい注文をつけてしまい、申し訳ありません。全部が全部叶うとは思っていませんが、少しでもユキトンさんに伝わって、考案して頂ければ幸いです。

4　kurorin1952

執筆、順調に進んでいるご様子、速い！　ホントに働き者。でも、たぶんこれからが大変…なんてわかったようなことを言いながら心配です。多くの企画が日の目を見ずに消えていったのではないかと～写真なんかいるのかな？　ヤッパリ所縁の皆さんは「自分の好きだった、関わってきたヒデキ」を押してますね。そして、ご本人のスケールは、それぞれの方の思いを越えて破格の大きさなので、全体像をつかむのはたぶん困難…

横やりが入って、頓挫するのはイヤです。闘病、ロック、アイドル～でも、ユキトンさんなら、芸能史、社会史的なアプローチで、西城秀樹（木本達雄）の実像に迫ろうとしてくれるはず、と勝手に見込んで待ってます！

先日、図書館で、ご著書「昭和芸能界史：［昭和二十年夏～昭和三十一年］篇 戦後の芸能界は如何にして成立したか」を借りてきました（原節子さんの表紙～このテーマで以前、別の方の本を何冊か読みました）。2週間ではさっぱり読み切れず、近日中に再チャレンジします。

厚い、熱い本が読める日を待っています。まずは一冊？　重ねてお願い申し上げます。

私はなぜか、三回コメントしましたけど、想いでも主張もない、ただただ、本が出るといいな、読みたいな、とリクエストしているだけなので、シカトしていただいて大丈夫です。コメントされた皆さんの心情、溢れる想い～ユキトンさんの背中を押してくれています。

カップラーメンばかりでなく、ちゃんと栄養補給して、頑張ってくださいね…

5　Sh.

塩澤さん、こんにちは。締め切りに追われて忙しくされていると思っていました。ヒデキ本でも忙しかったんですね！　こんな時期、こんな季節ですから、どうかご無理のないように！

さて、ヒデキ本ですが、①あまり、想定で語っていただきたくない（過去にあるYouTuberが事実確認をしないで発言されていて、聴いていて気持ち良くなかったです）。②ヒデキが長い間、闘病したのは事実ですが、歌手西城秀樹と、病気と闘った西城秀樹を、比較しないで欲しいです。どっちがいい、どっちが素晴らしいではない。全て含めて、西城秀樹です。③と言いながら、ですが、私は、西城秀樹さんが伝えた最大のメッセージは「今この瞬間を生きる」、それこそ、「生きること」で、それが「尊い」、ということ。多くの私達は、気が付けば、あれが欲しいこれが欲しい、あれがどうだこれがどうだと文句・不満・陰口をあれこれ口にします。今ここの、呼吸一つ、今ここの陽射しの眩しさ、今ここの風の冷たさ、今ここで耳に入る音、今ここの一口の水、その一瞬一瞬を、ただ受け止める。それが、「今、生きている」、ことだ、それは「有難い」、ことだ、と。西城秀樹という歌手（アイドル、ミュージシャン、アーティスト、エンターテイナー、呼び方はご自由に）は奇跡だと思う。同時に、私達一人ひとりが、今ここで、生きている、一瞬一瞬も、奇跡です。ヒデキがそれを体現して、命を賭けて教えてくれた。④できれば、西城秀樹さんの事務所公認のご本になれば嬉しいです。

6　ユキトン

Sh. さん　事務所公認の本になるかどうかは、事務所次第だと思います。事務所が表現の自由と個人情報保護法で定められている、特例条項（ジャーナリズムの例外適用）を認めてくれれば、問題ないと思います。みんなで事務所に、シオザワさんのやりたいことを尊重してあげて下さいと頼んでくれませんか。それこそ、J-f#200201（川村龍夫さんの話）とか、読んでもらうとわかるように、バーニングとかを動かすこともできるけど、そういうことはあまりやりたくない。ぼくにとってのいい本を作りたいだけです。その本は必ず、長い目で見て、ヒデキのこれからに役に立つ本だと思います。

7　BAZABAZA

ユキトンさんへ　横から介入ごめんなさい。事務所の公認にこだわる必要ないと思います。色んな忖度や制限にまみれた物を読まされるのはゴメンです。せっかくユキトンさんが書くんですから、ユキトンさんが感じた真実だけを表現して勝負して欲しいです。中途半端な妥協の産物にだけはして欲しくないです。その代わり秀樹の事、ご自身の目と耳で、たくさん見て聴いて読んで勉強して下さいね（最低限、秀樹の代表的なライブ映像は全て見てもらいたいです。そこに秀樹の真髄が見える筈ですので）。

8　ユキトン

BAZABAZAさんへ。「秀樹の事、ご自身の目と耳で、たくさん見て聴いて読んで勉強して下さいね。（最低限、秀樹の代表的なライブ映像は全て見てもらいたいです。そこに秀樹の真髄が見える筈です）」。こういうことを書いてこられるのが一番困る。ぼくは秀樹がスタジオで歌っているのも生で何度か見ているし、武道館のコンサートも彼が招待してくれて、家族を連れて見に行ったこともある。それから、何時間だったか忘れたけど、ふたりだけで内緒の話もしている。こまかなことは忘れている部分が多いけど、総体の印象や考え方の本質は忘れていないつもり。学生が卒業論文を書くわけじゃないからね。出来るだけ早い本の完成をめざして、いまの編集作業をやりつづけます。

9　BAZABAZA

失礼な物言いをしてしまったようで、ごめんなさい（そんなつもりではなかったのですが）。そうですよね、ユキトンさんは、元より秀樹の真髄をしっかと見ていたからこそ、今回の執筆を決意なされたんですものね。本、期待しています。頑張って下さいね。

10 ummayahaidah

ユキトンさん、投稿お待ちしていました。そして多くの新しいコメントを読むことが出来たのも、嬉しかったです。その中でも、BAZABAZAさんの３つ（ごめんなさい、もっとあったかも知れませんが、３つしか追えていません）のコメントは、新規ファンの私の心の中に彼女が住んでいるかの如く全てドンピシャでした。

私たちここにいる者は、ある程度ＳＮＳに通じていますが、そうでなく情報はテレビと紙媒体が中心の方もたくさんいらっしゃると思います。そんな秀樹ファンは、最近になってやっと往年の若く美しく嫌味なくらいＷハンサムな彼の歌唱シーンをテレビで見る機会を得たばかりで、この２年間はそれらのメディアが好んで出して来た『闘病とそれを支えた家族愛』ばかりを見せられて来たと思います。

残念ながら当事者である西城秀樹オフィシャルも多くのファンの秀活の意図からはかなりズレた『西城秀樹』を発信していると感じています。先日の記事に、『渋い、いい顔をしている』とキャプションを付けて貼られた画像や、『一生青春』の表紙は私には目を背けたくなるものです。ちょっとでも見えたら素早くスクロールしています。どちらも精悍で美しく整った彼の顔の造形、ハンサムには間違いありませんが、違うんです、『ヒデキ』じゃないと感じます。あくまでも私感ですが、賛同もあると信じています。ですからオフィシャルに画像の選択について許可を得る事が必要ならそこのところも踏まえていただきたいです。YouTubeの動画やライブ配信へのコメントを見ていると、この頃は『新・新規』ファンも発生していると感じます。ようやく出て来た闘病期以外の記事に付けられた画像の影響ではないでしょうか？

11　ユキトン

ummayahaidahさんへ　《どちらも精悍で美しく整った彼の顔の造形、ハンサムには間違いありませんが、違うんです。『ヒデキ』じゃないと感じます。あくまでも私感ですが》

ヒデキじゃないとしたら、だれなんですか。若くてハンサムな顔しか見たくないなんていったら、年をとったヒデキがかわいそうだよ。人間は誰でも老いるんだから。

12　K子

こんにちは　いろいろな意見があるようですが、ヒデキが生きていたらいいねと喜んでくれるもの、本が出ることによって、奥様やお子様達はじめヒデキが大切にしてきたどなたも傷つくことのないものであることだけは願っていますし、ユキトンさんのヒデキやヒデキファンへの思いを信じます（そういう意味でも事務所が認めてくれるものであることは私にはとても大事なので私は事務所公認希望派です）。お子様達が西城秀樹を誇りに思えるような本になるといいですね。

13　ユキトン

K子さんへ　ぼくもそういう本を作らなければと考えながら編集作業をやっています。

14　恋心

初めまして。西城秀樹というスターに魅力を感じて好きになったファンに自由な意見を求めてらっしゃっていたと理解してコメントをしたいと思っています。よろしいでしょうか？　疑問を持ったので失礼ながらコメントさせていただきます。

こちらのコメント場所に自由度はどの位ありますか？　ユキトン様の決めた方向に沿ってコメントしないといけませんか？　仕事でご一緒だったということで本当の秀樹をよくご存じのことと思います。しかし、私はステージで観客に見せてくれていたエンタテイメントの部分、全身全霊でオーラをまとって歌う秀樹に惹かれて好きになりました。

豊かな情感で自由自在に操れる声量、セクシーな声質、どんなジャンルの曲も自分のものにして歌って感動させてくれる所、コンサートでのファンとの一体感、行動、仕草、話す言葉、顔の表情から醸し出される思いやりの心や温かさ、お茶目さ、誠実さ、包容力、インテリアまたおしゃれのセンスの良さ、かっこ良さ、優しい人柄も感じ取ってさらにまたどんどん好きになりました。本人にとって不本意な（難病や脳梗塞の後遺症による鬱状態）表情の乏しくなってきた闘病中の写真は、ファンにとってとても目にするのは、つらいものです。かっこいい自分をたくさん見てほしいと生前にお話していたと記憶しています。

もし、掲載するならできれば健康状態が良い時の写真をお願いします。それは、闘病介護配信記事写真や週刊誌記事等で嫌というほど見せられてきたからです。事務所の社長さんは、一生けんめいなのは充分わかりますが、身内ということもあり、最近までプライベートな写真、家庭生活や闘病記介護エピソードを前面に出し過ぎました。秀樹と奥様のエッセイ本は、全部読みました。糖尿病、合併症、脳梗塞、後遺症、リハビリ、難病と様々な病気を抱えて、大変だったのです。晩年の秀樹は、自然に年老いてやつれていったわけではないのです。だから晩年の秀樹を見たり闘病時を思うと胸が締め付けられるほど辛いです。

ここでは気持ちを切り離して、できれば結婚前までの秀樹を見たい知りたい読みたいです。気持ちを切り換えて、違った切り口からの芸能界スター西城秀樹を期待しております。写真の件は、ファンにとっては永遠のあこがれのスターですもの、歌同様に均整のとれた身体、表情が豊かだった時の秀樹に恋しているファンも多いはずです。妻子の影や結婚後の家庭生活がチラつくのはそろそろ苦手になってきました。思いを届けたいと長文になってしまいましたね。読んで下さりありがとうございます。今日はこの辺で失礼させていただきます。

15　ユキトン

恋心さん　ぼくも大体同じです。闘病していたヒデキを書くのはぼくの役目じゃないだろうと思っています。ぼくは実際には１９８３年までのヒデキしか知りません。それはぼくのブログを読んでもらえれば、わかると思います。その範囲で本を作ります。

16　ummayahaidah

（わたしは）若くてハンサムな顔しか見たくないなんて言っていません。

10代から60代までヒデキはその年代に応じて、いろいろな表情を見せてくれていたと思います。それぞれの写真からヒデキの優しさお茶目さ真面目さ、時には反骨精神や様々な内面が伝わって来ます。『渋い、いい顔』の画像は病気や、治療薬の影響で本来の精神状態ではなかったのではないか？と私には思われます、無理をして仕事をしていた頃もあったのではないでしょうか？男性と女性では1枚の写真からでも感じ方がこうも違うものなのですね。晩年期の彼の写真には、生かされる者としての謙虚さと潔さを感じさせる『いい顔』が他にもあったと思います。ご返信いただけると思っていなかったので、私感にお付き合いさせてしまいました、お詫び申し上げます。

17　恋心

申し遅れました。秀樹のことは、ＴＶからの記憶しかありません。デビュー後のわずか~全盛期の頃わずかまでしか覚えていません。アイドルとして、ただ知っていただけでした。訃報後にブルースカイ ブルーを聴いて動画で秀樹の歌唱シーンを観て、恋の沼に落ちた、ほぼ新規ファンでございます。

18　Ｋ子

あくまでも個人的な感想ですが。ヒデキ本人が明かさなかったことまでが綴られた前者は、ファンとしては残念に思う面もありましたが、そこはヒデキの最愛の方によるもの。一般の物差しでは、はかれないものがあると考えています。ヒデキがこれをよしとしてくれると考えたご家族、第三者には想像の及ばないものがあると思うので、これはそっとしておきたいです。後者は、Amazonレビューにもあった、前後があってこその大切な文が抜粋では伝わらず響かないという点には頷かざるを得なかったですが、ヒデキの言葉そのものはやはり愛おしいものでした。母親を心配する優しさや、ファンの女の子への思い。当時のそれぞれの記事や著書が欲しいのですが手に入らないのでこうして瑞々しいヒデキの感性に触れることができたのはありがたいと思いました。ヒデキを肯定的に伝える姿勢が全編を通して感じられたことも好印象でした。ある意味、割り切りつつ、貴重な写真も含め大事に手元に置いておきたい本になりました。以上は全くの個人の感想であることをご理解下さい

19　Ruru

はじめまして。いつもブログ拝読させて頂きありがとうございます。

私は、ブーメラン組のファンです。秀樹がデビューした時は、3歳になる手前。はっきり覚えがあるのは、【情熱の嵐】からでした。初恋の君で理想の男性です。ファンクラブにも入れず、潜行ファン。もちろんコンサートやLIVEにも行ったことが無い私が、秀樹の事を語れる資格はありません。しかも秀樹の結婚がショックで、離れてしまったのですから。

20　umenomi6

わたしは、西城秀樹は隠されて来た、と思っております。彼のスタッフまで含めてこれだけ多

くの人が、見ていたはずの媒体での印象が残っていないのです。あんなに歌が上手かったのかって。まるでミステリーです。この冬、その仮説を裏付けるような証言の一つを得ました。雑誌平凡の72年暮れの『仲良し！ライバル！似た者同士！！』御記事の中の、たった一言なのですが私には気になる個所がありました。同じような設定で別の場所でも、同じように心にかかる秀樹の言葉があったんです。あんなに、他人の言動を悪く取らないひとが、です。新御三家と名づけたのも、ブログ主さんら雑誌媒体からと伺います。西城秀樹の仕事はトリオの一人としてではないのですから、新御三家の相対論ではなくお聞きしたい気持ちがあります

秀樹の気立ての佳さは誰しもが口にしてしまいますが、彼は男の仕事、パーパスに対しては、最後まで善なる戦略家であったと思います。そう思います。そういう意味で、一周忌に出たアンフォアゲ（音は素晴らしかった）のネーミングには私は少し不満が、忘れないのは当たり前で、今一歩戦略的であって欲しかった。若き日、尖鋭的に多忙であった中で裁判所にまできちんと出廷して自分と仲間の為にメディアのデマゴーグを晴らしたという行動も、私には忘れられないことでした。

21 Ruru

昨日のコメントが、尻切れトンボになってしまい申し訳ありません。ぜひとも、ユキトン様には、【西城秀樹の全てを記録と記憶に残したい】と声を上げている（ファン歴関係なく）人達の想いをも、西城秀樹論の中に汲み上げていただけたらなぁ、と思っています。

22　mettyanmettyann2

写真について　もしも就寝中、西城さんの夢を見たら、夢に出てきたその姿が、その人の西城秀樹なんだろうと思います。そんな視点で選ぶと、独身時代の写真が嬉しいです。闘病、介護について、引退をしたくないから、家族に迷惑をかけたくないからリハビリを続けていたのでしょうし、歌手を続けられたのも内助の功があってこそだと思います。しかし、要介護者と介護者の共依存な関係を披瀝すると、ファンは焼きもちを焼くのではと、思いました。よい本になるよう期待します。

23　ummayahaidah

Sh.様。『できれば、西城秀樹さんの事務所公認のご本になれば嬉しいです』との事ですが、私にはその価値がわかりません。なぜそう思われるのでしょうか？　本の出版は事務所の許可無くしては出来ないのでしょうか？　正直申し上げますと、訃報後、事務所が出して来た商品や介護雑誌への記事、あるいはファンからのメール等への対応の仕方を見るにつけ、あちらとこちらの思いがとてもズレているように感じています。そんな事務所からの公認本なら、訃報後に出た本とあまり変わらない気がします。ユキトンさんもその方が好ましいとお考えなのですか？　ごめんなさい、出版業界を知らないことばかりで不躾な質問ですね。

24　ユキトン

mettyanmettyann2さん　ぼくも写真についても介護・闘病についてもあなたと同意見です。

奥様の本はおそらく、ある程度、ゴーストライターの手を借りて、文章の形を整えていると思います。だから、場面描写に感情移入が少ないのでしょうね。読んでないからわからないけど。今度、読んでみます。

25　ユキトン

ummayahaidah さんへ　ぼくは作家ですから、一番大事なことは自分の表現をまもるということです。だからといって、人は傷つけたくない。実はいま、奥様に手紙を書いて、写真使用についてのお考えを聞いているところです。肖像権というのはこれまでの法令判断でいくと、死んだ人には適応されない権利なのですが、美空ひばりとか、有名人になると、裁判所が有効と判断することもある。このほかに、法的にいうと、編集権の範囲内での画像引用という考え方があるのです。これは主として写真を使用するサイズの問題。いざとなったら、『あなたが好きな秀樹の写真、大募集！』とかして、その写真を本に載せるとか、ファンの人たちが味方していてくれれば、編集的にはどうにでもなる。いざとなったら、ぼくは過激派なんです。でも、ぼくが作る秀樹の本なんだから、円満に、温厚にみんなが良かったと思ってくれる形で作りたい。そう思っています。

26　sayanao888

はじめまして。ヒデキさんを書いて下さりありがとうございます。新規のファンです。ヒデキさんデビュー翌年生まれです。秀樹は美しいです。歌、ビジュアル、生き様、全て！　飽きっぽい性格ですが、秀樹は永遠です。秀樹さんが亡くなってから一生分以上の涙を流しました。たくさんの歌がありますが、どれも素晴らしいです。秀樹さんの歌を通じて日本語の美しさを感じました、洋楽の素晴らしさも、秀樹さんのロック大好きです！

秀樹19歳のときの作品『届かぬ愛』、20代武道館コンサートの『イルモンド』、『あの人に優しく』など、聴くたびに長い間、号泣しました、不思議ですが秀樹さんの全ての曲が好きです、秀樹さんの歌を聴くとその歌詞の情景が浮かびます。底なし秀樹沼から抜け出したく、ジュリー、五郎その他たくさんの有名歌手の曲を聴いてみましたが、好きになりませんでした。

写真について色んな意見がありますが、私はユキトン様が、ブログにアップくださった写真はとても好きです、愛を感じます。その他、歌唱力に対しての感想も同感です。晩年の写真もとても素敵な秀樹です、私はデビューから晩年の写真、全て載っていたらと思っています。

まとまりのない文で申しわけございません。私はユキトン様が思う秀樹を書いて頂ければ思っています。応援しています。今後ともよろしくお願いいたします。

27　ユキトン

sayanao888 さん　応援、ありがとう。がんばります。

28　umenomi6

※本人リクエストにより削除。代わりの文章が［**54**］に載っています。

29　あおぞら。

既に『単行本サイズ230頁くらいの原稿』を書かれたとのこと、びっくりです。ものすごい集中力、尊敬します。個人的には、目次的内容に以下のふたつがある事が嬉しいです。

前にも書きましたが、私は74年〜77年頃まで秀樹に会いに赤坂の芸映界隈に通っていましたが、④芸映という芸能プロダクション　⑤1983年問題

高校卒業と共に（思春期の感傷で）秀樹からも卒業しなくては、と離れてしまいました。が、83年に秀樹と秦野さんがそれぞれ芸映から独立し、84年の冬に秀樹が低髄液圧症候群という病気で長期入院した際、どうにも気になって秦野さんに連絡し、その辺りで一時的にブーメランしたことがありました。80年代前半はまだ依然として歌番組も多く、歌謡曲全盛期が続いているかのようでしたが、でもやはり70年代とは違う、何かが変わってきているような、そんな気がしました。70年代の熱気は、誰もが「何か面白いことをやってやろう」「他の奴に出来ないことをやってやる」と思っていて、からだの内側から発せられる熱のようなものだったけれど、83、4年の頃は、何かを作り出すというよりは流れの速い河に巻き込まれていくような、その後にやってくるバブルに向かう助走のような、熱気というよりは得体の知れない高揚感。ユキトンさんが書かれた「83年問題」という言葉に、あの頃のそんな空気を思い出しました。

秀樹の訃報に接し、しばらく呆然とした後に、ネットで音源を聞いたり動画を観るようになりました。そこで沸き起こった感情は複雑で、今も上手くまとまらないけれど、でも何よりも明確だったのは「秀樹ってこんなに歌が上手かったのか、こんなにもすごいエンターテナーだったの

か」という衝撃でした。10代20代の頃の自分は、ただ秀樹に恋焦がれているだけで、ちゃんと「西城秀樹」を見ていなかった。知ろうとしていなかった。今となっては遅いけれど、でももっとちゃんと知りたい。多くの人にも知ってもらいたい。その思いが日に日に大きくなっていきました。

美空ひばりさんが偉大な歌手だというのは、今や日本の常識のようになっていますが、でもそれは逝去後にテレビが幾度も地上波で特番を組んだから。その人生や歌手としての軌跡、コンサート映像、関わった人々の証言、数々のエピソード。音源、多種多様な書籍。そういうものを通して、国民的歌手という認識が根付いたのだと思います。確かに美空さんは素晴らしい歌手で、その事に異を唱えるつもりはありません。ただ、あの70年代、歌番組やCMで誰よりもTVに出ていたのはヒデキだったように思います。今なお「ヤングマン」は幼稚園や高齢者施設で歌い踊られています。それこそ秀樹の軌跡・功績・エピソードを掘り下げたら、2時間特番などでは入りきれない。ある意味、知名度の高さ、多面性、エピソードの多さは、美空ひばりさんを凌ぐかもしれない。それなのに、いまだにちゃんとした「西城秀樹」の追悼特番が地上波で組まれたことはありません。なぜか関連本も出版されない。出版販売されるのは、コアなファンに向けたものが多く（もちろんファンとしては嬉しいですが）、もっと広く一般に向かって秀樹のことを語ってほしい。伝えてほしい。それが一番の願いです。

84年頃にブーメランしたとき、秦野さんにもっと色んなことを聞いておけばよかった。と、この2年間何度も思いました。なので、あの70年代の時代の熱を誰よりも知るユキトンさんが、あの頃の秀樹のことを書いて下さると知り、本当に嬉しいです。期待しています。（秀樹に関することを書くと、どうしても長文になってしまい申し訳ありません。ということで今日はこの辺で。

30　彩流

美しい人　先の「ヒデカツ」でもコメントさせて頂きました。私なりの秀樹観を申し上げると、秀樹さんは【高潔な人】という私見を持っています。秀樹さんを永いこと見てきた私ですが、秀樹さんの歌、生き方を含め、人に与えた影響力は別次元のような気がいたします。

小林亜星さんも仰っておられましたね。「秀樹は〝品〟のあるスターだった」と。私、この言葉に凄く納得しました。私も、ず〜っと思っていたことなので、この言葉は本当に嬉しかった…。樹木希林さんも「秀樹は、瞳がきれいで美しい青年」と。ドラマ（寺貫）で過ごした時間が多かったので、秀樹さんの人間性を感じ取っていたのでしょう…。だから、プライベートでの付き合いも続いたのだと思います。秀樹さんの近くに居た方達の想い、言葉を載せて頂けたらと思います。

31　mettyanmettyann2

おはようございます。書店で、サイン会をなさるのですか？

32　ユキトン

mettyanmettyann2 さんへ　ごめんね。しません。ぼくはタレントではないから、そういう本の売り方、いやなんです。わがままで、すみません。

33　mettyanmettyann2

わかりました。

34　サイコ1955

ユキトンさんと秀友さんとのやり取りを読んでると、年齢差がないように思えるけども、実際にはけっこうな年代差があって親子ほど違うこともあるわけで……。私もリアルで団塊世代の方とのやり取りは数少ないのですが、それでも共通するのはけっこう一刀両断。ごちゃごちゃいわない！　わかっていただいた時には興味を持ってちょっと懐に入れてもらえますが、そうでなければ、そうなの……で終わりな感じ。それでもその世代の方々と、いまやっと少しずつ関われるようになって、どのようにあの時代を送ってこられたのか、少しでも知ることが出来れば、私自身の「時代の記憶」に残せることに感謝です。と勝手に括ってしまいました。

35　百瀬美智子

塩澤幸登様、素敵な本を製作していただいてありがとうございます。こんな本を待っていました。「西城秀樹」という歌手、アーティストの素晴らしさを、たくさんの人に解ってほしいからです。秀樹さんは、日本の芸能界のパイオニアであり、戦後の日本を明るく元気にしてくれた、かけがえのないＬＥＧＥＮＤだと思います。２０２０年の東京オリンピックで歌うのが夢でしたが……この本が元で、いずれは「西城秀樹」さんの映画が出来る事を望んでいます。どうか宜しくお願いします（私の生きてる内に）。

36　みよ子

とても嬉しいです。秀樹さんの事、私はデビュー当時からの秀樹さんのファンで、私もまだ高校生でラジオの収録で、秀樹さんと山本リンダさんが、私の地元に来られ、授業が終ると直ぐに秀樹の元に親友と2人で、もう私の目の前に秀樹がいて、秀樹の抜群なスタイル、まだ初々しい歌声全てが、たまらなくうっとりその場で失神しそうで、その夜はなかなか眠れなかったことをいまでも覚えています。もう一度、いえ、まだまだ秀樹さんを秀樹さんの歌を聴きたかったです。いまはとても心が寂しいです。

37 kinoshii

はじめまして。秀樹さんが亡くなられてからTwitterでユキトンさんのブログを知り、懐かしい芸能人にまつわるお話と書きぶりに引き込まれ、いつも楽しく拝見しています。

私はブーメランという分類になりますが、秀樹さんの生前は熱心なファンというわけではなく、ただ秀樹さんが出演しているテレビがあれば見るという程度でした。ところが軽い気持ちで聴いた秀樹さん最後のアルバム「心響」に、図らずも病気によって研ぎ澄まされた西城秀樹の音楽的人間的エッセンスの一端を見て以来、引き込まれ、残りの一生ついていこう！　と決意した一人です。60年代、70年代の華やかな歌番組に一点の曇りも感じさせない明るさをもって秀樹さんが現れて熱く語り、その後、歌謡番組が斜陽となっていった時代にも私は知らなかっただけでファンを大切にしつつ芸を磨いていらしたんですね。しかし結婚されるまでは、後年とはまた違った苦悩があったと思います。その辺りのエピソードもブーメランとしてはいろいろ知りたいです。

もちろん秀樹ならではの純情エピソードも聞きたいです！　ユキトンさん、どうぞよろしくお願いいたします。

38　ユキトン

kinoshii さん　ブログにも書きましたが、ぼくも１９８３年以降のことは直接は知りません。本のなかに誰も知らなかった情報や苦労したエピソードを要求されても困ります。ぼくが今やっているのは、これまで書いたものを整理して、ある程度の構成をつけて、読みやすく、１９７０年代～83年ころまでの秀樹の状況をわかりやすくしているだけです。誰も知らない秘話はぼくも知りません。すみません。

39　kinoshii

執筆される内容について、ご説明ありがとうございました。誰も知らない話を伺いたいということではなく、ユキトンさんの目を通した秀樹さんを知ることができればありがたいと思います。楽しみにしています。

40　みよ子

今日は、秀樹さんの月命日です。いまも、まだ信じられないくらい秀樹が愛おしく、ＴＶで秀樹五郎のビッグショーを見るたび、涙が出てしまいます。来年、秀樹さんの50周年で、ユキトンさん、秀樹さんのデビュー当時の雑誌特集とか特別な何か有りますでしょうか？　御三家の、雑誌で毎回自然体な顔、動き、そして対談が大好きで、毎回欠かさず購入し、友と御三家談議が楽しかった事、いまでも覚えています。秀樹の写真の切り抜きを下敷きの間に挟んでいつもカバンの中に、どれもこれも良い思い出です。来年も見たかったですね。御三家の対談。

41　みよ子

此処の場所では昔懐かしかった秀樹さんとの思い出なんて書き綴っても良いのでしょうか？私の秀樹さんの思い出は、デビュー当時から20代半ばの秀樹さんとの思い出だけなのですが30過ぎからは私も病気で生の秀樹さんを見ることが出来ず、いまYouTubeで秀樹さんの追っかけファンです。でも今更そんなコメント入りませんよね。ごめんなさい。

42　ユキトン

みよ子さん　ぼくはなんの条件も付けません。あなたが自分で考えて、自分の秀樹の思い出をみんなに知ってもらいたいと思ったら、それを書いたらいい。秀樹の思い出をバカにしたり、ケチをつけたりする人は、ぼくのブログを読んだりしないでしょう。また、自分だけの秘密の生涯の思い出だというのであれば、胸の奥深くにひっそりととっておいて下さい。………ぼくはみんなに知ってもらった方がいいと思うけどね。

43　みよ子

秀樹さんがデビューして、直ぐファンクラブに、そしたら秀樹さんのスケジュール表と一緒にソノシートが入っていて、秀樹が、やぁー西城秀樹です。いま何してたの？　って、いま、秀樹の声、聞いてるよ、僕はね今日これから〜　なんてとても爽やかな声が、私だけに話しかけているような錯覚さえ、でも当時は、秀樹のポスターとかがファンクラブから届くだけで特別感満載で、なんて優しい顔立ち、なんてステキなスタイル、私の周りの同世代で見たことのない完成度バッグン、歌もアクションも、当時、御三家がTVの歌番組に出ない日はないくらいでしたし、新曲が出るたびに、TVの前にカセットレコーダーを置いて録音をし、ノートに歌詞を書き覚えたこと懐かしいです。

秀樹といったら、銀座山野楽器での新曲発表会と握手会。当時これから始まる映画（愛と誠）の話を秀樹さんが話され、愛役の一般公募のことも、ぜひ皆さんも応募して下さいって、なんて爽やかな秀樹さんなんだろうって、自ら誠役をやって見たいと申し出たとあとで知りました。

握手会の時も優しい笑顔に大きな両手で握手をしていただき天にも昇る思いが、いまもなお当時のことが鮮明なくらい嬉しい思い出として心の中に残っています。秀樹さんには、ギンザなう、芸能人大運動会、水泳大会、大阪球場コンサート、初めてのディナーショーと私は、初めて秀樹さんの追っかけをしていたかのようで、いま思えば、デビュー当時から10年と短い間だけしか秀樹さんの追っかけはできませんでしたが、でも充実した嬉しい追っかけの時間でした。まだまだ書ききれないことはたくさんで、最後に秀樹さんとお会いしたのが、奇しくも青山葬儀所でした。

秀樹さんの訃報を聞いた時は、頭の中で秀樹さんの曲が早送りで次から次から流れ涙も流れて、今も信じられない日々を送っています。

44　みよ子

私も秀樹ファンのブーメランかも知れない。でも例えそうだとしても私は、これからもずっと秀樹のファンであり、現に秀樹さんの訃報後、たくさんの新たなファンも増え、嬉しい限りです。きっと秀樹さんも喜ばれているかと。

私の心の中の秀樹は、初々しい姿の秀樹そして秀樹にしか似合わない衣装、秀樹さんだから出来たファンと一体感の振り付け、年々大人びてくる秀樹そしてユーモアたっぷりの秀樹そして五郎さんと2人だけしか分からない「あ、うん」の呼吸、親友以上まるで兄弟のよう、あの愛の十字架の時、秀樹さんが十字架のネックレスをすると私も、十字架を車の鍵に変えれば私は日記帳の鍵をネックレスに、薔薇の鎖の時は当時、表参道で可愛い小さなお店を見つけ、中にガラス張りのショウケースの真っ赤な薔薇の花びらの砂糖菓子が、これを秀樹さんにプレゼントしたら〜なんてことも思い出の一つで（薔薇の花びらは当時、一輪５０００円）学生の私には叶いませんでしたが、当時のことが鮮明に浮かんで来るのが不思議で、此処で秀樹を語っているだけで、次々と出で来るのに秀樹さん初めてのディナーショーを観に行ったのに、何故か？ いまも思い出せないとても悲しい、初めてばかりの秀樹さんなのに、いまはYouTubeでデビューからいま迄の秀樹、そして外せないのが「てらかん」（『寺内貫太郎一家』）、もう一度、地上波で見たいです。

きっといま見ても自然でこの中でも秀樹さんの思い出がいっぱい詰まっていると、ファンの皆さんなら、いままで見たことがなかった人達にも感動を与えるドラマかと、秀樹さんにはたくさんの思い出を頂きました。ありがとう、秀樹さん。

45　みよ子

最後に　ブーメランだって良いじゃないですか　どんな形であれ　秀樹の歌に　秀樹の生き方に　秀樹の愛した家族に全てのファンの心の中、心の支えにこれからもずっと一生生き続けることは間違いないのですから　秀樹さんを語るには表しきれないことばかりで、秀樹さんがこの世に生まれて芸能界で生き続けてくれて本当にありがとうと、そして秀樹さんのファンはこれからも秀樹さんについて行きます。どこまでも永遠に秀樹さんの生き方に恥じないように。

46　ユキトン

みよ子さんへ　誰もブーメランをダメだっていってません。

47　umenomi6

みよ子さん、わたしもてらかんの周ちゃんが大好きです！　亡くなってすぐ、シリーズ1のBox３つを求めました。シリーズ2はネットで、多分、全編見たと思います。いまだに、帰省した子と一緒にも楽しみますし、一人では好きな回は20回くらい見てると思います。10回見たら10回泣きます、同じ所で（笑）。一日一善ヒデキを好きなところをあげろと言われたら、一年では足りません。私の場合、てらかんの○○分△△秒××の此処！　この表情！　たまりません。作者の向田さんや、久世さん服部さんらの演技指導ではないと思うんです。

木本龍雄君に宿っている恩寵の様な優しさ、覇気、はにかみ。わたしは１９７０年の夏まで東京におりましたが職場が原宿で、あと一年あまり居たら西城君に会えてたかなと思ったり。（当時は）竹下通りなんて寿司屋が一軒、ブティックが一軒あっただけでした。

心根のしっかりしている、そして生活実感もある青年らしい含羞とでもいいますか。木本君なのかヒデキなのか、周平なのか分かりませんが、その分からない所に新しいドラマの可能性があると思われていたのでしょうか？　リアタイでは見られていないのですが、その当時、夫が名古屋勤務だったので多分、朝日か中日新聞のテレビ批評に、新人西城秀樹の、自然な演技の上手さに舌を巻いた、と記者さんが書いていたのを覚えています。

48　みよ子

言葉足らずで申し訳ございません。嬉しいことにデビュー当時からの秀樹ファン、また秀樹の所に戻って来れたファン（私）、そしていままた新しい秀樹ファンが、……いろいろな形があることに喜びを感じているのです。そしていまはこの場所、ユキトンさんの場所で秀樹さんのことを色々――Umenomi6さん、そうなんです。秀樹さんのてらかん、それもいま私がハマっているのは歯医者の先生役で秀樹さんが医療用マスクをしている姿、以前、五郎さんのマスク姿は拝見したことがあるのですが、秀樹さんのマスク姿は⁉　と思ったらてらかんで見つけ、あなたと正に同じで私も何秒で秀樹見ています。ユキトンさん　気分を損ねてしまったこと、心からお詫び申し上げます。そしてまた此処で秀樹さんのことをお話させていただいてもよろしいでしょうか？

ユキトンさんの場所とても居心地良く、秀樹さんとの思い出を語っても。

49　ユキトン

みよ子さん　どうぞ、遠慮なく、いつまでもいてください。無料です。

50　みよ子

今日は父の日ですね。そしてすでに秀樹さんも青い空からご家族の元に行かれたようで今日一日ゆっくり家族の元でご馳走を、そして笑顔で過ごされること間違いないかと。やはり雨男秀樹さんです。今年の誕生日、三回忌もやはり雨でした。

でも不思議と去年の誕生日は、曇り時々晴れだったんです!?　去年の秀樹さんの誕生日４月13日土曜日、この日たまたま娘が家にいて、娘からランチの誘いで外に出かけて、ＴＶで何度か取り上げていたお店で食事をしその後、お母さん、スマホ見に行こうとそして購入。スマホカバーは娘がプレゼントしてくれて、私まだ携帯でこの日にスマホデビューすることが。４月13日秀樹さんの誕生日にその時ばかりは、秀樹は雨男秀樹ではなく、とても嬉しく、も～ぅ舞い上がり喜びでいっぱいでした。何故か秀樹さんに逢えたようなハッピーが止まりませんで、唯一自慢のスマホ購入デビュー日なんです。またも舞いあがり過ぎですね。

当時を思い出すと気持ちが舞いあがり過ぎで、今日の父の日、秀樹さんも奥様やお子様に逢えて微笑みが止まらないでしょね。

51　上田紅葉

コメントが掲載される可能性がありそうなので西城秀樹さんについて私も書かして頂きます

ね。小学生の頃、秀樹に夢中だったものの大人になるにつれ、彼の存在を忘れて仕事に生きてきました。それが訃報を伝える番組で熱唱する彼の姿を見てから、魂が震え続け、涙が止めどなく溢れ、すっかり秀樹ロスとなってしまったのです。

まず何よりこんなに全身全霊で歌っている人、いま、いませんから、しかも素晴らしい表現力。さらには長身でスラッとした手足や首の長さ。見惚れるとはこのことです。大概、子供のときに感動したものを大人になって見るとそうでもないことが多く、モネの睡蓮の原画をパリまで行って見たときは拍子抜けしてしまった思い出がある。思い出はいつの日にも数倍に物事を美化してしまうものだから。でも、西城秀樹は真逆だった。こんなにこんなに素晴らしかったのだと驚いてしまった。その輝きはまさにダイヤモンドか月か太陽のごとしで。しばらく彼の動画を見漁ったら困ったことにＴＶの歌番組が苦痛になってしまった（最近、10代20代の若い秀樹ファンが増えているのも同じ理由かも知れない）。

それからというもの彼に関する追悼ブログを追いかけ、半年かけてほぼ全部、読破した。

まず男性が半分以上で、昭和30年代の小学生にとって秀樹は王貞治さんと仮面ライダーに匹敵するヒーローであることがわかった。「僕の、または僕らのヒーローが逝っちゃった」みたいな書き出しが多数で、そこが他の歌手と一番違うところだと感じました。歌手がヒーローとなり得る条件は何か？　よくわからないけれど時代を切り拓いてきた言動が大きいのじゃないだろうか。初のスタジアムライブも「愛と誠」の映画化も物議をかもし、賛否両論の嵐だった。時代の革命児として、サザンの桑田さんも秀樹をリスペクトし、歌の歌詞にもそれらしきフレーズを残してくれている。秀樹の他に僕らのヒーローと称される歌手がいたとしたら、この桑田さんくらいだろう。

特にアジアを開拓していった功績は素晴らしい。今も動画のコメント欄には韓国語、中国語、英語（シンガポール）などアジアのファンの書き込みが絶えない。80年代には洋楽のアルバムが香港では47週1位になるとか、凄くありませんか？　他の歌手でもあるのでしょうか？　アグネス・チャンさんも「彼はアジアのかけ橋だった」と言っていましたが、それを裏付けるかのように訃報の翌日、香港の新聞ではほぼ全紙が一面トップの扱いで、朝からラジオでは彼のヒット曲が流れていたそうです。その写真をブログに掲載してくれた香港で働く若きビジネスウーマンはそのブログで「西城さんのことは世代ではないのでよく存じていませんが香港の新聞各紙に書かれている文章を読むと、芸能面での功績はもちろん、それよりも日本のイメージアップに最大に貢献されたように思えた」と書き加えられていました。さすが若くして海外勤務をこなすだけあって、しっかりした目線。

私は戦争で日本が負けたときアメリカから映画がなだれ込み、このときアメリカの良心と言われた名優ゲーリークーパーを見て「アメリカ人はいい人らしい」と日本人の多くが思ったという逸話を思い出した。そうか、秀樹はアジアにおいてクーパーなんだと悟った。「侵略」を「進出」とした教科書問題が起きたとき、香港ですでにスタアと化していた秀樹が現地でたくさんの報道陣に囲まれ問い詰められたことがある。そのとき彼は「自分は原爆の落ちた広島がふるさとであること、そしてだからこそ平和を望む気持ちも強いこと、だから海をこえ、愛の歌を歌い続けている」と力説し、満場の拍手を浴びている。

秀樹が亡くなったとき「たかが芸能人じゃないか」と発言された口の悪い政治家がおられたが、アジア外交の影の立役者は秀樹ではなかったか。そう思うと国民栄誉賞をもらっても十分と思うのだが。扱いや評価が小さいことでファンの情熱に火がついたならそれもよかったのか。彼が去ったその夏、博多から愛媛、和歌山、千葉、神奈川、新潟、日本の各地で皆が愛した秀樹をしのぶ花火が彼の名曲とともにうち上がった。庶民に愛された秀樹らしい栄誉だと思って泣けた。ありがとう。亡くなったうちの両親とともにずっと愛している。合掌

52 ユキトン

上田紅葉さん　力の入った長文、ご苦労様です。〝可能性〟だから、そのつもりでいてください。出版が可能になったら、という話です。たぶん、これから何度も暴風雨に遭遇するのではないか。難破しないことを祈ってください。

53 aijyo ミッチ

はじめまして、沈黙図書館のことは、「隠された皇室の世界」様より知りました。私も「西城秀樹」と言う素晴らしい逸材をこの世に埋もれさせてしまうには、非常に残念で哀しいので、ぜひたくさんの方々に知って欲しいと思い、参加させていただきました。

私も子供の頃（小学6年くらい？）に、初めて秀樹さんをテレビで見て、衝撃を受けました。今まで見た事もないほど、手足が長く、スリムでお顔も小さく、何よりハンサムでした（いままでいうイケメン）。長い髪をなびかせて、ダイナミックなアクションで、まるで、少女漫画から抜け出たような、王子様のようでした。その後、田舎のテレビでは、秀樹さんがどんな番組に出ているのか解らず、（栃木）ファンクラブに入る余裕も無く、いつの間にか大人になり、東京ドーム（その当時は、後楽園スタヂアム）で、仕事していたのにもかかわらず（ファンクラブに入っておけば良かったと今更後悔しても遅く）生活していくのが精一杯で、子育ても終わり、パートタイムで仕事していて、休憩時間にテレビで「西城秀樹さんの訃報」を聞いて、我が目を疑いました。

以前、ワイドショーで、脳硬塞後のインタビューを見ていたときは、正視できませんでした。ちょうど、お二人目（ご長男がお腹に宿られていた頃）を身ごもっていらっしゃる頃です（奥様が）。訃報を聞いてから、Googleで検索していたら、すんなりYouTubeに繋り、初めてYouTubeを見るようになり、見れば見るほど、こんなに素敵な曲が、こんなにたくさんあったなんて、衝撃でした。知れば知るほど、偉大で素晴らしいことがわかり、、そのままYouTube巡りにはまり、気が付いたら朝になっていたなんて、……自分にまだこんなに情熱を燃やせるモノがあったなんて、感動でした。秀樹さんの歌には、元気をもらえるパワーがあり、心まで、癒してもらえます。それよりも、パイオニアですね、HIDEKIさんは、数々の初めてがたくさんあります。それだけでも偉大だと思います。ペンライトも、「call & response」、アルミのスタンドマイク、パフォーマンスも、球場や、野外ライブも、ローラースケートをしながら歌うのも、、海外進出も、中国の万里の長城でコンサートを開いた歌手は、秀樹さんくらいではないでしょうか？

また、脳硬塞を患っても、なお立ち直り、多くのステージやコンサートを敢行できたのも「西城秀樹」くらいのものだと思います。普通は2度も脳硬塞を患い、滑舌もままならない人が、ステージに立つなんて不可能なことだと思うのに……凄い、まるでフェニックスのようです。家族や、ファンの為にここまで、出来る人って、たぶんＨＩＤＥＫＩさんくらいだと思います。こんな素晴らしいアーティストが日本にいた事を世界中の方々に知って欲しいと思います。歌の為には、子供の頃より努力して、小学生から牛乳配達などして、ドラムセットを買うために涙ぐましい努力を重ねて、歌に情熱と青春をかけてきたんですね。

身体一つで、身よりのない、大都会、東京に勘当寸前で出てきて、ひもじい思いをしながら、必死に頑張って、売れるようになっても、ますます寝る時間も、食べる時間もなくなるほど、人の3倍速で、人生を駆け抜けてきたような秀樹さんを、日本の芸能界や、メディアは正当に評価してくれず、残念で悔しくてたまりません。確かに「美空ひばり」さんや小林幸子さんは天才と呼ばれる歌手かもしれませんが、私は別の意味で、秀樹さんは、天才（努力家）だと思います。と言うよりも、戦後の日本を明るく元気にしてくれたのは、秀樹さんだと。それまで直立不動でお行儀よく歌っていた日本の芸能界をこんなにも、艶やかに、きらびやかに、ダイナミックに変えてくれたのは、ＨＩＤＥＫＩさんが最初だと思います。

中国においては、日本の親善大使張りの、活躍だと思うのに、地球の裏側ブラジルまで行って、コンサートを始めたのは、ＨＩＤＥＫＩさんがパイオニアだと思うんです。なのに、なぜこんなにまで、無視されるのか、悔しくて哀しすぎて、残念すぎます。ユキトン様、どうぞこの本が、多くの方々の眼にとまりますよう、全力でお祈りいたします。そして、やがて「西城秀樹」さんの映画が出来ることを待ち望んでいます（私が生きている内に）。

54　umenomi6

いまは大学人になった元日テレの小倉淳さんがラジオフチューズに出た時、パーソナリティのＺａckeyこと木崎徹さん（フジの夜ヒットの制作側にもおられた）が、秀樹の歌になるとスタッフは必ず音響（音圧か？）をピッと下げていた。みんな必ずそうしていたよね？　そうしないと他とつりあいが取れないんだ……と語り、すると小倉さんが、「もうね、音域、声量、ビブラート他と全然違うの。あのね、歌がうまいのが秀樹さん、なの！　絶対そうなの。郷君がカバー曲をとか野口君の歌唱力とかいうけど違うの、秀樹さんは歌がうまいの！」と止まらぬ勢いでした。あんなこと言うから、日テレのズームインの次期担い手と言われながら、わき道にそれたのかな？

確かに夜ヒットの記憶をたどる時、秀樹の声は障子1枚をはさんだような、遠さがあったと思われませんか？

私の年代（団塊）では身近な恩師にレッドパージという事がまだあったり、ラジオの政党討論会などでは、進歩的党には発言に雑音を入れると言ったことが実際に行われていました。ＮＨＫは昔から総合と教育テレビではポリシーも違う感じですが、国民的行事の紅白歌合戦にラジカルさは敬遠したでしょう。秀樹は、同期より出遅れたあとも、比較的軽いポジションに置かれ続けております。先日の深夜便で、同局で「至上の愛」がかかるのを初めて聞いた気がしましたが、リズミカルなもの・振りの大きいもの・歌唱力を感じさせないものだけを秀樹に歌わせてきたのは事実だと思います。しかもほとんど前半に置かれています。昨夏、手元にあるＮＨＫ秀樹コレクションで私は汗みずくになって秀樹の歌唱時間を計りました。短いです！　他にも本番でいきなり演奏のピッチを速める、秀樹の時だけ何でマイクの調子が……などが妨害でないと言い切れないのです。私は夫亡きあと、心臓を悪くして、ペースメーカーが無いと自力で脈打てない。それでも、逃げない負けない誤魔化さない……秀樹さんの歌唱を聴いてると、少しでもよりよく生きねばと思うようになりました。

秀樹亡き後、若い若いアンダーグラフのマトハラ君が、秀樹さんに命を使って歌う事を教えられた。人生についても教えて貰った、と弔意を述べているのを読んで感動しました。秀樹にとって音楽とはどういうもの？　井上順さんの質問に、「人間が自由で居られるためのもの」と答えていたように思います。ああ秀樹の隣で、声を聞きながらサマータイムを一緒に歌ってみたかった。一度でいいから！　長々と失礼いたしました。

※自註　固有名詞のとんでもないミス表記がありましたので書き直させていただきました。拙

コメントの削除を宜しくお願いします。投稿日は生かせていただきました。

55　みよ子

大変ご無沙汰しております。ユキトンさんはご存じでしょうか？　秀樹さんが独身だったころ、アイドルなのに全然お構いなしに何処へでもご飯を食べに行かれたり、映画の『愛と誠』のあの学ランで、よくコンビニに買い物に行かれ、そこで秀樹さんが見つけたセブンイレブンのカレー丼ぶりとミルクプリン、これは夕食に買われ食され、とてもコンビニとは思えないクオリティーの高さと美味しさに感激したと言っていました。私も秀樹さんが食べていた、あの味がもし復刻版で出たら秀樹の愛したカレー丼ぶりとミルクプリン＋ハウスポテトチップスを食べてみたいですね。きっと売れますよね（秀樹が愛したあの味をもう一度）なんて。

当時から秀樹さん　歌にドラマにＣＭに映画に雑誌にと寝る間も食事もままならぬ忙しい生活を送っていらして、でも何時も笑顔の絶えることなく爽やかな青年、西城秀樹でしたよね。でも雑誌での、ひできスマイルは当時から余り好きではなかったと言っていました、それと秀樹と呼び捨ても。いまごろ秀樹さん、何されていますかねぇ。皆さんに、秀樹さんが大好きなラブソングを歌っておられるでしょうか？　これから先も秀樹愛は永遠不滅ですね。

56　1956

あの秀樹さんが若き日に食べたセブンの和風カレー丼、とうとう復活してくれました。今日、私も秀樹を身近に感じ、和風カレー丼とても美味しく食べました。後はホワイトチョコプリンの復活を祈り、また食べてみたいと思っています。こうやって秀樹を感じることが日に日に薄れていくようでとてもいいま、哀しいです。秀樹さんの本が出ましたら私いち早く秀樹に逢いに本を購入して私の宝物にと思っています。お身体大事に、いまは、たくさんのことに気遣いをしなければ生きていけなくなり大変かと思います。だからこそ身体大事に毎日過ごされて下さい。

57　みよ子

訂正いたします。1956ではなく、みよ子です。大変申し訳ありません。

秀樹さんの愛するセブンの和風カレー丼復活が余りに速くに巡り合えて、あまりの嬉しさに他の所のコメペンネームを書いてしまいました。もう舞い上がるほどの嬉しさです。本当に美味しく、毎日食べたいくらいです。

第四章

西城秀樹　芸能活動　年表

1972年3月25日〜2018年5月16日

この年表は次の資料、データを参考にして編集、作成いたしました。
・西城秀樹オフィシャルサイト
・デビュー45周年フォトエッセイ『THE 45』
・西城秀樹ファンクラブ会報
・『BLOW UP FOREVER』西城秀樹の全てを記録と記憶に残したい
・西城秀樹 Wikipedia
・BOXセット『絶叫・情熱・感激』西城秀樹の歩み

短期間での作成で、なかなか調べきれず、把握できたなかで主なものを記載させて頂きました。日付がはっきりわからないイベントもあり、また全体の流れのなかに入れることのできなかった事柄もあります。ご了承いただければ幸いです。

◇編集・小林まゆみ

【1972年】

3月25日　シングル「恋する季節」で歌手デビュー。キャッチフレーズは「ワイルドな17歳」。芸名は雑誌『女学生の友』での一般公募で約6000通の中から選ばれた。
5月6日　第45回日劇ウエスタン・カーニバル「アイドル誕生！」に初出演（5月12日まで）。
7月25日　シングル「恋の約束」を発売。
8月8日　東京・郵便貯金ホールにてファースト・コンサート『ワイルドな17歳』を開催。
8月20日　TBS『決めろ！フィニッシュ』第12話にゲスト出演（第13話、8月27日）。
8月26日　第46回日劇ウエスタン・カーニバル「アイドルの祭典！」に出演（9月1日まで）。
9月22日　東京北区の女子高前にて『サイン入りヒデキノート』1500冊を配布するキャンペーンを実施。
11月5日　ファースト・アルバム『ワイルドな17歳』を発売。洋楽カバーをいち早く取り入れる。
11月25日　シングル「チャンスは一度」を発売。この曲よりアメリカ帰りの振付師、一の宮はじめの振り付けが付く。
11月26日　日本レコード大賞の予選。第14回最優秀新人賞候補の部門賞で5組を選出。結果は、森昌子（37票）、三善英史（36票）、麻丘めぐみ（27票）、郷ひろみ（20票）、青い三角定規（20票）に僅か1票差の19票に終わり敗北、選に漏れた。
12月4日　フジテレビ『夜のヒットスタジオ』に「チャンスは一度」で初出演。

【1973年】

2月25日　シングル「青春に賭けよう」を発売。

3月26日　大阪・毎日ホールにてデビュー1周年記念コンサート『ヒデキ・オン・ステージ』を開催。風邪と疲労で40度の高熱を出したが公演を決行。エンディング曲を歌唱中に倒れ入院。

4月14日　松竹映画『としごろ』に出演。

5月7日　第47回日劇ウエスタン・カーニバル「ヤングアイドルショー」に出演（5月8日まで）。

5月25日　シングル「情熱の嵐」を発売。

5月27日　埼玉・ユネスコ村にて「情熱の嵐」の新曲発表会を開催。ヘリコプターから、縄ばしごを使ってステージに降り立つという派手な演出に3万人のファンは大熱狂。この曲で初のベストテン入りを果たす（オリコン6位）。「君が望むなら」「ヒデキ！」というコール&レスポンスのスタイルを日本歌謡界に本格的に導入。

8月6日　第2回『ファスタしずおか』に初出演（静岡城内スポーツ広場）。

8月26日　第48回日劇ウエスタン・カーニバルにて「西城秀樹ショー」と題し、初のワンマンショーを開催。

9月5日　シングル「ちぎれた愛」を発売。初のオリコン1位（新御三家の中でも初）を獲得。曲中にセリフが挿入された最初の作品で、喉の奥底からハスキーな歌声をしぼり出すように歌い上げ、その歌唱法は「絶唱型」といわれた。

11月～　ハウス食品の「ハウスバーモントカレー」のCMが開始（1985年まで12年間出演）。「ヒデキ、感激！」のキャッチフレーズがブレークし、大人から子供まで幅広い世代の支持を得る。

11月7日　東京・郵便貯金ホールにて第1回リサイタル『ヒデキ、愛、絶叫！』を開催。
11月25日　シングル「愛の十字架」を発売。オリコン連続1位を獲得する。
12月8日　名古屋・名鉄ホールにてコンサート『ヒデキ／世紀の絶唱』を開催（12月9日まで）。
12月27日　新宿コマ劇場にて『さよなら1973』を開催。
12月31日　第15回日本レコード大賞において「ちぎれた愛」で初の歌唱賞を受賞。
新御三家の中でも唯一、歌唱賞を受賞し、オリコン連続1位を獲得したにもかかわらず、第24回紅白歌合戦にはひとりだけ出場できなかった。

【1974年】

1月16日　TBS『寺内貫太郎一家』に寺内周平役でレギュラー出演（全39話、10月9日まで）。
小林亜星演じる貫太郎との親子げんかシーンでは、超過密スケジュールの中、怪我をも厭わぬ体当たりの演技が人気となり平均視聴率31・3％を記録。
小林亜星、樹木希林（当時、悠木千帆）、加藤治子、浅田美代子とはその後も「寺内貫太郎一家2」やスペシャルドラマ、舞台やCMで共演し、家族の絆を深めた。
2月25日　シングル「薔薇の鎖」を発売。特注した日本初の軽量アルミ製スタンドマイクによる激しいマイクアクションが話題となる。子供たちは、ほうきを使って真似をし、その後、多くのロックアーティストが取り入れることとなる。
3月30日　松竹映画「しあわせの一番星」に出演。

5月25日　シングル「激しい恋」を発売。
5月26日　よみうりランドにて「激しい恋」の新曲発表会を開催。集まった4万人のファンの上空を、セスナ機5機が旋回し「ハゲシイコイ ヒデキ」の文字を描いた。
6月18日　TBS『火曜歌謡ビッグマッチ』で新御三家が初共演。
7月13日　松竹映画『愛と誠』で初主演。「少年マガジン」で連載中からの愛読者だったため、映画化されると聞いて原作者の梶原一騎に直談判し、〝太賀誠〟役を勝ち取った。
7月18日　FNS歌謡祭において'74上期 優秀歌謡音楽賞を受賞。
7月28日　東京・浅草国際劇場にて『Sunrise in Kokusai ヒデキ、血、汗、そして涙』を開催（7月31日まで）。
8月3日　大阪球場にて第1回『ヒデキ・イン・スタジアム〝真夏の夜のコンサート〟』を開催。日本人ソロアーティストとして初の野球場コンサートであった。前日のラジオ番組で「客席のみんなが見えるように懐中電灯を持ってきて」という呼びかけに大勢のファンが応え、翌年には日本初のペンライトでの応援が始まる。大阪球場でのコンサートは1983年まで10年連続開催。
8月25日　シングル「傷だらけのローラ」を発売。
9月14日　東映映画『あゝ決戦航空隊』に出演。
10月6日　広島・郵便貯金ホールにてリサイタル『バック・ホーム・アゲイン・ヒロシマ』を開催。デビュー後、初のふるさと凱旋公演。
10月12日　大阪・厚生年金会館にてリサイタル『新しい愛への出発』を開催（10月13日まで）。

10月19日　東京・郵便貯金ホールにてリサイタル『新しい愛への出発』を開催（10月20日まで）。
10月29日　第1回横浜音楽祭において横浜音楽祭賞を受賞。
11月25日　シングル「涙と友情」を発売。
11月26日　第5回日本歌謡大賞において「傷だらけのローラ」で放送音楽賞を受賞。
12月3日　フジテレビ『ミュージックフェア』に初出演。
12月8日　第7回日本有線大賞において「激しい恋」で大衆賞を受賞。
12月10日　第7回日本レコードセールス大賞においてシルバー賞を受賞。
12月10日　FNS歌謡祭において'74下期 優秀歌謡音楽賞を受賞。
12月31日　第16回日本レコード大賞において「傷だらけのローラ」で2年連続の歌唱賞を受賞。
ポップス歌手として初の快挙であった。
12月31日　第25回NHK紅白歌合戦に初出場。
トップバッターとして怪傑ゾロ風の衣装で登場し、「傷だらけのローラ」を熱唱。
日本のTV番組として初めて「CO2ボンベ」でドライアイス・スモークを噴出させる演出を行った。

【1975年】

1月2日　名古屋・名鉄ホールにて『アプローチ・トゥ・ザ・ワールド』を開催（1月6日まで）。
1月30日　第12回ゴールデンアロー賞において〝写欲をそそる〟という理由でグラフ賞を受賞。
2月15日　初の海外進出作品として「傷だらけのローラ」のフランス語版「LOLA」がカナダ、フランス、

2月25日　スイス、ベルギーで発売。カナダではヒットチャートの第2位を獲得。
3月31日　シングル「この愛のときめき」を発売。
4月3日　東京体育館にてデビュー3周年記念の運動会『あなたとヒデキ、ときめきの集い』を開催。
4月16日　TBS『寺内貫太郎一家2』の収録中に左腕を負傷し入院。
5月25日　TBS『寺内貫太郎一家2』に出演（全30話、11月5日まで）。
6月6日　シングル「恋の暴走」を発売。ここから藤丸バンドがバックを務める。
6月29日　TBS『あこがれ共同隊』に出演（第7話、9月26日まで）。
7月12日　第4回東京音楽祭国内大会においてフランス語版「LOLA」でゴールデン スター賞を受賞。
7月20日　松竹映画『おれの行く道』で主演。田中絹代と共演する。
　富士山麓・緑の休暇村にて'75全国縦断コンサート・オープニング・フェスティバル『ブロウアップ　ヒデキ』を開催。広大な空き地に一（いち）からステージを設営し、バスで全国から観客を運ぶという大イベントを成功させる。観客3万人。演出に大型クレーンやヘリコプターを導入するなど、日本歌謡史上初の大規模野外コンサートであった（同年8月2日開催の『吉田拓郎・かぐや姫コンサート・インつま恋』より約2週間早い）。
7月23日　著書『誰も知らなかった西城秀樹』を出版。
8月24日　大阪球場にて第2回'75全国縦断コンサート・エンディング・フェスティバルを開催。台風のため順延。大型クレーンで吊り下げられた地上35メートルのゴンドラの中で熱唱。
8月25日　シングル「至上の愛」を発売。

9月25日　日本テレビ・木曜スペシャルで『西城秀樹・日本縦断20歳の絶叫！』を放送。タイトルは「35メートルの秀樹宙吊りの熱唱▽完全取材！北海道から沖縄までの全て▽告白！母が語る秀樹生い立ちの秘密▽秀樹オンステージ」。
10月〜　文化放送『ヒデキとこず恵の楽しいデート』にレギュラー出演（1980年3月30日まで）。
10月10日　松竹映画『ブロウアップ　ヒデキ』（全国縦断サマーフェスティバルのドキュメンタリー映画）が全国公開。
10月25日　シングル「白い教会」を発売。
11月3日　第1回日本武道館リサイタルを開催。
11月8日　日本人ソロアーティストとして初。その後、11年連続（通算12回）開催。
11月12日　大阪・厚生年金会館にてリサイタルを開催（11月9日まで）。
12月2日　TBS『花吹雪はしご一家』に出演（全26話、1976年5月12日まで）。
12月31日　FNS歌謡祭において'75下期優秀歌謡音楽賞を受賞。
12月31日　第17回日本レコード大賞において「この愛のときめき」で大賞候補10曲に選出。
　第26回NHK紅白歌合戦に「白い教会」で出場（2回目）。

【1976年】

2月25日　シングル「君よ抱かれて熱くなれ」を発売。「秀樹を少年から青年へ」というコンセプトのもとに作られた「ジャガー」「若き獅子たち」と合わせて『青年3部作』と呼ばれた。この曲より7作連続で阿久悠（作詞）、三木たかし（作曲）によるシングルが発売される。
2月25日　著書『君におくろう僕の愛を』を出版。
2月29日　TBSスタジオライブ『セブンスターショー』に出演。
7人のスター歌手（第1回・沢田研二、第2回・森進一、第3回・西城秀樹、第4回・布施明、第5回・かまやつひろし&荒井由実、第6回・五木ひろし、第7回・吉田拓郎）による司会者もいない90分間のワンマンショー。
3月19日　ハワイのホノルル・インターナショナル・シアターにて初の海外公演を開催（3月28日まで）。
4月10日　著書『ふたりぼっちの日曜日・ヒデキとこず恵の楽しいデート』を出版。
4月29日　埼玉・ユネスコ村にて「ジャガー」の新曲発表会を開催。
6月5日　シングル「ジャガー」を発売。
6月20日　第5回東京音楽祭国内大会において「ジャガー」でゴールデンカナリー賞を受賞。
6月27日　第5回東京音楽祭世界大会において「ジャガー」でチェリー・ブロッサム賞を受賞。
8月14日　大阪球場にて第3回『ヒデキ・イン・スタジアム'76情熱のファンキー・カーニバル』を開催。
オープニングにはトラック野郎の20台の〝デコトラ〟が集結。
9月5日　シングル「若き獅子たち」を発売。
10月19日　赤坂ニュー・ラテン・クォーターにて初のディナーショーを開催。
11月3日　第2回日本武道館リサイタル『HIDEKI　IN　武道館』を開催。

11月13日　大阪・厚生年金会館にてリサイタルを開催（11月14日まで）。
11月21日　広島・郵便貯金ホールにてリサイタルを開催。
12月5日　第9回日本有線大賞において「君よ抱かれて熱くなれ」で上半期ヒット賞を受賞。
12月20日　シングル「ラストシーン」発売。
12月31日　第18回日本レコード大賞において「若き獅子たち」で歌唱賞を受賞。
12月31日　第27回NHK紅白歌合戦に「若き獅子たち」で出場（3回目）。

【1977年】

3月　ハウス食品「ハウスポテトチップス」のCMオンエア開始。
3月15日　シングル「ブーメランストリート」を発売。
3月30日　デビュー5周年記念、第3回日本武道館リサイタル『朝、そして出発』を開催。
5月1日　埼玉・ユネスコ村にて「セクシーロックンローラー」の新曲発表会を開催。
6月5日　シングル「セクシーロックンローラー」を発売。
7月5日　日生劇場での劇団四季ミュージカル『わが青春の北壁』に初主演（7月28日まで）。演出家の浅利慶太は「歌唱力が抜群で、個性があり、それにバランス神経がすごくいい…」と絶賛。
8月27日　大阪球場にて第4回『ヒデキ・イン・スタジアム'77セクシーロックンローラー』を開催。雨天決行。ハーレー隊とクラッシックカーで登場。11トン・トラックを改造した〝光の箱〟（移動ステージ）でファンの目の前へ。

9月5日　シングル「ボタンを外せ」を発売。
11月3日　第4回日本武道館リサイタル『我が恋人へ…』を開催。
11月12日　大阪・厚生年金会館にてリサイタル『我が恋人へ…』を開催（11月13日まで）。
11月20日　NHK『ビッグショー～若さを誇らしく思う時に～』に出演。
12月31日　第19回日本レコード大賞において「ボタンを外せ」で大賞候補10曲に選出。
12月31日　第28回NHK紅白歌合戦に「ボタンを外せ」で出場（4回目）。

【1978年】

1月1日　シングル「ブーツをぬいで朝食を」を発売。
1月7日　名古屋勤労会館にてニューイヤーコンサートを開催（1月8日まで）。
1月12日　TBS『ザ・ベストテン』前夜祭（初回放送の前週）に出演。
2月9日　TBS『ザ・ベストテン』において、「ブーツをぬいで朝食を」で初の1位を獲得。
2月14日　日比谷公会堂にて『バレンタイン・コンサート／西城秀樹愛を歌う』を開催。新日本フィルハーモニー交響楽団と共演。
3月5日　シングル「あなたと愛のために」を発売。
5月21日　埼玉・ユネスコ村にて「炎」の新曲発表会を開催。
5月25日　シングル「炎」を発売。
6月18日　第7回東京音楽祭世界大会において「炎」で外国審査員団賞を受賞。

7月9日　三重・合歓（ねむ）の郷（さと）にて全国縦断サマーツアーを開始（全国17か所、8月26日まで）。
7月22日　後楽園球場にて第1回『BIG GAME'78 HIDEKI』を開催。雨天決行。
　ステージの一部が15mの高さに上がるリフトが登場。以降1981年まで4年連続開催。
8月24日　第4回日本テレビ音楽祭において日本テレビ特別賞を受賞。
8月25日　シングル「ブルースカイ ブルー」を発売。
　ザ・ベストテンには14週ランクイン、年間ベストテン9位を獲得。
8月26日　大阪球場にて第5回『BIG GAME'78 HIDEKI』を開催。
10月7日　フジテレビ『ロック・イン・ヒデキ』の放送開始。
10月27日　大阪・厚生年金会館にてリサイタルを開催（10月28日まで）。
11月3日　第5回日本武道館リサイタル『永遠の愛7章／西城秀樹』を開催。
11月15日　第9回日本歌謡大賞において放送音楽賞を受賞。
11月25日　シングル「遥かなる恋人へ」を発売。
12月20日　アルバム「ファースト・フライト／西城秀樹」を発売。収録曲のうち6曲を自身が作曲。
12月　第7回FNS音楽祭において「ブルースカイ ブルー」で最優秀歌唱賞を受賞。
12月31日　第20回日本レコード大賞において「ブルースカイ ブルー」で金賞を受賞。
12月31日　第29回NHK紅白歌合戦に「ブルースカイ ブルー」で出場（5回目）。

【1979年】

1月4日　大阪・厚生年金会館にて新春コンサートを開催（1月6日まで）。このコンサートで「Y・M・C・A」を初披露。大反響を呼び、急遽シングルとして発売することが決定。
2月21日　シングル「YOUNG MAN（Y・M・C・A）」を発売。
ヴィレッジ・ピープルの「Y・M・C・A」に日本語詞（訳詞・あまがいりゅうじ）を付けた青春賛歌で、今でも歌い継がれる国民的愛唱歌。オリコン5週連続1位を獲得。
曲中の「Y・M・C・A」の4文字を全身で表現する観客参加型のパフォーマンスが社会現象にもなった、自身最大のヒット曲。
3月31日　与論島にてコンサートを開催。
4月5日　TBS『ザ・ベストテン』において、「YOUNG MAN（Y・M・C・A）」で番組史上初の9999点での1位を獲得。翌週も2週連続9999点、9週連続1位を獲得。
この最高点を獲得するには、レコード売上、有線放送リクエスト、ラジオリクエスト、番組へのはがきリクエストの全てにおいて同時に1位となることが必要で、達成できた者は他にいない。
4月13日　東京・品川パシフィックホテルにてディナーショーを開催。
5月3日　埼玉・ユネスコ村にて「ホップ・ステップ・ジャンプ」の新曲発表会を開催。
5月21日　シングル「ホップ・ステップ・ジャンプ」を発売。
6月17日　第8回東京音楽祭国内大会において「ホップ・ステップ・ジャンプ」でゴールデンスター賞を受賞。
6月30日　NHK『ビッグスタースペシャル』に出演（ふるさと広島にて収録）。

7月10日　著書『いま、光の中で』を出版。
8月18日　大阪球場にて第6回『BIG GAME'79 HIDEKI』を開催。スペースイーグル、レーザー光線が登場。ファンクラブも客席に「HIDEKI」の電飾で演出に参加。
8月23日　第5回日本テレビ音楽祭において「ホップ・ステップ・ジャンプ」でグランプリを受賞。
8月24日　後楽園球場にて第2回『BIG GAME'79 HIDEKI』を開催。雷鳴が轟く豪雨の中でキング・クリムゾンの「エピタフ」を歌った伝説のコンサート。
9月5日　シングル「勇気があれば」を発売。
10月7日　TBS東芝日曜劇場『翔べイカロスの翼』に主演。主役に抜擢したプロデューサーの石井ふく子は役者としての西城を高く評価し、その後も重用した。
10月24日　横浜音楽祭において横浜音楽祭賞を受賞。
11月4日　第6回日本武道館リサイタルを開催。
11月13日　'79あなたが選ぶ全日本歌謡音楽祭において「勇気があれば」でグランプリを受賞。
11月17日　大阪・厚生年金会館にてリサイタルを開催（11月18日まで）。
11月23日　第10回日本歌謡大賞において「YOUNG MAN（Y・M・C・A）」で大賞を受賞。
12月2日　第12回日本有線大賞において「YOUNG MAN（Y・M・C・A）」で有線音楽賞を受賞。
12月18日　第8回FNS音楽祭において「YOUNG MAN（Y・M・C・A）」でグランプリを受賞。
12月22日　新宿コマ劇場にてクリスマスコンサートを開催（12月23日まで）。
12月31日　第21回日本レコード大賞において「勇気があれば」で金賞を受賞。外国曲である「YOUNG

MAN（Y・M・C・A）」ではエントリーできず、惜しくも大賞を逃した。

12月31日　第30回NHK紅白歌合戦に「YOUNG　MAN（Y・M・C・A）」で出場（6回目）。

【1980年】

1月4日　大阪・厚生年金会館にて新春コンサートを開催（1月6日まで）。

1月5日　シングル「悲しき友情」を発売。

3月16日　ヒデキの妹・弟オーディションを開催。河合奈保子が優勝。

3月21日　シングル「愛の園（AI　NO　SONO）」を発売。スティービー・ワンダーのカバー曲。

3月27日　「YOUNG　MAN（Y・M・C・A）」が春の選抜高校野球開会式の入場行進曲となる。

4月6日　文化放送『ヒデキとケン坊の「鬼さんこちら!!」女の子なんかこわくない』放送開始。

4月12日　東京・日生劇場にて特別リサイタル『限りない明日を見つめて』を開催（4月28日まで）。劇団四季の浅利慶太 演出によるロングリサイタル。

6月5日　シングル「俺たちの時代」を発売。モスクワオリンピックの日本の応援歌として発表されたが、残念ながら日本は不参加となってしまった。

6月8日　埼玉・ユネスコ村にて「俺たちの時代」の新曲発表会を開催。

6月13日　フジテレビ・日生ファミリースペシャル・アニメ『坊ちゃん』にて、坊ちゃん役で声優に初挑戦。

7月18日　後楽園球場にて第3回『BIG　GAME'80　HIDEKI』を開催。雨の中、動くトラックの上でも激しく踊り、命綱を付けずに空中ブランコでメインステージに飛び移る演出にファンは絶叫。

7月21日　シングル「エンドレスサマー」を発売。

8月23日　大阪球場にて第7回『BIG GAME'80 HIDEKI』を開催。

10月5日　シングル「サンタマリアの祈り」を発売。

10月22日　横浜音楽祭において横浜音楽祭賞を受賞。

11月3日　第7回日本武道館リサイタルを開催。

11月18日　第11回日本歌謡大賞において「サンタマリアの祈り」で放送音楽賞を受賞。

11月23日　TBS・東芝日曜劇場『遠くはなれて子守唄』に主演。日本民間放送連盟賞・優秀賞受賞作品。

12月16日　シングル「眠れぬ夜」を発売。オフコースのカバー曲。小田和正作詞・作曲。

12月31日　第22回日本レコード大賞において「サンタマリアの祈り」で金賞を受賞。

12月31日　第31回NHK紅白歌合戦に「サンタマリアの祈り」で出場（7回目）。

【1981年】

1月3日　東京・日本青年館にて新春コンサートを開催。

1月4日　大阪・厚生年金会館にて新春コンサートを開催（1月5日まで）。

2月8日　神奈川県民ホールにてコンサートを開催。

3月21日　シングル「リトルガール」を発売。
この曲でオリコン史上初のシングル30曲ベストテン入りを果たす。

4月5日　文化放送『HIDEKIとHIROMIのサンデーワイワイ広場』にレギュラー出演。
4月30日　日本テレビ・木曜ゴールデンドラマ『青年 さらば愛しき日々よ！』に主演。
5月9日　日本テレビ・情報番組『モーニングサラダ』にメイン司会者としてレギュラー出演（1985年3月31日まで）。新人時代のとんねるずも出演。
5月31日　亜細亜テレビの第5回香港音楽祭にスペシャルゲストとして出演（香港シティーホール）。番組視聴率は90％を超え一躍トップスターとなる。直立不動で歌う歌手しか知らない現地の人々は度肝を抜かれ、直ちに同年の公演が決定。
6月12日　第8回広島平和音楽祭に出演。「リトルガール」「天と地のかけ橋」を歌唱。
6月21日　シングル「セクシーガール」を発売。横浜銀蝿 作詞・作曲。
8月3日　沖縄ムーンビーチにて新曲発表会を開催。海からジェットスキーに乗って登場。「セクシーガール」でシングル盤1000万枚目の記念プレス。トータル売上1000万枚突破はピンク・レディー、森進一、山口百恵、沢田研二に続く史上5人目。
8月16日　後楽園球場にて第4回『BIG GAME'81 HIDEKI』を開催。JACメンバーと共に宙吊り、プロパンガスを1トンも使った炎のカーテンの演出。
8月22日　大阪球場にて第8回『BIG GAME'81 HIDEKI』を開催。
9月5日　シングル「センチメンタルガール」を発売。
9月12日　香港のクイーンエリザベス・スタジアムにて初のコンサートを開催（9月14日まで）。その後、香港のゴールドディスクを4年連続、プラチナディスクも計6回受賞。

香港にもファンクラブが誕生し、親衛隊が日本に応援に来るほどであった。アジアでの日本人歌手進出の先駆けとなる。
11月3日　第8回日本武道館リサイタル『HIDEKI　MY　LOVE』を開催。
11月21日　第12回日本歌謡大賞において「センチメンタルガール」で放送音楽賞を受賞。
12月20日　シングル「ジプシー」を発売。
12月31日　第23回日本レコード大賞において「センチメンタルガール」で金賞を受賞。
12月31日　第32回NHK紅白歌合戦に「ジプシー」で出場（8回目）。

【1982年】

1月4日　大阪・厚生年金会館にて新春コンサートを開催（1月5日まで）。
1月6日　愛知・勤労会館にて新春コンサートを開催（1月7日まで）。
3月24日　大阪・厚生年金会館にて『デビュー10周年3650日、ありがとう』ツアー開始。
3月25日　シングル「南十字星」を発売。
東宝創立50周年記念・日豪合作映画『南十字星』の主題歌となる。
4月13日　赤坂プリンスホテルにて、デビュー10周年&バースデーパーティー『ありがとう青春3650日』を開催。この年のテーマは「冒険心100％」。
6月21日　シングル「聖・少女」を発売。松本隆・作詞、吉田拓郎・作曲による楽曲。
7月6日　『山本寛斎・パッションナイツ・ファッションショー』にゲスト出演（東京国際貿易センター）。

8月21日　大阪球場にて第9回『BIG GAME'82 HIDEKI』を開催。
巨大バルーンに吊り下げられて「聖・少女」を歌唱。手筒花火による演出が登場。
8月27日　日本テレビ・金曜劇場『ホームスイートホーム』にレギュラー出演（全11話、11月5日まで）。
9月21日　香港のクイーンエリザベス・スタジアムにて第2回目のコンサートを開催（9月23日まで）。
当時の香港は「教科書問題」に揺れたが、平和の使者としての西城を歓迎した。
9月30日　シングル「漂流者たち」を発売。ドラマ「ホームスイートホーム」の主題歌。
11月12日　大阪・厚生年金会館にてリサイタルを開催（11月13日まで）。
11月21日　第9回日本武道館リサイタル『HIDEKI RECITAL 秋ドラマチック』を開催。
12月31日　第24回日本レコード大賞において「聖・少女」で金賞を受賞。
12月31日　第33回NHK紅白歌合戦に「聖・少女」で出場（9回目）。

【1983年】

1月1日　サイパンでスキューバダイビングに初挑戦。その後、グアム島でPADIのライセンスを取得。
『新春かくし芸大会』で「綱渡り黒田節」を披露。
1月3日　大阪・厚生年金会館にて新春コンサートを開催（1月4日まで）。
1月21日　芸映から独立。「アースコーポレーション」を設立。
2月1日　シングル「ギャランドゥ」を発売。もんたよしのり作詞・作曲。
2月6日　神奈川県民ホールにてコンサートを開催。

3月20日　よみうりランドにて『THE FLASH STAGE』を開催。
4月14日　渋谷公会堂にてバースデーコンサートを開催。
4月30日　日本テレビ『明石貫平35才』にレギュラー出演（全13話、7月23日まで）。
6月1日　シングル「ナイト・ゲーム（Night Games）」を発売。
　元レインボーのグラハム・ボネットのカバー曲。
8月6日　大阪球場にて第10回『BIG GAME '83 HIDEKI FINAL IN STADIUM』を開催。1974年から10年間続いた球場コンサートの幕を閉じた。
　大阪球場跡地のなんばパークス屋上のパークスガーデンには西城の手形とサインが入ったモニュメントが設置されている。
9月15日　シングル「哀しみのStill」を発売。
10月28日　ギリシャのロードス島で開催された『エーゲ海マラソン』にゲストとして参加。
　ロードス島の名誉市民となる。
11月9日　東京・帝国ホテルにてディナーショーを開催。
11月12日　大阪・厚生年金会館にてリサイタルを開催（11月13日まで）。
11月20日　第10回日本武道館リサイタルを開催。
12月23日　東京・新高輪プリンスホテルにてディナーショーを開催。
12月31日　第25回日本レコード大賞において「ギャランドゥ」で金賞を受賞。
12月31日　第34回NHK紅白歌合戦に「ギャランドゥ」で出場（10回目）。

【1984年】

1月1日　ファンクラブ400人とハワイツアーを行う。
HONDA『LEAD　SS』のCMオンエア開始。
1月6日　『新春かくし芸大会』で「流鏑馬」を披露。
1月25日　東京・郵便貯金ホールにて新春コンサートを開催（1月7日まで）。
2月3日　シングル「Do　You　Know」を発売。湯川れい子・作詞。
3月25日　「低髄液圧症候群」で初めての長期入院（3月9日まで）。
4月1日　第13回東京音楽祭国内大会において「Do　You　Know」でゴールデンカナリー賞を受賞。
4月7日　第13回東京音楽祭世界大会において「Do　You　Know」で初の銀賞を受賞。
5月4日　文化放送『ラズベリークラブ』にレギュラー出演（1986年まで）。
7月5日　日生劇場にてミュージカル『デュエット』に主演。鳳蘭（おおとりらん）と共演（5月28日まで）。
7月31日　シングル「背中からI　Love　You」を発売。
8月7日　大磯ロングビーチにてシーサイドショーを開催。
8月12日　第11回日本武道館リサイタル『JUST　RUN'84　HIDEKI』を開催。
8月14日　アニメーション映画『黒い雨にうたれて』が公開。主演声優を務める。
9月6日　大阪城ホールにてリサイタル『JUST　RUN'84　HIDEKI』を開催。
日本テレビ音楽祭にて特別賞を受賞。

9月28日　『8時だヨ!全員集合』の特番「15周年だヨ!全員集合」に出演。最多出演ゲスト第2位(73回出演)。第1位小柳ルミ子(95回)、第3位沢田研二(68回)。

10月10日　東京・よみうりホールにて『JUST RUN'84 ファンの集い』を開催。

10月15日　シングル「抱きしめてジルバ」を発売。ワム!の「Careless Whisper」のカバー曲。

11月3日　秋のコンサートツアーを開催(愛知・大阪・東京、11月11日まで)。

12月31日　第35回NHK紅白歌合戦に「抱きしめてジルバ」で出場(11回目)。

【1985年】

1月19日　アメリカ進出の拠点としてロサンゼルスのATTUNE社と業務提携。
シングル50曲発売記念として、第12回日本武道館コンサート『'85 HIDEKI SPECIAL IN BUDOHKAN ―FOR 50 SONGS―』を開催。
デビュー以来発売された50曲のシングル全てを熱唱。

2月5日　記念すべき50曲目のシングル「一万光年の愛」を発売。

3月16日　『つくば科学万博'85』開会式にて、テーマソングとして「一万光年の愛」を当時の皇太子明仁親王と礼宮文仁親王の臨席でNHK交響楽団をバックに歌唱。

4月14日　大阪城ホールにて『HIDEKI SPECIAL FOR 50 SONGS』を開催。

5月5日　神奈川県民ホールにて『HIDEKI SPECIAL FOR 50 SONGS』を開催。

5月9日　シングル「ミスティー・ブルー」を発売。コーセー化粧品のCM曲。

5月25日　日本青年館にて『東京ガス100周年コンサート〜西城秀樹オンステージ〜』を開催。
6月2日　フジテレビ『ミュージックフェア』で美空ひばりと共演。
7月12日　名古屋市民会館にて『MISTY SUMMER TOUR'85』を開始。
8月14日　大磯ロングビーチにてシーサイドショーを開催。
9月5日　シングル「BEAT STREET」を発売。吉田美奈子・作詞、角松敏生・作曲。
9月7日　香港、シンガポールにて『MISTY TOUR'85』を開催（9月11日まで）。
11月21日　シングル「腕の中へ〜In Search of Love〜」を発売。
　米国歌手バリー・マニロウとのデュエットとして話題を呼んだ曲。ロサンゼルスでレコーディングされた。カップリング曲の「愛の翼」もバリー・マニロウが提供。
12月4日　『夜のヒットスタジオDELUXE』でバリー・マニロウと「腕の中へ〜In Search of Love〜」をデュエット。
12月31日　フジテレビ『世界紅白歌合戦』に「腕の中へ〜In Search of Love〜」で出演。

【1986年】

　ハウス食品「ハウスジャワカレー」のCMオンエア開始。
　グアム島でファンクラブのツアーを行う。香港などからも参加者がいた。
1月3日　日生劇場にてミュージカル『デュエット』の再演（1月28日まで）。
2月21日　シングル「腕の中へ〜In Search of Love〜」（ソロバージョン）を発売。

3月18日　五反田・簡易保険ホールにて『CONCERT　TOUR　'86～Caravan』を開始。
4月10日　シングル「追憶の瞳～LOLA～」を発売。カップリングの「City　Dreams　From　Tokyo」はシチズンのCM曲としてアジア各国で放映された。
5月17日　東宝映画『傷だらけの勲章』で主演。エジプトとシンガポールでロケを決行。
5月27日　ロサンゼルスにてTBS『音楽の旅はるか』の収録（6月7日まで）。
7月5日　江戸川区総合文化ホールにて、デビュー15周年『From　Tokyo　サンクス・パーティー』を開催（大阪・万博ホール・7月6日）。
8月8日　新高輪プリンスホテルにてディナーショーを開催。
8月9日　大磯ロングビーチにて、シーサイドショーを開催。
9月5日　シングル「Rain　of　Dream　夢の罪」を発売。
10月10日　「約束の旅～帰港～」がNHK朝の連続テレビ小説『都の風』の主題歌となる。
10月10日　写真集『BODY』を発売。
10月14日　香港、シンガポールにて『Caravan　From　Tokyo　CONCERT　TOUR　'86』を開催（10月19日まで）。
10月25日　TBSラジオ『青春リターンマッチ』にレギュラー出演（1988年4月9日まで）。
11月9日　大阪・厚生年金会館にてリサイタルを開催。
11月21日　洋楽のカバーアルバム「STRANGERS　IN　THE　NIGHT」を発売。香港でも発売され、アルバムチャートで前代未聞の47週トップを独走。

12月5日　シングル「約束の旅～帰港～」を発売。
12月21日　クリスマス・ディナーショーを開催（12月25日まで）。

【1987年】

1月2日　神戸・ワールド記念ホールにて『NEW YEAR CONCERT '87』を開催。
1月18日　グレート・バリア・リーフにてスキューバダイビングのビデオ撮影（1月31日まで）。
2月8日　ジョージ・デュークプロデュースによるシングル「New York Girl」をロサンゼルスの彼のプライベートスタジオでレコーディング（2月18日まで）。
3月5日　中国本土での初めてのコンサートを北京首都体育館と廣州中山記念堂にて開催（3月8日まで）。廣州のコンサートは児童福祉会館のエレベーター建設のためのチャリティーコンサートで、そのエレベーターは「西城号」と命名された。
3月10日　香港映画『天使行動〝Angel〟』に主演。香港にて撮影開始。
4月13日　バースデーパーティーとして、船上ディナーショーを開催。
5月21日　シングル「New York Girl」を発売。
6月5日　神奈川県民ホールにて『Caravan ConcertⅡ』を開催。
6月6日　大阪・厚生年金会館にて『Caravan ConcertⅡ』を開催（6月7日まで）。
7月14日　TBS『恋に恋して恋きぶん』にレギュラー出演（全11話、9月22日まで）。
8月1日　第5回琵琶湖・水の祭典『アジアポップス'87』にジャッキー・チェン、チョー・ヨンピルと共に出演。
9月23日　香港映画『天使行動〝Angel〟』が公開。
10月4日　昭和記念公園でのロックフェス『JAPAN AID 2nd』にジョージ・デュークのゲストとして出演し「New York Girl」を歌唱。
11月21日　シングル「心で聞いたバラード」を発売。
12月8日　ディナーショーを開催（12月27日まで）。

【1988年】

4月1日　シングル『Blue Sky』を発売。アサヒビールのCM曲。
4月～　NHKみんなのうた「陽光の中の僕たち」を歌唱（5月まで）。
7月4日　ロサンゼルスにてファンの集いを開催（7月10日まで）。
7月6日　シングル「夏の誘惑」を発売。
7月23日　日本テレビ『CAT'S EYE』に出演。
8月31日　シングル「ONE～愛する人のために～」を発売。民放連の交通安全キャンペーン曲。
9月16日　ソウルオリンピックの前夜祭にチョー・ヨンピル（韓国）、ダニーチャン（香港）、フーインイン（中国）と共に出演し、「傷だらけのローラ」を歌唱。
韓国の公式の場において初めて日本語の歌が電波にのった瞬間であった。この模様は衛星中継で世界137か国で放映された。

10月8日　TBS・ドラマ特別企画『妻たちの鹿鳴館』に出演。
10月14日　フジテレビ・男と女のミステリー『くねり坂』に出演。
11月1日　シングル「33才」を発売。フリオ・イグレシアス「33 ANOS」のカバー曲。
12月11日　ディナーショーを開催（12月25日まで）。

【1989年】

香港映画『天使行動〝Angel〟』日本で公開。
1月26日　香港、バンコクにて『HIDEKI SUPER TOUR』を開催（台北中華体育館、香港コロシアム、バンコク、バンコクM88ライブハウス、2月10日まで）。
3月4日　ブラジル・サンパウロのイビラプエラ体育館においてコンサートを開催（3月5日まで）。
3月6日　関西テレビ・直木賞作家サスペンス『持ち逃げ 私の愛・連れてって』に出演。
5月15日　NHK・DRAMA10『夜の長い叫び』に出演（全5話、6月12日まで）。
6月3日　ミュージカル『坂本竜馬』に主演（新神戸オリエンタル劇場、6月25日まで）。劇中、華麗なタップダンスを披露した。
6月14日　日本テレビ・水曜グランドロマン『風に吹かれて』に出演。
7月4日　ミュージカル『坂本竜馬』に主演（東京・日本青年館大ホール、7月11日まで）。
7月21日　シングル「リバーサイドで逢いましょう」を発売。
8月30日　東京・厚生年金会館にて『'89 GOLDEN EARRINGS』を開催（8月31日まで）。

9月11日　神奈川県民ホールにて『'89 GOLDEN EARRINGS』を開催。
9月29日　大阪・新歌舞伎座にて、初の座長公演『花小袖 清次』を開催（10月25日まで）。
12月21日　フジテレビ・開局30周年・特別番組『さよなら李香蘭』に出演（12月22日まで）。

【1990年】

1月1日　ハウス食品「六甲のおいしい水」CMオンエア開始。
1月1日　『新春かくし芸大会』で「片輪走行」を披露。
2月13日　クイーン・エリザベスII世号で、晴海船上ディナーショーを開催。
2月18日　クイーン・エリザベスII世号で、香港から日本へのクルージング＆ディナーショーを開催（2月24日まで）。
4月30日　クイーン・エリザベスII世号で、大阪船上ディナーショーを開催。
5月18日　『大阪花の博覧会』にてイベント・コンサートを開催。
7月1日　TBS・日曜劇場『話してよ、いつものように』で主演。
7月21日　シングル「SHAKE MY DAY」を発売。
7月28日　第23回『マリンピア・くろい JAZZ FESTIVAL』に出演。
8月18日　長崎『パックス・ムジカ』（音楽を通じたアジア交流イベント）に出演。
10月1日　大阪・新歌舞伎座にて、座長公演『仕立屋 銀次』を開催（10月26日まで）。
10月6日　TBS・大型時代劇スペシャル『三姉妹』に出演。

10月19日　第5回国民文化祭・愛媛90にて、賛歌「風のシンフォニー」を歌唱。
12月5日　ディナーショーを開催（12月25日まで）。

【1991年】

1月7日　TBSラジオ『毎日が新鮮！西城秀樹です』にレギュラー出演。
　フジテレビ『ちびまる子ちゃん』のエンディングテーマ曲「走れ正直者」オンエア開始。原作者のさくらももこが大の秀樹ファンで、アニメの中ではお姉ちゃんが熱狂的なファンという設定で、現在でも「西城秀樹」がたびたび登場する。
3月25日　シングル「Ｒｏｃｋ　Ｙｏｕｒ　Ｆｉｒｅ」を発売。織田哲郎が作曲・プロデュース。
3月25日　東京・アメリカンクラブにて、デビュー20周年祝賀パーティーを開催。
4月21日　シングル「走れ正直者」を発売。さくらももこ・作詞、織田哲郎・作曲。
　２０１９年、古賀政男音楽博物館の『大衆音楽の殿堂』に、さくらももこと共に顕彰された。
5月6日　大阪・厚生年金会館にてデビュー20周年記念コンサート『'91　ＦＲＯＮＴＩＥＲ　ＲＯＡＤ』を開催。
5月11日　東京・厚生年金会館にてデビュー20周年記念コンサート『'91　ＦＲＯＮＴＩＥＲ　ＲＯＡＤ』を開催。
6月14日　東映Ｖシネマ『ザ・ヒットマン　血はバラの匂い』に主演。
6月19日　ミュージカル『坂本竜馬』再演（東京・奈良・神戸・福岡・高知、7月28日まで）。

8月24日　シンガポールにてコンサートを開催（カランシアター）。
10月1日　大阪・新歌舞伎座にて、座長公演『元禄・暴れん坊』を開催（10月27日まで）。
11月2日　広島アジア音楽祭『Asian Harmony』をプロデュース・出演。各国からトップアーティストを招聘。
11月3日　第1回古関裕而・記念音楽祭にて『Earth of Love～未来の子供たちへのメッセージ～』を歌唱（福島市公会堂）。
11月4日　学園祭ライブに初出演（早稲田大学）。
11月10日　第1回バングラディシュ救援・チャリティーコンサート『俺らだけのヒットパレード』に出演。
11月21日　シングル『もいちど』を発売。ハウス食品のラーメン「うまいっしょ」のCMソング。
12月5日　クリスマス・ディナーショーを開催（12月24日まで）。

【1992年】

2月5日　アメリカ・アリゾナでファンの集い&レディースゴルフツアーを開催（2月11日まで）。
3月24日　TBS「素敵な恋をしてみたい」に出演。
4月14日　テレビ東京『徳川無頼帳』に柳生十兵衛役で時代劇ドラマ初主演（全24話、9月29日まで）。
7月11日　第1回ジャパンエキスポ富山'92での『環日本海コンサート』に出演。
8月2日　『日韓音楽祭～鳥取砂丘漁火コンサート』に出演。
11月　第2回バングラディシュ救援・チャリティーコンサート『俺らだけのヒットパレード』に出演。

11月11日　VISA太平洋マスターズ・プロ・アマ・ゴルフトーナメントに出場。
11月21日　シングル「ブーメランストレート」を発売。TBS『生生生生ダウンタウン』のエンディング曲（1992年10月〜1993年3月まで）。
12月5日　クリスマス・ディナーショーを開催（12月24日まで）。

【1993年】

WOWOW『エロスの過ち』にMCとしてレギュラー出演。
1月12日　テーマ曲はアルバム収録曲の「Through The Night」。日本テレビ・火曜サスペンス劇場『季節はずれの宿泊客』に主演。
3月3日　渋谷公会堂にて『HIDEKI SAIJO CONCERT』を開催。
3月28日　エイズ撲滅・チャリティーコンサート『STOP AIDS CONCERT』を総合プロデュース・出演（横浜文化体育館）。米歌手ディオンヌ・ワーウィックが特別参加。イメージソング「LOVE SONGを永遠に」は盟友 野口五郎が作曲。
5月6日　大阪・厚生年金会館にて『HIDEKI SAIJO SUPER LIVE』を開催。
5月29日　NHK・土曜ドラマ『系列』に出演。
6月21日　NHK『ふたりのビッグショー』で野口五郎と共演（香川県民ホールにて収録）。
8月5日　新横浜プリンスホテルにてサマーディナーショーを開催。
8月23日　TBS『水戸黄門』第22部 第15話「牢屋に入った黄門様─広島─」に出演。

8月28日　第3回バングラディシュ救援・チャリティーコンサート『俺らだけのヒットパレード』に出演。
10月1日　東京・厚生年金会館にて秋のコンサートツアーを開始。
10月11日　第12回アジア競技会・前年祭『広島ファンタジア・アジア音楽祭』をプロデュース・出演（広島城址公園）。
10月25日　平尾昌晃プロ・アマ・チャリティーゴルフに新御三家そろって参加。
10月30日　昭和薬科大学の学園祭に出演。
11月21日　シングル「いくつもの星が流れ」を発売。

【1994年】

西友のCMオンエア開始。
2月23日　シングル「SAY' YEA' JAN-GO」を発売。Jリーグ サンフレッチェ広島FCのサポーターズソング。
3月4日　ミュージカル コメディ『ラブ』に出演。鳳蘭、市村正親と共演（池袋サンシャイン劇場、3月27日まで）。
4月1日　ミュージカル コメディ『ラブ』に出演（大阪シアタードラマシティ・愛知芸術劇場・札幌市教育文化会館、4月30日まで）。
7月18日　台北でのTV番組に出演（7月20日まで）。
7月23日　サマーディナーショーを開催（札幌グランドホテル・都ホテル大阪、7月27日まで）。
7月29日　第4回ジャパンエキスポ『世界リゾート博覧会』での「国際映像音楽祭」に出演・司会も務める

（和歌山マリーナシティ、7月30日まで）。

8月31日　関西国際空港の開港イベントに参加。

9月2日　大阪・厚生年金会館にて『SUPER　HITS　CONCERT』を開催。

9月6日　東京・厚生年金会館にて『SUPER　HITS　CONCERT』を開催。

9月9日　第12回アジア競技大会『広島アジア大会』に聖火ランナーとして参加。

9月14日　中野サンプラザにて『SUPER　HITS　CONCERT』を開催。

9月21日　広島プリンスホテルにてディナーショーを開催。

10月1日　NHK・土曜ドラマ『系列Ⅱ』前編に出演（後編、10月8日）。

10月3日　フジテレビの報道情報バラエティー『TVクルーズ となりのパパイヤ』に生放送の初キャスターとしてレギュラー出演（1995年3月31日まで）。

10月16日　第12回アジア競技大会『広島アジア大会』の閉会式にて詩を朗読。

11月6日　第5回ジャパンエキスポ『世界祝祭博覧会』のグランドフィナーレに出演（伊勢市）。

11月28日　NHK『ふたりのビッグショー』で松田聖子と共演。

12月8日　新宿区文化センターにてライブトークショーを開催。

12月22日　新高輪プリンスホテルにてディナーショーを開催。

12月24日　大阪 阪急インターナショナルホテルにてディナーショーを開催。

12月31日　第45回NHK紅白歌合戦に10年ぶりに「YOUNG　MAN（Y・M・C・A）」で出場（12回目）。

【1995年】

1月21日　シングル「黄昏よ、そばにいて」を発売。池袋サンシャインにて新曲発表会と阪神淡路大震災のチャリティー募金を行う。
2月3日　東京・目黒区 円融寺の節分会に参加。
3月9日　渋谷公会堂にて『39～Thank You』コンサートを開催。
4月8日　産経新聞でコラム『のどもと過ぎれば…』の連載開始（1997年3月29日まで）。
6月7日　シングル「愛が止まらない」を発売。ノエビア化粧品のCMソング。
8月5日　サザンオールスターズのコンサート『ホタル・カリフォルニア』にゲスト出演。オープニングで2日間、16万人の観客を前に「YOUNG MAN（Y・M・C・A）」を歌唱（8月6日まで）。桑田佳祐はエンディングで西城のことを「素晴らしいエンターテイナー、ロッカー」と称えた。
8月27日　第5回バングラディシュ救援・チャリティーコンサート『俺らだけのヒットパレード 我が心のKOBE』に出演。
9月1日　五反田・簡易保険ホールにてコンサートツアー『Open Mind』を開始（全国30か所）。
11月22日　シングル「心の扉」を発売。日本テレビ『江戸の用心棒Ⅱ』の主題歌。
12月11日　NHK『ふたりのビッグショー』でチョー・ヨンピルと共演。
12月22日　新高輪プリンスホテルにてディナーショーを開催。
12月31日　第46回NHK紅白歌合戦に「YOUNG MAN（Y・M・C・A）」で出場（13回目）。

【1996年】

3月～　ECC英会話スクールのCMオンエア開始。
3月～　ミュージカル コメディ『ラブ』の再演（東京・静岡・広島・松山・岡山・熊本・長崎・名古屋・大阪・鹿児島）。
5月25日　東京・板橋区立文化会館にて『HIDEKI SAIJO CONCERT』を開催。
5月28日　『アジア音楽祭イン福岡』に出演・司会も務める。
6月1日　横浜開港137周年記念イベントに参加。
6月5日　シングル「round 'n' round」を発売。
7月3日　ロック・ミュージカルD・LIVE『ROCK TO THE FUTURE』に主演（赤坂BLITZ、7月14日まで）。
7月24日　東京・厚生年金会館にて、デビュー25周年コンサート『25th LIFE WORK』を開催（全国30か所）。
9月　中国大連市での『国際ファッションショー前夜祭』に日本からのゲストとして出演。約4万人の前で歌唱、中国全土およびアジア各国にテレビ放映された。
10月24日　東京女子医科大学の学園祭に出演。
11月3日　大阪・厚生年金会館にて、デビュー25周年コンサート『25th LIFE WORK』を開催（11月4日まで）。

11月9日　中野サンプラザにて、デビュー25周年コンサート『25th LIFE WORK』を開催。
12月18日　シングル「パラサイト・ラブ」を発売。

【1997年】

1月23日　ロック・ミュージカルD・LIVE『ROCK TO THE FUTURE』再演（東京・大阪、2月25日まで）。
7月24日　西城秀樹ROCKトリビュートアルバム「KIDS WANNA ROCK」が発売。子供の頃、ヒデキを見て育ったヒデキ大好きロックミュージシャン達が集結。
7月26日　フジテレビ『真夏の24時間ぶっ通しカーニバル』のグランドフィナーレで「YOUNG MAN（Y・M・C・A）」を歌唱。
8月6日　シングル「moment」を発売。X JAPANのYOSHIKIが作曲・プロデュース。ロサンゼルスの彼のスタジオにてレコーディングされた。フジテレビ『HEY! HEY! HEY! MUSIC CHAMP』7月から9月のエンディング曲。
10月　中国上海「新偶像芸術学校（NEW IDOL ARTIST SCHOOL）」の名誉教授に就任。
10月12日　文化放送『サンデースペシャル　にちよう道楽王』にレギュラー出演。
11月7日　中野サンプラザにてデビュー25周年コンサート『Moment』を開催。デビュー25周年コンサートツアー『Moment』（全国12か所）。

11月8日　東映映画『現代任侠伝』に出演。
12月23日　横浜ロイヤルパークホテルにてクリスマス・ディナーショーを開催。
12月31日　第48回NHK紅白歌合戦に「moment」で出場（14回目）。

【1998年】

4月5日　東京電話のCMオンエア開始。寺内貫太郎一家のメンバーが集結。
5月21日　NHK総合『青春のポップス』でレギュラー司会を務める（2002年3月17日、最終回まで）。
5月23日　シングル「2Rから始めよう」を発売。松任谷由実 作詞・作曲。
7月18日　有楽町国際フォーラムにて『D2ワールドプレミアムショー』に出演。
中国 万里の長城にて外国人アーティスト初の野外コンサートを開催。
「日中友好条約締結20周年」のイベントとして、中国文化庁からの招聘を受け実現した。集まった観客10万人。この模様は中国中央電視台により、録画放送された。
広州・深圳・珠海でもコンサートを開催し、大成功を収める（7月26日まで）。
7月21日　中国のCHINA RECORDより「moment」の北京語バージョンを含むベストアルバム「瞬間」を発売。
9月14日　TBS・向田邦子ドラマスペシャル『寺内貫太郎一家'98秋』に出演。
9月14日　渋谷公会堂にて'98コンサート『THE VOICE』を開催。
'98コンサートツアー『THE VOICE』（全国17か所）。

12月22日　高輪プリンスホテルにてクリスマス・ディナーショーを開催。
12月31日　第49回NHK紅白歌合戦に「傷だらけのローラ」で出場（15回目）。

【1999年】

1月31日　新橋演舞場での舞台『寺内貫太郎一家』に出演（2月26日まで）。
3月25日　東京・厚生年金会館にてコンサートを開催。'99コンサートツアー（全国16か所）。
4月13日　シングル「最後の愛」を発売。
5月26日　シングル「ターンAターン」を発売。フジテレビ・アニメ『∀ガンダム』の主題歌。西城の音楽性を高く評価していた作曲家小林亜星からの熱い要望を受け、音楽家として初タッグが実現。
8月8日　第28回『フェスタ静岡』（最終回）に出演（駿府城公園）。
9月16日　神奈川県民ホールにて『One Night Stand in Yokohama』を開催。
9月26日　日本人ペルー移民100周年記念で開催された『NHKのど自慢』にゲスト出演。
11月17日　シングル「Bailamos～Tonight we dance～」を発売。エンリケ・イグレシアスのカバー曲。
11月17日　『Bailamos』渋谷街頭ライブを開催。
11月18日　ヴェルファーレ『オリコン・ザ・イチバン・ナイト』に出演。
12月31日　第50回NHK紅白歌合戦に「Bailamos」で出場（16回目）。

【2000年】

1月27日　中国中央電視台『同一首歌』に日本からのゲストとして出演。「傷だらけのローラ」「moment」を歌唱（CCTVで放映）。
2月6日　エンリケ・イグレシアス来日インストア・イベントに応援出演（HMV渋谷）。
3月31日　東京・厚生年金会館にて80曲記念コンサート『Bailamos 2000』を開催。
4月26日　シングル「Love Torture」を発売。
5月1日　大阪・厚生年金会館にてコンサート『Bailamos 2000』を開催。『Bailamos 2000』コンサートツアー（全国6か所、5月29日まで）。
7月～　ハウス食品のサプリメント食品『天然効果』のCMオンエア開始。
8月23日　サマーディナーショーを開催（8月26日まで）。
9月　サッカー日本代表のシドニーオリンピック壮行試合で「君が代」を歌唱。
9月22日　TBS・向田邦子ドラマスペシャル『寺内貫太郎一家2000』に出演。
10月6日　大阪・厚生年金会館にてリサイタルを開催。
10月25日　シングル「時のきざはし」を発売。Я・K（河村隆一）作詞・作曲・プロデュース。
11月5日　ディナーショーを開催（全国3か所、11月30日まで）。
11月28日　第12回ジュエリー・ベストドレッサー賞（男性部門）を受賞。
12月5日　クリスマス・ディナーショーを開催（全国9か所、12月25日まで）。

12月31日　第51回NHK紅白歌合戦に「ブルースカイ ブルー」で出場（17回目）。

【2001年】

1月5日　ワイキキ・シェラトンホテルにて25年ぶりのハワイ公演を開催。
3月3日　NHK・連続テレビドラマ『バブル』にレギュラー出演（全12話、3月23日まで）。
3月3日　デビュー30周年を記念した独身最後の写真集『H45』を発売。
3月23日　大阪・厚生年金会館にて『Time Passes On 01』を開催。
5月23日　東京・厚生年金会館にて『Time Passes On 01』を開催。
6月〜　シングル「Jasmine」を発売。Я・K（河村隆一）が作曲・プロデュース。
6月22日　ハウス食品『加哩屋・カレーラーメン』のCMオンエア開始。
6月30日　NHK『ふたりのビッグショー』で谷村新司と共演。
7月7日　伊豆下田の白浜神社にて一般女性と挙式。その後、2002年6月に長女、2003年9月に長男、2005年1月に次男が誕生している。
7月14日　新高輪プリンスホテルにて披露宴を開催。
10月〜　ディズニー映画『ラマになった王様』の主題歌「ラッキー☆ムーチョ」をムーチョ☆ヒデキとして歌唱。オリジナルはTom Jonesの「Parfect World」。
12月14日　デビュー30周記念コンサートツアーを開催。
　ドイツ国際平和村支援『ハートエイド』のためのチャリティーCD「旅の途中〜ドイツより愛を

こめて」に参加。

12月31日　第52回NHK紅白歌合戦に「Jasmine」で出場（18回目、最後の出演）。

【2002年】

1月〜　バイオテックのCMオンエア開始。

4月21日　府中の森・芸術劇場にて『30th Anniversary Concert 2002』を開催。

4月28日　新宿コマ劇場にてミュージカル『新・演歌の花道』に出演（5月13日まで）。

5月17日　梅田コマ劇場にてミュージカル『新・演歌の花道』に出演（5月26日まで）。

6月26日　シングル「Everybody Dance」を発売。

NHK教育『天才てれびくん』のコーナーアニメ『ベイベーばあちゃん』の挿入歌。

7月12日　サンヨー・オールスターゲームのオープニングイベントにて「君が代」「YOUNG MAN（Y・M・C・A）」を歌唱。

8月1日　著書『バリスタイルの家』を発売。

8月13日　神宮球場での『神宮外苑花火大会』にてミニライブを開催。

10月〜　秋のコンサートツアー『Everybody Dance』を開催。

12月19日　クリスマス・ディナーショーを開催（12月25日まで）。

【2003年】

2月24日　ヤマヒサ『ペティオ・グルメジャーキー』のCMオンエア開始。
ファンの集い『HIDEKI　IN　HAWAII』（3月3日まで）。
3月23日　ハワイ・コンベンションセンターにてディナーショーを開催。
4月19日　清水市制79年・メモリアルコンサートに出演（日本平スタジアム）。
6月21日　第7回タカヤナギ音楽祭『西城秀樹コンサート』に出演（大曲市民会館）。
ディナーショーのため訪れていた韓国・済州島で脳梗塞を発症、緊急帰国し入院。
構音障害（発音障害）の症状があり、ろれつが回らない状態で、一週間後に予定されていたサンフランシスコでの3日間の公演などを全てキャンセル。
7月23日　シングル「粗大ゴミじゃねえ」を発売。前年に好評を博したミュージカル『新・演歌の花道』のテーマソングとして、つんく♂が作詞・作曲・プロデュース。
8月　中日劇場にてミュージカル『Forever ,70s～青春～伝説のステージ』に出演。
9月1日　新宿コマ劇場にてミュージカル『Forever ,70s～青春～伝説のステージ』に出演（9月13日まで）。
9月17日　梅田コマ劇場にてミュージカル『Forever ,70s～青春～伝説のステージ』に出演（9月28日まで）。
10月11日　大阪・厚生年金会館にて『HIDEKI　SAIJO　CONCERT　2003』を開催（全国4か所、10月23日まで）。
12月17日　DVDボックス『THE　STAGES　OF　LEGEND～栄光の軌跡～』を発売。過去の貴重なライブ映像6タイトルとプロモーション映像を初DVD化。

【2004年】

3月6日 NHK『ミュージック イン ドラマ～ホシに願いを』に出演。
5月11日 『青春の歌謡ヒットパレード・よみがえるロッテ歌のアルバム』に出演（関東地区6か所、5月20日まで）。
5月23日 『青春の歌謡ヒットパレード・よみがえるロッテ歌のアルバム』に出演（関西地区5か所、5月28日まで）。
7月4日 川崎市制80周年記念試合、川崎フロンターレ×横浜FC戦のハーフタイムショーにて「YOUNG MAN（Y・M・C・A）」を歌唱。
8月18日 『キリン・チャレンジカップ2004』日本×アルゼンチンにて「君が代」を歌唱。
8月 パチンコ機『CRヒデキ感激』が平和BROSより発売。
9月13日 著書『あきらめない～脳梗塞からの挑戦～』出版記念イベントを開催（銀座福家書店）。
9月23日 ファンの集い『タイムスリップ・修学旅行～近江路から京都へ～』を琵琶湖グランドホテルにて開催（9月25日まで）。
10月5日 著書『あきらめない～脳梗塞からの挑戦～』を出版。
10月～ サトウ食品『サトウの鏡餅』のCMオンエア開始。
10月12日 神奈川県民ホールにて『CONCERT 2004』を開催。

10月21日　大阪・厚生年金会館にて『CONCERT　2004』を開催。
12月22日　新高輪プリンスホテルにてクリスマス・ディナーショーを開催。
12月25日　大阪 ホテル阪急インターナショナルにてクリスマス・ディナーショーを開催。

【2005年】

1月～　テレビ新広島開局30周年キャンペーン「情熱電波TSS！ いつも心に情熱を」のイメージキャラクターを務め、CMにも出演。
3月19日　『青春の歌謡ヒットパレード・よみがえるロッテ歌のアルバム』に出演（九州地区5か所、3月26日まで）。
4月13日　50歳を記念して初のライブハウスでのライブ『50th Anniversary Second Birthday!!』を開催（渋谷duo）。
7月6日　川崎市制記念試合のハーフタイムショーに出演。
7月26日　パチスロ機『ヒデキに夢中!!』をオリンピアより発売。発売発表会&ミニライブを開催。
9月3日　五反田・簡易保険ホールでの『今 蘇る！青春のメロディー・思い出のヤンヤン』に出演。
10月18日　東京・厚生年金会館にて『CONCERT 2005～Second Birthday～』を開催。
10月29日　大阪・厚生年金会館にて『CONCERT 2005～Second Birthday～』を開催。

12月21日　新高輪プリンスホテルにてクリスマス・ディナーショーを開催。
12月25日　大阪 ホテル阪急インターナショナルにてクリスマス・ディナーショーを開催。

【2006年】

1月15日　有楽町・朝日ホールでの医療機器市民フォーラムに出演。
2月3日　赤坂・豊川稲荷別院での節分会に参加。
2月22日　TBSドラマ『寺内貫太郎一家』のDVDボックス発売記念試写会&舞台挨拶に出演。
4月8日　テレビ愛知『音革命Ⅱ』の司会を務める（12月まで）。
8月1日　日本テレビ・夏のラブ&サスペンスシリーズ『芸能界風雲録〜一寸先は闇〜』に出演。
8月12日　川崎フロンターレ『等々力サマーフェスタ』のハーフタイムショーに出演。
8月24日　銀座ヤマハホールにて『Elegant Time Concert』を開催。
9月〜　東京スポーツで『西城秀樹 歌手生活35周年、奇跡の復活 ヒデキカンゲキ！』の連載開始。
9月24日　三重県・鳥羽シーサイドホテルにてディナーショーを開催。
9月27日　シングル「めぐり逢い」を発売。脳梗塞発症以来3年2か月ぶりのシングル。
9月27日　オフィシャル携帯サイト『HIDEKI STYLE』オープン。
9月30日　HMV新宿SOUTHにてトーク&ミニライブを開催。
10月12日　東京・厚生年金会館にて『めぐり逢い 35th Anniversary Concert 2006』を開催。

10月17日　大阪・厚生年金会館にて『めぐり逢い　35th　Anniversary　Concert　2006』を開催。
10月27日　ファンクラブの集い『ふれあいトークパーティー』を目白・椿山荘にて開催（10月28日まで）。
11月8日　三井住友VISA太平洋マスターズ・プロアマ・チャリティートーナメントに参加。
12月22日　新高輪プリンスホテルにてクリスマス・ディナーショーを開催。
12月25日　大阪 ホテル阪急インターナショナルにてクリスマス・ディナーショーを開催。

【2007年】

3月22日　IFPI香港（香港のレコード協会）設立40周年記念のイベントに招かれ「傷だらけのローラ」「めぐり逢い」を歌唱。往年のファン3600人から熱烈な声援を受ける。
3月22日　『IFPI　Top　Sales　Music　Award』で広東ポップに多大な影響を与えた海外アーティストとして表彰される。
5月30日　テレビ東京・水曜ミステリー9ドラマ「忘却の調べ～オブリビオン～」に出演（第26回横溝正史ミステリー大賞・テレビ東京賞受賞作品）。
6月20日　デビュー35周年記念アルバム「Future　Songbook」を発売。未発表曲「青春」「心ころころ」を含む「Bailamos」から最新シングル「めぐり逢い」までの全22曲を収録。
9月24日　中国南通市での『第9回アジア国際芸術祭』に日本からのゲストとして出演。

約8万人の前で「傷だらけのローラ」「YOUNG MAN（Y・M・C・A）」を歌唱。

10月16日　東京・厚生年金会館にて『CONCERT 2007』を開催。

10月27日　大阪・厚生年金会館にて『CONCERT 2007』を開催。

11月18日　鹿児島アリーナでの『第16回福祉ふれあいフェスティバル』に出演。

11月22日　TBSドラマ『寺内貫太郎一家2』のDVDボックスを発売。

【2008年】

1月18日　週刊朝日にてコラム『秀樹とヒデキ』の連載開始（2009年6月26日まで）。

3月2日　第6回市民自治創造かわさきフォーラム・トークショー『あきらめない』に出演。

5月2日　北海道日本ハムファイターズ「ファミリーシリーズ」5回終了後のYMCAダンスに出演。

5月3日　FMいわて『岩手江刺甚句まつり』での「西城秀樹トーク&ライブ」公開録音に出演。

5月8日　新宿西口広場でのトークセッション『あなたの健康、ほんとうに自信ありますか?ストップ!NO卒中』に1日脳卒中予防大使として出演（5月15日、広島）。

5月30日　中野サンプラザにてコンサート『思い出の青春ポップス』を開催。

7月12日　ファンクラブの集い『花と緑の楽園で初夏の休日』をリステル猪苗代ウイングタワーにて開催（7月13日まで）。この模様はTVでも紹介された。

7月26日　Jリーグ 川崎フロンターレ×名古屋グランパス戦のハーフタイムショーに出演。

9月6日　東京・厚生年金会館にて『CONCERT 2008 覚醒』を開催。

9月15日　『青春の歌謡ポップス』ジョイントコンサートに出演。
9月17日　ロックバンドのアンダーグラフ『ジャパニーズロックファイター』の新曲PVに出演。
10月4日　大阪・厚生年金会館にて『CONCERT　2008　覚醒』を開催。
12月4日　クリスマス・ディナーショーを開催（12月23日まで）。

【2009年】

3月1日　明石市立市民会館にて『アロージャズオーケストラ with 西城秀樹』を開催（関西3カ所、5月30日まで）。
4月2日　NHK朝の連続テレビ小説『つばさ』にレギュラー出演（第4話から最終回の9月26日まで）。
4月5日　NHK教育テレビ『趣味の園芸やさいの時間』にレギュラー出演（2012年1月22日まで）。主題歌「ベジタブル・ワンダフル」を歌唱。
6月20日　Jリーグ川崎フロンターレ×大分トリニータ戦のハーフタイムショーに出演。
8月11日　『阿波踊りサウンドフェスティバル2009』に出演。
8月21日　NHK連続テレビ小説『つばさ』完全版DVDボックスを発売。
9月6日　『ねんりんピック北海道・札幌2009』ねんりん宝島フェスタのトークショーに出演。
9月15日　大阪・厚生年金会館にて『CONCERT　2009　WING　BEAT』を開催。
　　　　『CONCERT　2009　WING　BEAT』（全国6か所、11月22日まで）。
10月9日　北海道・厚生年金会館での『NHK歌謡チャリティーコンサート』に出演。

11月11日　三井住友VISA太平洋マスターズ・プロアマ・チャリティートーナメントに参加。
12月13日　クリスマス・ディナーショーを開催（全国4か所、12月25日まで）。

【2010年】

1月　サンフランシスコのザ・ウエスティン セントフランシスホテルにて『サンフランシスコ日本商工会議所ニューイヤーズパーティー』のディナーショーに出演。
1月24日　群馬県・伊香保 ホテル天坊にてニューイヤーディナーショーを開催。
2月22日　第200回コーセー・アンニュアージュ・トーク（最終回）に出演（計15回出演）。
5月5日　静岡けいりん『G1 SSシリーズ 風光る2010』のステージイベントに出演。
5月15日　横浜ベイスターズ×埼玉西武ライオンズの交流戦始球式に登場。
6月13日　北海道日本ハムファイターズ、5回終了後のYMCAダンスに出演。
6月27日　恵泉女学園大学 学園祭でのトークショーに出演。
7月8日　ファンの集い「韓国ソウルツアー」を開催（7月10日まで）。
7月12日　東京・府中の森芸術劇場にてコンサートを開催（全国3か所、9月5日まで）。
7月18日　パレスホテル立川にてサマーディナーショーを開催。
7月19日　第16回日本心臓リハビリテーション学会集会「市民公開講座」のパネルディスカッションに参加。
7月25日　Jリーグ 川崎フロンターレ×京都サンガFC戦のハーフタイムショーに出演。
10月7日　『YAHOO!モバゲー』のCMオンエア開始。

10月19日　渋谷C・C・Lemonホールにて『39th Thank you ～with you』を開催。
10月25日　大阪・シアターBRAVA!にて『39th Thank you ～with you』を開催。
11月10日　三井住友VISA太平洋マスターズ・プロアマ・チャリティートーナメントに参加。
11月16日　東京第一ホテル米沢にてディナーショーを開催（11月17日まで）。
11月30日　ミュージカル『マルグリット』の制作発表会。
12月24日　東京プリンスホテルにてクリスマス・ディナーショーを開催。
12月25日　大阪・リーガロイヤルホテルにてクリスマス・ディナーショーを開催。

【2011年】

ゴルフクラブ『HIDEKI SAIJO H-40 model』をGMAより発売。
月刊誌『家庭画報』の音楽紹介ページでコラム掲載を開始。
3月17日　ミュージカル『マルグリット』に初の悪役として出演（赤坂ACTシアター、3月28日まで18公演。東日本大震災のため3月11日～16日の7公演中止）。
4月6日　ミュージカル『マルグリット』に出演（大阪・梅田芸術劇場、4月10日まで7公演）。
4月16日　オリナス『smile & smile～みんなの笑顔を届けよう～』に出演。
6月10日　NHK・Eテレ『時々迷々』第5回「ヒデキに会いたい！」に出演。
7月9日　Jリーグ川崎フロンターレ×アビスパ福岡戦のハーフタイムショーに出演。
7月16日　『第23回愛知サマーセミナー』のトークショーに出演。

9月30日　渋谷C・C・Lemonホールにて『デビュー40周年記念コンサート』を開催。収益と寄付金を日本ユネスコ協会連盟「東日本大震災 子ども支援募金」へ。
11月9日　三井住友VISA太平洋マスターズ・プロアマ・チャリティートーナメントに参加。
10月27日　梅田芸術劇場にて『デビュー40周年記念コンサート』を開催。収益と寄付金を日本ユネスコ協会連盟「東日本大震災 子ども支援募金」へ。
11月10日　『介護いきいきフェア』のトークショーに出演（川崎市総合福祉センター）。
11月12日　神奈川県民ホールにて『デビュー40周年記念コンサート』を開催。収益と寄付金を日本ユネスコ協会連盟「東日本大震災 子ども支援募金」へ。
12月20日　脳梗塞で倒れ緊急入院。後日に予定されていたクリスマス・ディナーショーが中止となる。構音障害に加え右半身に麻痺が残るが、その後ずっと懸命に地道なリハビリを続け、生涯ステージに立ち続けた。

【2012年】

「CAPTEN SANTA」と西城プロデュースによるコラボウエア『TOKYO GARDENER'S 831』を発売。
1月28日　静岡でのチャリティーコンサートに出演。
2月28日　熊本けいりん 東日本大震災 被災地支援『第65回日本選手権競輪G1開会式』にて「君が代」を歌唱。競技終了後にミニライブを開催。

3月27日　広島県の新観光プロモーション『広島県おしい！委員会』に参加。
6月28日　日本スイミングクラブ主催『ベストスイマー2012』を受賞（水泳の発展と普及に寄与する人材を称えるもの）。
6月30日　Jリーグ　川崎フロンターレ×ヴィッセル神戸戦のハーフタイムショーに出演。
7月20日　第44回日本動脈硬化学会総会 学術集会「市民公開講座」に参加（ヒルトン福岡シーホーク）。
8月20日　BOXセット『絶叫・情熱・感激／西城秀樹』を発売。
8月25日　日本テレビの『24時間テレビ 愛は地球を救う』にて「YOUNG MAN（Y・M・C・A）」を歌唱。
9月4日　JOINT CONCERT『同窓会コンサート』に初参加。
9月16日　ブラジル・サンパウロのヴィア・フンシャルにて23年ぶりのコンサートを開催。会場は23年待ち望んでいた日系人ファンで埋め尽くされた。
9月30日　「リハビリテーションを考える日」市民公開講座に参加（パシフィコ横浜）。
10月7日　「きずなアートフェス in 東京ドームシティ」のトークショーに出演。
10月15日　大阪・オリックス劇場にて秋のコンサート『心響―KODOU―』を開催。
10月28日　著書『ありのままに～三度目の人生を生きる～』を発売。
10月29日　中野サンプラザにて秋のコンサート『心響―KODOU―』を開催。
11月17日　『ありのままに～三度目の人生を生きる～』発売記念握手会を開催。

【2013年】

1月26日　青森グランドホテルにて『アコースティック・ディナーショー』を開催（プラザ・アベア、3月30日）。
3月16日　横浜市 脳卒中市民啓発キャンペーンの市民講演会に参加（関内ホール）。
3月31日　TBS『蘇る昭和の歌姫伝説5（特別版）』に出演。
4月17日　NHK BSプレミアム『ぐるっと食の旅　キッチンがゆく』に出演（12月4日まで）。
4月18日　JOINT　CONCERT『タイムスリップ60's〜70's 同窓会〜青春のヒットソングス〜』に出演（全国36か所、12月5日まで）。
6月7日　NHK広島『金曜スペシャル　ふるさとにありがとう』に出演。
6月8日　『第6回大人の文化祭　2013　NAGANO』に出演。
7月11日　「24時間テレビ」の前月祭『ふれあいチャリティーコンサート』に出演（相模女子大学グリーンホール）。
7月14日　ホテル イタリア軒にて『アコースティック・ディナーショー』を開催。（リーガロイヤルホテル広島・7月16日、オークラ千葉ホテル・8月30日）。
7月31日　Jリーグ 川崎フロンターレ×湘南ベルマーレ戦のハーフタイムショーに出演。
8月3日　『癒しフェア2013』にトークゲストとして出演（東京ビッグサイト）。
9月23日　神奈川県民ホールにて『CONCERT 2013 心響Ⅱ』を開催。
10月26日　BSフジ『ザ・スターリバイバル』に出演。
10月28日　中野サンプラザにて『CONCERT　2013 心響Ⅱ』を開催。

10月30日　大阪・オリックス劇場にて『CONCERT　2013心響Ⅱ』を開催。
11月2日　ニッポン放送開局60周年記念コンサート『夢の歌謡ステージ』に出演（東京国際フォーラム）。
12月1日　ホテル京セラにてクリスマス・ジョイントディナーショーを開催（室蘭プリンスホテル・12月10日）。
12月12日　JOINT　CONCERT『同窓会コンサートスペシャル2013』に出演（中野サンプラザ）。
12月21日　クリスマス・ディナーショーを開催（12月25日まで）。

【2014年】

1月14日　JOINT　CONCERT『タイムスリップ60's～70's　同窓会～青春のヒットソングス～』に出演（全国5か所、1月24日まで）。
5月21日　JOINT　CONCERT『Hit　Song　JAPAN昭和同窓会コンサート～あの日に帰る歌がある～』に出演（全国52か所、12月16日まで）。
3月8日　日本言語聴覚士協会主催のトークイベントに出演（日経大手町セミナールーム）。
4月5日　BSジャパン『ヒデキの感激！　NEXTハウス』にレギュラー出演（全23回、9月27日まで）。
4月11日　イオン『GRAND　GENERATION'S　COLLECTION　2014』のスペシャルライブ&トークショーに出演（イオンモール幕張新都心）。
5月25日　『減塩サミット　in　広島　2014』のトークショーに出演（旧広島市民球場跡地）。
6月12日　フジテレビ『ノンストップ』で同窓会コンサートでの取材模様が放映。

7月　　Jリーグ 川崎フロンターレ×アルビレックス新潟戦のハーフタイムショーに出演。
8月9日　NHK第46回『思い出のメロディー』に生出演。「情熱の嵐」「YOUNG MAN（Y・M・C・A）」を歌唱。
9月14日　大人の健康応援シューズ『REPLUS（リプラス）』をブランドプロデュース。発売記念トークショーを開催。
9月15日　福島県・郡山市ホテル華の湯にてディナーショーを開催。
9月20日　大宮ソニックシティにて『CONCERT 2014 心響Ⅲ』を開催。
10月2日　大阪・オリックス劇場にて『CONCERT 2014 心響Ⅲ』を開催。
10月15日　中野サンプラザにて『CONCERT 2014 心響Ⅲ』を開催。
10月18日　『あきたプラチナ世代博』に出演（秋田県立武道館）。
11月5日　『岩手県脳卒中予防県民大会』のトークショーに出演。
11月7日　神奈川県民ホールにて『CONCERT 2014 心響Ⅲ』を開催。
12月1日　「月刊清流」2015年1月号より『欲張らず7・5分でいこう』の連載開始（2016年12月号まで）。

【2015年】

1月15日　JOINT CONCERT『Hit Song JAPAN 昭和 同窓会コンサート～あの日に帰る歌がある～』に出演（全国70か所、12月18日まで）。

2月7日　『酒井政利のポップスの歩み』に出演（けやきホール）。
3月7日　脳卒中地域医療連携パス協会「第4回市民公開講座」に出演。
4月6日　BS朝日『昭和のヒットソングが今!! 同窓会コンサート』に出演。
4月11日　東日本大震災復興イベント『フラワードリーム in 東京ビッグサイト2015』において「第8回Happy Rose アワード」を受賞。
4月13日　還暦記念アルバム『心響―KODOU―』を発売。
　　　　歴代のヒット曲を、日本を代表する一流ミュージシャンと共に新たにレコーディング。ファン待望の3120日ぶりの新曲『蜃気楼』を含む全15曲を収録。オリコンデイリーアルバムランキング3位・週間ランキング15位を獲得。
4月13日　赤坂BLITZにて還暦バースデーイベント『ヒデキ還暦！』を開催。
　　　　野口五郎がサプライズゲストとして登場し、誕生日を祝い、熱い抱擁を交わした。ハウス食品より「ヒデキ!カンレキ!!」特製パッケージのバーモントカレーが贈られる。
4月13日　埼玉県入間市に自身がプロデュースした体験型市民農園『百果百菜』が開園。
6月6日　BSフジ『ヒデキカンレキ！スペシャル～全盛期ライブ映像大特集！』に出演。
7月15日　1975年公開の松竹映画『ブロウアップ ヒデキ』の初DVD化。
7月15日　DVDボックス『THE STAGES OF LEGEND HIDEKI SAIJO AND MORE』を発売。DVD9枚組。
7月25日　Jリーグ 川崎フロンターレ×清水エスパルス戦のハーフタイムショーに出演。

9月20日　神奈川県民ホールにて『ヒデキ!カンレキ!!CONCERT　2015、心響Ⅳ』を開催。
10月2日　大阪・オリックス劇場にて『ヒデキ!カンレキ!!CONCERT　2015、心響Ⅳ』を開催。
10月7日　中日新聞・東京新聞にて『ヒデキ!カンレキ!!西城秀樹　感謝の歴史』の連載がスタート（全25回、2016年9月21日まで）。
10月15日　中野サンプラザにて『ヒデキ!カンレキ!!　CONCERT　2015、心響Ⅳ』を開催。
11月2日　NHK　BSプレミアム『ザ・テレビっこ』に出演。

【2016年】

1月17日　JOINT　CONCERT『Hit　Song　JAPAN昭和同窓会コンサート〜あの日に帰る歌がある〜』に出演（全国77か所、12月8日まで）。
2月13日　ソフトバンク『Y!mobile』のCMオンエア開始。「YOUNG　MAN（Y・M・C・A）」のメロディーにのせた歌とダンスをプロデュース。
2月25日　『週刊新潮』で新御三家が3人揃っての還暦祝いを機に『還暦鼎談』を開催。
4月26日　池袋サンシャインシティ噴水広場リニューアルオープンイベントにゲスト出演。
5月8日　第69回都民体育大会・第17回東京都障害者スポーツ大会合同開会式にゲスト出演。
7月10日　『昨日も、今日も、明日もヒデキ感激!!トークショー』を開催（吹田市文化会館）。
7月13日　Jリーグ川崎フロンターレ×アルビレックス新潟戦のハーフタイムショーに出演。
9月28日　デビュー45周記念フォトエッセイ『THE　45』を発売。

10月14日　大阪・オリックス劇場にて『45th ANNIVERSARY CONCERT 2016』を開催。
11月2日　中野サンプラザにて『45th ANNIVERSARY CONCERT 2016』を開催。
11月18日　神奈川県民ホールにて『45th ANNIVERSARY CONCERT 2016』を開催。
12月5日　フジテレビ『2016 FNS歌謡祭』に出演。
12月22日　フジテレビ『みんなのニュース』に出演（同窓会コンサートの密着取材の模様）。

【2017年】

1月27日　JOINT CONCERT『Hit Song JAPAN 昭和 同窓会コンサート〜あの日に帰る歌がある〜』に出演（全国24か所、6月24日まで）。
2月22日　フジテレビ『バイキング』で西城秀樹特集を放送。
5月19日　TBS『金スマ』にVTRで出演。〝西城秀樹伝説、3つの日本初〟を紹介。芳村真理と30年ぶりに再会する。
7月29日　Jリーグ 川崎フロンターレ×ジュビロ磐田戦のハーフタイムショーに出演。この年、川崎フロンターレは念願の初優勝を果たす。
8月20日　『超ドSフェスタしずおか』に出演。1999年に最終回をむかえた『フェスタしずおか』が、静岡新聞創刊75周年・SBS開局65周年を記念して18年ぶりに開催。西城は最多出演歌手であり「ミスターフェスタ」として親しまれた。
8月25日　JOINT CONCERT『Hit Song JAPAN 昭和 同窓会コンサート〜青春の

9月25日　忘れもの〜』に出演（全国2か所、8月29日まで）。

9月25日　JOINT CONCERT『Hit Song JAPAN 昭和 同窓会コンサート〜昭和歌謡 復活祭！〜』に出演（全国8か所、12月2日まで）。

10月17日　中野サンプラザにて『CONCERT 2017 THE 45+1』を開催。

10月19日　相模女子大学グリーンホールにて『CONCERT 2017 THE 45+1』を開催。

10月24日　大阪・オリックス劇場にて『CONCERT 2017 THE 45+1』を開催。

10月28日　市民公開講座『いつまでも！ヤングマン！』に出演（広島安佐南区民文化センター）。

11月15日　DVDボックス『HIDEKI NHK COLLECTION〜若さと情熱と感激と〜』を発売。NHKの歌番組から厳選された123シーンを収録。

【2018年】

1月23日　BS JAPAN『あの年この歌〜時代が刻んだ名曲たち〜』で過去のVTRオンエア。

2月17日　NHK FM『歌謡スクランブル〜西城秀樹作品集〜』がオンエア。

4月14日　JOINT CONCERT『Hit Song JAPAN 昭和 同窓会コンサート〜一緒に歌おう！青春の歌〜』に出演（足利市民会館）。

前日に63歳の誕生日を迎え、大きなバースデーケーキで祝福された。

4月25日　自宅で家族と団欒（だんらん）中に突然倒れて救急搬送。意識不明の状態が続く。

5月16日　23時53分、急性心不全で家族に看取られながら永眠。享年六十三。

［担当者独白］

私は約30年のブランクを経たブーメラン組で、このような私が年表作成を担当してよいのかと悩みました。情報が少なかった年の分は、ずっとファンを続けてこられた大西優子さん、K・京子さんにファンクラブの会報を見せて頂きました。

事後になりますが、前述の資料がなければ、この年表は作れませんでした。

皆様に大変感謝しています。

今回、秀樹さんの約半世紀にわたる輝かしい、全力で駆け抜けた足跡を辿ることができ、改めて「西城秀樹」のファンであることに誇りを感じると共に、これから秀樹さんに恥じない生き方をしていきたいという思いを新たにしています。

◇年表作成／小林まゆみ◇1963年生まれ、奈良県在住、会社員

あとがき

最後になるが、書き残したこと、この本のなかに書いておかなければならないことがいくつかある。この本は、自分一人で書いたわけではないが、四百字原稿用紙換算で約千百枚くらいあると思う。書店で定価千五百円くらいで売られている本、二冊分である。

わたしはこれまで、一冊の自分の本を作るのに少なくとも四、五年かけてきている。それは、あれもこれもと欲張って考えるのが、年数がかかって、本が分厚くなっていく原因の一つなのだが、じつは並行して何冊もの本を作っていて、一年間に自分の本を二冊くらいずつ上梓するローテーションになっている。

長いときは十年くらいかかってまだ、しあげられていない本も何冊かある。

この『人間研究　西城秀樹』についていうと、彼のことを書かねばと思ったのは、やはりその死を知ってからで、彼の業績を書き残してあげられないかと思い始めたのは亡くなって、しばらくしてからのことだった。そういう意味ではわたしも「ブーメラン組」である。

それが頭のなかで企画として具体的な形をとり始めたのは一年後、思いつくままに自分のブログにあれこれと書いたものが、ある程度のまとまりになっていることに気が付いてからだった。だから、本書成立の経緯を説明すると、ほぼ三年半で現在の形に作り上げたことになる。つまり、わたしが作る本にしては、比較的短時間で仕上げた一冊、ということになる。

読者は、一冊の本を作るのに三年半もかかるなんて、なんてだらしないヤツなんだと思われるかもしれないが、たしかにわたしは、特に女性関係などでだらしない男だったが、この本の生い立ちについてだけは、短時間だが、きちんと足場を固めて、編集作業をしたつもりである。

この本がこの形になる以前に模索したのは、自分一人でヒデキについて書いたものを読み物としてまとめた形のものだった。それは去年の六月ぐらいには出来上がっていた。それなりのものだったと思うが、自分で読み返してみて、この原稿はこのままでは元芸能記者が現役時代の思い出をあれこれと書いたタレント本だなと思った。そして、それではヒデキの死にまつわる非常に重要な現象の記録が欠如していて、状況に迎合して作った本と批判されるかもしれないと思った。

もとより批判されることを恐れているわけではないが、なにかが足りないと考えたのは、編集者としての本能のようなものである。というのは、いまの西城秀樹にとってもっとも重要なことは、彼の死後、彼がすでに亡くなっているにもかかわらず，多くの人々がその死を惜しむところから始まって、新しくファンになる人や、昔、ファンだった人があらためてファンになりなおす人が多出して、歌手・タレントとして再評価を受ける気運がいたるところに見られたからだ。この現象はどういうことなのだろうか。

あれからまもなく四年たとうとしているが、ヒデキの事績を賛美するファンの声は少しもおさまらない。そして、ジャーナリズムで働く人たちやテレビメディアの関係者、音楽評論家、エッセイストや発声の専門家たちまで、西城秀樹の業績と事跡を高く評価する声も同様にしずまらない。

わたしは社会現象としてのこの状況をできるだけきちんと記録しておかなければならないと思った。それはいまの時代を生きる人々がヒデキの人生のなかに、なにか長い間ずっと忘れていた、なにか重要なもの、自分のためにか、あるいは社会のために重要なものがかなりピュアなかたちで存在している、そのことに気が付いたからだろう。

それが何かは本書を読み込んでいただいた方にはもう、お分かりになっていると思う。

わたしがあらためてヒデキの本を作り直さなければと考えたときに、選んだ方法は、時代時代に書かれた記事を原稿にして、順番に並べ、そのまま読んでもらうことだった。この方法をとれば、当時のジャーナリズムがヒデキについて、どう考えていたか、そのことが誇張も矮小化（わいしょうか）もなく、客観的に、その時の書き手の真実を伝えていると思ったからだ。これについては、新聞社や作家本人から、著作権所有者の再利用の許可をとらねばならず、その作業を地道におこなって、ご覧いただいているような形にたどり着いた。

また、自分のブログ［沈黙図書館］にヒデキのことを書いたときから、かなりアクセスの数が増え、たくさんのそれまでと違う人たちがフォロワーになってくれた。その人たちのなかから、ヒデキについての思いを書き綴って、送ってくれる人たちが現れ、これは、要するにいまの状況に対しての［ファンの声］なのだが、わたしにとっては、大衆のなかでヒデキがどう評価されているか、そのことを端的に説明しているレポートでもあった。

　そこでは送り手と受け手、ジャーナリストたちとファンの人たち、ヒデキを忘れることのできない人たちのコール&レスポンスの関係が成立していたのだと思う。だから、この本は単なるタレント本ではなく、西城秀樹という、社会現象であり、その事績を通じて何事かメッセージが伝えられるメディアでもあった存在の背後になにがあるのか。彼は人間としての生き方のなかに昭和という時代に育まれ、運命（定命）によって時代の光輪を背負わされて、必死で生きた。この本はその生き様を克明に記録しようとしたものである。

　この本はファンの人たち、ジャーナリストたち、たくさんの人々の協力を得て成立した本だが、それでも、ファンの人たちから、「あのＤＪの、あの時のラジオ放送を採録してほしい」とか、「あの雑誌のあの人との対談を収録してくれないか」とか、かなり多くのリクエスト、サジェスチョンがブログに寄せられたが、これらの要望を全部、編集して本のなかに組み込むことは不可能だった。それは、作っていた本の形とかバランス、編集的な問題になり、そもそも576ページあったとしても、そのなかでどういう構成が可能なのかという問題で、作り上げられたものは、見た通りの体裁で、完全無欠とはとてもいえないものだった。完全には遙か遠いが、できるだけのことをやる、ということである。なかには中途半端と批判する人もいるかもしれないが、その批判については、あえて「その通りです」といって、うなずかざるをえない。ただ、毎日、正しい形の本を求めて模索しつづけるだけですといわざるをえない。

写真使用のことについて、ふれておきたい。

当初、考えていたのは、写真集と論文集を兼ね合わせた体裁の本づくりだった。

じつは、西城秀樹が元気に活躍していた時代の写真を一番たくさん持っているのは、元、雑誌『平凡』の発行元であったマガジンハウス、わたしがかつて働いていた出版社なのである。ここに保管というか、秘蔵されている写真を何十枚か収蔵して、文章といっしょに一冊の本にまとめ上げたいという設計図を描いていたのである。

写真使用については、近年、特に顕著に、肖像権とかパブリシティ権ということが、いわれるようになっていて、肖像権のなくなった物故者といえども、パブリシティ権（商業主義的に利用されることを拒む社会的存在としての人格権のようなもの）が存在するという考え方が社会全般に考えられるようになってきていて、このことを無視するわけにはいかなくなっている。

それで、写真の使用について、故人の所属した個人事務所であって、現在もファンクラブなどを運営しているところに、写真使用をお願いしたが、残念ながら許可をいただけなかった。どういう判断をされたのか、説明がなかったので、事情はわからない。ここでグラビア構成の編集をあきらめざるを得なかった。

こういうことについては、出版物の是々非々を事務所が判断するのではなく、第三者に任せているという話を聞いている。要するに、それは正体をぼかした検閲である。

しかし、画像使用については、著作権法のなかに、画像（写真）の引用について一定のルールに基づく許容がある。それは法的に保証されている［表現の自由］に依拠するもので、編集の考え方や文章表現をアシストする機能を持ち、画像の必要な個所に文章での説明を補助する形で存在すること、出典のわかるものについてそれを明記することなどの約束事がある。

本書ではそのルールに従って許される範囲での写真を掲載した。現状、インターネットのなかには、無数の著作権の不明な画像が氾濫しているが、例えば、彼が１９８３年に芸映から独立して、新しく事務所を開設したときにヘアスタイルを変えたことを説明するための写真をネットのなかで探した。なかなかいい写真がなかったのだが、やっと見つけ出したのだが、その写真は出典が明記されていなかった。しかし、文章の説明に説得力を持たせるために、その画像を出典の有無にこだわらず、サイズと濃度を変更してだが、引用せざるをえなかった。［引用画像］として使用させていただいたのは、いずれも左右４センチほどの大きさの許容されているサイズのものである。

画像使用に関しての現在の事務所の対応を軽々に批判するつもりはないが、往々にして芸能事務所がマスコミの報道に介入して、自分たちに不都合なことを書かせないように圧力をかけたりして、世論操作をしようとするようなことがしばしば見られる。そういうところに陥らないことを切に願っている。

本書のいたるところで論じられているように、西城秀樹は一九七〇年代、アイドル大量発生期にデビューした、野口五郎、郷ひろみといっしょに〝新御三家〟として括られて語られるような

〝あの時代の歌手〟ではない。裕次郎、ひばりと同列に論じられるべき戦後最大のスーパースターの一人で、いま、ほかにそういう人が誰かいるかと尋ねられると、沢田研二にちょっとそういうところがあるとは思うが、答に困る。

西城秀樹は本書68ページの富澤一誠の書いたコラムでわかる通り、昭和から平成にかけての大衆文化のなかに存在する音楽マーケットを先頭きって開拓し音楽産業を変革していった不抜の挑戦者だった。427ページのみうらじゅんと本人のおしゃべりなどからもわかるが、彼は現在、日本のロック&ロールのご先祖様のように考えられている矢沢永吉や世良公則や氷室京介が神様のように崇める存在だったのである。

本書を読み終えれば、そのことも納得してもらえると思う。

令和三年十二月二十七日　息子に死なれた夜、悲しみに耐えながらこの「あとがき」を書いた。

死者たちの冥福を祈り、彼らの眠りの安からんことを願っている。

（塩澤幸登）

[スタッフ・リスト]

執筆・編集　塩澤幸登
装幀　中村　健
本文デザイン　茉莉花社編集室
校正　長田　衛
年表作成　小林まゆみ

[クレジット]

日本音楽著作権協会（出）許諾
第 2200316-201

[サンクス・リスト]（取材協力）
（アイウエオ順）

青柳　脩
浅利慶太
泉　麻人
北川純子
小林亜星
富澤一誠
野口五郎
福島　英
馬飼野元宏
みうらじゅん
茂木健一郎
湯浅　学
湯川れい子

………

クレタパブリッシング
（昭和 40 年男編集部）
Conex Eco – Friends
（コモ・レ・バ？ 編集部）
集英社インターナショナル
新潮社（デイリー新潮）
マガジンハウス

………

朝日新聞
神奈川新聞
共同通信
産経新聞
日本経済新聞
毎日新聞
読売新聞

………

そのほか、たくさんの
ヒデキファンの方々に
応援していただきました。

【著者紹介】
塩澤 幸登（しおざわ　ゆきと） 小説家・編集者　1947 年長野県生まれ。世田谷区立多聞小学校、同区立駒留中学校、都立千歳丘高校、早稲田大学文学部西洋史学科を経て平凡出版（現マガジンハウス）入社。雑誌編集者として月刊『平凡』、『週刊平凡』、『平凡パンチ』、『Tarzan』などの編集を担当。雑誌『Gulliver』編集長。2002 年退社。以後作家活動に入り『KUROSAWA』、『MOMOSE』、『UWF 戦史』、『平凡パンチの時代』、『南ア戦記』、『雑誌の王様』、『昭和芸能界史』、ほかを執筆。昭和時代の大衆文化を主なフィールドに著作をつづけている。

人間研究　西城秀樹

2022 年 2 月 25 日　初版発行
2022 年 6 月 25 日　2 刷発行
著　者　塩澤幸登
発行者　堀内明美
発　行　有限会社 茉莉花社（まつりかしゃ）
〒 173-0037　東京都板橋区小茂根 3-6-18-101
電話　03-3974-5408
発　売　株式会社河出書房新社
〒 151-0051　東京都渋谷区千駄ヶ谷 2-32-2
電話　03-3404-1201（営業）
https://www.kawade.co.jp/
印刷・製本　株式会社シナノパブリッシングプレス

落丁本・乱丁本はお取り替えいたします。
ISBN978-4-309-92238-6